Christiane Thompson | Malte Brinkmann | Markus Rieger-Ladich (Hrsg.)
Praktiken und Formen der Theorie

Schriftenreihe der DGfE-Kommission Bildungs- und Erziehungsphilosophie

Herausgegeben von der
Kommission Bildungs- und Erziehungsphilosophie
der Deutschen Gesellschaft für Erziehungswissenschaft

Herausgeberkollegium:
Malte Brinkmann | Markus Rieger-Ladich | Christiane Thompson

Christiane Thompson | Malte Brinkmann |
Markus Rieger-Ladich (Hrsg.)

Praktiken und Formen der Theorie

Perspektiven der Bildungsphilosophie

BELTZ JUVENTA

FSC
www.fsc.org
MIX
Papier aus verantwortungsvollen Quellen
FSC® C089473

Dieses Buch ist erhältlich als:
ISBN 978-3-7799-6594-7 Print
ISBN 978-3-7799-6595-4 E-Book (PDF)
978-3-7799-6670-8E-Book (EPUB)

1. Auflage 2021

in der Verlagsgruppe Beltz · Weinheim Basel
Werderstraße 10, 69469 Weinheim

Herstellung: Myriam Frericks
Satz: Datagrafix, Berlin
Druck und Bindung: Beltz Grafische Betriebe, Bad Langensalza
Printed in Germany

Weitere Informationen zu unseren Autor_innen und Titeln finden Sie unter: www.beltz.de

Vorwort

Die derzeitige Lage rund um die Corona-Pandemie scheint wenig Raum für das zu lassen, was klassisch mit dem Begriff der *Theorie* bezeichnet wird. Dieser steht für eine Form der gedanklichen Auseinandersetzung – für eine Kontemplation, die sich ihre Themen und Formen nicht von Handlungszwängen vorgeben lässt. Eine solche Wissensform bzw. Reflexionspraxis erscheint in der Gegenwart von Krisenstäben und Expertenräten mehrfach als *verlorene Sache*. Steigende Infektionszahlen und die Belastung oder sogar Überlastung gesellschaftlicher Teilsysteme, allen voran das Gesundheitssystem, verlangen nach einem entschlossenen und durch wissenschaftliche Evidenz gestützten Handeln, keine Frage. Zugleich ist zu bemerken, dass – ungeachtet aller Maßnahmen zur Überwindung der Pandemie – Fragen in den Vordergrund treten, die sich *der Perspektive der Bewältigung sperren*. Es sind u. a. diese Fragen, die auf die grundlegenden Verhältnisbestimmungen zu den anderen, zu sich selbst und zur Welt und also zum Grundmodus von Theorie zurückführen. Eine der drängendsten Fragen ist dabei wohl die, *wie mit dem Virus zu leben sei*. Wie kann man wörtlich und metaphorisch gesprochen ‚an einem gemeinsamen Ort sein'? Derartige Fragen, die für die unterschiedlichsten Lebens- und Praxisbereiche zu konkretisieren wären – für die Universität beispielsweise bezüglich digitaler oder körperlicher Präsenz im Seminar –, setzen das theoretische Arbeiten in Gang im Sinne einer begrifflichen Verbindlichkeit und einer Verantwortung im Denken.

Dieser Band befasst sich nicht im engeren Sinne mit der Corona-Pandemie. Seine Beiträge gehen zum größten Teil auf die Tagung der Kommission Bildungs- und Erziehungsphilosophie der DGfE zurück, die im Jahr 2018 an der Helmut-Schmidt-Universität/Universität der Bundeswehr Hamburg stattfand – und damit vor dem Auftreten des Virus. Die Idee, die Tagung der Kommission im Jahr 2018 an Praxen des Theoretisierens auszurichten, brachten Carsten Bünger und Olaf Sanders ein. In ihrem Konzeptpapier schlugen sie vor, das „Philosophieren als Praxis der Erziehungswissenschaft" zum Dreh- und Angelpunkt einer Tagung zu machen. Sie verbanden damit das Verständnis von Philosophie als ein ‚Werkzeug' der Befremdung. Nicht erst seit Beginn des 21. Jh. würden die kritische Reflexion der Erziehungswissenschaft, die Re- und Dekonstruktion von Konjunkturen und wirkmächtigen Weichenstellungen des Pädagogischen und die aus solchen Analysen gewonnenen Hinweise auf ausgeblendete Momente oder Vereinseitigungen im vorherrschenden Bildungsdenken zur philosophischen Auseinandersetzung der Erziehungswissenschaft gehören – so die Kollegen in ihrem Konzeptpapier. Für die Tagung regten sie an, eine Bilanz dieser philosophisch-theoretischen Arbeit vorzunehmen und dabei ausdrücklich zu diskutieren, inwiefern und in welcher Weise Philosophieren als *erziehungswissenschaftliche Praxis* gefasst werden könne.

Schon bei der Auswahl der Beiträge für die Tagung zeigte sich das große Interesse am Philosophieren und an *doing theory*. Deutlich wurde allerdings auch der enge Bezug des Tagungsthemas auf die Entwicklung der erziehungswissenschaftlichen Disziplin seit den 1960er Jahren – und weitergehend auf die gesellschaftlichen Transformationen, darunter die widersprüchlichen Globalisierungsbewegungen, unter denen (heute) pädagogische Begriffe zu denken sind bzw. an denen sich pädagogische Theorie abzuarbeiten hat. Mit Blick auf die Entwicklung der erziehungswissenschaftlichen Disziplin sei beispielhaft die Methodendiskussion angeführt: Diese ist in der Erziehungswissenschaft sehr stark durch die Vorstellung sozialwissenschaftlich-empirischer Programme geprägt, die wiederum im engen Zusammenhang mit der Qualität und Förderung von Projektforschung zu sehen ist. Dieser Aspekt stellt die Verständigung über „Methoden" immer schon in einen spezifischen Rahmen.

Zur Situierung erziehungswissenschaftlicher bzw. pädagogischer Theorie im Hinblick auf gesellschaftliche Transformationen sei hier darauf hingewiesen, wie entscheidend die begriffliche Formatierung von Konzepten wie „Globalisierung/Globalität" oder „Posthumanismus" ist – für pädagogische *Anschlüsse* bzw. *Einsätze*. Auf diese und weitere Problemstellungen, darunter „Anthropozän" und „Chthuluzän" oder auch die Gestalt „revolutionärer Praxis" gehen die Beiträge dieses Bandes ein. Damit verdichtet sich der Blick auf die Vollzüge von Theorie im Wechselbezug auf einen krisenhaften gesellschaftlichen Wandel (und darauf, wie Letzterer überhaupt zu beschreiben und zu erschließen wäre).

Das Interesse an den praktischen Vollzügen von Theorie schloss das Anliegen ein, die bildungs- und erziehungsphilosophische Arbeit selbst zum Gegenstand einer Theoretisierungsbemühung zu machen. Einige Beiträge dieses Bandes sind dementsprechend der Frage gewidmet, wie ein Hineinfinden in bzw. das Einsetzen des theoretischen bzw. philosophischen Forschen zu denken sei. In anderen Beiträgen wird die bildungstheoretische Produktivität von Literatur, Film und Serien behandelt und theorieprogrammatisch gewendet. Schließlich werden Debatten in der Erziehungswissenschaft sowie das Feld der erziehungswissenschaftlichen Forschung einer systematisierenden Analyse unterzogen.

Im Schlussteil des Bandes sind kürzere Statements zu Methode und Methodisierung in der Bildungs- und Erziehungstheorie zu finden. Zu diesem Thema hatte auf der Hamburger Tagung eine Podiumsdiskussion stattgefunden, auf der erste Impulse präsentiert wurden. Es kam die Idee auf, den hier begonnenen Austausch fortzusetzen. Daher wurden weitere Kolleg*innen aus der Kommission – an unterschiedlichen Punkten ihres wissenschaftlichen Wegs – gebeten, zur Methodenfrage der Bildungs- und Erziehungstheorie Stellung zu nehmen. Die Herausgeber*innen verbinden mit der hier abgedruckten Sammlung von Statements die Hoffnung, die weitere Diskussion dieses wichtigen Themas – in seiner Bedeutung für Studium und postgraduierte Studien, für die disziplinäre Stellung der Erziehungs- und Bildungstheorie sowie für die Forschungsarbeit in concreto – zu befördern.

Die Tagung der Kommission, die Ausgangspunkt für diesen Band war und die – wie bereits erwähnt – an der Helmut-Schmidt-Universität/Universität der Bundeswehr in Hamburg stattfand, wurde von Olaf Sanders und seinem Team ausgerichtet. Die Herausgeber*innen danken herzlich für die hervorragende Organisation und die schöne Tagungsatmosphäre. Den Autor*innen der Beiträge und Statements gilt unser Dank für ihre Mitarbeit an diesem Band, der die Vielfalt und die Produktivität bildungs- und erziehungsphilosophischer Arbeit dokumentiert. Antje Naumann und Sören Meyer danken wir für die Redaktion und Aufbereitung des Manuskripts. Last but not least gebührt dem Verlag – namentlich Konrad Bronberger, Myriam Frericks und Frank Engelhardt – unser Dank für die Aufnahme des Bandes und seine professionelle editorische Begleitung.

Die Herausgeber*innen im Oktober 2020

Praktiken und Formen der Theorie

Konturen der „Wissensarbeitsforschung“

Christiane Thompson

In seinem Eröffnungsvortrag zum Kongress der *Deutschen Gesellschaft für Erziehungswissenschaft* im Jahr 2014 hat Roland Reichenbach die Lage der deutschsprachigen Erziehungswissenschaft als „posttheoretisch“ beschrieben (Reichenbach 2020, S. 137 ff.). Reichenbach kritisiert die permanente Forderung der Innovation und Neuerung, aus der seines Erachtens nur „kurzlebige Diskurse“ resultieren können (ebd., S. 145). Dies hat für die Stellung von Theorie problematische Folgen, obgleich – das sei angemerkt – zur Charakterisierung der Lage von Reichenbach auch eine gehörige Verachtung der pädagogischen Traditionen angeführt wird. Nach Auffassung von Reichenbach hat sich eine erziehungswissenschaftliche Forschung entwickelt, für die gar keine „Theorie“ mehr notwendig sei. An die Stelle von Theorien seien „theoretische Modelle“ getreten (ebd., S. 149), welche die zu verarbeitenden Konzepte in Kästchen und Pfeilen anordnen würden: „Weil diese ‚Theorien‘ so sprachlos sind, werden sie häufig ein wenig anders genannt, so spricht man gern von unserem ‚theoretischen Modell‘ [...]. Richtiger wäre es wahrscheinlich, von ‚unserem posttheoretischen Modell‘ [...] zu sprechen“ (ebd., S. 150). Mit dem Aufstieg dieses Programms empirischer Forschung treten die systematische Verständigung und theoretische Reflexion von Begriffen in den Hintergrund.

Es bleibt im Text von Reichenbach allerdings nicht bei der polemischen Kritik an der empirischen Bildungsforschung. Ebenso kritisch und polemisch begegnet Reichenbach dem Feld erziehungswissenschaftlicher Theoriebildung, das er als „Sockenhersteller-Kaste“ (ebd., S. 151) beschreibt. Die Kritik bezieht sich darauf, dass Theoretiker*innen einen Diskurs unter sich aufziehen und sich verhalten, wie „Sockenhersteller, die nur für andere Sockenhersteller Socken herstellen“, so Reichenbach mit Marquard (ebd., S. 150 f.). Insofern als sich diese Theorie-Diskurse nur um sich selbst drehen, weist ihnen Reichenbach ebenfalls das Prädikat zu, *posttheoretisch* zu sein.

Wie es immer bei derartigen polemischen Kritiken der Fall ist, kann man eine Reihe von Einwänden geltend machen, darunter fehlende Differenzierungen, unzulässige Generalisierungen sowie eine fehlende begriffliche Bestimmung des Verhältnisses von erziehungswissenschaftlichem Wissen, Forschung und Theorie. Reichenbach räumt selbst ein, dass seine Typisierung eine grobe rhetorische Vereinfachung sei (ebd.). Dessen ungeachtet hält er an seinem Gesamteindruck von der erziehungswissenschaftlichen Disziplin und ihrem von außen und innen gesetzten Innovationsdruck fest – sicherlich auch um weitere Analysen und Bestandsaufnahmen sowie eine Auseinandersetzung zur Disziplinentwicklung bezüglich der Rolle von Theorie in Gang zu setzen. Bei aller Ausdifferenzierung der Erziehungswissenschaft in den vergangenen Jahrzehnten scheint es bedeutsam zu bestimmen, in welche Richtung sich das Fach bewegt.

Ohne einen Anspruch auf Vollständigkeit zu erheben, seien einige Entwicklungen hierzu angegeben, darunter die Beobachtung, dass die „Allgemeine Pädagogik" keinen besonderen Fokus in der Auseinandersetzung um das Selbstverständnis der Disziplin (mehr) bildet. Analoges lässt sich für Buchpublikationen mit systematischen Entwürfen „Allgemeiner Pädagogik" oder „Systematischer Pädagogik" sagen. Bildeten diese lange Zeit einen wichtigen Bezugspunkt für die pädagogische Selbstverständigung und den fachlichen Einbezug, so ist mit und nach der Einführung der modularisierten Studiengänge eine Ausdifferenzierung dieses Publikationsgenres in Gang gekommen. Zum einen spiegeln diese Bücher die Vielfalt von Themen und Zugängen wider; zum anderen verfolgen sie stärker das Ziel des einführenden Überblicks (von Ausnahmen abgesehen). Zur Ausdifferenzierung des Faches gehört sicherlich auch, dass philosophische Bezugsautor*innen und sozialwissenschaftliche Methodenprogramme mitunter einen programmatischen oder quasi-paradigmatischen Status in der Erziehungswissenschaft erhalten. Davon zeugen Einführungen und Handbücher, aber auch Methodenschulen für Postgraduierte.

Alle diese Phänomene wären sicherlich genauer systematisch und empirisch zu ergründen, wobei gleichermaßen epistemologische wie auch disziplin- und wissenschaftspolitische Gesichtspunkte berücksichtigt werden müssten. So lässt sich die fachinterne Diskussion um die erziehungswissenschaftliche Methodenausbildung nicht ohne den Gesichtspunkt der entsprechenden Qualifizierung von Absolvent*innen für die empirische Projektforschung verstehen, die in Konkurrenz zu Absolvent*innen aus der Soziologie und Psychologie treten. Des Weiteren ist es unerlässlich, die Einbettung der Erziehungswissenschaft in einen weiteren bildungspolitisch und bildungsökonomisch gelagerten Rahmen einzustellen. Letzteres soll im ersten Teil dieses Einleitungsbeitrags geschehen, da sich mit diesem Punkt die Aufgabe der erziehungswissenschaftlichen Theoriebildung verknüpft.

Der entscheidende Dreh- und Angelpunkt der folgenden Überlegungen sei vorweggenommen: Im Lichte von Datafizierung und globaler Ökonomie scheint Reichenbachs Diagnose von einer Polemik zu einer Wirklichkeitsbeschreibung der Erziehungswissenschaft überzugehen. Anders aber als Reichenbach dies in seinem Vortrag dargestellt hat, soll im Folgenden gezeigt werden, dass die Theoriearbeit in der Erziehungswissenschaft im Allgemeinen und der Kommission Bildungs- und Erziehungsphilosophie im Besonderen nicht von selbstbezüglichen Diskursen entlang von Meisterdenker*innen geprägt ist. Dass es demgegenüber eine vielgestaltige theoretische „Wissenarbeitsforschung“[1] gibt, die Problemstellungen des Fachs (und deren Verhandlungen in den Bereichen Wissenschaft, Policy und Praxis) ebenso identifiziert wie auf die Schlüsselprobleme der Gegenwart überhaupt eingeht, ist Einsatz und Programm dieses Bandes.

Im ersten Teil der Einleitung wird – wie schon angedeutet – ein bildungspolitischer und -ökonomischer Rahmen skizziert, der unter dem Eindruck von Datafizierung die Frage nach dem „Ort der Theorie“ neu aufwirft. Der Ausdruck „Aufgabe von Theorie“ im Titel des ersten Teils spielt auf die doppelte Bedeutung von „Aufgabe“ an: einerseits als Enden von Theorie im Sinne einer problematischen Entwicklung und andererseits verstanden als zu erneuernder Auftrag. Im zweiten Teil der Einleitung werden Streifzüge im Feld der Bildungs- und Erziehungsphilosophie unternommen, die von der Auseinandersetzung um die „Allgemeine Pädagogik“ ihren Ausgangspunkt nehmen. Ziel der Darstellung ist nicht, die sehr unterschiedlichen begrifflichen Einsätze als großes harmonisches Denkkollektiv darzustellen. Es geht vielmehr darum, Praktiken und Formen des Theoretisierens herauszustellen, die sich für die erziehungswissenschaftliche Erkenntnisbildung als überaus fruchtbar erwiesen haben. Im dritten Teil der Einleitung wird ein Vorblick auf die in diesem Band versammelten Beiträge gegeben.

1 Entwicklung der Erziehungswissenschaft – Aufgabe von Theorie

Zum disziplingeschichtlichen Erkenntnisstand gehört die Auffassung, dass sich in der Erziehungswissenschaft seit den 1960er Jahren eine Empirisierung bzw. Versozialwissenschaftlichung vollzogen habe (stellvertretend für zahlreiche Publikationen vgl. Dinkelaker et al. 2016). Eine paradigmatische Bedeutung wird dabei der sogenannten „realistischen Wendung“ zugeschrieben, die – so Heinrich Roth in seiner Antrittsvorlesung von 1963 (Roth 2007, S. 94) – auf eine erfahrungswissenschaftliche Grundlegung der Erziehungswissenschaft ausgerichtet sein sollte. Bis heute speist der Rekurs auf diesen Aspekt gegenwärtige Selbstpositionierungen. So wird z. B. angeführt, dazumal habe eine philosophisch orientierte Normendebatte dominiert, sodass für eine an Überprüfbarkeit und Objektivierung ausgerichtete erziehungswissenschaftliche Forschung kein Raum vorhanden gewesen sei (vgl. z. B. Bos/Postlethwaite 2014, S. 253; vgl. dagegen analytisch zur Normproblematik Meseth et al. 2019).

Wie oben bereits gegenüber Reichenbach eingewandt worden ist, sind Bestandsaufnahmen entlang stilisierter Paradigmen und Positionen engführend

---

1 Diesen Begriff hat Paul Rabinow eingebracht, um eine interpretative Analytik zu beschreiben, die philosophischem Lernen und diagnostischer Strenge verpflichtet ist (Rabinow 2003).

und missverständlich, weil sie zu Gegenüberstellungen verleiten, die dem Stand der Ausdifferenzierung und Pluralisierung des Fachs nicht gerecht werden und die schon in den 1960er Jahren nicht als für die akademische Pädagogik repräsentativ gelten konnten. Unterscheidungen wie „Geisteswissenschaft versus empirische Erziehungswissenschaft" oder „Normativität versus Deskriptivität" affirmieren überdies ein begrifflich-kategoriales Raster, das längst einer kritischen Analyse unterzogen wurde (Ruhloff 1979).

Ein weiteres Problem der paradigmenorientierten Darstellungen deutete sich im Auftakt bereits an; denn diese erwecken den Eindruck, man könnte die Entwicklung von Pädagogik bzw. Erziehungswissenschaft in den vergangenen 60 Jahren aus der immanenten Perspektive wissenschaftlicher Diskurse verstehen. Es liegen mittlerweile eine Reihe von Beiträgen vor, welche die Wissenschaftsentwicklung in die Kontexte technokratischer Expertise und Medikalisierung sowie einer sich entwickelnden Bildungsökonomie stellen (vgl. z. B. Tröhler 2015). Im Kontext der politischen Systemkonkurrenz nach dem Zweiten Weltkrieg kam der optimalen Abrufung der Begabungs- und Lernpotenziale der Bevölkerung eine zentrale Bedeutung zu, was dazu führte, wie Rohstock (2014) gezeigt hat, dass Computerwissenschaftler und Psychologen zu wichtigen Akteuren der Bildungsentwicklung wurden. In einem aktuellen Sammelband von Ydesen (2019) wurde kürzlich der Aufstieg der OECD als globaler transnationaler Autorität im Bildungssystem rekonstruiert. Dieser Aufstieg habe sich maßgeblich über die Einrichtung von Indikatoren (*Social Indicator Development Program*; vgl. Ydesen 2019a, S. 294) vollzogen, welche der Bildung sowie der Entwicklung des Bildungssystems zugleich eine ökonomisch-kapitalistische und westliche Perspektive unterlegt hätten (ebd., S. 295). Die OECD konsolidiert nicht nur dadurch ihre Macht, dass sie als feststellende Instanz für die Qualität von Bildung auftritt. Sie bildet vielmehr einen Regierungskomplex, der politische Agenden setzt und die Herausbildung von Märkten im Bildungsbereich befördert. Die aktuellen Entwicklungen lassen sich unter der Überschrift einer „Global Education Industry" fassen, in der gleichermaßen innovative Ideen, Vernetzungen und *Policies* zum Gegenstand von Markt und Transaktion werden (vgl. Parreira do Amaral/Steiner-Khamsi/Thompson 2019).

Vor gut zehn Jahren haben Casale et al. (2010) bereits die Veränderung der Lehrerbildung im Zuge der oben genannten Transformationen zum Thema gemacht. Ihre Feststellung lautet, dass spezifische Wissensbestände (wie Sprache, kultureller Kanon, nationale Geschichte) in ihrer Bedeutung für universitäre Bildung deautorisiert würden und mit Berichten wie „Understanding the Brain: The Birth of a Learning Science" (OECD 2002) nichts anderes als eine „neue Wissenschaft" unter den Maßgaben von Effizienz und Evidenz gefordert werde (Casale et al. 2010, S. 51). Wenn Casale et al. die Entwicklungen als „Geburt der Lernwissenschaft" fassen, welche den „Untergang der Erziehungswissenschaft" mit sich bringe (ebd., S. 53), so klingt darin gerade auch die Diagnose einer

Absage an eine spezifisch erziehungswissenschaftliche Theoriebildung an; denn die Lernwissenschaft werde von ihren Proponenten als transdisziplinäres Feld begriffen, dem eine einheitliche psychologisch ausgerichtete Grundlage unterstellt werde (ebd., S. 54). Wie ich im Folgenden zeigen möchte, verschärft sich die kritische Diagnose von Casale et al. durch Datafizierung bzw. Big Data.

Schon 2014 hatte Rob Kitchin in einem Beitrag für die Zeitschrift „Big Data & Society“ zu bedenken gegeben, dass sich mit den wachsenden Datenmengen sowie den Möglichkeiten ihrer algorithmischen Verarbeitung ein „Paradigmenwechsel“ in der Wissenschaft ankündige: Die bloße Möglichkeit, Daten in beliebiger Weise aufeinander zu beziehen, um Korrelationen zu erschließen, führt nach Auffassung von Kitchin zu einer Entwertung von Theorie – Kitchin spricht in seinem Beitrag sogar vom „Ende der Theorie in der Wissenschaft“ (ebd., S. 4, hier wie im Folgenden: Übers. C.T.; vgl. auch Anderson 2008). Dabei ist wichtig festzuhalten, dass in dem Beitrag nicht nur von jenen spezifischen Teilbereichen oder Teildisziplinen die Rede ist, die mit sogenannten grundlagentheoretischen Bezügen betraut sind, so wie dies in der Erziehungswissenschaft für die Bildungs- und Erziehungsphilosophie bzw. die Allgemeine Erziehungswissenschaft der Fall ist. Mit einem aufstrebenden Datenempirismus werden gleichermaßen Methoden einer empirischen Sozialforschung entwertet, die sich der sinnbezogenen Konstitution ihrer Gegenstände annimmt. Der *Modus Operandi* einer „datengetriebenen Wissenschaft“ (ebd., S. 5) sei – so Kitchin – eine rein induktive Angelegenheit, die auf die Vielfalt von Daten und ein angemessenes *data mining* zurückgreife (ebd.). Dementsprechend nennt Kitchin im Anschluss an Hey, Tansley und Tolle (2009) dieses Paradigma „explorative Wissenschaft“ („exploratory science“, ebd.).

Kitchins Darstellung einer datengetriebenen Wissenschaft mag auf den ersten Blick überzogen erscheinen und selbstverständlich hält Kitchin selbst die Engführungen und Reduktionismen fest, die ein solches Wissenschaftsmodell kennzeichnen. Während die epistemologische Kritik an einem solchen Modell vielfach formuliert und vorgetragen worden ist, muss dennoch festgehalten werden, dass diese kaum Einfluss auf die Entwicklungen zu nehmen scheint. Das konnte man schon sehr gut an den Operationen rund um die sogenannte Evidenzorientierung beobachten, die in den USA mit einer extremen förderpolitischen Verengung einhergegangen ist (Jornitz 2008; vgl. dazu auch Bellmann/Müller 2011; Herzog 2011).

Große Firmen wie *Pearson* verfolgen gegenwärtig das Ziel, für den Bildungssektor relevante Daten zu sammeln und zur Verfügung zu stellen, um allen Interessierten die Möglichkeit zu bieten, an einer evidenzbasierten Weiterentwicklung des Bildungssystems teilzuhaben (vgl. dazu Thompson 2019). Es ließen sich zahlreiche weitere Initiativen von ökonomischen Akteuren angeben, die im Sinne einer Dienstleistung Datenverarbeitungen mit einem wissenschaftlichen Anspruch und einer pädagogischen Innovation verknüpfen. Ed Tech Firmen bieten technische Lösungen an, um Datensätze (z. B. von Studierenden) aus verschiedenen Anwendungen zusammenzuführen, um damit eine Grundlage für eine möglichst vollständige und pädagogisch individualisierte Intervention zu erstellen. Das sogenannte *Pittsburgh Science of Learning Center*, eine Institution an der Schnittstelle von Politik, Wirtschaft und Wissenschaft, hat einen „DataShop" entwickelt, der zwei „Dienstleistungen" („*services*") anbietet: eine Infrastruktur, um große Mengen von Forschungsdaten zu speichern und verfügbar zu machen, sowie eine Reihe von Analyse- und Berichtsinstrumenten für die gesammelten Daten.[2]

Im Horizont derartiger Entwicklungen hat Ben Williamson die Frage aufgeworfen, wem eigentlich Theorie ‚gehöre': „Who Owns Theory?" (Williamson 2017). Diese Frage deutet auf das Urheberrecht hin; denn die Erkenntnisse und Ergebnisse aus den Datenverarbeitungsprozessen gehen aus einem Algorithmus hervor, der – als geistiges Eigentum – z. B. einer Firma gehört: „Pearson and Lytics Lab do not just own the big data technologies and the information they collect but own the algorithms and analytics required to make sense of those data, and thereby potentially to generate novel theories about diverse processes of learning and education" (Williamson 2017, S. 106). Theorie wird zu einem Eigentum und deren Nachvollziehbarkeit zu einem Firmengeheimnis. Worauf Williamson in seinem Beitrag außerdem hinweist, ist, dass in die Art der Datenverarbeitung spezifische Vorannahmen eingebracht würden, welche die Perspektive der datengetriebenen Wissenschaft selbst befördern. Für diese politisch-ökonomisch justierte Ausrichtung der Datenforschung würde wiederum Akteure aus der Wissenschaft eine wichtige Rolle spielen, da sie den Projekten und Initiativen wissenschaftliche Autorität verleihen würden.[3]

Der Beitrag von Williamson geht also über Kitchins Bestandsaufnahme hinaus, indem er – über die paradigmatische Neuausrichtung hinaus – verdeutlicht, dass und wie sich ein ‚Ortswechsel' der Theorie vollzieht – und zwar hin zum privatwirtschaftlichen Sektor. Die dort etablierte datenwissenschaftliche Expertise mit der entsprechenden technischen Infrastruktur und politisch-ökonomischen Vernetzung wird mit ihrer zunehmenden Konsolidierung als hybrides Feld zwischen Wissenschaft, Politik und Wirtschaft früher oder später die Frage provozieren, inwiefern noch andernorts – konstituiert durch eine akademische und historisch-systematische Perspektive – erziehungswissenschaftlich geforscht werden kann. Akteure wie die OECD befördern diese Entwicklung im Bereich

---

2 Vgl. https://pslcdatashop.web.cmu.edu/about/ (Abfrage: 18.06.2020). Im sogenannten *PL² project* wird z. B. eine „*student progress classification*" anhand der ausgewerteten Daten entwickelt. Die Beispiele zeigen, dass die allgemeine Infrastrukturentwicklung und die Programmierung von Algorithmen bzw. Tools Hand in Hand gehen.

3 Williamson verweist in seinem Beitrag auf die Stanford University (ebd., S. 106). Man wird hier aber generell die Etablierung eines *wissenschaftlichen* Feldes zu „*educational data mining*" anführen müssen (vgl. z. B. Romero et al. 2010).

der Digitalisierung bzw. Datafizierung und verstehen diese als Bildungsinnovation im Sinne einer „schöpferischen Zerstörung" (Schumpeter) überkommener Bildungstraditionen (vgl. OECD 2017).

Deutlich wurde an der vorausgehenden Darstellung, dass die Diskussion um Theorie nicht auf den Bereich innerwissenschaftlicher Verständigung beschränkt werden kann. Der Aufstieg der Erziehungswissenschaft wie auch ihre Entwicklung in den vergangenen Jahrzehnten steht in einem engen Bezug zu einer politischen Ökonomie der Bildung, die mittlerweile zu einer globalen Angelegenheit geworden ist und die als Feld einer datengetriebenen Bildungsforschung die Grenzen von Wissenschaft diffundieren lässt. Auf dieser Grundlage gilt es, zwei Gesichtspunkte von Theorie zu profilieren: Im Anschluss an die vorausgehenden Ausführungen ist festzuhalten, dass die bestehenden Entwicklungen selbst zum Gegenstand von Theorie werden müssen. Dies impliziert einen Theoriebegriff, der über eine bloße Identifizierung von Bildungs- und Erziehungsprozessen hinausweist und deren kritische Durchdringung anvisiert. Theorie ist damit – erstens – immer als eine Antwort zu begreifen, die sich aus einer *Auseinandersetzung* mit gesellschaftlichen Bedingungen und Entwicklungen bzw. deren *Problematisierung* ergibt. Zum Zweiten ist herauszustellen, dass und wie Theorie die Pluralität von Erziehungs- und Bildungswirklichkeiten konstituiert und dabei immer einen Raum eröffnet, einen Gegenstand, Sachverhalt etc. *anders* zu denken. Es geht hier um den *Möglichkeitssinn* von Theorie, der nicht zuletzt einen Raum der Auseinandersetzung eröffnet. Die anschließenden Streifzüge durch das Feld der Bildungs- und Erziehungsphilosophie sind an diesen beiden Gesichtspunkten orientiert. Sie sollen zugleich einen Vorblick auf die Beiträge dieses Bandes ermöglichen.

2 Theoriearbeit in der Bildungs- und Erziehungsphilosophie

Mit dem Verständnis von Theorie als Beschaulichkeit zeichnen sich schon in der antiken Philosophie die Abgrenzungen ab, welche die Stellung der Theorie und die Kritik an ihr (bis heute) bestimmen. Die Abständigkeit der theoretischen Haltung gegenüber den Anforderungen der Lebensführung ist in der Anekdote festgehalten, in der eine thrakische Magd den Thales verlacht, der bei der Beobachtung des Sternenhimmels in einen Brunnen fällt (Diog. Laert. I/1). Diese Anekdote steht für die Auffassung, dass man mit Theorie untauglich für das alltägliche Leben wird. Dann aber wird immer wieder eine andere Erzählung zu Thales aufgegriffen (ebd.): Durch seine Beobachtungen der Natur sah er eine gute Olivenernte voraus und machte mit der Anmietung von Olivenpressen ein Vermögen. Egal, ob man sich stärker auf die Untauglichkeit oder auf die Überlegenheit des Theoriewissens bezieht – beide stimmen darin überein, die Theorie von ihrer Nützlichkeit her zu denken.

Nützlichkeit und Anwendungsbezug bilden Gesichtspunkte, die gleichermaßen pädagogische Begriffe wie auch das Wissenschaftsverständnis der Pädagogik geprägt haben. Es sei hier exemplarisch an die Auseinandersetzung um das Verhältnis von „Bildung" und „Ausbildung" erinnert – eine Auseinandersetzung, die, obgleich sich damit klassische Positionen bzw. Differenzen gar nicht angemessen beschreiben lassen, bis heute aufgegriffen und für polemische Rhetoriken genutzt wird. Nützlichkeit und Anwendungsbezug haben ebenfalls stark das Selbstverständnis der Pädagogik als Wissenschaft bestimmt. Als Erstes kommt womöglich der Titel „Pädagogik als ‚praktische Wissenschaft'" in den Sinn: Mit diesem Konzept wird die Hervorbringung pädagogischen Wissens an die Aufklärung und Verbesserung der pädagogischen Praxis rückgebunden (vgl. Schäfer 2012). Diese geisteswissenschaftlich anmutende Vorstellung *artikuliert* sich jüngst als „evidenzbasierte Bildungsforschung", in der das nach „Goldstandard" erzeugte Wissen den bestmöglichen Output oder die höchste Effizienz pädagogischen Handelns ermöglichen soll (vgl. Thompson 2014).

Den Engführungen und Verzeichnungen, die in diesen Darstellungen von „Bildung" und „Wissenschaft" liegen, kann hier nicht ausführlich nachgegangen werden. Bestimmend ist ein Reduktionismus, der eingangs über die polemische Kritik von Reichenbach bereits zur Sprache kam. In der Nachfolge einer kritisch rationalistischen Position wird Theorie als Zusammenhang von Sätzen gedacht, die auf die Beschreibung der Realität ausgerichtet ist, damit sie durch Letztere überprüfbar ist und bleibt. Von hier aus rückt die Theorie in eine *vorwissenschaftliche* Stellung ein: Man versteht sie zum einen als Grundlage, die der eigentlichen wissenschaftlichen Wissensproduktion im Sinne einer empirischen Überprüfung vorausgeht. Zum anderen wird Theorie selbst auf eine propädeutische Funktion reduziert – im Sinne „fachlicher Grundlagen"[4].

Es wäre sicherlich lohnenswert, für die Breite der Erziehungswissenschaft zu sichten und zu rekonstruieren, auf welche Theoriebegriffe wie rekurriert wird. Neuartige Erkenntnisse könnten dadurch zustande kommen, dass der Umgang mit „Theorie" nicht vorschnell mit den üblichen wissenschaftlichen Paradigmen identifiziert wird, sondern die Aufmerksamkeit stärker auf die Praktiken und Formen gerichtet wird, wie Theorie eingesetzt wird. An die Stelle eines (holistischen) Erkenntnisprogramms treten der Umgang mit Wissensformen und der Vollzug des Erkenntnisbildungsprozesses. Eine solche praxeologisch inspirierte Perspektive würde von historischen Reflexionen profitieren, ist doch mit Fleck (1980) zu konstatieren, dass es sich bei der Wissenschaft um eine soziale und kulturelle Angelegenheit handelt. Für jeden wissenschaftlichen Erkenntnisvorgang ist zentral, was ihm vorausgeht und auf welche Wissensgrundlagen,

4 Entsprechend lässt sich dies an der Positionierung von Theorie im erziehungswissenschaftlichen Studium nachvollziehen. Vgl. dazu das Statement von Kerstin Jergus in diesem Band.

Forschungsroutinen und Praktiken der Organisation von Wissen er sich stützen kann. Auf diese Weise werden die Pluralität und Kontingenz im wissenschaftlich-theoretischen Arbeiten zugänglich und die Dichotomie von „theoretischem Wissen" und „anwendungsbezogenem Wissen" eingeklammert. Man sieht sich komplexen Ausdifferenzierungsprozessen gegenüber, in denen gleichermaßen das, was als „Grundlegung" und was als „Anwendung" verstanden wird, Refigurationen unterliegt.

Die folgende Darstellung muss sich darauf beschränken, das gegenwärtige Feld der Bildungs- und Erziehungsphilosophie im Hinblick auf Theorie als Ausprägung einer „Wissensarbeitsforschung" zu fokussieren. Der Ausgangspunkt hierfür ist die Auseinandersetzung um die Allgemeine Pädagogik, mit der ein doppelter Aspekt verbunden ist, der im Weiteren genauer zu erläutern ist: Der Problematisierung von disziplinären Einheitsvorstellungen steht eine spezifisch *philosophische* Signatur von Theoriebildung zur Seite.

Die Debatte um die Allgemeine Pädagogik steht für eine Entwicklung weg von systematischen Einheitsentwürfen hin zu einem „Schauplatz" disziplinärer Auseinandersetzung, der selbst von Pluralität und Differenz geprägt ist. Einer Beschreibung Norbert Rickens folgend hat sich verschoben, „was unter ‚Allgemeiner Pädagogik' verstanden werden kann, von einer (vermeintlichen) fundierenden Grundlagenreflexion zu einer problematisierenden Grenzreflexion" (Ricken 2010, S. 21). Ähnlich weist Michael Wimmer (2014) der Allgemeinen Erziehungswissenschaft die Aufgabe zu, sich *„jedem System"* zu verweigern (Wimmer 2014, S. 384, Hervorh. i. O.) und „die Tugend der Kritik und ihre Tradition zu pflegen und zugleich einer genealogischen Dekonstruktion zu unterziehen, ohne sie aufs Spiel zu setzen, d. h. zugleich die dogmatische Form der Kritik und das, was diese kritisierte, zu problematisieren" (ebd., Hervorh. i. O.). Wimmer versteht diese Bestimmung gerade auch als Antwort auf gegenwärtige Transformationsprozesse, die im weitesten Sinn auf den Legitimationsverlust von Wissen zu beziehen sind.

Diese Charakterisierung der Allgemeinen Pädagogik steht mit einer philosophischen Dimension erziehungswissenschaftlicher Theoriebildung in Verbindung, welche für die Konstitution der Kommission Bildungs- und Erziehungsphilosophie und ihre Arbeit zentral war bzw. ist. Mit dem Bezug auf Philosophie ist nicht gemeint, dass Bildungs- und Erziehungsphilosophie eigentlich im Fach „Philosophie" verortet sein sollte, wie das mitunter formuliert wird (Stojanov 2017). Auf der ersten Tagung der Sektion „Allgemeine Erziehungswissenschaft" im Jahr 2000 an der TU Dortmund führte Jörg Ruhloff im Rahmen einer Zwischenbilanz für die Kommission aus, dass das Verhältnis der Fachphilosoph*innen zur Erziehungs- und Bildungsphilosophie eher von Unkenntnis und Desinteresse geprägt sei (Ruhloff 2002, S. 85). Gegen eine regionalphilosophische Bestimmung wandte sich auch Wolfgang Fischer (1997), der den philosophischen Zug der Bildungs- und Erziehungsphilosophie im Wesentlichen als Legitimitätsanalyse und -kritik pädagogischen Wissens[5] fasste (Fischer 1989; 1996).

Mit der Legitimitätsanalyse und -kritik – oder breiter gesprochen – mit der „Arbeit am Begriff" wird eine Vielzahl philosophischer Systematiken für die Bildungs- und Erziehungsphilosophie relevant und zwar nicht nur für die Prüfung und Reflexion pädagogischen Wissens, sondern auch für systematische Theoriekonstruktion bzw. -bildung. Wie oben bereits angeführt, sollen im Folgenden nicht die philosophischen Schulen und Traditionen leitend sein. Der Fokus liegt auf dem Vollzug theoretischen Arbeitens und darauf, welche Erkenntnisinteressen sich damit verdichten – über verschiedene Paradigmen und Schulen hinweg. In der folgenden Skizze bildet die „Allgemeine Pädagogik" insofern eine Referenzfolie, als sich damit Streifzüge durch das Feld der Bildungs- und Erziehungsphilosophie unternehmen lassen, für die skeptisch-kritische Sondierungen pädagogischen Wissens (a), die Frage der kategorialen Systematik (b) sowie der disziplinären Grenzverschiebungen (c) wichtige Stationen bilden.

(a) Die bereits angesprochene Legitimitätsanalyse und -kritik, die Wolfgang Fischer in seinem skeptisch-transzendentalkritischen Einsatz ausformuliert hat, lässt sich als markante und wichtige Spielart der Untersuchung pädagogischen Wissens im Feld der Bildungs- und Erziehungsphilosophie kennzeichnen. Die Aufgabe von Theorie als Wissensarbeitsforschung besteht hier in einer skeptischen Inblicknahme jener Voraussetzungen, die in pädagogischen Aussagen, Tätigkeiten, Positionen etc. (meist unbedacht) wirksam sind. Durch die transzendentale Analyse können Letztere in ihrer Geltungsreichweite bestimmt und ggf. revidiert werden. Für die pädagogische Skepsis, wie Fischer sie dachte, war zum einen – mit Kant – die Täuschungsanfälligkeit der menschlichen Vernunft relevant, welche es erforderlich machte, der Skepsis eine geradezu methodische Funktion zuzuweisen (Fischer 1996). Zum anderen war eine Blickverschiebung zentral, welche die Position des Denkens oder der Theorie vom Wahrheitsanspruch zunächst ablöste: Zwar kann sich der skeptische Blick auf alle möglichen pädagogischen Gegenstände und Wissensformen richten; zugleich bedeutet dies auch, die Frage nach einem legitimen pädagogischen Wissen nicht positional zu besetzen.

Für das Feld der Bildungs- und Erziehungsphilosophie wird hier deutlich, dass erziehungswissenschaftliche Theoriebildung nicht auf Gegenstandstheorien begrenzt ist. Dass eine wichtige Dimension von Theoriebildung gerade auch darin zu sehen ist, welche Verhältnisse (oder auch Widersprüche) zwischen pädagogischen Konzepten und gesellschaftlicher Praxis bestehen, hat u. a. Carsten Bünger prägnant dargestellt, als er die Rolle der Bildungstheorie als Befragung

5 Damit war und ist ein genuin pädagogisches bzw. erziehungswissenschaftliches Erkenntnisinteresse gefasst, das über die Disziplin der Philosophie nicht einholbar ist.

von sozial wirkmächtigen Bildungsbeanspruchungen gefasst hat (Bünger 2019, S. 38). Was hier einerseits greifbar wird, ist, dass Anspruch und Aufgabe von Theorie unter (den Eindrücken von) gesellschaftlichen und historischen Transformationen stehen, wie es oben mit Wimmer (2002) bereits angedeutet wurde (vgl. dazu auch Casale 2011). Andererseits ist die Bildung pädagogischen Wissens mit einem Problemindex versehen: Pädagogische Gegenstandstheorien sind nicht von Finalität gekennzeichnet. Vielmehr sind diese von einer Operativität her zu denken, pädagogische Vollzüge der Wissens- und Denkarbeit zugänglich zu machen.

Der bis hierhin verfolgte Anspruch einer skeptisch-kritischen Sondierung pädagogischen Wissens wird auch dadurch aufgenommen, dass auf Kritik abzielende Kategorien als für pädagogische Wissensbildung relevant ausgewiesen werden, darunter – neben „Kritik“ selbst (Pongratz/Nieke/Masschelein 2004) – ein „nicht-affirmatives pädagogisches Denken“ (Benner 2008), „Widerstreit“ (in je eigenen Akzentuierungen: Koller 2003; Ruhloff 1991) oder auch „Befremdung“ (Ruitenberg 2009). Sabrina Schröder und Daniel Wrana haben in diesem Sinn die Kategorie der „Problematisierung“ ausgearbeitet: Über die Potenzierung des Möglichkeitsstatus pädagogischer Beschreibungen bzw. Diskurse wird die Unmöglichkeit der Schließung des Pädagogischen offenbar (Schröder/Wrana 2017, S. 68 ff.).

(b) Wo die Frage pädagogischer Begriffe und Kategorien aufgenommen wird, ist es wichtig herauszustellen, dass bei aller Pluralisierung und Vervielfältigung ein systematischer Anspruch des Theoretischen aufrechterhalten wird – im Sinne einer Konsistenz und Kohärenz erziehungswissenschaftlicher Theoriearbeiten. In diesen werden Phänomenbeschreibungen, Begriffe, Transformationen zum Ausgangspunkt einer systematisch geleiteten Fokussierung. So kann aus anerkennungstheoretischer Sicht die Relationalität menschlicher Existenz systematisch für eine begriffliche Neufassung von „Bildsamkeit“ genutzt werden (Ricken 2012). Mit einer solchen theoretischen Operation wird die Beschreibung der „sozialen Konzeption des Menschlichen“ in systematischer Abgrenzung zum anthropologischen Topos der Weltoffenheit des Menschen zur expliziten Aufgabe (ebd., S. 347). Dass diese Formen systematischer Bearbeitung für die Erziehungswissenschaft in ihrer gesamten Breite produktiv sind, wird besonders an den Kommissionsbänden „Die Sozialität der Individualisierung“ (Ricken/Casale/Thompson 2016) und „Heterogenität. Zur Konjunktur eines pädagogischen Konzepts“ (Koller/Casale/Ricken 2014) ersichtlich.

Die systematische Theoriearbeit ermöglicht, eingespielte pädagogische Denkgewohnheiten mit einem Fragezeichen zu versehen. Dazu seien einige Studien genannt, darunter Käte Meyer-Drawes Studien zur Leiblichkeit, durch die eine situierte Vernunft Gestalt annimmt und rationalistische Orientierungen in Pädagogik und Erziehungswissenschaft einer Kritik unterzogen werden

(Meyer-Drawe 1984; 1997; 2008). Roland Reichenbachs Ausführungen zum dilettantischen Subjekt (2001) lassen sich als systematischer Einsatz der Erziehungstheorie fassen, der von der Faktizität und Konfliktgeladenheit pädagogischer Begegnungen bzw. Beziehungen ausgeht und damit auf der Grundlage der Pluralität menschlichen Handelns einen Einspruch gegen eine pädagogische Schönwetter-Rhetorik erhebt.

Anzuführen sind an dieser Stelle auch Michael Wimmers Studien zum Paradoxieproblem der Pädagogik (zuletzt Wimmer 2016) bzw. zur „Pädagogik als Wissenschaft des Unmöglichen" (Wimmer 2014). Unmöglichkeit und Ausweglosigkeit werden in ihrer systematischen Produktivität für die Pädagogik bestimmt, z. B. im Hinblick auf die paradoxe Struktur einer Erfahrung des Neuen, die für Lern- und Bildungsprozesse zentral ist.

> „Würde das Rätsel des Lernens gelöst, verschwände paradoxerweise auch die Möglichkeit des Radikal Neuen und damit das, was man Lernen nennen könnte. Lernen ist daher doppelt paradox, als Begriff wie auch als Prozess, den der Begriff bezeichnet. Er nötigt das Denken zur Entwicklung eines neuen Gedankens, der an keine bisher bekannte Theorie des Lernens anschließen oder aus bekanntem Wissen abgeleitet werden kann. Die Lerntheorie steckt in demselben Paradox wie ihr Gegenstand und wird von ihr angetrieben, wie das Lernen selbst wohl auch" (Wimmer 2017, S. 363).

Während die Beiträge von Meyer-Drawe, Reichenbach und Wimmer bei den systematischen Grundlagen von Theoriearbeit ansetzen, indem sie auf die Rolle der Vernunft, die Abständigkeit idealistisch-pädagogischer Konzepte und die Bedeutsamkeit des Paradoxieproblems für Pädagogik eingehen, erstreckt sich die systematische Arbeit in der Bildungs- und Erziehungsphilosophie auch darauf, den Standpunkt des Theoretisierens und die Möglichkeit der historisch-systematischen Rekonstruktion selbst zu bestimmen. Im Lichte der oben bereits angeführten gesellschaftlichen und historischen Transformationen ist es dann systematisch angezeigt, Theoriediskurse selbst zu historisieren, wie dies beispielsweise Martina Lütke-Harmann (2016) in ihrer Studie zur politischen Epistemologie (und zu Verhältnisbestimmung des Politischen zum Sozialen) unternommen hat. Eine andere systematische Blickrichtung ist von Carsten Bünger und Sabrina Schenk aufgenommen worden, die das Tradieren als Übersetzen ausformuliert haben (Bünger/Schenk 2019).

(c) Der Begriff der Übersetzung lässt sich auch aufgreifen, um jene erziehungswissenschaftliche Theoriearbeit zu charakterisieren, die sich unter dem Stichwort der „disziplinären Grenzverschiebungen" als Lektüren zu Michel Foucault, Pierre Bourdieu, Judith Butler, Niklas Luhmann, Hannah Arendt u. a. entsponnen haben. Kerstin Jergus hat beispielsweise die Rezeption der Arbeiten Butlers für eine systematisch-erziehungswissenschaftliche Feldvermessung genutzt. Die

Produktivität des Blicks kommt durch die Irritation der Ordnungen des Innen und Außen zustande, die sich im genannten Beitrag auf die Hervorbringung des Subjekts richtet.

> „Dass Kritik wie Bildung ein Subjekt adressieren, dessen Souveränität sie hervorbringen wie eben dadurch kreuzen, wird für erziehungswissenschaftliche Theorien und Forschungen zur Frage danach, durch welche Sprache, durch welche Normen, durch welche Machtverhältnisse sie gesprochen und in Anspruch genommen werden, wenn das Subjekt den Ausgangs- und Fluchtpunkt ihrer Überlegungen darstellt" (Jergus 2012, S. 36).

Dass in diesen und anderen Beiträgen (vgl. zum Innen und Außen auch Masschelein/Ricken 2002) die Wissensordnungen der Erziehungswissenschaft zur Frage stehen, ist für zwei weitere Schauplätze der Theoriearbeit von Bedeutung, die hier unter den „disziplinären Grenzverschiebungen" angesprochen werden sollen: zum einen das Verhältnis von erziehungswissenschaftlicher Theorie und Empirie und zum anderen eine kulturwissenschaftliche Forschung, die kulturelle Werke für die erziehungswissenschaftliche Wissensbildung nutzt.

Zum Verhältnis von Theorie und Empirie sei festgehalten, dass wechselseitige Anregung und Weiterführung an die Stelle kurzsichtiger Frontstellungen gerückt sind. Bildungsphilosophische Reflexionen werden genutzt, um die empirische Zugangsweise zu Bildungsprozessen zu reflektieren (Kokemohr 2007; Nohl 2006b; Brinkmann 2015). Die hier verfolgten Fragen betreffen in ihrer Grundsätzlichkeit die Identifizierung bzw. Identifizierbarkeit von Bildungsprozessen selbst (Koller 2006; Schäfer 2006; Thompson/Jergus 2014). Umgekehrt eröffnen empirische Studien die Möglichkeit, systematischen Problemstellungen nachzugehen, wie dies z. B. im Zusammenhang der Spontaneität von Bildungsprozessen (Nohl 2006a), zu Weltbezug bzw. Weltvergessenheit des Bildungsdenkens (Wigger 2006; Rosenberg 2010) oder zum Verhältnis von Bildung und Subjektivierung erfolgt ist (vgl. auch Ricken/Casale/Thompson 2019).

Die Annäherung von Theorie und Empirie verlief auch über eine stärkere kulturwissenschaftliche Akzentuierung der Erziehungswissenschaft. In diesen Zusammenhang gehört die Filmbildungsforschung, aber auch die Auseinandersetzung mit Literatur und Serien (vgl. in Stellvertretung für viele Beiträge: Sanders 2014; Koller/Rieger-Ladich 2006). Die Produktivität für die erziehungswissenschaftliche Theoriebildung lässt sich in mindestens zweifacher Hinsicht bestimmen. Neben der oben bereits angesprochenen Irritation pädagogischer Denkfiguren (vgl. Koller/Rieger-Ladich 2014) liegt das große Potenzial dieser Theoriearbeit darin, die Darstellungsformen der kulturellen Werke bzw. Praxen für die erziehungswissenschaftliche Theoriebildung fruchtbar zu machen.

Die hier unternommenen Streifzüge müssen kursorisch bleiben. Allerdings war nicht eine vollständige Feldvermessung intendiert – die Wiedergabe eines bildungs- und erziehungsphilosophischen Denkkollektivs. Der Versuch, abseits von Theorieschulen und Paradigmen zu beschreiben, worum es in der Bildungs- und Erziehungsphilosophie geht, zielt auf die Aufgabenbestimmung in diesem Zweig der Wissensarbeitsforschung: ihre Erkenntnisinteressen, Arbeitsweisen und Selbstverständigungen (und also nicht auf eine Art ‚theoretischen Minimalkonsens'). Was die Streifzüge verdeutlichen, ist, dass sich die Theoriebildung auf sehr unterschiedlichen Ebenen bewegt und somit weit über engere gegenstandstheoretisch angelegte Bestandsaufnahmen von pädagogischen Prozessen hinausgeht. Dabei bleiben die theoretischen Verständigungen eng auf historische und gesellschaftliche Transformationen bezogen. An Letzteren prüft sich Theoriebildung hinsichtlich ihres ‚Realitätsgehalts'. Dass diese Theoriearbeit kein Selbstzweck ist, sondern ihr eine Responsivität innewohnt, die sie aus der Überwindung dogmatischer Theorievorstellungen gewinnt, macht sie geeignet, die Veränderung pädagogischer Verhältnisse (auch wie sie im ersten Teil skizziert worden ist) zu erschließen.

Um einen kleinen Vorblick – und womöglich auch die Vorfreude auf die Lektüre – zu befördern, werden im Folgenden die Beiträge im Licht von Praktiken und Formen von Theorie skizziert. Die Teile des Bandes stehen unter den folgenden Überschriften: „Zukunft der Bildungsphilosophie", „Bildungsphilosophische Einsätze", „Medien und Medialität in der Bildungs- und Erziehungstheorie", „Systematische Forschung zwischen Konstruktion und Rekonstruktion", „(Bildungs-) Philosophische Perspektiven auf ‚Methode': Haltung, Grenze, Exploration" sowie „Zur Frage der Methode in der Bildungs- und Erziehungsphilosophie".

3 Vorblicke auf die Theoriearbeit in diesem Band

Der Einleitung folgt der Beitrag von *Olaf Sanders* unter der Überschrift „Zukunft der Bildungsphilosophie". Der Beitrag versucht das Philosophie-Verständnis nach Althusser und Deleuze/Guattari für die Bildungsphilosophie fruchtbar zu machen. Dabei komme es darauf an, Begriffe zu bilden, die, so Sanders, in Abhängigkeit von Problemen zu formulieren seien, die man für schlecht gesehen oder schlecht gestellt hält. Der Bezug auf die Zukunft wird greifbar in der Weise, wie sich die Bildungsphilosophie der dann darstellbaren Probleme annimmt. In seinem Beitrag macht Sanders minoritäre Positionen geltend, darunter (mit Latour) Gaia als Akteurin im Anthropozän, woraus sich ein anders justiertes Bildungsverständnis als „Werden-mit anderen" gewinnen lässt.

In der Bildungs- und Erziehungsphilosophie ist wiederholt am Begriff des *Einsatzes* angeknüpft worden (Masschelein/Wimmer 1996; Fischer 1997). Herausgestellt wird, dass mit „Einsatz" ein Einstieg und Anfang in etwas sich bereits Vollziehendes erfolgt und der Einsatz einen Wert markiert, der mit dem Handeln auf dem Spiel steht. Eben diese Deutungen werden von *Carsten Bünger* in seinem Beitrag aufgegriffen, um eine Verschiebung der erkenntnistheoretischen Perspektive zu markieren: Ausgehend von der Auffassung, dass sich erziehungswissenschaftliche Theoriebildung nicht außerhalb von sozialen Machtformationen vollzieht, plädiert er dafür, der Verwobenheit von Theorie und Politik nachzugehen und daraus sich ergebende ethische und politische Reflexionsbedarfe zu bestimmen. Das Motiv des „eingreifenden Denkens" nach Brecht dient dazu, diesen Einsatz einer reflexiven Erkenntnispolitik der Bildung einzuholen.

Auch im Beitrag von *Daniel Burghardt* geht es um einen Einsatz, der das Verhältnis von pädagogischer und politischer Veränderung zu bestimmen sucht. Anschließend an Bini Adamczak werden die Revolutionsbewegungen von 1917 und 1968 im Hinblick darauf untersucht, wie in ihnen gesellschaftliche Veränderung als möglich bzw. realisierbar gedacht worden ist. Ausgehend von den Erfahrungen des Scheiterns dieser Revolutionen wird von Burghardt der Einsatz des Heute in einer Verknüpfung von Bildung und Revolution im Sinne transformatorischer Beziehungsweisen gesehen, in der Solidarität und Care-Commons eine wichtige Rolle spielen. Hier lässt sich der Beitrag von *Edgar Forster* und *Madeleine Scherrer* anschließen, die mit Nancy „mondialisation" als Aufgabe der *Bildung einer Welt* bestimmen. Es kommt alles darauf an (ebenfalls eine wichtige Bedeutung von „Einsatz") zu artikulieren, wie die Welt ohne Modell oder Ursprung ausgeführt werden kann (Nancy: „*engager*"). Einsatz impliziert also auch eine Verpflichtung und Verantwortung, die durch eine Zuwendung eingegangen wird. Im Beitrag von *Agnieszka Czejkowska* wird deutlich gemacht, wie entscheidend es ist, ein angemessenes Verhältnis von pädagogischer Praxisreflexion und bildungsphilosophischer Theoriebildung zu gewinnen. So beruht dieser Einsatz ganz wesentlich darauf, Getrenntes zu vermitteln, aber auch Verschränkungen wie die von neuhumanistischem Bildungsideal und Kompetenzdiskurs zu problematisieren. Für beides bieten posthumanistische pädagogische Entwürfe vielversprechende Einspruchs- und Reflexionsmöglichkeiten.

Im dritten Teil des Bandes sind unter „Medien und Medialität in der Bildungs- und Erziehungstheorie" drei Beiträge versammelt, die sich der bildungsphilosophischen Produktivität von Literatur, Film und TV-Serien versichern. Der Beitrag von *Hans-Christoph Koller* bietet eine Zwischenbilanz eines schon länger verfolgten Austauschs, ob und wie pädagogische Lektüren von Romanen für die Erziehungswissenschaft und für die pädagogische Theoriebildung im Besonderen weiterführend sind. Auf der Grundlage von Beiträgen aus diesem Feld unterscheidet Koller drei theoretische Praktiken der Bezugnahme auf literarische Texte und pointiert den Mehrwert des Wissens: Die Bezugnahme bietet Veranschaulichung wie auch Konkretion von pädagogischen Sachverhalten, die im Rahmen theoretischer Beschreibung sehr abstrakt bleiben. In der zweiten Spielart der Bezugnahme geht es um die Sensibilisierung für Themen, die in der Erziehungswissenschaft wenig Beachtung finden, darunter das Scheitern (Koller/Rieger-Ladich 2014). Befremdung und Irritation machen die dritte Praktik der

Bezugnahme auf literarische Texte aus, das heißt die Möglichkeit, pädagogische Ordnungen infrage zu stellen.

Während Koller die Produktivität der Literatur über die Praktiken des Theoretisierens bestimmt, konzentriert sich *Andrea Sabisch* in ihrem Beitrag darauf, die Bildlichkeit des Films zu erfassen – unter dem Anspruch, trotz des sprachbasierten Denkens der Eigenlogik der Bilder gerecht zu werden. Montage und Assoziation werden daraufhin untersucht, wie Bilder zwischen Bild- und Sehereignis Gestalt annehmen. Dies gibt bereits einen Vorverweis auf das Anliegen des Aufsatzes, Bildung von der Medialität des Films her zu denken und systematisch auszuarbeiten. Während Sabisch Theorie als Bildarbeit konzipiert, durchmisst *Markus Rieger-Ladich*, wie das Autor*innenfernsehen komplexe gesellschaftliche Dominanzverhältnisse und rassistische Strukturen einsehbar macht. Jüngere Serien, wie „Orange is the New Black" würden sich dazu unterschiedlicher narrativer Strukturen bedienen: der Multiperspektivität des Erzählens, des Verzichts auf souveräne Erzählpositionen und der Entwicklung ambiguer Figuren. Nach Rieger-Ladich wird, mit Rorty gesprochen, die Kontingenz unseres eigenen moralischen Begriffsrepertoires offensichtlich. Dieses Gewahren der eigenen Situiertheit eröffnet andere Erfahrungsräume und damit auch Bildungsprozesse.

Im vierten Teil des Buches sind Beiträge versammelt, die systematische Forschung zwischen Konstruktion und Rekonstruktion vollziehen. Im Beitrag von *Arnd-Michael Nohl* gestaltet sich dies als Reflexion des Verhältnisses von empirischer Forschung und Theoriebildung, die im Rahmen von vier „Mechanismen" zur Darstellung kommt. Ausgehend davon werden Horizonte der Systematisierung unterschieden: Im inneren Horizont der Systematisierung werden theoretische Grundbegriffe, Methodologie und empirische Forschung in ihren jeweiligen Bezügen und Verweisungszusammenhängen angesiedelt. Davon unterschieden wird ein zweiter äußerer Horizont der Systematisierung, der auf die systematischen Beziehungen unterschiedlicher Ansätze innerhalb der Erziehungswissenschaft abhebt. Mit den sich vollziehenden Differenzierungen zwischen diesen Horizonten scheint ein dritter Horizont auf – ein Möglichkeitshorizont der Pädagogik, der auf die hohe Bedeutung der innerdisziplinären Kommunikation verweist.

Daniel Wrana rekonstruiert die bildungstheoretischen Rahmungen und theoriestrategischen Einsätze in der Auseinandersetzung um die PISA-Debatte. Es wird u. a. gezeigt, welche systematischen Konsequenzen sich aus den Einsätzen für das Verständnis von Allgemeinbildung ergeben. Letztere impliziert bei der einen Position die Forderung der Reflexivität schulischen Wissens, bei der anderen die Affirmation schulischer Selektion. Die systematische Leitunterscheidung im Beitrag von *Thomas Mikhail* ist die von verschiedenen Formen oder Modi der Kritik: *erkenntnistheoretisch* versus *erkenntnispolitisch.* Während sich die erstgenannte Form auf die Legitimitätsprüfung bezieht, richtet sich die letztgenannte auf faktische und politisch bedingte Zusammenhänge. Der Beitrag regt dazu an, die beiden Formen in ein wechselseitiges Verhältnis der Anregung und Selbstprüfung zu überführen, womit die Bedeutung von Kritik selbst nochmals unterstrichen wird.

Im Teil „(Bildungs-)Philosophische Perspektiven auf ‚Methode': Haltung, Grenze, Exploration" werden über den Methodenbegriff Reflexionsverhältnisse im Forschen erschlossen. Den Ausgangspunkt des Beitrags von *Ruth Sonderegger* bildet der übermächtige Status von Methoden, der mit den strukturellen Bedingungen bzw. Zwängen des Wissenschaftsbetriebs (auch in Zeiten eines sich ausweitenden kognitiven Kapitalismus) in Verbindung gebracht wird. Im geweiteten Forum pluraler, globaler Wissen-(schaft-)sgeschichten stellen sich andere Anforderungen: die selbstkritische Reflexion der Wissensproduktion wie auch das Finden und Erfinden neuer (auch die Kunst einbeziehender) Methoden, um die politisch-soziale und ökologische Zerstörung der Erde zu durchmessen.

Sabine Krause fokussiert in ihrem Beitrag die Wissensproduktion in und mit Theorien, die immer auch Haltungen und Umgangsweisen mit Begriffen etc. implizieren, wie anhand von Flecks „Denkkollektiv" plausibel gemacht wird. Präsentiert wird anschließend ein Lehrprojekt, in dem Narrationen mit Fotografien den Studierenden die Teilhabe an der Wissensarbeitsforschung als kommunikatives Geschehen eröffnen. Das epistemische Subjekt wird darin als verwobenes und positioniertes sichtbar, das in der Wissensarbeit immer auch ausgesetztes ist. Die damit deutlich werdende epistemische Macht wird auch im Beitrag von *Tatjana Schönwälder-Kuntze* behandelt. Ihre methodischen Reflexionen richten sich auf einen Umgang mit sich und anderen im Denken bzw. Argumentieren. Mit der Haltung des doppelten hermeneutischen Respekts umschreibt Schönwälder-Kuntze eine Veränderungsbereitschaft, das heißt eine Offenheit der Veränderung des eigenen Standpunkts und der wohlwollenden Einstellung gegenüber anderen Positionen. Diese in der Philosophie als *„principle of charity"* bezeichnete Haltung lässt sich lern- und bildungstheoretisch – auch mit Blick auf die Universität – ausformulieren.

Im letzten Teil des Buches sind Kurzstatements zu Methode und Methodisierung in der Bildungs- und Erziehungstheorie versammelt. Die Idee für diesen Teil entstand im Nachgang der Podiumsdiskussion zum gleichen Thema auf der Tagung der Kommission in Hamburg. Die von *Rita Casale, Kai Wortmann, Kerstin Jergus, Martina Lütke-Harmann, Hanno Su, Andreas Gelhard* sowie *Norbert Ricken* erstellten Kurzbeiträge thematisieren gleichermaßen die sachlichen Gründe für einen stärkeren Bezug auf theoretische Methoden wie auch die damit einhergehenden Risiken und Probleme. In den Statements werden überdies disziplinspezifische Entwicklungen der Erziehungswissenschaft aufgegriffen, die eine wichtige Kontextualisierung der Forderung nach Methoden bilden. Nicht zuletzt skizzieren diese Beiträge methodisch-methodologische Aspekte bildungsphilosophischer Arbeitsformen.

Literatur

Anderson, Chris (2008): The End of Theory: The Data Deluge Makes the Scientific Method Obsolete. Wired. URL: https://www.wired.com/2008/06/pb-theory/ (Abfrage: 07.08.2020)

Bellmann, Johannes/Müller, Thomas (Hrsg.) (2011): Wissen, was wirkt. Kritik evidenzbasierter Pädagogik. Wiesbaden: Springer VS

Benner, Dietrich (2008): Bildungstheorie und Bildungsforschung. Paderborn: Schöningh

Bos, Wilfried/Postlethwaite, T. Neville (2014): Internationale Schulleistungsforschung: Ihre Entwicklungen und Folgen für die deutsche Bildungslandschaft. In: Weinert, Franz (Hrsg.): Leistungsmessungen in Schulen. Weinheim/Basel: Beltz Juventa, S. 251–267

Brinkmann, Malte (2015): Pädagogische Empirie. Phänomenologische und methodologische Bemerkungen zum Verhältnis von Theorie, Empirie und Praxis. In: Zeitschrift für Pädagogik 61, H. 4, S. 527–545

Bünger, Carsten (2019): Bildungstheorie als eingreifendes Denken. Studien zur Transformation pädagogischer Kritik. Habilitationsschrift, Ms.

Bünger, Carsten/Schenk, Sabrina (2019): „Belehrung" und „Neufassung" – Tradieren als Übersetzen. Überlegungen zum Anschluss an Günther Buck und Heinz-Joachim Heydown. In: Rieger-Ladich, Markus/Rohstock, Anne/Amos, Karin (Hrsg.): Erinnern, Umschreiben, Vergessen. Die Stiftung des disziplinären Gedächtnisses als soziale Praxis. Weilerswist: Velbrück, S. 235–253

Casale, Rita (2011): Über die Aktualität der Bildungsphilosophie. In: Vierteljahrsschrift für wissenschaftliche Pädagogik 87, H. 2, S. 322–332

Casale, Rita/Röhner, Charlotte/Schaarschuch, Andreas/Sünker, Heinz (2010): Entkopplung von Lehrerbildung und Erziehungswissenschaft: Von der Erziehungswissenschaft zur Bildungswissenschaft. In: Erziehungswissenschaft 21, H. 41, S. 43–66

Dinkelaker, Jörg/Meseth, Wolfgang/Neumann, Sascha/Rabenstein, Kerstin (2016): Die Erziehungswissenschaft, ihr Gegenstand und ihre Empirie. Sondierungen im Spannungsfeld von traditionellen Kontroversen und reflexiver Empirisierung. In: Meseth, Wolfgang/Dinkelaker, Jörg/Neumann, Sascha/Rabenstein, Kerstin/Dörner, Olaf/Hummrich, Merle/Kunze, Katharina (Hrsg.): Empirie des Pädagogischen und Empirie der Erziehungswissenschaft. Bad Heilbrunn: Klinkhardt, S. 13–30

Fischer, Wolfgang (1989): Unterwegs zu einer skeptisch-transzendentalkritischen Pädagogik. Ausgewählte Aufsätze 1979–1988. Sankt Augustin: Academia

Fischer, Wolfgang (1996): Pädagogik als Skepsis. In: Borrelli, Michele/Ruhloff, Jörg (Hrsg.): Deutsche Gegenwartspädagogik, Bd. II. Baltmannsweiler: Schneider, S. 16–27

Fischer, Wolfgang (1997): Über die Bedeutung der Philosophie für die „Pädagogik als Wissenschaft". In: Frischmann, Bärbel/Mohr, Georg (Hrsg.): Erziehungswissenschaft – Bildung – Philosophie. Weinheim: Deutscher Studien Verlag, S. 21–34

Fleck, Ludwik (1980): Entstehung und Entwicklung einer wissenschaftlichen Tatsache. Einführung in die Lehre vom Denkstil und Denkkollektiv. Frankfurt/M.: Suhrkamp

Herzog, Walter (2011): Eingeklammerte Praxis – ausgeklammerte Profession. Eine Kritik der evidenzbasierten Pädagogik. In: Bellmann, Johannes/Müller, Thomas (Hrsg.): Wissen, was wirkt. Kritik evidenzbasierter Pädagogik. Wiesbaden: Springer VS, S. 123–146

Hey, Tony/Tansley, Steward/Tolle, Kristin (2009): Jim Grey on eScience: A Transformed Scientific Method. In: Hey, Tony/Tansley, Stuart/Tolle, K. M. (Hrsg.): The Fourth Paradigm: Data-Intensive Scientific Discovery. Redmond: Microsoft Research, S. xvii–xxxi

Jergus, Kerstin (2012): Politiken der Identität und der Differenz. Rezeptionslinien Judith Butlers im erziehungswissenschaftlichen Terrain. In: Ricken, Norbert/Balzer, Nicole (Hrsg.): Judith Butler: Pädagogische Lektüren. Wiesbaden: Springer VS, S. 29–53

Jornitz, Sieglinde (2008): Was bedeutet eigentlich „evidenzbasierte Bildungsforschung"? Über den Versuch, Wissenschaft und Praxis verfügbar zu machen am Beispiel der Review-Erstellung. In: Die Deutsche Schule 100, H. 2, S. 206–216

Kitchin, Rob (2014): Big Data, New Epistemologies and Paradigm Shifts. Big Data and Society 1, H. 1, S. 1–12, https://doi.org/10.1177/2053951714528481

Kokemohr, Rainer (2007): Bildung als Welt- und Selbstentwurf im Anspruch des Fremden. Eine theoretisch-empirische Annäherung an eine Bildungsprozesstheorie. In: Koller, Hans-Christoph/

Marotzki, Winfried/Sanders, Olaf (Hrsg.): Bildungsprozesse und Fremdheitserfahrung. Beiträge zu einer Theorie transformatorischer Bildungsprozesse. Bielefeld: Transcript, S. 13–68
Koller, Hans-Christoph (2003): Bildungsprozesse im Zeichen des Widerstreits. Zur Bedeutung zu Lyotards Konzept des Widerstreits für Bildungstheorie und qualitative Bildungsforschung. In: Liebsch, Burkhard/Straub, Jürgen (Hrsg.): Lebensformen im Widerstreit. Frankfurt/M.: Campus, S. 161–179
Koller, Hans-Christoph (2006): Das Mögliche identifizieren? In: Pongratz, Ludwig/Nieke, Wolfgang/Wimmer, Michael (Hrsg.): Bildungsphilosophie und Bildungsforschung. Bielefeld: Janus, S. 108–125
Koller, Hans-Christoph/Casale, Rita/Ricken, Norbert (Hrsg.) (2014): Heterogenität. Zur Konjunktur eines pädagogischen Konzepts. Paderborn: Schöningh
Koller, Hans-Christoph/Rieger-Ladich, Markus (Hrsg.) (2006): Grenzgänge. Pädagogische Lektüren zeitgenössischer Romane. Bielefeld: Transcript
Koller, Hans-Christoph/Rieger-Ladich, Markus (Hrsg.) (2014): Vom Scheitern: Pädagogische Lektüren zeitgenössischer Romane III. Bielefeld: Transcript
Lütke-Harmann, Martina (2016): Symbolische Metamorphosen. eine problemgeschichtliche Studie zur politischen Epistemologie der Sozialpädagogik. Weilerswist: Velbrück
Masschelein, Jan/Ricken, Norbert (2002): Regulierung von Pluralität – Skizzen vom ‚Außen'. Erziehungsphilosophische Überlegungen zu Funktion und Aufgabe einer Allgemeinen Erziehungswissenschaft. In: Wigger, Lothar/Cloer, Ernst/Ruhloff, Jörg/Vogel, Peter/Wulf, Christoph (Hrsg.): Forschungsfelder der Allgemeinen Erziehungswissenschaft. Beiheft der Zeitschrift für Erziehungswissenschaft 1, S. 93–108
Masschelein, Jan/Wimmer, Michael (1996): Alterität Pluralität Gerechtigkeit. St. Augustin: Academia
Meseth, Wolfgang/Casale, Rita/Tervooren, Anja/Zirfas, Jörg (Hrsg.) (2019): Normativität in der Erziehungswissenschaft. Wiesbaden: Springer VS
Meyer-Drawe, Käte (1984): Leiblichkeit und Intersubjektivität. Phänomenologische Beiträge zu einer pädagogischen Theorie der Intersubjektivität. München: Fink
Meyer-Drawe, Käte (1997): Merleau-Pontys Öffnung der Vernunft. In: Jamme, Christoph (Hrsg.): Grundlinien der Vernunftkritik. Frankfurt/M.: Suhrkamp, S. 493–507
Meyer-Drawe, Käte (2008): Diskurse des Lernens. München: Fink
Nohl, Arnd-Michael (2006a): Bildung und Spontaneität. Phasen biographischer Wandlungsprozesse in drei Lebensaltern. Empirische Rekonstruktionen und pragmatistische Reflexionen. Opladen: Barbara Budrich
Nohl, Arnd-Michael (2006b): Qualitative Bildungsforschung als theoretisches und empirisches Projekt. Anlage und Ergebnisse einer Untersuchung zu spontanen Bildungsprozessen. In: Pongratz, Ludwig/Nieke, Wolfgang/Wimmer, Michael (Hrsg.): Bildungsphilosophie und Bildungsforschung. Bielefeld: Janus, S. 156–179
OECD (2002): Understanding the Brain. Toward a New Learning Science. Paris: OECD Publishing
OECD (2017): Schools at the Crossroads of Innovation in Cities and Regions. Centre for Educational Research and Innovation. Paris: OECD Publishing, https://doi.org/10.1787/20769679
Parreira do Amaral, Marcelo/Steiner-Khamsi, Gita/Thompson, Christiane (Hrsg.) (2019): Researching the Global Education Industry. Commodification, the Market and Business Involvement. Basingstoke: Palgrave Macmillan
Pongratz, Ludwig/Nieke, Wolfgang/Masschelein, Jan (Hrsg.) (2004): Kritik der Pädagogik – Pädagogik als Kritik. Opladen: Leske + Budrich
Rabinow, Paul (2003): Anthropos today. Reflections on Modern Equipment. Princeton: University Press
Reichenbach, Roland (2001): Demokratisches Selbst und dilettantisches Subjekt. Münster: Waxmann
Reichenbach, Roland (2020): Über Neomanie und die posttheoretische Phase in der Erziehungswissenschaft. In: ders.: Bildungsferne. Herausgegeben von Rolf Bossart. Zürich: diaphanes, S. 137–152
Reichenbach, Roland/Ricken, Norbert/Koller, Hans-Christoph (Hrsg.) (2011): Erkenntnispolitik und die Konstruktion pädagogischer Wirklichkeiten. Paderborn: Schöningh
Ricken, Norbert (2010): Allgemeine Pädagogik. In: Kaiser, Astrid/Schmetz, Ditmar/Wachtel, Peter/Werner, Birgit (Hrsg.): Bildung und Erziehung. Stuttgart: Kohlhammer, S. 15–42

Ricken, Norbert (2012): Bildsamkeit und Sozialität. Überlegungen zur Neufassung eines Topos pädagogischer Anthropologie. In: Ricken, Norbert/Balzer, Nicole (Hrsg.): Judith Butler: Pädagogische Lektüren. Wiesbaden: Springer VS, S. 329–352

Ricken, Norbert/Casale, Rita/Thompson, Christiane (Hrsg.) (2016): Sozialität der Individualisierung. Paderborn: Schöningh

Ricken, Norbert/Casale, Rita/Thompson, Christiane (Hrsg.) (2019): Subjektivierung. Erziehungswissenschaftliche Theorieperspektiven. Paderborn: Schöningh

Rohstock, Anne (2014): Antikörper zur Atombombe. Verwissenschaftlichung und Programmierung des Klassenzimmers im Kalten Krieg. In: Bernhard, Patrick/Nehring, Holger (Hrsg.): Den Kalten Krieg denken. Beiträge zur sozialen Ideengeschichte seit 1945. Essen: Klartext, S. 257–282

Romero, Cristóbal/Ventura, Sebastian/Pechenizkiy, Mykola/Baker, Ryan (Hrsg.) (2010): Handbook of Educational Data Mining. Boca Raton: CRC Press

Rosenberg, Florian von (2010): Bildung und das Problem der Weltvergessenheit. Überlegungen zu einer empirisch fundierten Bildungstheorie im Anschluss an Pierre Bourdieu. In: Vierteljahrsschrift für wissenschaftliche Pädagogik 86, H. 4, S. 571–586

Roth, Heinrich (2007): Die realistische Wendung in der Pädagogischen Forschung. In: Kraul, Margret/Thiersch, Hans (Hrsg.): Die Deutsche Schule, 9. Beiheft, S. 93–106

Ruhloff, Jörg (1979): Das ungelöste Normproblem der Pädagogik: eine Einführung. Heidelberg: Quelle & Meyer

Ruhloff, Jörg (1991): Widerstreit – eine architektonische Konstante im Aufbau der Pädagogik. In: ders./Schaller, Klaus (Hrsg.): Pädagogische Einsätze. Festschrift für Th. Ballauff zum 80. Geburtstag. Sankt Augustin: Academia, S. 71–85

Ruhloff, Jörg (2002): Bildungs- und Erziehungsphilosophie – ein Blick von innen. In: Wigger, Lothar/Cloer, Ernst/Ruhloff, Jörg/Vogel, Peter/Wulf, Christoph (Hrsg.): Forschungsfelder der Allgemeinen Erziehungswissenschaft. Beiheft der Zeitschrift für Erziehungswissenschaft 1, S. 83–91

Ruitenberg, Claudia (2009): Distance and Defamiliarisation: Translation as Philosophical Method. In: Journal of Philosophy of Education 43, H. 3, S. 421–435

Sanders, Olaf (2014): Filmbildungsforschung. In: Thompson, Christiane/Jergus, Kerstin/Breidenstein, Georg (Hrsg.): Interferenzen. Perspektiven kulturwissenschaftlicher Bildungsforschung. Weilerswist: Velbrück, S. 110–129

Schäfer, Alfred (2006): Bildungsforschung: Annäherungen an eine Empirie des Unzugänglichen. In: Pongratz, Ludwig/Nieke, Wolfgang/Wimmer, Michael (Hrsg.): Bildungsphilosophie und Bildungsforschung. Bielefeld: Janus, S. 86–107

Schäfer, Alfred (2012): Genealogie der Pädagogik. Die Neuerfindung der Pädagogik als praktische Wissenschaft. Paderborn: Schöningh

Schröder, Sabrina/Wrana, Daniel (2017): Zurück ins Problem. Über Problematisierung und Materialisierung in der Analyse des Pädagogischen. In: Thompson, Christiane/Schenk, Sabrina (Hrsg.): Zwischenwelten der Pädagogik. Paderborn: Schöningh, S. 61–76

Stojanov, Krassimir (2017): Was kann Bildungsphilosophie leisten? In: Spieker, Michael/Stojanov, Krassimir (Hrsg.): Bildungsphilosophie. Disziplin – Gegenstandsbereich – politische Bedeutung. Baden-Baden: Nomos, S. 51–64

Thompson, Christiane (2014): Autorisierung durch Evidenzorientierung. Zur Rhetorik der Evidenz als Versprechen gelingender pädagogischer Praxis. In: Schäfer, Alfred (Hrsg.): Hegemonie und autorisierende Verführung. Paderborn: Schöningh, S. 93–111

Thompson, Christiane (2019): Bildung in Zeiten globaler Expertise. In: Ricken, Norbert/Casale, Rita/Thompson, Christiane (Hrsg.): Subjektivierung. Erziehungswissenschaftliche Theorieperspektiven. Weinheim/Basel: Beltz Juventa, S. 281–300

Thompson, Christiane/Jergus, Kerstin (2014): Zwischenraum: Kultur. Bildung aus kulturwissenschaftlicher Sicht. In: Geimer, Alexander/Rosenberg, Florian von (Hrsg.): Bildung unter Bedingungen kultureller Pluralität. Wiesbaden: Springer VS, S. 9–26

Tröhler, Daniel (2015): The Medicalization of Current Educational Research and Its Effects on Education Policy and School Reforms. In: Studies in Cultural Politics of Education 36, H. 5, S. 749–767

Wigger, Lothar (2006): Habitus und Bildung. Einige Überlegungen zum Zusammenhang von Habitustransformation und Bildungsprozessen. In: Friebertshäuser, Barbara/Rieger-Ladich, Markus/Wigger, Lothar (Hrsg.): Reflexive Erziehungswissenschaft. Forschungsperspektiven im Anschluss an Pierre Bourdieu. Wiesbaden: Springer VS, S. 101–118

Williamson, Ben (2017): Who Owns Educational Theory? Big Data, Algorithms and the Expert Power of Education Data Science. In: E-Learning and Digital Media 14, H. 3, S. 105–122
Wimmer, Michael (2014): Pädagogik als Kulturwissenschaft. Programmatische Überlegungen zum Status der Allgemeinen Erziehungswissenschaft (2002). In: ders.: Pädagogik als Wissenschaft des Unmöglichen. Bildungsphilosophische Interventionen. Paderborn: Schöningh, S. 377–390
Wimmer, Michael (2016): Dekonstruktion und Erziehung. Studien zum Paradoxieproblem in der Pädagogik. Paderborn: Schöningh
Wimmer, Michael (2017): Die performative Kraft der Paradoxien. In: Thompson, Christiane/Schenk, Sabrina (Hrsg.): Zwischenwelten der Pädagogik. Paderborn: Schöningh, S. 345–369
Ydesen, Christian (2019a): The Formations and Workings of a Global Education Governing Complex. In: ders. (Hrsg.): The OECD's Historical Rise in Education. The Formation of a Global Governing Complex. Cham: Palgrave Macmillan, S. 291–304
Ydesen, Christian (Hrsg.) (2019): The OECD's Historical Rise in Education. The Formation of a Global Governing Complex. Cham: Palgrave Macmillan

I Zukunft der Bildungsphilosophie

Eine bildungsphilosophische Flaschenpost in Zeiten steigender Meeresspiegel und sich abzeichnender Superintelligenzen

Olaf Sanders

1 Zusammenhänge

„*Will mal sagn, das hat sich verschoben mit den Jahreszeiten. Sint allns die Atombomben an schuld. Es gibt kein Sommer*“ (Johnson 1996, S. 1862). Diese Sätze stammen aus Uwe Johnsons Roman „Jahrestage“. Als Teil einer kursiv gesetzten Passage unterbrechen sie den Erzählfluss. Für mich sagt sie Cresspahl, der Vater von Gesine. Sie könnten auch von Jacob stammen, dem toten Vater von Marie, die mit ihrer Mutter Gesine zur Zeit der Erzählung, also zwischen August 1967 und August 1968, in New York lebt. Gesine erzählt Marie, sich oder einem Tonband ihre Familiengeschichte, während Johnson auch die Zeitgeschichte erzählt.

So erfährt man in „Jahrestage“ z. B. auch von Abschuss und Gefangennahme des späteren Trump-Gegners John McCain (vgl. ebd., S. 229 [28. Oktober 1967]), an die im Sommer 2018 in Nachrufen und Beisetzungsberichten erinnert wurde. Johnson zitiert auch McCains Zweifel, ob er noch Napalm über „Nord-Vietnam“ abwerfen wolle, nachdem er erlebt habe, was das „Zeug“, das Heidegger (1993, S. 73, 77) zufolge bekanntlich erst in seiner Unverwendbarkeit auffalle und direkt mit dem Zeugen, der McCain ja war, zusammenhänge, den Menschen bei einem Brand auf dem Flug*zeug*träger *Forrestal* angetan habe. Johnson (ebd., S. 230) kontrastiert McCains Zweifel lakonisch mit: „Aber er hat es getan“, Napalm über Vietnam abgeworfen.

In den „Jahrestage[n]“ steigen bei der Zerstörung des fiktiven Militärflughafens Jerichow-Nord durch die rote Armee eine Reihe pilzförmiger Wolken auf. Natürlich hat die Sowjetarmee keine Atombomben eingesetzt, um die dem fiktiven Flughafen naheliegende reale Luftwaffenerprobungsstelle Tarnewitz in der Mecklenburger Heimat der Cresspahls zu zerstören; aber zur Zeit der Erzählung versiebenfachte sich die atmosphärische Radioaktivität, die sich anhand von Tritium, einem Nebenprodukt von Kernspaltungen, das bei den vielen damals durchgeführten Atombombentests freigesetzt wurde, nachweisen lässt (vgl. Lovelock 2008, S. 140). Der Philosoph Günther Anders (1972, S. 106 ff.) suchte schon zu Beginn der 1960er Jahre „Die Wurzeln der Apokalypse-Blindheit“ (1962), die er für die atomare Situation für typisch hielt. Einen ähnlichen Ton wie Anders schlägt auch Hans Joachim Schellnhuber an, Deutschlands wohl einflussreichster Klimaforscher, den ich in Dresden noch das Glück hatte zu hören, wenn er, unterstützt durch viele Schaubilder und Animationen, vor dem selbstgebahnten und auch längst schon beschrittenen Weg der Menschheit in die „Selbstverbrennung“ (2015) warnt. Schellnhuber ist anders als Anders kein Philosoph, sondern Naturwissenschaftler.

Die eben zitierte Feststellung „Es gibt kein Sommer“ verweist auf den nuklearen Winter, der für die Zeit nach einem Atomkrieg befürchtet wurde. Der Atmosphärenchemiker Paul Crutzen vermutet in einem in den frühen 1980er Jahren, als sich der kalte Krieg unter US-Präsident Reagan wieder zu erhitzen drohte, publizierten Artikel, dass die Nahrungsmittelproduktion auf der Nordhalbkugel aufgrund des errechneten Temperatursturzes nach einem Atomkrieg sehr wahrscheinlich zusammenbräche (vgl. Crutzen/Birks 1982). Heute kennt man Crutzen, der sich vor allem um die Verkleinerung des Ozonlochs verdient gemacht hat, als Stichwortgeber für das Anthropozän, das im Begriff ist, das Holozän als erdgeschichtliche Epoche abzulösen. Als Marker für den Erdepochenwechsel sind u. a. Radio-Nukleide im Gespräch, die es – anders als das Tritium, das auch ein Radio-Nukleid ist – vor dem ersten Atombombentest auf der Erde nicht gab. Dass dieser Atombombentest nicht unmittelbar naheliegende Folgen gehabt haben könnte, legt auch die merkwürdige achte Folge der sehenswerten dritten Season der Serie „Twin Peaks“ (2017) nahe, die den Titel „Gotta Light?“ trägt und die Detonation der Trinity-Bombe auf dem Testgelände in White Sands, New Mexico, zeigt. Zumindest in der Serie „Twin Peaks“ scheint die Atombombe an allem schuld zu sein. Unweit – das heißt rund zweieinhalb Autostunden südwestlich – des fiktiven *Ortes* Twin Peaks (Snoqualmie) befindet sich die Hanford Site, wo nicht nur das Plutonium für die Trinity-Bombe hergestellt wurde, sondern auch das für Fat Man, die über Nagasaki abgeworfene Bombe und viele weitere Bomben, die zu Tests oder glücklicherweise überhaupt nicht eingesetzt wurden. Die Hanford Site ist doppelt so groß wie Hamburg und gilt noch heute – nach einem nun auch schon beinah zwei Jahrzehnte währenden Dekontaminationsprozess – als eine der atomar verseuchtesten Regionen der nord-westlichen Welt.

Grundsätzlich gehe ich in diesem Beitrag davon aus, dass ein Epochenwechsel Innovation voraussetzt, Innovationen aber oft zunächst unerkannte oder auch unterschätzte Nebenwirkungen zeitigen.

Die eingangs zitierten Sätze stammen aus dem viertletzten Kapitel der „Jahrestage“, das dem 17. August 1968 zugeordnet ist. Der Roman endet am Vorabend der Invasion von Panzertruppen ausgewählter Warschauer-Pakt-Staaten in Prag, wohin Gesine im Auftrag einer amerikanischen Bank unterwegs war. Mit dem Roman endet der *Prager Frühling*. Auch hier verschieben sich Jahreszeiten. In der bis zum 28. Februar tagesgleichen Rückschau, zu der Johnsons Roman ein halbes Jahrhundert nach der erzählten Zeit einlud, wirkt der *Prager Frühling* wie die letzte Chance, einen demokratischen Sozialismus als „echte“ Alternative – und mit „echt“ meine ich: in größerem, immerhin nationalem Maßstab – zu den mehr oder weniger demokratischen Kapitalismen zu schaffen (vgl. Schulze

Wessel 2018). Inzwischen haben wir, wenn die Diagnose Frederic Jamesons, Slavoj Žižeks und Mark Fishers zutrifft, sogar verlernt, eine derartige Alternative auch nur zu denken. Dieser Mangel an Einbildungskraft lässt sich als Effekt des kapitalistischen Realismus begreifen (vgl. Fisher 2009), den der global wirksam werdende Neoliberalismus im von ihm mitverursachten und verschärften demokratischen Winter durchgesetzt hat.

In diesen Winter fiel nun der Sommer 2018, der vielerorts als Jahrhundertsommer gilt und sich als weiterer Hinweis auf Verschiebungen an der „Kohlenstoffbefreiungsfront" deuten lässt. Den Begriff „Kohlenstoffbefreiungsfront" prägt McKenzie Wark in seinem jüngsten Buch „Molekulares Rot" (2017), wo er auch erklärt, dass die erfolgreichste Befreiungsbewegung der vergangenen Jahrhunderte ironischerweise eben die des in Kohle und Öl gebundenen Kohlenstoffs war. Festhalten lässt sich also schon einmal: Es gibt noch Sommer und sie werden wahrscheinlich im Mittel in näherer Zukunft weiterhin wärmer und Atombomben sind daran zumindest nicht unmittelbar schuld. Aber eine Reihe bereits beiläufig zur Sprache gebrachter Verschiebungen und Verknüpfungen zwingen uns zu denken. „Think we must", wie Virginia Woolf (1989, S. 183 f.) es in „Drei Guineen" den „Töchtern gebildeter Männer" nahelegt. Auch in der Bildungs- und Erziehungsphilosophie scheint es mir geboten, Woolf'sche Frau-Werdensprozesse zu durchlaufen. Damit bin ich bei Deleuze und Guattari als erster Referenz für sehr vorläufige Antworten auf die Frage „Was ist Bildungsphilosophie?", die mit der Frage „Wozu Bildungsphilosophie?" zusammenhängt.

Ausgehend von diesen Fragen habe ich den ersten Entwurf des Themenvorschlags für die Tagung geschrieben, auf der ich den Vortrag hielt, der ein wenig verändert zu diesem Beitrag wurde. Carsten Bünger hat den Themenvorschlag dann um seine Fragen ergänzt und der Ordnung des Diskurses angepasst, bevor er zur Grundlage des vom Sprecherkreis formulierten Calls wurde, der den Tagungsrahmen dann noch einmal anders akzentuiert und geweitet hat. Weil schon in der ersten Diskussion unseres Themenvorschlags eingewandt wurde, dass meine Ausgangsfragen anderen Kommissionen und Sektionen der DGfE nur zu denken nahelegten, was in diesen womöglich sowieso als Gemeinplatz gelte, dass wir selbst nämlich nicht wüssten, warum wir täten, was wir täten und was das überhaupt sei: Bildungs- und Erziehungsphilosophie, scheint mir noch eine dritte Frage von Bedeutung: Wer legitimiert eigentlich unser Schreiben und Sprechen? Oder etwas Lacan'scher: Wen imaginieren wir eigentlich als großen Anderen, der mir in unserer Disziplin manchmal auch als zu großer Anderer zu wirken scheint?

Da ich nach wie vor für wichtig halte, Antwortversuche auf diese Fragen zu diskutieren, mir aber an reiner subdisziplinärer Selbstbespiegelung auch wenig gelegen ist, wird mich mein kleiner Fragenkatalog nur durch meinen Beitrag begleiten, in dem es – wie angekündigt – um ganz konkrete Bildungsherausforderungen gehen soll: um den Kampf um Gaia und die Vorbereitung auf ein Leben im Zeitalter künstlicher Superintelligenz. Das allein scheint mir schon ein großer

Ritt. Bei Ritt denke ich – auch im Hinblick auf die im Beitragstitel angekündigte Flaschenpost – eher an Welle als an Pferd und bei Flaschenpost eher an Adorno (1997, Bd. 4, S. 239; Bd. 12, S. 126) als an Kittler (2013). „Kampf um Gaia" heißt das Buch, das die acht übersetzten, überarbeiteten und erheblich erweiterten Gifford-Lectures enthält, die Bruno Latour 2013 in Edinburgh gehalten hat.

Bevor ich zu den Bildungsherausforderungen komme, werde ich im Rückgriff auf Althusser, Deleuze und Guattari sowie Agamben skizzieren, was ich als Bildungsphilosophie zu verstehen vorschlage. Weil Bildungsphilosophie im deutschen Sprachraum ein Teilgebiet der Allgemeinen Erziehungswissenschaft ist, deren vielfältiges Verhältnis zur Philosophie mir selbst klärungsbedürftig scheint und das der Selbstbefragung, wie oben angedeutet, zudem skeptisch begegnet, nähere ich mich der Bestimmung in einer Ausweichbewegung oder auf einen Umweg über philosophische Antworten auf die Frage „Was ist Philosophie?"

2 Bildungsphilosophie

In der kürzlich aus dem Nachlass auf Deutsch erschienenen „Einleitung in die Philosophie für Nichtphilosophen" (2018) greift Louis Althusser, der vor allem seine Arbeiten aus den 1960er Jahren geschätzt wird – das sind die Bücher „Das Kapital lesen" (1965/2015) und „Für Marx" (1965/2011) bzw. der noch breiter rezipierte Aufsatz „Ideologie und ideologische Staatsapparate" (1968) –, Thesen wieder auf, die er zuerst in „Philosophie und spontane Philosophie der Wissenschaftler" (1974/1985) formuliert hat. Für Althusser ist Philosophie eine Disziplin, die sich von den Wissenschaften unterscheidet (These 1). Der Unterschied besteht darin, dass sie Thesen aufstellt, die nicht wahr sein müssen, sondern angemessen, französisch: *juste*. Die Thesen appellieren deshalb auch nicht an einen Gerichtshof oder Gerechtigkeit, *justice*, sondern messen sich lediglich an der *justesse*, eben der Angemessenheit, die Althusser (2018, S. 289) als marxistische Kategorie in Erinnerung ruft. Beim Aufstellen von Thesen erwiesen sich Philosophen oft als „Wichtigtuer" (ebd., S. 22), die zu überspielen versuchten, dass sie Intellektuelle ohne Praxis seien. Philosophie entpuppt sich als „der Diskurs der theoretischen Ohnmacht über die wahre Arbeit, die die Anderen tun (die wissenschaftliche, künstlerische, politische Praxis usw.)" (ebd., S. 23). Der Mangel an Praxis birgt aber auch eine Chance. In einer Zeit, in der Interdisziplinarität als Mode gilt – die drei Vorlesungen, die die Grundlage bilden für „Philosophie und spontane Philosophie der Wissenschaftler", hat Althusser 1967 gehalten, was belegt, dass die Mode schon eine ganze Weile währt –, nennt Althusser Interdisziplinarität „eine ideologische Losung", die die Komplexität von und die Unentschiedenheit angesichts von gigantischen Problemen zu verdecken sucht. Der „Eingriff" der Philosophie „besteht darin, Thesen zu formulieren, die dazu beitragen, den *Weg* für eine *richtige* Stellung der Probleme *frei zu machen*" (These 12, ebd., S. 29).

Richtig ist eine weitere Übersetzung von *juste*. Für Althusser kann Philosophie nur im Verhältnis zur Wissenschaft existieren. Insbesondere in Krisen beginnen Wissenschaftlerinnen und Wissenschaftler aber auch selbst zu philosophieren, sie betreiben dann „‚spontane Philosophie der Wissenschaftler' (SPW)" (ebd., S. 71). Da Althusser, wenn er „Wissenschaftler" sagt, in erster Linie Naturwissenschaftler meint, ist ihre spontane, oft naive Philosophie zumeist materialistisch. Als klassische Beispiele für eine ausgesprochen qualitätsvolle spontane Philosophie der Wissenschaftler können m. E. Erwin Schrödingers auch bildungsphilosophisch gehaltvolle Studien „What is Life?" (1944) und „Mind and Matter" (1958) gelten.

Wissenschaftler sind Nichtphilosophen, aber nicht alle Nichtphilosophen Wissenschaftler. Folglich legt Althusser seine Argumentation in „Einleitung in die Philosophie für Nichtphilosophen" breiter an als in „Philosophie und spontane Philosophie der Wissenschaftler", denn jede und jeder soll Philosophin bzw. Philosoph sein können – und zwar keine schlechte oder kein schlechter, was in der Erfahrung leider oft der Fall zu sein scheint. Gegen die „Philosophenphilosophie" (u.a. Althusser 2018, S. 307), die Althusser zufolge seit ihren platonischen Ursprüngen unter der Dominanz idealistischer über materialistische Strömungen leidet und die Mathematik als methodische Referenz zwar mitführt, zugleich aber immer wieder versucht, sich über sie zu erheben, schlägt er vor, die Philosophie „aus der Praxis zu erlernen" (ebd., S. 308), die nach wie vor durch den Klassenkampf geprägt wird. Was gegenwärtig unter Klasse gefasst werden soll, bliebe zu diskutieren. Solange die Mehrheit nicht herrscht, kann der neue Philosoph nichts anderes sein als *„ein Mensch, der in der Theorie kämpft"*, um die Philosophie „zu ‚einer Waffe für die Revolution' zu machen". Er arbeitet dabei als „theoretische[r] Handwerker" (ebd., S. 265) und seine Waffe produziert nichts „als die Möglichkeit des Sieges" (ebd., S. 287).

Platons Ausführungen zur Mathematik finden sich in der „Politeia" gut verborgen vor und nach dem Höhlengleichnis und gewinnen große Prägnanz in Alain Badious, oft unterhaltsamer, Neuerzählung von „Platons ‚Staat'" (2013). Die Dialektik von philosophischem Herrn und mathematischem Knecht entwickelt sich wie in „Herrschaft und Knechtschaft", dem einschlägigen Kapitel aus Hegels „Phänomenologie des Geistes". Am Ende wird der Knecht zum Herrn, der diese Entwicklung zu lange nicht wahrhaben will oder verdrängt. Dabei kommt außerdem leicht der „Möglichkeitssinn" abhanden, den sich die Mathematik bewahrt: „Was mathematisch denkbar ist, ist absolut möglich", schreibt der Badiou-Schüler und spekulative Realist Quentin Meillasoux (2008, S. 169). Salomon Maimon, ein weiterer Kant-Kritiker, stellt schon ganz zu Beginn seines „Versuchs über die Transzendentalphilosophie" (1789) fest, dass die Mathematik neben der Philosophie die zweite Möglichkeit sei, vor aller Erfahrung zu denken. Maimons Überlegungen sind zum Teil durch den Neukantianismus aufgegriffen worden (vgl. Ehrensperger 2004, S. IX). Althusser sieht in der Dominanz des Neukantianismus innerhalb der Philosophenphilosophie, die sich auch für die geisteswissenschaftliche

Pädagogik behaupten lässt, vor allem eine Marginalisierung der Philosophien Hegels, Marx' und Nietzsches. Außerdem stellt er fest, dass die bürgerliche Philosophie, für deren große Innovation er die Durchsetzung des Subjektbegriffs hält, die zwischen dem 14. und dem 17. Jahrhundert noch in emanzipatorischer Absicht betrieben wurde, die Praxis der Psychoanalyse ignoriere.

Nicht zuletzt folgt die Philosophie nach Althusser einem anti-staatlichen Impuls, denn der Staat sichert Vorherrschaft und Reproduktion der herrschenden Ideologie und dadurch die Macht der herrschenden Klasse. Will man einer „neue[n] Praxis der Philosophie" (Althusser 2018, S. 294) oder „einer anderen Philosophie" (ebd., S. 295) den Weg bereiten, so wird dies nicht gelingen, ohne die „Verbindung [zu] durchbrechen, welche die Philosophie dem Staate unterwirft". Gerade in Krisenzeiten entwickelt sich bisweilen glücklicherweise „eine Art Dispositiv des philosophischen Guerillakampfs" (ebd., S. 281).

Mir gefällt Althussers martialische Rhetorik aus den späten 1970er Jahren, weil sich im Kontrast zu ihr zeigt, wie das Agonale in den vergangenen Jahrzehnten aus der Philosophie entwichen ist, während die Verstrickungen der Erziehungswissenschaft in die Arbeit der ideologischen Staatsapparate von deren kritischen Zweigen zwar noch reflektiert werden, diese Reflexionen aber kaum noch zu wirken scheinen, sodass sich kontingente Allgemeinheit immer leichter als Universalität ausgeben lässt. Hinzu kommt noch, dass der Markt in den letzten vier Jahrzehnten viele Funktionen des Staats übernommen hat.

Viele von Althusser aufgerufene Figuren finden sich ähnlich auch in „Tausend Plateaus", dem abschließenden zweiten Band von „Kapitalismus und Schizophrenie", den Gilles Deleuze und Félix Guattari im Geist der selben Zeit abschlossen wie Althusser seine *Einleitung*: Deleuze und Guattari setzen in „Tausend Plateaus" Kriegsmaschinen auf Staat und Subjekt an, unterscheiden eine mindere von einer königlichen oder staatlichen Wissenschaft, führen eine ganze Reihe mathematischer Artefakte und Begriffe in den philosophischen Diskurs ein, wie das Möbius-Band oder den Menger-Schwamm, Mannigfaltigkeit und Menge und unterziehen die Psychoanalyse einer wohlwollenden Kritik, die erlaubt, sie zur Schizoanalyse weiterzuentwickeln (vgl. Sanders 2020a). In ihrem letzten gemeinsamen Buch „Was ist Philosophie?" (1996) widmen sie sich dann dieser Frage und der nach dem Verhältnis der Philosophie zu den Wissenschaften und Künsten. Wissenschaften und Künste sind auch bei Deleuze/Guattari der Philosophie als Nicht-Philosophie eng verbunden. Auch für sie ist Philosophie keine Wissenschaft. Ihre erste Bestimmung von Philosophie lautet: „Die Philosophie ist die Kunst der Bildung, Erfindung, Herstellung von Begriffen" (Deleuze/Guattari 1996, S. 6). Deleuze und Guattari unterscheiden philosophische Begriffe, *concepts*, von wissenschaftlichen, *notions*, die außerbegriffliche Referenten haben. Philosophie, erklären sie weiter, sei „weder Kontemplation, noch Reflexion, noch Kommunikation" (ebd., S. 10) und sie strebe nicht nach „Konsens" (ebd., S. 11). Ihre Aufgabe besteht vielmehr darin, Begriffe wieder als Ereignisse wirksam werden zu lassen und das Ereignis nicht dem Marketing zu überlassen, das Deleuze und Guattari für einen „schamlosen Rivalen" der Philosophie halten, weil es affirmative Konzepte für Innovationen schafft statt kritischer. „Je mehr aber die Philosophie mit schamlosen und albernen Rivalen aneinandergerät, desto mehr begegnet sie ihnen in ihrem Inneren, desto mehr fühlt sie sich zur Erfüllung der Aufgabe getrieben, nämlich Begriffe zu schaffen, die eher Meteoriten als Waren sind" (ebd., S. 16). Dieser Aufgabe verschreibt sich eine „Pädagogik des Begriffs", weil es „keinen Himmel für Begriffe" (ebd., S. 10) gibt und auch kein System, dem sich die Begriffe entnehmen ließen. Die Pädagogik des Begriffs entsteht auf den Ruinen der universalen Enzyklopädie, von der die Postkantianer, allen voran Hegel, träumten. Die Aufgabe der post-postkantianischen Pädagogik des Begriffs wirkt bescheidener (vgl. Sanders 2008). Sie zielt ab auf die Erschaffung von Begriffen „in Abhängigkeit von Problemen, die man für schlecht gesehen oder schlecht gestellt hält" (Deleuze/Guattari 1996, S. 22). Auch dieses Motiv findet sich bei Althusser schon; und Giorgio Agamben nennt in „Was ist Philosophie?" – sein 2018 auf Deutsch erschienenes Buch trägt tatsächlich denselben Titel wie das letzte Buch von Deleuze und Guattari – ein Kriterium, das erlaubt, die Relevanz des Philosophierens zu ermessen: Zu denken gibt einem „das Erfordernis" (*l'esigenza*), das er gegen die Notwendigkeit (*la necessità*) in Stellung bringt. Das Erfordernis drängt sich als viel zu oft ausgeschlossenes Drittes zwischen Kontingenz und Notwendigkeit.

Damit ist eine Menge über meine philosophischen Vorlieben gesagt, aber noch kaum etwas über Bildung- und Erziehungsphilosophie. Handelt es sich bei Bildungs- und Erziehungsphilosophie um eine Bindestrich-Philosophie oder eine philosophische Subdisziplin wie im Falle von Kunst-, Technik- oder Wissenschaftsphilosophie? Oder handelt es sich eher um ein Sammelbecken für die spontane Philosophie von Erziehungswissenschaftler*innen? Sind Bildungsphilosophinnen und -philosophen folglich Nicht-Philosophinnen und -Philosophen? Diesen Anschein erweckte zumindest schon der eine oder andere Vortrag von Philosophieprofessoren – ich erinnere bisher nur Männer, eine Tradition, mit der dankenswerterweise inzwischen gebrochen wurde – auf Tagungen dieser Kommission. Macht die Bildungsphilosophie der Erziehungswissenschaft Professoren- oder Philosophenphilosophie zugänglich, indem sie diese an erziehungswissenschaftliche Bedürfnisse oder Erfordernisse anpasst? Oder verwandelt sie sogar unter der Hand Philosophie in Professorenphilosophie? Es wäre sicher nicht uninteressant, die weit verzweigten bildungs- und erziehungsphilosophischen Diskurse und am besten auch gleich die ihr benachbarten und die sie kreuzenden im Hinblick auf Auswahl von und Umgang mit Philosophie zu untersuchen. Da ich eine derartige Analyse aber bisher nicht vorgenommen habe und mir auch keine bekannt ist, möchte ich am Übergang zu den Bildungsgründen kleiner fassen, was ich als Bildungsphilosophie begreife. *Der Sprung vom Sein ins Sollen ist ganz einfach und – wie sich im dritten Teil meines Beitrags hoffentlich zeigen wird – auch erforderlich.*

Bildungsphilosophie erschafft Begriffe oder arbeitet diese so um, dass sie erlauben, durch Bildungsprozesse drängende Probleme angemessener – und das heißt: besser – zu sehen, zu formulieren und zu bearbeiten. Bildungsphilosophische Praxis tritt in den Widerstreit ein und ergreift Partei für minoritäre Positionen, wenn und solange diese versprechen, die Einrichtung der menschlichen und – wie zu ergänzen sein wird – der nicht-menschlichen Dinge – die schließlich auch keine Dinge mehr sein werden – für alle zu verbessern. Sie tut dies umso vehementer, je drängender die Probleme erscheinen. Es spricht vieles dafür, lieber Begriffe wie Meteoriten zu schaffen als zu warten, bis ein Meteorit – hier nicht minder metaphorisch gebraucht als der große irrlaufende Planet in Lars von Triers filmbildungsrelevantem Film „Melancholia" (2011) – die Erde zerstört.

Während der wunderschönen Exposition des Films hört man auch den berühmten Tristan-Akkord, der das Modell bildet für den Bildungsvorhalt, den Rainer Kokemohr (2007; 2017 und 2018) ins bildungsphilosophische Sprachspiel eingeführt hat für ein Zeichen, das als Störung wirke, aber zugleich das Versprechen enthalte, dass eine angemessenere Grundfigur und mit ihr ein sinnvolleres neuartiges Aussagesystem möglich sei. Ich würde lieber von Zeichengefüge sprechen. Der Sprache wurde im letzten Jahrhundert einfach zu viel Macht eingeräumt (vgl. Barad 2012, S. 7).

Kokemohr geht es in seiner Bildungsprozesstheorie länger schon um „grundlegende" Veränderungen. Als Metrik für die Intensität der Veränderung bieten Deleuze und Guattari eine Werdensfolge an. Auf das Frau-Werden, das für die bildungsphilosophischen Töchter Virginia Woolfs jeglichen Geschlechts m. E. ohnehin ansteht, folgt das Tier-Werden als nächste Intensitätsstufe, dann das Pflanze-Werden und schließlich das Anorganisch-Werden und vielleicht noch und und und. Dass sich diese Trajektorie, die der dritte Teil meines Beitrags aufspannt, nur als Ironikerin durchfliegen lässt (vgl. Rorty 1991), versteht sich fast von selbst.

3 Bildungsgründe

Ein „Bildungsgrund" kann Anlass oder Ursache eines Bildungsprozesses sein oder auch das Territorium, auf dem sich Bildungsprozesse ereignen, bzw. ihr Hinter- oder Untergrund. Die beiden Bildungsgründe sind das Anthropozän, eine womöglich nur teilkluge Namenswahl und die künstliche Intelligenz. Konkret beziehe ich mich vor allem über die Auswirkungen des Klimawandels auf die Erde und dann noch kurz auf die Möglichkeit allgemeiner künstlicher Superintelligenz. Über die Bildungsgründe Anthropozän und künstliche Intelligenz lässt sich nicht schreiben, ohne – zumindest implizit – auch über Globalisierung und Posthumanismus zu schreiben. Die vier Bildungsgründe scheinen mir borromäisch verknotet (vgl. Sanders 2020b).

Im ersten Entwurf des Vortrags, der diesem Beitrag zugrunde liegt, hatte ich noch vor, direkt von Deleuze und Guattari zu Bruno Latour zu kommen – und zwar über die Liste der „Gaben des hohen Alters", mit der Deleuze/Guattari „Was ist Philosophie?" eröffnen und in die sie Bilder von Tizian, Turner und Monet, Chateaubriands Hagiografie „La vie de Rancé" (1844), Joris Ivens letzten Film „Une histoire du vent" (1988), Kants „Kritik der Urteilskraft" (1790) und indirekt ihr eigenes Buch eintragen, weil diese so unterschiedlichen Werke „eine souveräne Freiheit" gemein haben, in der „alle Teile der Maschine sich verbinden, um einen Strahl in die Zukunft zu senden" (Deleuze/Guattari 1996, S. 5). Im Hinblick auf diesen Effekt schlage ich vor, die Reihe mit „Das terrestrische Manifest" (2018) von Bruno Latour fortzusetzen. Durch diesen, seinen deutschen Titel stellt sich das Buch von Latour direkt in die Tradition des kommunistischen Manifests von Marx und Engels, was gut passt und etwas kämpferischer wirkt als der Originaltitel „Où atterrir? Comment s'orienter en politique" (2017), der sich direkt und holzig mit *Wo landen? Wie sich in der Politik orientieren* übersetzen ließe. In *atterrir* klingt allerdings auch sehr passend – geht es Latour doch um die Bildung von „Erdgebundenen" – „zur Erde (*terre*) zurückkehren" an. „Das terrestrische Manifest" folgt auf „Kampf um Gaia", wie Spinozas „Politischer Traktat" auf dessen „Ethik". Der Schutzumschlag von „Kampf um Gaia" zeigt das für den Gang der Diskussion bedeutsame Gemälde „Das große Gehege bei Dresden" (um 1832, Abbildung 1) von Caspar David Friedrich. Friedrichs falsche Darstellung des Flusslaufs der Elbe lässt die Erde auf angemessene Weise oder richtig sehen, eben weil sie zentralperspektivisch falsch ist. Die Erde erscheint bei Friedrich als ein Zwischenraum zwischen zwei oder sogar drei Sphären, die im mathematischen Sprachgebrauch Ausschnitte aus Kugeloberflächen sind. Deutlich sieht man dies im Kontrast zur realistischen Korrektur durch Philipp Veith, die auch belegt, dass „methodisch sauberer" nicht immer auch „besser" oder auch nur überzeugender bedeutet (vgl. Abbildung 2). Mein Beitrag folgt, wie inzwischen wahrscheinlich sowieso deutlich geworden ist, ohnehin einem gegenmethodischen Impuls, weil Methoden meist – wie Feyerabend (1986) schon begründet hat – darauf abzielen, die Einbildungskraft einzuschränken.

In „Das terrestrische Manifest" verknüpft Latour seine Einsichten aus „Kampf um Gaia" mit dem Trumpismus, den er eine „politische Innovation" nennt, die wir, die „Schlafwandler", absolut ernst nehmen müssten. Schon in „Kampf um Gaia" benutzt Latour das Bild des Schlafwandlers, mit dem der Historiker Christopher Clark (2013) das beiläufige und unbewusste Agieren einer Mannigfaltigkeit illustriert, welches schließlich den eigentlich von niemandem wirklich gewollten Ausbruch des Ersten Weltkriegs bewirkt hat. Das „neue Klimaregime", wie Latour das von uns erreichte Level des Klimawandels nennt, weil es kein Zurück zu einem vorherigen Zustand mehr gibt wie nach einer Krise, wird absehbar mehr Opfer fordern als die kriegerischen Auseinandersetzungen der ausgesprochen gewalttätigen vergangenen einhundert Jahre. Für Latour (2018, S. 18)

Abbildung 1: Caspar David Friedrich: „Das große Gehege bei Dresden“ (1832), Staatliche Kunstsammlungen, Dresden, Öl auf Leinwand, 73,5 × 102,5 cm

Abbildung 2: Johann Philipp Veith: „Das große Ostragehege an der Elbe, nordwestlich der Marienbrücke in Dresden“ (1832), Staatliche Kunstsammlungen, Dresden (Kupferstich-Kabinett), Radierung 23,6 × 33,3 cm

sind „Migration, Explosion der Ungleichheiten und Neues Klimaregime *ein und dieselbe Bedrohung*". Anders als in der atomaren Situation trifft die Menschheit im Hinblick auf das Leben „In Catastrophic Times" (2015), um einen Buchtitel der Latour theoretisch nahestehenden Wissenschaftsphilosophin Isabelle Stengers zu zitieren, die sich auch zu den „treulosen Töchtern Virginia Woolfs" zählt, aber keine nennenswerte Vorsorge, nicht einmal eine so riskante und aberwitzige wie das atomare Wettrüsten, das den mit Apokalypse-Blindheit Geschlagenen in der Zeit, als die Welt noch unterging, kritisch-theoretisch auf die Sprünge half gegen drohende Barbarismen. Statt in die Barbarei zurückzufallen, scheinen wir einfach vorwärts und selbstvergessen in sie hinein zu stolpern.

In diesem Prozess – und das ist symptomatisch für den Trumpismus, der zugleich paradigmatisch für den Prozess wirkt – verabschieden sich die Eliten immer weiter aus der Solidarität, bis sie „einen nicht erklärten Weltkrieg gegen alle anderen" (Latour 2018, S. 33) führen. Schon in „Kampf um Gaia" diagnostiziert Latour „ein[en] allgemeine[n] Kriegszustand" (Latour 2017, S. 130) und vermutet, dass Klimaskeptizismus dereinst als Verbrechen verfolgt werden wird (vgl. ebd., S. 34) – dann wohl als neue Art von „Verbrechen gegen die Menschlichkeit". Der Trumpismus lehrt, dass Geschichte nicht nur zweimal geschieht, z. B. als Tragödie und Farce, wie Marx zum Beginn des „achtzehnten Brumaire" bemerkt, sondern auch als „tragische Schmierenkomödie" (ebd., S. 49) oder als schlechte Wiederholung auf Dauer gestellt werden kann. In diesem Fall ist die Geschichte zwar nicht zu Ende, gerät aber ins Stocken.

Um derartige Kreisläufe zu durchbrechen, fordert Latour, das Terrestrische endlich als Akteur in der Geogeschichte anzuerkennen, statt es nur als „Rahmen menschlichen Handelns" (ebd., S. 53) aufzufassen. Latour nennt diesen Akteur in Anlehnung an die Arbeiten des Chemikers und Erfinders James Lovelock und der Biologin Lynn Margulis – der „unvergleichlichen Lynn Margulis", wie Donna Haraway (2018, S. 15) sie attribuiert – „Gaia". Gaia folgt „kein[em] oberste[n] Endzweck" und zeigt sich als „ein wüstes *Gewirr*" (Latour 2017, S. 176). Lovelock übernimmt den Namen vom Schriftsteller William Golding. Nach Lovelock ist die Erde grün und nicht blau, denn grün dominiert zwischen den Sphären, wohingegen die Vorherrschaft von Blautönen einen extraterrestrischen Beobachterstandpunkt voraussetzt. Die Erde ist kein Organismus, aber eine Akteurin mit großen selbstregulierenden Kräften. Margulis (2017, S. 165) nennt Gaia „das Recyclingsystem des Lebens als Ganzes". Das „Recyclingsystem" erhitzt sich seit einer ganzen Weile oder „fiebert" seit einigen Jahrzehnten sogar merklich. Durch das Fieber reagiert Gaia auf menschliche Aktivitäten, Lovelock (2008) schreibt sogar, dass sie sich dadurch wehre. Stengers (2015) bemerkt, dass Gaia die Macht habe, uns alle herauszufordern (*question*, ebd., S. 12) und, dass wir eine Antwort auf diese Herausforderung finden müssten (vgl. ebd., S. 42). Stengers beschreibt Gaia als „kitzliges" Gefüge (ebd., S. 46). Die Übersetzung „kitzlig" findet sich in „Kampf um Gaia" (ebd., S. 243), „heikel", „gefährlich" oder „brenzlig" böten sich auch als Übersetzungen für „ticklish“ an oder sogar „tückisch“ in Anlehnung an Žižeks Buchtitel „Die Tücke des Subjekts“ (2001). Die Erde beherrsche uns längst, erklärt Latour (2017, S. 117), wie wir sie.

Als Rahmen für unsere Antwortversuche schlägt Latour deshalb eine „politische Ökologie“ (Latour 2018, S. 57; auch 2017, S. 417) vor, die noch auszuarbeiten bleibt. Der Klassenkampf hängt zukünftig eben auch von der Geologie ab (vgl. Latour 2017, S. 75), die die Wissenschaften aus der Nähe und den vielen Mitten heraus erforschen muss. Die alte Mode der Interdisziplinarität ändert gerade ihren Stil, weil sie nun von der minderen Wissenschaft bestimmt wird.

Weil die Klasse zukünftig alle umfasse, die nicht glauben, aufgrund ihres großen Reichtums private Lösungen zu finden, setzt Latour auf breite Bündnisse zwischen all denen, die dieser sogenannten globalen Elite nicht angehören. Um den Klassenbegriff zu erweitern und die Forschung auszudehnen, wären beide „von der Herrschaft der Ökonomisierung [zu] befreien“ (ebd., S. 104).

Für Lovelock und Margulis gibt es *„keine Umwelt mehr“* (Latour 2017, S. 177). Und auch der britische, in den USA lehrende Literaturwissenschaftler Timothy Morton (2016) plädiert für eine Ökologie ohne Natur. Diese oder derartige Positionen fließen auch in Latours Kritik des Naturalismus (Latour 2017, S. 305) ein, der unserem Wissenschaftsverständnis tief eingeschrieben ist. Schon in „Existenzweisen“ spricht sich Latour (2014, S. 214) für „einen ontologischen Pluralismus“ aus, wie ihn der Lévi-Strauss-Schüler Philippe Descola in seinem bewundernswerten Buch „Jenseits von Natur und Kultur“ (2011) empirisch satt beschreibt, die Ontologien gleich für die gesamte Erde in vier inkommensurable Typen klassifizierend. Folgt man dieser Strömung, so fallen große, sehr grundlegende und lange Zeit für hilfreich gehaltene Denkgewohnheiten wie die Unterscheidung von Natur und Kultur oder auch von Subjekt und Objekt weg. Geschichte wird zwar auch in der „postnatürlichen Periode“ noch gemacht, aber nicht mehr nur und nicht einmal mehr vorwiegend von Menschen. Im Hinblick auf das neue Klimaregime bedeutet das in den Worten Latours: „Das Klima ist das historische Ergebnis gegenseitiger, aufeinander einwirkender Verbindungen zwischen allen wachsenden Kreaturen“ (Latour 2017, S. 186). Klima wird zum Effekt der Geogeschichte, die – und das zeigt, dass die Dialektik so einfach nicht stillzustellen ist – im Anthropozän vorwiegend menschengemacht ist. Gaia versucht folglich, um noch einmal auf den Beginn des „achtzehnten Brumaire“ anzuspielen, Geschichte zugleich für und gegen die Menschen zu machen, die selbst zum Gefüge gehören. Und sie macht Geschichte unter Bedingungen, die vor allem ein Teil von ihr, die Menschheit, und genauer besehen auch nur ein Teil der Menschheit, bestimmt. Diese jeweils nur teilweise reziproke Präsupposition stellt noch unseren logischen Lieblingsoperator, das Entweder-Oder, infrage, der sich selbst durch Verzeitlichung kaum noch auf seiner prominenten Position halten lässt. Dass es hier um sehr grundlegende Veränderungen von Weltselbstverhältnissen geht, liegt auf der Hand.

Nach der recht viel zitierten und immer wieder auch veränderten Bestimmung Kokemohrs stehen hier also Bildungsprozesse an, die uns von den Folgen der „Überdosis an falsch verordneter Transzendenz“ (Latour 2017, S. 341), die „die Verachtung der Materie“ speist, befreien und erlauben, in der Immanenz von Gaia, hier und jetzt, klug zu handeln.

„In der Endzeit [zu] bleiben“, schreibt Latour, „darauf kommt alles an“ (ebd., S. 370). Latour verweist in diesem Zusammenhang auf Anders' prophylaktischen Apokalyptiker. Besser als Apokalyptiker irren, als apokalypseblind ins Unglück stürzen. Der allgemeine und zugleich unerklärte Krieg, scheint Latour zu hoffen, kann „pädagogisch“ (ebd., S. 381) wirksam werden, indem er an die „Pädagogik des Begriffs“ appelliert. „Die Apokalypse ist ein Aufruf, endlich rational zu sein [und] mit beiden Füßen auf der Erde zu stehen“ (ebd.). Das ist nicht so einfach, denn „rational zu sein“, hätte z. B. bedeutet, darauf insistiert Lovelock eindringlich, die Atomkraft erheblich auszubauen und mit hohem Nachdruck die Möglichkeiten ziviler Kernfusion weiter zu erforschen, weil ihre Müll- und Menschenopfer-Bilanz extrem positiv ausfällt im Vergleich zur Kohle etwa, deren Weiternutzung für das Verfehlen der Klimaziele der Bundesrepublik Deutschland große Mitverantwortung trägt. Dabei steht die Kohle nur stellvertretend für weitere fossile Brennstoffe. Der reale Schaden verhält sich umgekehrt reziprok zur Angst. Auch deshalb steht die Pädagogik des Begriffs vor einem Affektproblem. Morton (2016, S. 46) merkt treffend an: „Es ist nicht leicht, sich mit der Idee anzufreunden, dass die Katastrophe, die ja keineswegs bedrohlich wirkt, *schon stattgefunden hat*“.

Dass die Katastrophe nicht mehr bedrohlich wirkt, weil sie schon stattgefunden hat, wobei auch kaum jemand gemerkt hat, dass sie überhaupt stattgefunden hat, was uns – wie gesagt – zu denken geben sollte, senkt die Handlungs- und Denkmotivation auf- und abgeklärter Postapolyptiker weiter. Man könnte diese Sichtweise für Wahn halten und in „Existenzweisen“, seinem Buch vor „Kampf um Gaia“, lässt Latour (2014, S. 296) eine fiktive Anthropologin fragen, ob es nicht sein könne, dass die modernen Menschen „*gefährlich* geisteskrank“ geworden seien. Als therapeutisches Pharmakon setzt Latour auf einen „künftige[n] Nomos von der Entdeckung einer *sich intensivierenden* NEUEN ERDE“ (Latour 2017, S. 394, Hervorh. i. O.). Nomos bedeutet in diesem Zusammenhang eher kleine Weise oder Lied als Gesetz. Es geht um Komposition. Die Wirksamkeit des Nomos hängt davon ab, inwieweit es gelingt, eine neue „Trajektorie des politischen Sprechens“ zu bahnen. Michael Hardt und Toni Negri setzen in „Assembly“ (2017, S. 283), dem vierten Band ihrer „Empire“-Trilogie auf die Bejahung der Heilkraft (*virtue*) der Singularität. Die Versammlung (*assembly*) von Singularitäten wirkt im Sinne des Gefüges (*assemblage*). Der Schutzumschlag zeigt sehr passend sich versammelnde Bienen.

Bruno Latour verweist in „Kampf um Gaia“ (ebd., S. 128) auch auf Donna Haraways Buch „Staying with the Trouble“ (2016). Haraway betreibt in „Unruhig bleiben" (2018, S. 11), so der deutsche Titel, SF, was für sie nicht nur – wie üblich – Science-Fiction abkürzt, sondern auch „spekulative Fabulation, Spiele mit Fadenfiguren (*string figures*), spekulativer Feminismus, *science fact* (wissenschaftliche Fakten), *so far* (bis jetzt)". SF antwortet der Versammlung als „eine Praxis und ein Prozess, ein Werden-mit-anderen in überraschender Aufeinanderfolge, eine Figur des Fortdauerns im Chthuluzän". Das Chthuluzän benennt einen „Zeitort des Lernens, um die Idee eines responsablen gemeinsamen Lebens und Sterbens auf einer beschädigten Erde nicht aufzugeben" (ebd., S. 10). Karin Harrasser übersetzt Haraways Begriff „*response-able*" [mit Bindestrich], der nach *responsible* (*verantwortlich*) klingt, mit „responsabel", um die beiden Komponenten *response* (Antwort) und *able* (fähig) zu erhalten. Haraway schlägt zudem vor, nicht vom Anthropozän zu sprechen, das sich im Wesentlichen als Kapitalozän (Jason Moore) und Zeit „eines nie dagewesenen Wegschauens" (ebd., S. 54) sowie „alltäglicher Gedankenlosigkeit" erweist, sondern vom Chthuluzän als einer „transformativen Zeit", die von „Fortsetzungsgeschichten [also Serien] und artenübergreifenden Praktiken des Miteinander-Werdens" (ebd., S. 80) geprägt wird. Das Chthuluzän weckt Assoziationen zu H. P. Lovecrafts Geistergeschichten um den „großen Cthulu", ein sehr altes, die Tiefen des Meeres bewohnendes Wesen, das mit seinen „glitschigen Fängen" schnell auch mal drei Männer auf Expedition verschlingt (vgl. Lovecraft 2012, S. 236). Haraway borgt sich von Lovecraft das „tentakuläre Denken", weist aber immer wieder auf die Veränderung der Schreibweise hin, die sie vorgenommen hat. Ihr Chthulu ist ein Chthonischer, „ein Wesen der Erde" oder eben ein „Erdgebundener" (Haraway 2018, S. 10), den sie im Erdboden ansiedelt, im Kom-post, zu dem auch wir gehören, wenn wir gemeinsam „post" werden oder eben Kom-post werden. „Kompost" ist neben responsabel ihre zweite wichtige Begriffsschöpfung; und die dritte: „Kritter" für minderes Tier oder Geschöpf.

Um das Gemeinsam-Werden wissenschaftlich zu stützen, übernimmt Haraway die symbiotisch-sympoietische Evolutionstheorie von Lynn Margulis. Artenübergreifend zu werden, bedeutet, sich auf Tier- und Pflanze-Werdensprozesse einzulassen. Wie sollte man auf andere Weise mitwerden? Konsequenterweise erzählt Haraway in ihrem Buch auch gleich selbst von solchen Mitwerdensprozessen. Dabei betont sie immer wieder, dass es Gewicht habe, also etwas bedeute, was und wie erzählt werde: Sie erzählt von kalifornischen Wettkampftauben und deren Leuten und von sich selbst und ihrer „hündischen Freundin und lebenslangen Sportpartnerin Cayenne, aka Hot Pepper" (ebd., S. 144), die sie gegen ein Harnleck mit dem synthetischen Östrogen DES (Diethylstilbestrol) behandelt, das wiederum in eine schreckliche Wachstumsförderungs-Mensch-Rind-Geschichte verstrickt ist und Cayenne zudem stärker an Haraways „menopausales Selbst" (ebd., 152) bindet, das sich lange gesperrt habe, genug über „die Schwangeren Stuten und ihre Wegwerf-Fohlen" zu erfahren, die lange zur Produktion von Premarin, einem natürlich konjugierten Östrogen, das sie selbst eingenommen habe, benutzt worden seien. Als wichtigste Gewährsfrau für Mensch-Tier-Werdensprozesse nennt Haraway die belgische Philosophin und dritte untreue Tochter Virginia Woolfs Vinciane Despret, die mit ihren Büchern einen berühmten Satz aus Wittgensteins „Philosophischen Untersuchungen" weiterzufabulieren scheint. „Wenn ein Löwe sprechen könnte, wir könnten ihn nicht verstehn", heißt es bei Wittgenstein (2001, S. 1078). Despret (2016, S. 71) fragt hingegen, was Tiere antworteten, wenn wir nur die richtigen Fragen stellten und berichtet u. a. von einer Vereinbarung (*agreement*) zwischen zum Lega-Stamm gehörenden Dorfbewohnern und Löwen im Virunga-Nationalpark in der Demokratischen Republik Kongo. Tötet ein Löwe ein Kind, warnen die Dorfbewohner die Löwen durch Trommelspiel vor der bevorstehenden Jagd, bei der sie den erstbesten Löwen töten wollen. Die Warnung dient dazu, dem ‚schuldigen' Löwen die Möglichkeit zu geben, sich als erstbester zu stellen, was offenbar überraschend oft geschieht, weil es sich oft um ohnehin schon ausgestoßene Tiere handelt, die dann Menschen angreifen.

Der italienische in Paris lehrende Philosoph Emanuele Coccia führt uns auf die folgende Intensitätsstufe. In „Die Wurzeln der Welt. Eine Philosophie der Pflanzen" (2018), einem unglücklich gewählten Titel für „La vie de plantes. Une métaphysique du mélange" (2016), auf Deutsch etwa „Das Leben der Pflanzen, eine Metaphysik von Mischungen", entwirft er eine Kosmologie ausgehend von den Wurzeln, die uns die Erde „lehren", wie die Blätter die Atmosphäre und die Blüten Rationalität als „kosmische Kraft" (Coccia 2018, S. 36). Obwohl Pflanzen offensichtlich keine Hände haben und schon deshalb nicht handeln, finden sich, so Coccia, nur schwer Akteure, „die sich bei der Konstruktion von Formen geschickter anstellen als sie" (ebd., S. 26) Pflanzen bewirtschaften atmend die Atmosphäre (ebd., S. 82), kommunizieren pflanzenintelligent über Mykorrizien (ebd., S. 102 ff.) und erzeugen „eine Sonnenmaterie", indem sie mit Hilfe von Licht anorganische Stoffe in organische Substanzen verwandeln (vgl. ebd., S. 113). Coccias Hochschätzung der Pflanzen passt zur symbiotischen Evolutionstheorie von Lynn Margulis, die beschreibt, dass Pflanzen-, Tier- und Pilzzellen durch Verschmelzung aus vier Bakterientypen entstanden sind. Der vierte Typ, das photosynthesefähige Cyanobakterium ist nur in die Pflanzenzelle eingegangen. Mir gefällt an Margulis' Evolutionstheorie, dass sie ein Korrektiv zur Darwin'schen darstellt, wie die Kulturhistorische Schule der Entwicklungspsychologie zu Piaget. Statt auf proto-kapitalistische Konkurrenz setzt sie auf urkommunistische Fusion.

Die letzte Intensitätsstufe, das Anorganisch-Werden, erschließt Karen Barad (2012, S. 98) für uns, indem sie Materie als „Substanz in [...] intraaktive[m] Werden" bestimmt, als Materiestrom ohne Außen oder Immanenzgeschehen. Die „Dynamik der Intraaktivität" verstrickt das Materielle auch mit dem Diskursiven, das für sie keine menschliche Leistung ist. „Bedeutung", schreibt sie (ebd., S. 36), „ist […] eine fortlaufende Leistung der Welt in ihrem jeweiligen Tanz von Verstehbarkeit und Unverständlichkeit". Barad versteht sich wie Rosi Braidotti (2014) als bejahende Posthumanistin, die das Ziel verfolgt, „den Ausnahmestatus des Menschen aufs Korn zu nehmen" (Braidotti 2014, S. 13). Der Handlungskritik Coccias stellt sie eine Sprachkritik beiseite. Daumen und Kehlkopf werden überschätzt. Für Barad verstellt die Sprache den Blick auf die Materie, die produziert oder erzeugt werde und produktiv bzw. zeugungsfähig sei (vgl. Barad 2012, S. 14). Irgendwann wird das auch für das Silicium und seine Bedeutung in der Maschinenevolution sichtbar werden (vgl. Simondon 2012).

Diese kleine *tour de force* sollte in Erinnerung rufen, wie dringlich, weit und umfassend wir denken müssen und wie groß und grundlegend die Bildungsherausforderungen auf den Deleuze und Guattari'schen Bildungsstufen Frau-Werden, Tier-Werden, Pflanze-Werden und Anorganisch-Werden sind. So gesehen ist es kein Wunder, dass die für den Kampf um Gaia erforderlichen Bildungsprozesse in den vergangenen fünf Jahrzenten nicht sonderlich erfolgreich verliefen. Es wäre wohl nicht verfehlt, hier von Unbildung 2.0 zu sprechen. Dieser abzuhelfen und der Bildung auf die Sprünge, könnte eine Aufgabe für die Bildungsphilosophie sein.

4 Superintelligenz

Als nächste große Aufgabe oder Herausforderung zeichnet sich die Superintelligenz am Ereignishorizont ab, ohne dass Anzeichen auszumachen sind, dass sich die Menschheit auf diese Herausforderung vorbereitet. Als Referenz ziehe ich nur zwei Bücher heran, Nick Bostroms Buch „Superintelligenz. Szenarien einer kommenden Revolution" (2014) und Max Tegmarks „Leben 3.0. Mensch sein im Zeitalter künstlicher Intelligenz" (2017). Beide Autoren sagen eine Intelligenzexplosion voraus, die sich sehr schnell vollziehen wird, Bostrom vermutet, innerhalb von zwei Jahren nach Erreichen der Singularität, also dem Zeitpunkt, an dem menschliche und maschinische Intelligenz gleichmächtig sein werden. Wann die Singularität wahrscheinlich eintreten wird, darüber herrscht keine Einigkeit. Die Schätzungen streuen von „in 15 bis 20 Jahren" bis „nie". Der in Oxford lehrende Informationsethiker Luciano Floridi (2015) mutmaßt und beruhigt beispielsweise, dass wir eher unsere Umgebungen trivialisieren werden, als Maschinen intelligenter zu machen. Dessen ungeachtet verdichten sich die meisten Prognosen bei „in 30 bis 50 Jahren". Wenn wir dieses Zeitfenster zugrunde legen, hätten wir in etwa so viel Zeit, wie wir hatten, uns auf den Klimawandel einzustellen, um ihn abzuwenden oder erheblich folgenärmer zu gestalten. Wenn wir bis zur Singularität warten, könnten wir wohl nur noch auf eine freundliche KI hoffen. Warum diese freundlicher sein sollte als Gaia, die sich auch ohne die menschliche Zivilisation wieder stabilisieren könnte, was nicht notwendig heißt „ohne Menschen“, dafür scheint es aber nur wenige gute Gründe zu geben.

Warum wird es zu einer Intelligenzexplosion kommen? Und was ist der wahrscheinlichste Weg zur Singularität? Als wahrscheinlichster Weg zur Singularität gilt gegenwärtig die Gehirn-Emulation. Man präpariere ein menschliches Gehirn so, dass es sich in sehr dünne Schichten schneiden lässt, scanne diese Schichten und baue das Gehirn als Maschine nach. Die Technik ein menschliches Gehirn zu emulieren, ist grundsätzlich vorhanden. Sie muss nur noch verfeinert und beschleunigt werden. Weil das „nachgebaute“ Gehirn sich mit höherer und schnell zunehmender Geschwindigkeit betreiben ließe, wird es über eine immer größere Leistung verfügen als menschliche Gehirne und schneller lernen. Weil es sich zudem technisch reproduzieren ließe, werden Menschen im Spiegel dieser Maschinen absehbar binnen sehr kurzer Zeit aussehen wie „Primaten, die gelernt haben, sich selbst maßlos zu überschätzen“ (Blom 2017, S. 120). Solche Primaten sieht man zu Beginn von Stanley Kubricks bahnbrechendem Film „2001 – A Space Odyssee“ aus dem Jahr 1968 nach Oberschenkelknochen greifen, die auch als Waffe funktionieren.

Tegmark schreibt, dass wir wissen müssten, was wir wollen und so tun, als ob wir eine Ethik hätten, die uns hilft, uns in der absehbaren Zukunft zu orientieren. Seine plausiblen Erwägungen wirken wie die spontane Philosophie eines Wissenschaftlers. Mir erscheint der Umweg über Barads (2012) „Ethico-onto-episto-logie“ lohnend. Womöglich ließe sich von dort aus etwas herleiten, *eine* Pädagogik, der Politik koordiniert. Das sollten wir – noch einmal – versuchen, um wenigstens besser zu scheitern.

Literatur

Adorno, Theodor W. (1997): Gesammelte Schriften. Darmstadt: Wissenschaftliche Buchgesellschaft
Agamben, Giorgio (2018): Was ist Philosophie? Frankfurt/M.: Fischer
Althusser, Louis (1965/2011): Für Marx. Berlin: Suhrkamp
Althusser, Louis (1974/1985): Philosophie und spontane Philosophie der Wissenschaftler. Berlin: Argument
Althusser, Louis (2018): Einleitung in die Philosophie für Nichtphilosophen. Wien: Passagen
Althusser, Louis/Balibar, Étienne/Roger, Establet/Macherey, Pierre/Rancière, Jacques (1965/2015): Das Kapital lesen. Münster: Westfälisches Dampfboot
Anders, Günther (1972): Endzeit und Zeitenende. Gedanken über die atomare Situation. München: Beck
Badious, Alain (2013): Platons „Staat“. Zürich und Berlin: Diaphanes
Barad, Karen (2012): Agentieller Realismus. Berlin: Suhrkamp
Blom, Philipp (2017): Was auf dem Spiel steht. Frankfurt/M. u. a.: Büchergilde Gutenberg
Braidotti, Rosi (2014): Posthumanismus. Leben jenseits des Menschen. Frankfurt/M.: Campus
Clark, Christopher (2013): Die Schlafwandler – Wie Europa in den Ersten Weltkrieg zog. München: DVA
Coccia, Emanuele (2018): Die Wurzeln der Welt. Eine Philosophie der Pflanzen. München: Hanser

Crutzen, Paul/Birks, John (1982): The Atmosphere After a Nuclear War. Twilight at Noon. In: Ambio 11, S. 114–125
Deleuze, Gilles/Guattari, Félix (1996): Was ist Philosophie? Frankfurt/M.: Suhrkamp
Deleuze, Gilles/Guattari, Félix (1997): Tausend Plateaus. Berlin: Merve
Descola, Philippe (2011): Jenseits von Natur und Kultur. Berlin: Suhrkamp
Despret, Viciane (2016): What Would Animals Say If We Ask the Right Questions. Minneapolis/London: Minnesota University Press
Ehrensperger, Florian (2004): Einleitung. In: Salomom Maimnon: Versuch über die Transzendentalphilosophie. Hamburg: Meiner, S. VII–LII
Feyerabend, Paul (1986): Wider den Methodenzwang. Frankfurt/M.: Suhrkamp
Fisher, Mark (2009): Capitalist Realism. Is There No Alternative? Winchester/Washington: Zero Books
Floridi, Luciano (2015): Die 4. Revolution. Wie die Infosphäre unser Leben verändert. Berlin: Suhrkamp
Haraway, Donna (2018): Unruhig bleiben. Die Verwandtschaft der Arten im Chthuluzän. Frankfurt/M.: Campus
Hardt, Michael/Negri, Antonio (2017): Assembly. Oxford: OUP
Hegel, Georg Wilhelm Friedrich (1988): Phänomenologie des Geistes. Hamburg: Meiner
Heidegger, Martin (1993): Sein und Zeit. Tübingen: Niemeyer
Johnson, Uwe (1996): Jahrestage. Frankfurt/M.: Suhrkamp
Kittler, Friedrich/Heiseler, Till Nikolaus von (2013): Flaschenpost an die Zukunft. Berlin: Kadmos
Kokemohr, Rainer (2007): Bildung als Welt- und Selbstentwurf im Anspruch des Fremden. Eine theoretisch-empirische Annäherung an eine Bildungsprozesstheorie. In: Koller, Hans-Christoph/Marotzki, Winfried/Sanders, Olaf (Hrsg.): Bildungsprozesse und Fremdheitserfahrung. Beiträge zu eine Theorie transformatorischer Bildungsprozesse. Bielefeld: Transcript, S. 13–68
Kokemohr, Rainer (2017): Der Bildungsvorhalt im Bildungsprozess. In: Thompson, Christiane/Schenk, Sabrina (Hrsg.): Zwischenwelten der Pädagogik. Paderborn: Schöningh, S. 173–196
Kokemohr, Rainer (2018): Wahrheit, Gewissheit, Ungewissheit. In: Bähr, Ingrid/Gebhard, Ulrich/Krieger, Claus/Lübke, Britta/Pfeiffer, Malte/Regenbrecht, Tobias/Sabisch, Andrea/Sting, Wolfgang (Hrsg.): Irritation als Chance. Bildung fachdidaktisch denken. Wiesbaden: Springer VS, S. 41–103
Latour, Bruno (2014): Existenzweisen. Eine Anthropologie der Modernen. Berlin: Suhrkamp
Latour, Bruno (2017): Kampf um Gaia. Acht Vorträge über das neue Klimaregime. Berlin: Suhrkamp
Latour, Bruno (2018): Das terrestrische Manifest. Berlin: Suhrkamp
Lovecraft, H. P. (2012): Cthulhu. Geistergeschichten. Berlin: Suhrkamp
Lovelock, James (2008): Gaias Rache. Warum die Erde sich wehrt. Berlin: Ullstein
Maimon, Salomon (1789/2004): Versuch über die Transzendentalphilosophie. Hamburg: Meiner
Margulis, Lynn (2017): Der symbiotische Planet. Wie die Evolution wirklich verlief. Frankfurt/M.: Westend
Meillasoux, Quentin (2008): Nach der Endlichkeit. Zürich/Berlin: Diaphanes
Morton, Timothy (2016): Ökologie ohne Natur. Eine neue Sicht der Umwelt. Berlin: Matthes & Seitz
Nick Bostrom (2014): Superintelligenz. Szenarien einer kommenden Revolution. Berlin: Suhrkamp
Rorty, Richard (1991): Kontingenz, Ironie, Solidarität. Frankfurt/M.: Suhrkamp
Sanders, Olaf (2008): Deleuze/Guattaris Pädagogik des Begriffs. In: Thompson, Christiane/Weiß, Gabriele (Hrsg.): Bildende Widerstände – widerständige Bildung. Blickwechsel zwischen Pädagogik und Philosophie. Bielefeld: Transcript, S. 215–234
Sanders, Olaf (2020a): Deleuzes Pädagogiken. Die Philosophie von Deleuze und Deleuze/Guattari nach 1975. Hamburg: Katzenberg
Sanders, Olaf (2020b): Bildungsgründe. Zwei Antrittsvorlesungen, Dresden 2015/Hamburg 2017. Hamburg: Katzenberg
Schellnhuber, Hans Joachim (2015): Selbstverbrennung. Die fatale Dreiecksbeziehung zwischen Klima, Mensch und Kohlenstoff. München: Bertelsmann
Schrödinger, Erwin (2008): What is Life? [1944] with Mind and Matter [1958] and Autobiographical Sketches. Cambridge: CUP
Schulze Wessel, Martin (2018): Der Prager Frühling. Aufbruch in eine neue Welt. Stuttgart: Reclam

Simondon, Gilbert (2012): Die Evolution technischer Objekte. Zürich: Diaphanes
Stengers, Isabelle (2015): In Catastrophic Times. Resisting the Coming Barbarism. URL: https://www.openhumanitiespress.org/books/titles/in-catastrophic-times (Abfrage: 25.03.2020)
Tegmark, Max (2017): Leben 3.0. Mensch sein im Zeitalter künstlicher Intelligenz. Berlin: Ullstein
Wark, McKenzie (2017): Molekulares Rot. Theorie für das Anthropozän. Berlin: Matthes & Seitz
Wittgenstein, Ludwig (2001): Philosophische Untersuchungen. Kritisch-genetische Edition. Darmstadt: Wissenschaftliche Buchgesellschaft
Woolf, Virginia (1989): Ein eigenes Zimmer. Drei Guineen. Zwei Essays. Leipzig: Reclam
Žižek, Slavoj (2001): Die Tücke des Subjekts. Frankfurt/M.: Suhrkamp

II Bildungsphilosophische Einsätze

„Eingreifendes Denken“ – Überlegungen zur Praxis der Bildungstheorie

Carsten Bünger

> „Man greift verändernd in einen Prozess ein, der schon im Gange ist, ohne ihn bloß laufen zu lassen, aber auch ohne ihn in eine eindeutige Richtung zu drängen oder ihn gleich einer Flugbahn zu berechnen. Als Dazwischentreten, bei dem sich nicht Position gegen Position behauptet, ist die Intervention der Interaktion verwandt“ (Waldenfels 2009, S. 23).

> „Zu lernen ist: Wann greift ein Satz ein?“ (Brecht 1967, S. 173).

1 Die Praxis der Bildungstheorie? Vorbemerkungen zu einem Perspektivwechsel

Die Frage, „ob eine Theorie für die Praxis tauge“, ist ein im Zuge der Aufklärung zur Selbstverständlichkeit avancierter Prüfstein philosophischer und wissenschaftlicher Anstrengungen geworden (vgl. exempl. Kant 1793/1977). Entsprechend wird die Anforderung, erziehungswissenschaftliche Theoriebildung solle zugunsten einer pädagogischen Praxis formuliert und als deren Verbesserung wirksam werden, nicht erst seit den Steuerungsversprechen einer evidenzbasierten Bildungsforschung erhoben (vgl. Bellmann/Müller 2011), sondern prägte schon das Selbstverständnis der geisteswissenschaftlichen Pädagogik als einer *reflexion engagée* (vgl. Flitner 1957).[1] Demgegenüber kommt dem disziplinär schwer eingrenzbaren Feld der Bildungstheorie auf den ersten Blick eine Sonderstellung zu: Sofern der Begriff der Bildung im Sinne der neuzeitlichen Tradition der Annahme einer Verfügung über die Lern- und Entwicklungsmöglichkeiten der Individuen entgegensteht, sperrt sich auch die auf diesen Begriff bezogene Theoriebildung einer Theorieform, die als Anleitung

1 Gleichwohl ist „Wirksamkeit“ gerade kein unstrittiger Bezugspunkt, sondern kann selbst als eine generative Problemstellung pädagogischer Theoriebildung gelten, weil sich diese nicht in der Annahme einer Verfügbarkeit und Zurechenbarkeit von Ursache-Wirkungs-Zusammenhängen erschöpfen kann (vgl. Krüger/Müller 2019; Thompson 2020).

oder Optimierung pädagogischen Handelns konzeptualisiert werden könnte. Dennoch richten sich die Erwartungen an den Beitrag, den die Bildungstheorie zur Erziehungswissenschaft zu leisten habe, vielfach auf die praktische Funktion ihrer Begriffsarbeit (vgl. Geuenich/Witek 2016, S. 41; Benner 2015; Tenorth 1997): Die Aufgabe der Bildungstheorie bestehe demnach darin, pädagogische Praxis – oder auch die Praxis der empirischen Bildungsforschung – anhand eines historisch-systematisch begründeten Bildungsbegriffs zu legitimieren und zu orientieren.

Dagegen setzen die im Folgenden angestellten Überlegungen zur Praxis der Bildungstheorie anders ein: Mir geht es weder um die Klärung pädagogisch-praktischer Konsequenzen aus einer normativ-fundierenden Bildungstheorie noch im Sinne einer Verwendungsforschung darum, wie Theorie nachträglich angeeignet und in Praxis übersetzt wird. Wenn Bildungstheorie weder einer handlungstheoretischen Begründung von Pädagogik verpflichtet ist noch auf eine kategoriale Vereindeutigung des Bildungsbegriffs zugunsten einer identifizierenden Beobachtbarkeit von Bildungsprozessen zielt, bedeutet dies jedoch nicht, dass der Selbstanspruch der Bildungstheorie vom Anliegen einer praktischen Relevanz entkoppelt wäre. In der bildungstheoretischen Beteiligung an erziehungswissenschaftlichen und öffentlichen Selbstverständigungsdiskursen kommt aber ein anderes Moment von Praxis zum Tragen, als es das instrumentelle Vokabular der Anwendung und Wirksamkeit fassen könnte.

Mit einer Unterscheidung des niederländischen Wissenschaftshistorikers Gerard de Vries könnte anstelle einer technischen Funktion bildungstheoretischer Forschungen von einer kulturellen Funktion gesprochen werden. Johannes Bellmann (2011) fasst diese Differenz wie folgt zusammen:

> „Während die technische Funktion vor allem in der Entwicklung von Mitteln und Strategien zur Lösung vorab definierter Probleme besteht, kommt die kulturelle Funktion vor allem darin zur Geltung, dass zuallererst neue Problemdefinitionen und neue Sichtweisen der sozialen Realität entwickelt werden. In beiden Funktionen hat wissenschaftliche Forschung praktische Konsequenzen für die erforschte soziale Realität" (ebd., S. 205).

Dass es bei der auf den Bildungsbegriff bezogenen Theoriebildung um die kulturelle Ebene gesellschaftlicher Selbstverständigung und öffentlicher Auseinandersetzungen geht, mag an die Auffassung von Bildung als einem „Deutungsmuster" (Bollenbeck) erinnern. Deutlicher noch wird die gesellschaftliche Relevanz und spezifische Wirksamkeit des Bildungsdenkens im Kontext der begriffsgeschichtlichen Studien Reinhardt Kosellecks. Wie andere im 18. und 19. Jahrhundert an Einfluss gewinnende Begriffe ist auch der Bildungsbegriff für Koselleck nicht nur „Indikator", sondern vielmehr „Faktor" eines umfassenden kulturellen und gesellschaftspolitischen Wandels (Koselleck 1990, S. 19 f.). Dabei steht der Bildungsbegriff nicht nur für eine „neue Sichtweise der sozialen Realität", sondern konfrontiert diese Realität mit Vorstellungen von unausgeschöpften Möglichkeiten menschlicher Entwicklung, die zugleich eine Umgestaltung der gegebenen Bedingungen sinnvoll und erforderlich erscheinen lassen. In diesem Sinne zählt der Bildungsbegriff für Koselleck zu den „Bewegungsbegriffen": Sie zielen nicht nur darauf, historische Erfahrungen zu begreifen, sondern neue Möglichkeiten zu entwerfen und vorstellbar werden zu lassen.

Führt man sich diesen Aspekt des Bildungsmotivs vor Augen, so ist der Zusammenhang von Bildungstheorie als einer spezifischen Denkform oder Diskursart (vgl. Koller 2006), die sich von anderen Formen der Bildungsbestimmung – z. B. anhand von psychologischen Modellen oder soziologischen Beschreibungen – unterscheiden lässt, nicht durch ein bestimmtes Set an Methoden oder einen verbindlichen Kanon an Texten und Einsichten zu fassen. Vielmehr rückt das in den Blick, was als Erbe oder Tradition nur unzureichend bezeichnet ist, jedenfalls unabgeschlossene Problemstellungen mit sich führt, die unter veränderten gesellschaftlichen wie epistemischen Bedingungen auf Aktualisierung und Neufassung verweisen und dafür nicht schlicht angeeignet, sondern übersetzt werden müssen (vgl. Bünger/Schenk 2019; Meyer-Drawe 1999). Die „Theorie der Bildung ist" heute wohl nicht mehr „als notwendiges theoretisches Organ vernünftiger Selbstreflexion der Gattungsentwicklung in praktischer Absicht zu bestimmen" (Euler 1997, S. 144). Und dennoch: Nach dem Ende der großen Erzählung einer sich qua Bildung entfaltenden Menschheit ist Bildungstheorie keineswegs als obsolet verworfen worden. Vielmehr stehen ihre Auseinandersetzungen mit dem Bildungsbegriff – man könnte sagen: auch weiterhin – in einem spannungsreichen Verhältnis zu den öffentlichen Diskursen um zukünftige, gesellschaftliche Entwicklungen, den sozialisatorischen Bedingungen des Aufwachsens und den Normalitätserwartungen hinsichtlich individualisierter Lebensformen. Gegenüber den frühen Entwürfen zum Begriff der Bildung ist Bildungstheorie heute sogar deutlicher darauf angewiesen, ihren begrifflichen Gehalt nicht nur über problematisierende Rückbeziehungen auf die Philosophiegeschichte der Bildung zu gewinnen, sondern auch auf gesellschaftliche bzw. alltägliche Verwendungskontexte zu beziehen und insbesondere im Verhältnis zu anderen disziplinären Justierungen und Kontexten der Bildungswissenschaften – einschließlich der darin beanspruchten Komplemente wie Kompetenz, Lernen usw. – zu denken und eventuell davon zu distanzieren (vgl. Czejkowska 2018; Thompson 2015).

Ohne den bildungstheoretischen Fassungen von Bildung sowie deren theoriegeschichtlichen Wandel hier inhaltlich weiter nachgehen zu können, kann mit diesen Andeutungen die Ebene markiert werden, auf der im Folgenden die Frage nach der Praxis der Bildungstheorie fokussiert wird: Sie entspricht der Frage nach dem mit der Arbeit am Begriff der Bildung verbundenen *Einsatz.*[2] Damit ist eine spezifische erkenntnistheoretische Perspektivverschiebung verbunden: Die Rationalitätsansprüche wissenschaftlicher Theoriebildung werden nicht so verstanden, dass diese den Ort wissenschaftlicher Erkenntnisgenerierung in ein Außerhalb sozialer Machtformationen rücken könnten. Wissenschaftlich justierte Artikulationen von Bildung sind entsprechend als Teil diskursiver Auseinandersetzungen um die Identifikation gesellschaftlicher Möglichkeiten, Erwartungen und Ansprüche zu verstehen. Die Rede vom „Einsatz" zielt – im Unterschied zu Perspektiven, die in der Verwobenheit von Wissenschaft und Macht ein Defizit erkennen, das es wiederum aufzuklären und letztlich zu überwinden gilt – darauf, diese Verwobenheit als konstitutiv zu begreifen. Sofern Theoriebildung im Horizont von Entscheidungen situiert ist, die sich nicht anhand wissenschaftlicher Verfahren vorwegnehmen oder begründen lassen, sondern diese erst hervorbringen, kann von einer Politizität der Theoriebildung gesprochen werden (vgl. Kubac 2013): Theorie ist nicht politisch im Sinne eines vorstrukturiert erscheinenden Feldes der Politik, zu dem sich dann parteiisch verhalten würde. Die Politizität wissenschaftlicher Erkenntnisformen ist vielmehr mit dem Aspekt der Entscheidung verbunden, der zu einer prinzipiell möglichen Bestreitbarkeit einer Theorieperspektive führt wie auch Bemühungen um Anschlüsse oder Abgrenzungen im wissenschaftlichen Feld in Gang setzt, die darauf zielen, die jeweilige Bestreitbarkeit zu kanalisieren. Diese unter dem Begriff der *Erkenntnispolitik* diskutierte Perspektive auf den sozialen Ort wissenschaftlicher Forschungen, ihrer Fragestellungen, Herangehensweisen und Ergebnisse, kann mit zahlreichen erkenntniskritischen und wissenschaftstheoretischen Arbeiten in Verbindung gebracht werden, die wissenschaftliche Theorieentwicklungen selbst *als soziale Praxis* fassen (vgl. Reichenbach/Ricken/Koller 2011). Spricht man von dem Einsatz einer Theorieperspektive, ist damit also durchaus ein praktisches, genauer: ein performatives Moment bezeichnet (vgl. Koch 2002; Forster 2007): Es handelt sich um Artikulationen, die eine spezifische ‚Ordnung der Dinge' bzw. eine spezifische Wahrnehmbarkeit der Welt hervorbringen, die sich nicht in einer übergeordneten Notwendigkeit begründen lassen, ohne dass diese Begründung wiederum als strategische Absicherung von kontingent und daher umstritten bleibenden Entscheidungen aufgefasst werden könnte. Nimmt man dieses performative Moment der Theoriebildung ernst und wehrt es nicht vorschnell mit dem Verweis auf einen Relativismus ab, der als Problemstellung der Theoriebildung in ihren Analysen selbst aufzunehmen ist, so entstehen ebenso ethische wie politische Reflexionsbedarfe im Hinblick darauf, was den Einsatz einer Theorieperspektive – hier: der

2 „Einsatz" ist in einem mehrfachen Sinne zu verstehen (vgl. Masschelein/Wimmer 1996, S. 7 f.) und bezieht sich hier sowohl auf den *Ausgangspunkt*, über den sich ein *Anliegen* und ein spezifisches *Engagement* formuliert wie auch auf ein damit einhergehendes *Risiko*.

Bildungstheorie – ausmacht: welche Möglichkeiten eröffnet werden und welche diese verschließt.

Die folgenden Überlegungen versuchen, dieser *praktisch-performativen* Seite der Bildungstheorie weiter nachzugehen und fokussieren dafür die Voraussetzungen und Implikationen dieser Praxis. Was heißt es, dass Bildungs*theorie*, also das auf die Möglichkeit von Bildung orientierte Denken, Relevanzen, Verhältnisbestimmungen und Interpretationsformen hervorbringt oder gar: hervorzubringen *sucht*? Welche Konsequenzen hat es, wenn der Theoriebildung – bzw. genauer: dem Bildungsdenken – Wirkung und Einfluss zugetraut (vgl. Brecht 1967, S. 158) wird? Emblematisch für diesen Fragekomplex steht hier die Formel „eingreifendes Denken". Zunächst wird im Folgenden dieses auf Bertolt Brecht zurückgehende Motiv eingeholt (2), bevor es für die Frage nach dem Einsatz der Bildungstheorie konkretisiert und mit dem konzeptionellen Vorschlag einer reflexiven Erkenntnispolitik verbunden wird (3).

2 „Eingreifendes Denken" – Erkenntnistheoretische Aspekte eines programmatischen Motivs

Wenngleich die Formel „eingreifendes Denken" von Bertolt Brecht stammt (vgl. Brecht 1967, S. 158 ff.), so ist die folgende Auseinandersetzung nicht als eine unmittelbare Gleichsetzung Brecht'scher Überlegungen, die einen spezifischen Anspruch an gesellschaftskritische Kulturproduktionen formulieren, mit dem akademischen Feld der Bildungstheorie zu verstehen. Stattdessen dienen Brechts Bemerkungen als Ausgangspunkt, um den Einsatz der Bildungstheorie als involviertes und zugleich engagiertes Denken zu fassen und diskutierbar werden zu lassen; mit anderen Worten: um ein Assoziationsfeld erkenntnispolitischer Fragestellungen zu gewinnen. Diesem Vorgehen kommt zugute, dass die Überlegungen zum eingreifenden Denken bei Brecht selbst einer assoziativen Suchbewegung folgen. In teils aphorismenartigen, mal ausgeführten, mal fragmentarisch und aufzählend gefassten Notizen sucht Brecht die gesellschaftliche Bedeutung des Denkens sowie insbesondere die Möglichkeiten der ‚Kopfarbeit' im Sinne der künstlerischen, pädagogischen oder wissenschaftlichen Beförderung des Denkens zu erfassen. Brecht formuliert also keine systematisch ausgearbeitete *Theorie* eingreifenden Denkens; vielmehr dient ihm dieses Motiv als orientierender Sammelbegriff und ist damit eher ein *programmatischer* Titel für Brechts eigenes Arbeiten. „Das Fehlen einer systematischen Darstellung von (eingreifendem Denken, C. B.) stimmt […] mit dem Begriff desselben überein, der die gesellschaftliche Reflexivität und Beweglichkeit der Bedingungen möglichen gesellschaftlichen Eingreifens berücksichtigt" (Kramer 1997, Sp. 157). Im Interesse an eben dieser Bezogenheit auf die gesellschaftlichen Bedingungen des Denkens wie einer entsprechenden

Reflexivität soll zunächst kursorisch umrissen werden, wie Brecht das Motiv des „eingreifenden Denkens“ entwickelt.

In gemeinsamen Überlegungen mit Walter Benjamin nutzt Brecht in den 1920er Jahren die Formel „eingreifendes Denken“, um das Profil der letztlich nicht verwirklichten Zeitschrift „Kritische Blätter“ zu pointieren (vgl. Kramer 1997, Sp. 155 f.; Gilcher-Holtey 2007, S. 86 f.). Darüber hinaus kann eingreifendes Denken als zentrales Element im Selbstverständnis des epischen Theaters sowie der Dichtung und Literatur Brechts gelten. Wie Gilcher-Holtey unter Rückgriff auf Benjamins Brecht-Interpretationen ausführt, sah Brecht „die ‚einzige Chance‘ der Kunst im Prozeß der Veränderung der Welt“ darin, mit den Mitteln ästhetischer Produktionen „eine ‚neue Haltung‘ herbeizuführen“ (ebd., S. 115). Die „Transformationsstrategie Brechts“ (ebd.) setzt demnach damit an, „zu zeigen, daß ‚Vorstellungen Folgen haben‘, sich in Praktiken niederschlagen, mit einem Wort: sozialrelevant sind“ (ebd.). Eingreifendes Denken nach Brecht zielt „darauf, Wahrnehmungsschemata, Einstellungen und Verhaltensdispositionen zu verändern durch die Schaffung von Szenen, neuen literarischen Techniken, neuen Formen der Literatur- oder Theaterkritik, neuen Sprach-, Musik- oder Architekturformen etc., die Einsicht und Reflexion freisetzten“ (ebd., S. 121).[3] In seiner Aneignung marxistischer Gesellschaftskritik gibt sich Brecht entsprechend nicht mit solchen Auffassungen zufrieden, die der Kultur eine nur nachgeordnete oder gar durch die Produktionsverhältnisse determinierte Stellung zuweisen: „Kultur, also Überbau, ist nicht als Ding, Besitz, Resultat einer Entwicklung, in geistigen Luxus umgesetzte Rente, sondern als selbst entwickelnder Faktor […] und vor allem als Prozeß anzusehen“ (ebd., S. 76). So sehr die materiellen Bedingungen des Seins das Bewusstsein formieren mögen – es ist gerade das dialektische und damit prozessuale Verhältnis von Kultur, im Sinne von ästhetischen Erfahrungen, Sinnzuschreibungen, Interpretationen und Entwürfen einerseits und sozialstrukturellen Existenzbedingungen andererseits, für das sich Brecht interessiert und in dem er Möglichkeiten der Kritik und Veränderung auslotet (vgl. Haug 2006, S. 47 ff.).

Wie nun kann die Formulierung „eingreifendes Denken“ genauer gefasst werden? Welche Auffassungen von *Denken* liegen dem zugrunde? Den

3 Dass es in der Theatertheorie Brechts um einen pädagogischen Einsatz der Kunst geht, wird an dieser Stelle deutlich und schlägt sich auch in der Bezeichnung Brecht'scher Stücke als „Lehrstücke“ nieder. Rancière (2009) problematisiert diese Konzeption als Ausdruck einer auf Asymmetrie beruhenden pädagogischen Belehrung, während Gilcher-Holtey darauf hinweist, dass Brecht gerade keine Lehren im Sinne vorgegebener Erkenntnisse vermitteln, sondern zu offenen Auseinandersetzungen provozieren will (vgl. Gilcher-Holtey 2007, S. 114, 121 sowie 2006). Im vorliegenden Zusammenhang wird im Unterschied zu diesen Debatten um die Theaterkonzeption Brechts der Fokus allein auf die erkenntnistheoretischen bzw. -politischen Aspekte in dessen Überlegungen gerichtet.

Ausgangspunkt der Überlegungen Brechts, die in den Gesammelten Schriften unter der Abteilung „Philosophische Notizen“ versammelt sind (vgl. Brecht 1967, S. 159 ff.), bildet ein Verständnis von Denken, das sowohl alltagsbezogenes wie philosophisches Denken im Verhältnis zu den materiellen Bedingungen der Lebensführung sieht (vgl. ebd., S. 162 f.). Dabei ist die Betonung dieser Bezogenheit von Denken und gesellschaftlich bedingter Praxis nicht so zu verstehen, dass sich das Denken schlicht als funktionsgebunden aus diesen Bedingungen ableiten ließe. Aber Denken ist umgekehrt für Brecht auch nicht als Ausdruck einer Autonomie oder (potenziellen) Genialität Einzelner zu verstehen.[4] Mit Denken sind keineswegs allein innersubjektive Auseinandersetzungen gefasst, als kognitive Leistungen eines Einzelnen, sondern Denken wird von Brecht vielmehr im Zusammenhang wirkmächtiger Vorstellungen verstanden, die immer schon in das Denken der Einzelnen eingegriffen haben (vgl. ebd., S. 158, 175). In eben dem Sinne ist Denken verwiesen aufs Kulturelle als Ausdruck konfligierender Sinndeutungen und Selbstbeschreibungen des Sozialen. In den 1930er Jahren notiert Brecht: „Der Mensch macht sich von den Dingen, mit denen er in Berührung kommt und auskommen muß, Bilder, kleine Modelle, die ihm verraten, wie sie funktionieren“ (ebd., S. 168 f.). Als unweigerliche und, wie Brecht betont, „nicht ganz bewußte“ (ebd., S. 169) Entwicklung solcher Bilder und Vorstellungen ist der praktische Gehalt des Denkens mit den sozialen Bedingungen der Existenz vermittelt. Auf diese Weise sind die jeweiligen Vorstellungen und Annahmen als Resultate des Denkens nicht als neutrale Auffassungen oder Repräsentationen zu begreifen, die einmal mehr, einmal weniger zutreffende Einschätzungen der Wirklichkeit darstellen, sondern angesichts ihrer lebenspraktischen Funktion von je vorherrschenden Sinnzuschreibungen und Anpassungserwartungen ebenso durchzogen wie stets auf die Zurückweisung konfligierender Perspektiven angewiesen bleiben (vgl. ebd., S. 177). Für den vorliegenden Zusammenhang ist hervorzuheben, dass Brecht diese Überlegungen als eine erkenntnistheoretische Perspektive formuliert, die er u. a. auch in Abarbeitung an Descartes und Kant entwickelt (vgl. ebd., S. 132–141). Erkennbar ist nach Brecht nur, womit man in einem interaktiven Zusammenhang steht, was also in gewissen Hinsichten änderbar ist oder auf die eigenen Lebensvollzüge Einfluss hat (vgl. ebd., S. 140). Das Involviertsein des Denkens in die zu bedenkenden Sachverhalte und Praxen wird hier mit anderen Worten zur Bedingung von Erkenntnis, während objektivistische Epistemologien zurückgewiesen werden (vgl. Haug 2006, S. 47 ff.).[5]

---

4 In einer Notiz über Lenin macht Brecht deutlich, dass sich Denken nicht in einer individuell zurechenbaren, kognitiven Tätigkeit erschöpft, sondern sich immer schon in Beziehungen vollzieht: „Er dachte in andern (sic!) Köpfen, und auch in seinem Kopf dachten andere. Das ist das richtige Denken“ (Brecht 1967, S. 166).

5 Für diese Überlegungen Brechts, die mit einer Neuauslegung des Verhältnisses von *Interpretieren* und *Verändern* in den Marx'schen Feuerbachthesen verbunden sind (vgl. Haug 2006, S. 52), lassen sich insbesondere zwei Quellen ausmachen: Zum einen sind dies

Beobachten, Denken und Eingreifen gehen demnach ineinander über – ohne schlicht identisch zu sein. Zugleich weist dies der Erkenntnis einen anderen, fragwürdigeren Status zu, der zu einer Reflexion des jeweiligen – gewählten oder unbemerkt übernommenen – Zugangs herausfordert.

Dies hat für Brecht ebenso theoriesystematische wie politische Konsequenzen. Die Verwobenheit des Denkens in konfligierende Perspektiven und die Bedingungen sozial vermittelter Praxis gilt für Brecht auch dort, wo das Denken weniger unmittelbar auf Alltagsorientierungen bezogen ist, sondern im Kontext von wissenschaftlicher Argumentation und Theoriebildung dem expliziten Anspruch einer Distanz zu subjektiven Positionen und deren existenziellen Einbindungen unterworfen ist. Um nicht den Illusionen eines reinen Argumentierens zu erliegen, schreibt Brecht, sollte man sich des

> „Vorgangs bewußt bleiben, der mit einem selber vorgegangen ist, während man nachdachte. Wie man einen Gedanken fortschreitend mit anderen [...] verglich, ihn danach verwerfend, oder ihm zuliebe einige andere umstürzend oder sie wenigstens zu denen stellend, die [...] wieder ungewiß geworden sind, das sollte man, während es geschieht, memorieren" (ebd., S. 176).

Erst dies ermöglicht, so Brecht weiter, dass „man die ganze Lebendigkeit des geistigen Arbeitens in das Endresultat hineinbekommt und dem schließlichen Gedanken sein Prozeß und seine Geschichte erhalten bleibt und anhaftet, sowie eine ganze weitere lebendige und jederzeit veränderliche Umgebung anderer Gedanken, Wahrnehmungen, Erfahrungen" (ebd.). Und Brecht schließt diese Notiz mit dem Fazit: „[U]m das reine Argumentieren zu vermeiden, muß man stets im Gedächtnis behalten, daß man denkend immerzu im Kampfe befindlich ist" (ebd., S. 176f.). Erst wenn diese Vielschichtigkeit, vielleicht könnte man sagen: Vielstimmigkeit und innere Kontroversität des Denkens erinnert wird, kann ein Gedanke bzw. eine als wichtig erachtete Einsicht in einer Weise verhandelbar werden – Brecht spricht von der „Traktabilität des Gegenstands" (ebd., S. 176) –, dass sie für andere Perspektiven Anschluss ermöglicht. Dabei kommt die Beziehung zum Anderen für Brecht bereits im Denken selbst zum Ausdruck. So notiert er, dass „einer auch dann mit anderen spricht, wenn er mit sich spricht"

---

die zu Beginn des 20. Jahrhunderts u. a. mit Wittgenstein verbundenen Entwicklungen der Sprachphilosophie, die Brecht rezipierte und ihn zu der Notiz führten, dass „Erkenntnistheorie vor allem Sprachkritik sein" müsse (Brecht 1967, S. 140). Zum anderen lässt sich zeigen (vgl. Haug 2006, S. 53f.), dass sich Brecht mit den Umbrüchen der Erkenntnisauffassung in der mit Einstein, Heisenberg u. a. verbundenen Teilchenphysik beschäftigt hat, in der der Einfluss der Beobachtung aufs Beobachtete herausgestellt wird. Entsprechend bemerkt Brecht auch für das eingreifende Denken, das mit „praktikablen Definitionen" operiere: „Unter den determinierenden Faktoren tritt immer das Verhalten des Definierenden auf" (Brecht 1967, S. 168).

(zit. n. Kramer 1997, Sp. 158). Denken vollzieht sich mithin als vielstimmiges Gespräch.

Damit ist Denken nicht einfach den praktischen Bezugnahmen auf sich und andere vor- oder nachgelagert, sondern stellt selbst ein Verhalten in Verhältnissen dar.[6] Gegenüber dem bürgerlichen Selbstverständnis von Philosophie im Sinne eines reinen Arguments mit einer universalistischen Wahrheitsorientierung hätten, so Brecht, ausgerechnet die Faschist_innen diese Verhaltensdimension des Denkens begriffen: „Das Denken wird vom Faschismus als ein Verhalten behandelt" (Brecht 1967, S. 167), was sich daran zeige, dass das Denken vom Faschismus als eine „juristische, eventuell kriminelle Handlung" aufgefasst wird, die „mit entsprechenden Maßnahmen beantwortet" (ebd., S. 168) wird. Demgegenüber hilft es gerade nicht, das Denken wiederum als neutral und unabhängig von sozialen Wirklichkeiten zu behaupten und sich so vor den Maßnahmen und versuchten Einschränkungen des Denkens zu immunisieren. Im Gegenteil kommt es für Brecht darauf an, ein offensives Verständnis vom Denken als Praxis zu gewinnen. Unter dem Titel „Das Denken als ein Verhalten"[7] notiert er: „Notwendigkeit einer *Kritik des Faschismus* als eines Komplexes von Verhaltungsweisen *durch das eingreifende Denken.* Kritik auch der Vorstellungen, wo sie eingreifende Verhaltungsweisen darstellen" (ebd., S. 168, Hervorh. i. O.). Eingreifendes Denken ist also in erster Hinsicht als ein auf Denkweisen bezogenes Denken bzw. als ein auf Verhalten bezogenes kritisches Verhalten zu verstehen. Der Nachsatz in dieser Notiz erlaubt m. E. zwei Lesarten, die beide für den vorliegenden Zusammenhang weiterführend sind: Einmal könnte der Satz „Kritik auch der Vorstellungen, wo sie eingreifende Verhaltungsweisen darstellen" so gelesen werden, dass auch der Faschismus sich eingreifenden Denkens bedient, sofern er beispielsweise durch Ideologie und Propaganda Einfluss auf die Orientierungen und „Verhaltungsweisen" zu nehmen sucht. Damit ist das eingreifende Denken nicht per se progressiv oder für eine spezifische Denkform reserviert,[8] sondern eingreifendes Denken wäre formal-analytisch aufzufassen, wofür sich bei Brecht insofern weitere Stellen finden lassen, als er auch die Werke der bürgerlichen Klassik und Philosophie unter Gesichtspunkten ihres Eingreifens beschreibt (vgl. ebd., S. 162 f.).

Die zweite Lesart – von „Kritik auch der Vorstellungen, wo sie eingreifende Verhaltungsweisen darstellen" – betont die Notwendigkeit einer Selbstkritik

---

6 Insofern lässt sich Brechts Erkenntnistheorie den praktischen Epistemologien zuordnen und auf eine Nähe zum Pragmatismus hinweisen, den Brecht ebenfalls rezipiert hat (vgl. Kramer 1997, Sp. 160).

7 Ein gleichnamiger Beitrag war für das Jahr 1933 angekündigt, konnte jedoch nicht mehr veröffentlicht werden (vgl. die Anmerkung in Brecht 1967, S. 8* f.).

8 Wenngleich bei Brecht die Auseinandersetzungen von der Frage angeleitet werden, wie ein eingreifendes Denken zugunsten der Ermöglichung sozialistischer Transformationen beschaffen sein muss (vgl. Kramer 1997, Sp. 159 f.).

des eingreifenden Denkens im Sinne einer „Kritik der Kritik", die Brecht selbst mehrfach programmatisch fordert (vgl. Gilcher-Holtey 2007, S. 118) – und die jede Selbstgewissheit eines Eingriffs im Namen oder anhand der Vorstellungen eines Richtigen oder Guten einklammert.[9] Mit der daraus resultierenden „Unsicherheit des Denkens" (Brecht 1967, S. 171) ist jedoch keine Absage an antizipierende Vorstellungen von einem Guten im Sinne des Besseren, von einem Guten angesichts einer bestimmten Situation verbunden. Die Entwicklung solcher Vorstellungen gehört für Brecht durchaus zum eingreifenden Denken, das er teils auch als experimentelles Denken bezeichnet (vgl. Haug 2006, S. 62 f.) und das gerade über den Entwurf von alternativen Vorstellungen produktive Effekte zeitigt. Er schreibt.

> „Wenn man den Menschen liebt, kann man aus seinen beobachteten Verhaltensarten und der Kenntnis seiner Lage, solche Verhaltensarten für ihn ableiten, die für ihn gut sind. [...] Aus den vermutlichen Verhaltensarten werden so wünschbare. Zu der Lage, die sein Verhalten bestimmt, zählt sich plötzlich der Beobachter selber. Der Beobachter muss also dem Beobachtetem ein gutes Bildnis schenken, das er von ihm gemacht hat. [...] Das Bildnis ist produktiv geworden, es kann den Abgebildeten verändern, es enthält (ausführbare) Vorschläge. Solch ein Bildnis machen heißt lieben" (Brecht 1967, S. 169 f.).

Nun sind dies offenkundig Formulierungen, die eine pädagogisch informierte Lektüre der philosophischen Notizen Brechts hellhörig werden lassen. Das eingreifende Denken verbindet sich schon insofern mit einem pädagogischen Gestus, als sich der Eingriff auf das Denken respektive Verhalten anderer bezieht. Darüber hinaus folgt es dem möglicherweise paternalistischen Einsatz zu meinen, man könne um das Gute für Andere wissen und es entsprechend befördern. Dass mit der Nähe zum ‚liebenden Erzieher' ein traditionsreiches wie problematisches pädagogisches Grundmotiv markiert ist, lässt erahnen, dass sich das eingreifende Denken gerade auch unter Gesichtspunkten machtförmiger und zumindest ambivalenter Pädagogisierungen befragen lässt. Dabei geht es beim Eingriff offenkundig nicht um autoritären Zwang, sondern um eine Form des produktiven Vorgriffs, bzw. des Eröffnens von gegebenen aber ungenutzten Möglichkeiten, während die gewaltsamen Aspekte und Kehrseiten des Übergriffigen abgeblendet werden. Darauf wird zurückzukommen sein. Zunächst aber kann zur Frage des pädagogischen Moments eingreifenden Denkens ein Vorschlag Wolfgang

9 Dass Brecht eine entsprechende Distanz zum orthodoxen Marxismus einnahm und seine Arbeiten gerade nicht im Sinne der Verkündung einer gesellschaftstheoretischen Lehrmeinung verstand, ist bereits erwähnt worden. Die in dieser Lesart anklingende Figur der „Negation der Negation" verbindet ihn darüber hinaus mit der künstlerischen Avantgarde seiner Zeit (Gilcher-Holtey 2007, S. 119).

Fritz Haugs (2006) aufgenommen werden, der Brechts Konzept des eingreifenden Denkens mit Gramscis Hegemonietheorie in Verbindung bringt.[10]

Aus einer solchen Perspektive, das heißt mit dem Vokabular Gramscis, ist dieser pädagogische Grundzug nämlich alles andere als überraschend, sondern für jede hegemoniale wie gegenhegemoniale Operation auf dem Feld kultureller Selbstverständigungen konstitutiv (vgl. Gramsci 2012). Hegemonie ist nach Gramsci im Unterschied zu allein repressiven Herrschaftsformen als ein gesellschaftliches Führungsverhältnis aufzufassen, in dem selbst offene Zwangsmaßnahmen „vom Konsens der Mehrheit [...] getragen" erscheinen (Gramsci, zit. n. Merkens 2008, S. 158). Um diese Bereitschaft und Zustimmung zu erzeugen, müssen Hegemonien „konsensuale und zivilgesellschaftlich vermittelte Räume der kulturellen und politischen *Sinnstiftung* [...] schaffen" und auf diese Weise spezifische „Ideen, Werte und Normen als *führend*" (ebd., S. 158, Hervorh. i. O.) durchsetzen. Wie Andreas Merkens erläutert, wird „Führung" „von Gramsci als Fähigkeit verstanden, eine politische, aber auch eine moralische und kulturelle Ausstrahlungskraft zu entwickeln, die über das eigene Lager hinaus wächst, die orientierend auf das Denken und die kulturelle Lebensweise der Menschen wirkt" (ebd.). In diesem Sinne formuliert Gramsci: „Jedes Verhältnis von Hegemonie ist notwendigerweise ein pädagogisches Verhältnis" (zit. n. ebd., S. 159), wobei ihm ‚Führung' als Struktureigenschaft des Pädagogischen gilt (vgl. ebd., S. 158). Die Bezugnahme aufs Pädagogische dient dazu, die Bedeutung kultureller und intellektueller Arbeit im ‚zivilgesellschaftlichen Stellungskampf' – so Gramscis Bezeichnung für die Umstrittenheit gesellschaftlicher Legitimation und die antagonistische Verfasstheit des Sozialen (vgl. Buckel/Fischer-Lescano 2007) – gegenüber ökonomistischen Engführungen zu betonen und die Möglichkeiten eines anderen, gegenhegemonialen pädagogischen Verhältnisses auszuloten.

In tatsächlich erstaunlicher Übereinstimmung findet sich in Brechts Notizen ein Eintrag zu den Gestaltungsmöglichkeiten gesellschaftlicher Veränderungen, die aus dem spannungsreichen, dialektischen Verhältnis von „Unterbau" und „Überbau" entstehen; diese knappen Überlegungen sind von Brecht – ohne weitere Erläuterung – überschrieben mit dem Titel „Pädagogik" (Brecht 1967, S. 78). Auf diese Weise wird deutlich, dass die Bezugnahme aufs Pädagogische im Zusammenhang mit Überlegungen zu einem eingreifenden Denken bzw. gegenhegemonialen Interventionen als systematisch zentral gelten kann. Sofern sich in diesem Zusammenhang sagen lässt, dass Brechts Selbstverständnis als Theatermacher und Schriftsteller, als kritischer und politisch engagierter Intellektueller darin besteht, Bildungsprozesse zu befördern, rückt ein pädagogisches Moment

10 Auf die hegemonietheoretischen Weiterentwicklungen durch Ernesto Laclau und Chantal Mouffe sowie deren Produktivität für bildungstheoretische Zugangsweisen zum Signifikanten „Bildung" (vgl. Jergus/Thompson 2011; Jergus 2014) kann hier nicht eingegangen werden.

des eingreifenden Denkens in den Blick. Inwiefern erlauben die bisherigen Ausführungen nun eine Bezugnahme nicht auf ein bestimmtes Bildungsverständnis, sondern auf den Einsatz von Bildungs*theorie*?

3 Bildungstheoretische Eingriffe – Perspektiven einer reflexiven Erkenntnispolitik

Einleitend wurde bemerkt, dass die theoretische Befassung mit dem Begriff der Bildung notwendig darauf bezogen ist, „Bildung“ als umstrittenen und für gesellschaftliche Selbstverständigung zugleich zentralen Bezugspunkt zu begreifen. Zum Problem wird damit die Frage nach dem Ort und spezifischen Beitrag der Bildungstheorie: Mit welchem Anliegen und Selbstverständnis kann sich Bildungstheorie zu den gesellschaftlichen Bedingungen und deren Transformationen verhalten? Welche Perspektive vermag die gesellschaftlichen Bildungsbeanspruchungen ernst zu nehmen, ohne diese kritiklos hinnehmen zu müssen? Von wo aus kann die kritische Distanzierung erfolgen, wenn Bildung nur im Horizont sozialer Erwartungen und symbolischer Ordnungen zugänglich ist und damit nicht als etwas aufgefasst werden kann, was einen privilegierten, wissenschaftlichen Zugang der Bestimmung und Identifikation erlauben würde?

Vor dem Hintergrund dieser Problemstellungen wurde dem Motiv „eingreifenden Denkens“ nachgegangen, um eine Vorstellung von der praktischen und zugleich erkenntnispolitischen Dimension von Theoriebildung zu gewinnen. Der Rückgriff auf Brecht führte zu einem Verständnis von Denken als Verhalten – nicht in einem behavioristischen Sinne, sondern als Verweis auf das Eingebundensein des Denkens in Verhältnisse und In-Verhältnis-Setzungen. Eingreifendes Denken ist nach Brecht nicht nur problematisierend oder distanzierend auf wirkmächtige Vorstellungen und Verhaltensdispositionen bezogen, sondern zudem als Einsatz von Gegenbildern und neuen Vorstellungen – und insofern *als Praxis* – zu verstehen. Implizit ist diese Wendung mit der Annahme verbunden, dass es auch nicht-eingreifendes Denken gibt. Auf einen ersten Blick erscheint dies irritierend, ist doch mit Denken als einem Verhalten ein konstitutiver Zusammenhang von Erkennen und praktischen Vollzügen markiert. Die Irritation lässt sich im Hinblick auf die mit dem Eingreifen verbundene erkenntnistheoretische Problemstellung zuspitzen: Wenn jeder Theoriebildung wie auch jeder Bildungsbeanspruchung ein performatives Element zukommt, indem Bildung nicht einfach abgebildet, sondern vielmehr vorgebildet, also als orientierende Vorstellung fungiert – wie lässt sich dann darin und demgegenüber das Eingreifende qualifizieren?

Eine eingreifend-ergriffene Dimension der theoretischen Auseinandersetzung mit Bildung lässt sich zunächst in dem elementaren Sinne darin sehen, dass sich Bildungstheorie als ein Denken vollzieht, das nicht im gesellschaftsfreien

Raum angesiedelt ist, sondern in unhintergehbaren Beziehungen zu sozialen Selbstverständigungen und Beanspruchungen bzw. umkämpften Besetzungen von Bildung steht. In diesem Rahmen könnte das Motiv des Eingreifens so qualifiziert werden, dass sich das eingreifende Bildungsdenken auf die immer schon vorfindlichen Beanspruchungen der Lebensführung bezieht – und innerhalb dieser Beanspruchungen eine Differenz, eine Wendung, eine Befragung einführt, die Bildung in den Status der Möglichkeit versetzt. Auf diese Weise wird der Möglichkeit von Bildung etwas über die je gegebene soziale Wirklichkeit Hinausreichendes zugesprochen (vgl. exempl. Schäfer 2012; 2011). Dies ließe sich gerade auch mit dem aufklärerisch-modernen Gehalt des mit Bildung formulierten Versprechens in Verbindung bringen: In der Einstellung der Bildungstheorie verweist die Unbestimmtheit von Bildung auf die Grenzen[11] sozialer Determination und Macht. Um diese Grenzen ins Blickfeld zu rücken, operiert Bildungstheorie mit Vorstellungen von Möglichkeiten einer nicht-determinierten Erfahrung und von formalen Denkfiguren einer selbstzweckhaften Entfaltung. Die bildungstheoretische Enthaltsamkeit hinsichtlich inhaltlicher Bestimmungen guter Lebensführung durch die Vorwegnahme von Bildern des Gebildeten (vgl. Meyer-Drawe 1999) kann dann als Ausdruck eines mit Bildung verbundenen Freiheitsmotivs verstanden werden.

Gegenüber einer solchen Bestimmung lässt sich jedoch einwenden, dass die gesellschaftlichen Effekte des Bildungsdenkens nicht ausreichend in den Blick genommen werden. Übergangen wird so, was man mit Brecht das „gute Bildnis“ (von Bildung) oder eben auch die *pädagogische* Praxis der Bildungstheorie nennen könnte. Dass der klassische Bildungsbegriff tatsächlich so etwas wie eine leitende Formel der Selbstverständigung bürgerlicher Gesellschaft geworden ist und – ganz im Sinne Gramscis – orientierend auf das Denken und die kulturelle Lebensweise gewirkt hat, wurde seit Nietzsches Kritik am „Bildungsphilister“ oder den Arbeiten der frühen kritischen Theorie immer wieder herausgestellt.[12] Für Norbert Ricken (2006; 2019) markiert der Bildungsbegriff daher keineswegs die *Grenze* der Macht, sondern ihre veränderte Form: Die bildungstheoretischen Entwürfe menschlicher Vervollkommnung erscheinen in Rickens genealogischen Analysen als Matrix moderner Subjektivierung, als Medium der modernen, produktiven Form der Macht, in der sich die Lebensführung an Bezugspunkten individueller Selbststeigerung und Leistungsbereitschaft aufspannt.

---

11 In dieser Betonung und Analyse der Grenzen machtförmiger Zugriffe kann das Erbe moderner Bildungstheorie gesehen werden, trägt doch das zentrale bildungstheoretische Werk Wilhelm von Humboldts (1792/1980) eben diesen Fokus bereits im Titel.

12 Insbesondere Heinz-Joachim Heydorn (1970/2004) hat materialreiche Analysen zur widersprüchlichen Beziehung von Bildungsentwürfen und gesellschaftlichen Herrschaftsformen vorgelegt; vor dem Hintergrund der hier fokussierten Fragestellungen wäre die Nähe und Differenz zwischen Performativität der Theorie einerseits und dem Verhältnis von Ideologie und Theorie andererseits zu bedenken.

Ohne diesen Argumentationslinien hier im Einzelnen nachgehen oder gerecht werden zu können, zeigt sich in diesen knappen Skizzen und exemplarischen Verweisen eine Ambivalenz oder Zerrissenheit des Bildungsdenkens, die offenbar aus dem Einsatz des eingreifenden Denkens selbst resultiert: Wenngleich der Eingriff darauf zielt, die Möglichkeit von Bildung – als Ausdruck einer ateleologischen Freiheitspraxis – offen zu halten, so verbleibt Bildungstheorie dennoch nicht im Negativen oder Unbedingten (vgl. Bünger/Lütke-Harmann 2020), sondern setzt an historisch-kulturellen Bedingungen und Vorstellungen an. Man könnte dies auch so formulieren, dass der Einsatz der Bildungstheorie damit verbunden ist, akademische Formate für die Erzählung von „Gegen-Schicksalsgeschichten" (vgl. Rieger-Ladich 2016) zu erfinden, um diesen für das Bildungsdenken konstitutiven Zusammenhang von Theoriebildung, Politischem und Performativität zu pointieren. So formuliert beispielsweise die transformatorische Bildungstheorie Bildung als die Möglichkeit des *Anderswerdens* – und damit als Gegenbild zu gesellschaftlichen und sozialisatorischen Identitätszwängen (vgl. Koller 2012). Zugleich steht dieses Gegenbild damit unversehens in „Komplizenschaft" (Butler) mit neuen Anforderungen, in denen die Bereitschaft zum Anderswerden als Norm unternehmerischer Selbstführung gelten kann (vgl. Bröckling 2007, S. 285). Die Theoriebildung um den Begriff der Bildung sieht sich daher mit der Herausforderung konfrontiert, den sozialen und historischen Kontext nicht nur von Bildungs*prozessen*, sondern auch des Bildungs*denkens* selbst in den Blick zu nehmen (vgl. Ruhloff 2006; Horkheimer 1952) – sei es im Sinne öffentlicher Diskurse und gesellschaftlicher Beanspruchungen von Bildung, sei es hinsichtlich der Effekte und Kehrseiten, die die Geschichte und Gegenwart begrifflicher Fassungen von Bildung mit sich führen.

Vor diesem Hintergrund wäre es m. E. weiterführend, an der Perspektive einer *reflexiven Erkenntnispolitik* im Feld der Bildungstheorie zu arbeiten. Mit dieser programmatischen Formel soll eine Aufmerksamkeit für zwei Dimensionen bildungstheoretischer Einsätze bezeichnet werden. Zum Ersten: Sofern Bildungstheorie darauf zielt, als eingreifendes Denken zu agieren, sind die jeweiligen *Bedingungen* und Voraussetzungen des Eingreifens zu klären. Zum Zweiten: Dass Bildungstheorie eingreifend fungiert, steht auch für die (unbedachten) *Effekte* des Bildungsdenkens. Beides sei abschließend kurz erläutert.

Erst in Auseinandersetzung mit den *Bedingungen* öffentlichen oder auch erziehungswissenschaftlichen Sprechens über Bildung kann eine Artikulationsform gefunden werden, die auf Gehör und Wirkung hoffen kann. Dabei ist ebenso zu berücksichtigen, dass die Frage des Eingriffs heute weniger an der Autorität einzelner Intellektueller festgemacht werden kann (vgl. Casale 2011) und auch die Eigendynamik von Bewegungsbegriffen unter Bedingungen permanenter Optimierung und Innovation weitgehend zergangen ist (vgl. Koch 2002). Stattdessen sind aus einer entsprechend erkenntnispolitischen Perspektive auf die Artikulationsbedingungen des Bildungsdenkens die diskursimmanenten Normen der Anerkennbarkeit von Theorien und Argumenten in den Blick zu nehmen, um z. B. den bildungstheoretischen Fokus auf die Möglichkeit von Bildung in den Sprachspielen empirischer Forschung oder auch in Analysen popkultureller Transformation zum Einsatz zu bringen. Mit Richard Kubac (2013, S. 175 f.) formuliert verweist die Frage nach den Möglichkeiten „unnachgiebiger Theorie" auf die Übersetzung in „widerständige Theorie" als Ausdruck „strategischer Intervention":

> „Eine solcherart widerständige Theorie riskiert damit wohl, sich wagnishaft auszusetzen, einzugreifen und – eingedenk auch und gerade des ihr eignenden performativen Potentials […] – möglicherweise mancherorts mehr und anderes zu sagen, als sie sagen zu dürfen glaubt, kann sie sich doch auch selbst nicht mehr auf die Zuverlässigkeit wie Unverdächtigkeit dessen berufen, was jeweils […] den Raum des legitimerweise Denk- wie Artikulierbaren strukturiert" (ebd., S. 176 f.).

Angedeutet ist damit bereits der zweite Aspekt, den eine reflexive Erkenntnispolitik zu bedenken hat: Einsatz und Eingriff, so wurde mehrfach betont, sind nicht nur Merkmale einer strategischen Dimension theoretischer Artikulation, sondern Hinweise auf die *Ambivalenz* performativ zu verstehender Bildungstheorie. Sie markieren nicht nur eine Partikularität sowie ein Risiko hinsichtlich des eigenen, artikulierten Wirklichkeitszugangs, sondern – zugespitzt formuliert – auch eine potenzielle Gefährdung anderer (vgl. Ruhloff 2009). Insofern zielt die Reflexion auf die *Effekte* bildungstheoretischer Einsätze auch auf die ethische Dimension der Problematik des Eingreifens. Um diese in den Blick zu nehmen, ist eine Perspektive notwendig, die sich als Verschränkung von Wissenschaftstheorie und Bildungstheorie verstehen lässt und die sich, wie Rieger-Ladich (2009) formuliert, der Analyse eines Zusammenhangs von „Verstrickung und Verantwortung" der Theoriebildung zuwendet.[13] In der hier verfolgten Lesart von Bildungstheorie als *pädagogischer* Praxis kann von einer theoriebedingten Konstitution von Selbst- und Anderen- bzw. Weltverhältnissen gesprochen werden. Dies ist nicht im Sinne individueller Bildungserfahrungen gemeint, sondern entlang des diskursiven Einsatzes des Bildungsdenkens und dessen Formierung von Subjektivierungsräumen zu analysieren (vgl. Ricken 2019; Thompson 2019). In den Fokus rückt so, inwiefern das auf Öffnungen, Unterbrechungen oder Überschreitungen abzielende, eingreifende Bildungsdenken mit Normierungen und

13 Bereits 1990 hat Tenorth die Beanspruchung einer Verantwortung hinsichtlich der „sozialen Wirksamkeit wissenschaftlicher Pädagogik" diskutiert; die vorliegenden Überlegungen kommen jedoch aufgrund ihrer erkenntnispolitischen Justierung zu anderen Konsequenzen: Anstelle der von Tenorth präferierten *Distanzierung* der Wissenschaft von Praxisansprüchen (vgl. Tenorth 1990, S. 425) zielt die Perspektive des *Eingreifenden* auf die Auseinandersetzung mit dem unhintergehbaren Involviertsein der Theoriebildung – beispielsweise in das Ringen um die Frage, was als Bildung identifizierbar ist und was nicht.

Produktivierungen eines bildungstheoretisch formulierten Unbestimmten (z.B. „Vervollkommnung", „Freiheit", „Anderswerden") einhergeht.

Zusammengenommen ist mit der Frage nach dem eingreifenden Denken eine bleibende Verunsicherung verbunden. Diese folgt daraus, dass nicht von einer den sozialen Konfliktlagen enthobenen Position der Theoriebildung ausgegangen wird. Analog zur „unbedingten Universität", in der nach Derrida alles befragt und kritisiert werden kann (vgl. Derrida 2001, S. 13f.), ist auch der Anspruch des Eingreifens, der auf Wirkmächtigkeit zielende Einsatz, zugleich mit einer *konstitutiven Ohnmacht* wie auch mit einer *Verwicklung in Macht* konfrontiert: Bildungstheorie kann nicht damit rechnen, wirksam zu sein. Mehr noch: die bildungstheoretischen Relationierungen von sozialer Wirklichkeit und versprochener Möglichkeit, von Bildung und Kritik können sich ihres kritisch-eingreifenden Gehalts und ihrer Differenz nicht sicher sein. Jede Versicherung bleibt gegenüber der partikularen Situierung und der performativen Verwicklung in hegemoniale Schließungen nachgängig. Und doch geht es immer wieder darum, der Möglichkeit der Bildung Ausdruck und Bedeutung zu verleihen. Indem Bildungstheorie auf die Möglichkeit von Bildung in Differenz zu gesellschaftlichen Formierungen und Bildungsbeanspruchungen fokussiert, wird der bildungstheoretische Sinn für Möglichkeiten mit einer Kritik an sozialen Wirklichkeiten verkoppelt – und ist so gesehen noch als Kritik an den Machteffekten der eigenen Denk- und Begriffsgeschichte aufzufassen. Theoriebildung im Sinne des eingreifenden Denkens ist mithin nicht als souveräne Praxis zu verstehen, sondern vielmehr als eine *unendliche Aufgabe*.[14]

Literatur

Bellmann, Johannes (2011): Jenseits von Reflexionstheorie und Sozialtechnologie. Forschungsperspektiven Allgemeiner Erziehungswissenschaft. In: ders./Müller, Thomas (Hrsg.): Wissen, was wirkt. Kritik evidenzbasierter Pädagogik. Wiesbaden: Springer VS, S. 197–214

Bellmann, Johannes/Müller, Thomas (Hrsg.) (2011): Wissen, was wirkt. Kritik evidenzbasierter Pädagogik. Wiesbaden: Springer VS

Benner, Dietrich (2015): Allgemeine Pädagogik. Eine systematisch-problemgeschichtliche Einführung in die Grundstruktur pädagogischen Denkens und Handelns. 8. Aufl. Weinheim/Basel: Beltz Juventa

Brecht, Bertolt (1967): Notizen zur Philosophie 1929 bis 1941. In: ders.: Gesammelte Werke in 20 Bänden, Bd. 20: Schriften zur Politik und Gesellschaft. Frankfurt/M.: Suhrkamp, S. 125–179

Bröckling, Ulrich (2007): Das unternehmerische Selbst. Soziologie einer Subjektivierungsform. Frankfurt/M.: Suhrkamp

14 Angespielt wird hiermit auf Perspektiven der Demokratietheorie (vgl. Heil/Hetzel 2006). Die Frage nach der Relation von bildungstheoretischen *Eingriffen* und dem Politischen der Demokratie schließt sich hier an, muss aber an anderer Stelle wieder aufgenommen werden (vgl. etwa Bünger 2017). Für hilfreiche und kritische Hinweise möchte ich Kerstin Jergus danken, die meine Überlegungen von Beginn an begleitet hat.

Buckel, Sonja/Fischer-Lescano, Andreas (Hrsg.) (2007): Hegemonie gepanzert mit Zwang. Zivilgesellschaft und Politik im Staatsverständnis Antonio Gramscis. Baden-Baden: Nomos
Bünger, Carsten (2017): Bildungstheorie „in postfaktischen Zeiten"? Perspektiven im Widerspruch von Wahrheit und Politik. In: Thompson, Christiane/Schenk, Sabrina (Hrsg.): Zwischenwelten der Pädagogik. Paderborn: Schöningh, S. 33–48
Bünger, Carsten/Lütke-Harmann, Martina (Hrsg.) (2020): Unbedingte Bildung. Perspektiven kritischer Bildungstheorie. Wien: Löcker (i. E.)
Bünger, Carsten/Schenk, Sabrina (2019): „Belehrung" und „Neufassung" – Tradieren als Übersetzen. Überlegungen zum Anschluss an Günther Buck und Heinz-Joachim Heydorn. In: Rieger-Ladich, Markus/Rohstock, Anne/Amos, Karin (Hrsg.): Erinnern, Umschreiben, Vergessen. Die Stiftung des disziplinären Gedächtnisses als soziale Praxis. Weilerswist: Velbrück Wissenschaft, S. 235–253
Casale, Rita (2011): Über die Aktualität der Bildungsphilosophie. In: Vierteljahrsschrift für wissenschaftliche Pädagogik 87, H. 2, S. 322–332
Czejkowska, Agnieszka (2018): Bildungsphilosophie und Gesellschaft. Eine Einführung. Wien: Löcker
Derrida, Jacques (2001): Die unbedingte Universität. Frankfurt/M.: Suhrkamp
Euler, Peter (1997): Kritische Bildungstheorie im Formationsprozeß technologischer Zivilisation. In: Koch, Lutz/Marotzki, Winfried/Schäfer, Alfred (Hrsg.): Die Zukunft des Bildungsgedankens. Weinheim: Deutscher Studien Verlag, S. 143–168
Flitner, Wilhelm (1957): Das Selbstverständnis der Erziehungswissenschaft in der Gegenwart. Heidelberg: Quelle & Meyer
Forster, Edgar (2007): Radikale Performativität. In: Wulf, Christoph/Zirfas, Jörg (Hrsg.): Pädagogik des Performativen. Theorien, Methoden, Perspektiven. Weinheim/München: Juventa, S. 224–237
Geuenich, Stephan/Witek, Kathrin (2016): Bildungsbegriff und das Theorie-Praxis-Verhältnis. In: Geuenich, Stephan/Krenz-Dewe, Daniel/Niggemann, Janek/Pfützner, Robert/Witek, Katrin (Hrsg.): Wozu brauchen wir das? Bildungsphilosophie und pädagogische Praxis. Münster: Westfälisches Dampfboot, S. 40–43
Gilcher-Holtey, Ingrid (2006): Transformation durch Partizipation? Die 68er-Bewegung und die Demokratisierung der literarischen Produktionsverhältnisse. In: dies. (Hrsg.): Politisches Theater nach 1968. Regie, Dramatik und Organisation. Frankfurt/M.: Campus, S. 205–236
Gilcher-Holtey, Ingrid (2007): Eingreifendes Denken. Die Wirkungschancen von Intellektuellen. Weilerswist: Velbrück Wissenschaft
Gramsci, Antonio (2012): Gefängnishefte, Bd. 6: Philosophie der Praxis, H. 10 und 11. Herausgegeben von Wolfgang Fritz Haug. Hamburg: Argument
Haug, Wolfgang Fritz (2006): Philosophieren mit Brecht und Gramsci. 2. erw. Aufl. Hamburg: Argument
Heil, Reinhard/Hetzel, Andreas (Hrsg.) (2006): Die unendliche Aufgabe. Kritik und Perspektiven der Demokratietheorie. Bielefeld: Transcript
Heydorn, Heinz-Joachim (1970/2004): Über den Widerspruch von Bildung und Herrschaft. In: ders.: Werke, Bd. 3, Studienausgabe. Wetzlar: Büchse der Pandora
Horkheimer, Max (1952/1985): Begriff der Bildung. In: ders.: Gesammelte Schriften, Bd. 8: Vorträge und Aufzeichnungen 1949–1973. Frankfurt/M.: Fischer, S. 409–419
Humboldt, Wilhelm von (1792/1980): Ideen zu einem Versuch, die Gränzen der Wirksamkeit des Staates zu bestimmen. In: ders.: Werke in fünf Bänden, Bd. I: Schriften zur Anthropologie und Geschichte. Darmstadt: WBG, S. 56–233
Jergus, Kerstin (2014): Die Bildung der Politik – die Politik der Bildung. Rhetorisch-figurative Analysen diskursiver Artikulationen. In: DiskursNetz (Hrsg.): Diskursforschung. Ein interdisziplinäres Handbuch, Bd. 2: Methoden und Analysepraxis. Perspektiven auf Hochschulreformdiskurse. Bielefeld: Transcript, S. 329–349
Jergus, Kerstin/Thompson, Christiane (2011): Die Politik der Bildung – eine theoretische und empirische Analyse. In: Reichenbach, Roland/Ricken, Norbert/Koller, Hans-Christoph (Hrsg.): Erkenntnispolitik und die Konstruktion pädagogischer Wirklichkeiten. Paderborn: Schöningh, S. 103–123

Kant, Immanuel (1793/1977): Über den Gemeinspruch: Das mag in der Theorie richtig sein, taugt aber nicht für die Praxis. In: ders: Werke in zwölf Bänden, Bd. 11. Frankfurt/M.: Suhrkamp, S. 127–173
Koch, Martina (2002): Bildungstheorien und ihre Performativität. Zur Transformation der wirklichkeitsgenerierenden Kraft bildungstheoretischer Begriffe. In: Friedrichs, Werner/Sanders, Olaf (Hrsg.): Bildung, Transformation. Kulturelle und gesellschaftliche Umbrüche aus bildungstheoretischer Perspektive. Bielefeld: Transcript, S. 45–58
Koller, Hans-Christoph (2006): Das Mögliche identifizieren? Zum Verhältnis von Bildungstheorie und Bildungsforschung am Beispiel der erziehungswissenschaftlichen Biographieforschung. In: Pongratz, Ludwig A./Wimmer, Michael/Nieke, Wolfgang (Hrsg.): Bildungsphilosophie und Bildungsforschung. Bielefeld: Transcript, S. 108–124
Koller, Hans-Christoph (2012): Anders werden. Zur Erforschung transformatorischer Bildungsprozesse. In: Miethe, Ingrid/Müller, Hans-Rüdiger (Hrsg.): Qualitative Bildungsforschung und Bildungstheorie. Opladen: Barbara Budrich, S. 19–33
Koselleck, Reinhart (1990): Einleitung – Zur anthropologischen und semantischen Struktur der Bildung. In: ders. (Hrsg.): Bildungsbürgertum im 19. Jahrhundert. Teil 2: Bildungsgüter und Bildungswissen. Stuttgart: Klett-Cotta, S. 11–46
Kramer, Karen Ruoff (1997): Eingreifendes Denken. In: Historisch-kritisches Wörterbuch des Marxismus, Bd. 3. Hamburg: Argument, Sp. 155–161
Krüger, Jens Oliver/Müller, Thomas (Hrsg.) (2019): Wirksamkeit als Argument. Halle-Wittenberg: Martin-Luther-Universität (Wittenberger Gespräche; 6). URL: https://nbn-resolving.de/urn:nbn:de:0111-pedocs-183067 (Abfrage: 15.08.2020)
Kubac, Richard (2013): Vergebliche Zusammenhänge? Erkenntnispolitische Relationierungen von Bildung und Kritik. Paderborn: Schöningh
Masschelein, Jan/Wimmer, Michael (1996): Alterität, Pluralität, Gerechtigkeit. Randgänge der Pädagogik. Sankt Augustin: Academia
Merkens, Andreas/Rego Diaz, Viktor (Hrsg.) (2007): Mit Gramsci arbeiten. Texte zur politisch-praktischen Aneignung Antonio Gramscis. Hamburg: Argument
Meyer-Drawe, Käte (1999): Zum metaphorischen Gehalt von „Bildung“ und „Erziehung“. In: Zeitschrift für Pädagogik 45, H. 2, S. 161–175
Rancière, Jacques (2009): Der emanzipierte Zuschauer. Wien: Passagen
Reichenbach, Roland/Ricken, Norbert/Koller, Hans-Christoph (Hrsg.) (2009): Erkenntnispolitik und die Konstruktion pädagogischer Wirklichkeiten. Paderborn: Schöningh
Ricken, Norbert (2006): Die Ordnung der Bildung. Beiträge zur Genealogie der Bildung. Wiesbaden: Springer VS
Ricken, Norbert (2019): Bildung und Subjektivierung. Bemerkungen zum Verhältnis zweier Theorieperspektiven. In: Ricken, Norbert/Rita, Casale/Christiane, Thompson (Hrsg.): Subjektivierung. Erziehungswissenschaftliche Theorieperspektiven. Weinheim/Basel: Beltz Juventa, S. 95–118
Rieger-Ladich, Markus (2009): Verstrickung und Verantwortung. Typen und Quellen wissenschaftlicher Reflexivität. In: Ricken, Norbert/Röhr, Hennig/Ruhloff, Jörg/Schaller, Klaus (Hrsg.): Umlernen. Festschrift für Käte Meyer-Drawe. Paderborn: Fink, S. 315–326
Rieger-Ladich, Markus (2016): „Gegen-Schicksalsgeschichten“ erzählen. Konturen einer Politischen Ästhetik nach Jacques Rancière und Alexander Kluge. In: Casale, Rita/Koller, Hans-Christoph/Ricken, Norbert (Hrsg.): Das Pädagogische und das Politische. Paderborn: Schöningh, S. 143–164
Ruhloff, Jörg (2006): Bildung und Bildungsgerede. In: Vierteljahrsschrift für wissenschaftliche Pädagogik 82, H. 3, S. 287–299
Ruhloff, Jörg (2009): Gefährdende Momente. Vom Einführen in die Pädagogik. In: Kubac, Richard/Rabl, Christine/Sattler, Elisabeth (Hrsg.): Weitermachen? Einsätze theoretischer Erziehungswissenschaft. Würzburg: Königshausen & Neumann, S. 70–77
Schäfer, Alfred (2011): Das Versprechen der Bildung. Paderborn: Schöningh
Schäfer, Alfred (2012): Möglichkeitsräume: Von der Rhetorizität des Sozialen und dem polemischen Einsatz des Bildungsversprechens. In: Vierteljahresschrift für Wissenschaftliche Pädagogik 88, H. 4, S. 659–679
Tenorth, Heinz-Elmar (1990): Verantwortung und Wächteramt. Wie die wissenschaftliche Pädagogik ihre gesellschaftliche Wirksamkeit behandelt. In: Vierteljahrsschrift für wissenschaftliche Pädagogik 66, H. 4, S. 409–435

Tenorth, Heinz-Elmar (1997): „Bildung" – Thematisierungsformen und Bedeutung in der Erziehungswissenschaft. In: Zeitschrift für Pädagogik 43, H. 6, S. 969–984
Thompson, Christiane (2015): Bildung und Befremdung. Markierungen im erziehungswissenschaftlichen Diskurs. In: Buchenhorst, Ralph (Hrsg.): Von Fremdheit lernen. Zum produktiven Umgang mit Erfahrungen des Fremden im Kontext der Globalisierung. Bielefeld: Transcript, S. 70–88
Thompson, Christiane (2019): Bildung in Zeiten globaler Expertise. In: Ricken, Norbert/Rita, Casale/Christiane, Thompson (Hrsg.): Subjektivierung. Erziehungswissenschaftliche Theorieperspektiven. Weinheim/Basel: Beltz Juventa, S. 281–300
Thompson, Christiane (2020): Wirksamkeit als Knotenpunkt der Pädagogik. In: dies.: Allgemeine Erziehungswissenschaft. Eine Einführung. Stuttgart: Kohlhammer, S. 169–188.
Waldenfels, Bernhard (2009): Lehren und Lernen im Wirkungsfeld der Aufmerksamkeit. In: Ricken, Norbert/Röhr, Hennig/Ruhloff, Jörg/Schaller, Klaus (Hrsg.): Umlernen. Festschrift für Käte Meyer-Drawe. Paderborn: Fink, S. 23–34

Theorien revolutionärer Praxis

Bildungsphilosophische Überlegungen zu den Revolutionsbewegungen von 1917 und 1968

Daniel Burghardt

„Der Zweck der Revolution ist die Abschaffung der Angst" (Theodor W. Adorno an Walter Benjamin).

1 Vorbemerkung

Wer vor dem Hintergrund der aktuellen politischen Situation in Deutschland, in Europa, ja weltweit über revolutionäre Praxis spricht, mutet zunächst recht anachronistisch an. Umgekehrt haben Revolutionstheorien jüngst wieder maßgeblich an Konjunktur gewonnen. Auch theoretische Neuentwürfe zu Formen einer postkapitalistischen Gesellschaft bereichern seit einiger Zeit wieder die wissenschaftlichen Debatten und schaffen es sogar auf die Bestsellerlisten. Neben der Weltwirtschaftskrise seit 2007 dürfte ein wesentlicher Grund dafür auch darin liegen, dass sich momentan die revolutionären Ehrenjahre regelrecht aneinanderreihen: Im Oktober 2017 begann der Revolutionsspuk mit dem hundertsten Geburtstag der russischen Oktoberrevolution. Es folgten im Jahr darauf zwei Jubiläen, die ebenfalls das Prädikat *revolutionär* für sich in Anspruch nehmen: Gemeint sind 50 Jahre 68er-Bewegung und der 200-jährige Geburtstag von Karl Marx (1818–1883). An diesen drei Daten kommt niemand vorbei, der oder die sich mit *revolutionärer Praxis* befasst.

Der vorliegende Beitrag knüpft an die postkapitalistischen Diskurse an und nimmt die *Revolutionszyklen* (Adamczak 2017) von 1917 und 1968 zum Anlass, diese über verschiedene *Marxlesarten* (Elbe) und Revolutionstheorien zu systematisieren. Hierbei wird die These verfolgt, dass sowohl die Oktoberrevolution als auch die 68er-Bewegung auf gesellschaftliche Krisen reagierten und sich dabei implizit auf bestimmte *Marxismen* bezogen. Im Anschluss an Adamczak (2017), deren Buch „Beziehungsweise Revolution" sowohl in formaler als auch inhaltlicher Hinsicht großen Einfluss auf diesen Text ausübte, wird zu diskutieren sein, welche Potenziale der Marx'schen Formel revolutionärer Praxis dabei jeweils unabgegolten blieben.[1] Außerdem soll danach gefragt werden, inwiefern die

1 Bini Adamczak stellt die Revolutionsbewegungen von 1917 und 1968 als transformatorische Beziehungsweise anhand der Kategorie des Geschlechts einander gegenüber. Von ihr

Marx'sche *Revolutionsformel* eine genuin bildungstheoretische Problemstellung visiert. Bereits bei Marx selbst, der sich im Übrigen nicht als Marxist bezeichnen lassen wollte, heißt es hierzu.

> „Die materialistische Lehre von der Veränderung der Umstände und der Erziehung vergisst, dass die Umstände von den Menschen verändert und der Erzieher selbst erzogen werden muss [...]. Das Zusammenfallen des Änderns der Umstände und der menschlichen Tätigkeit oder Selbstveränderung kann nur als revolutionäre Praxis gefasst und rationell verstanden werden" (MEW[2] 3, S. 5 f.).

Selbstveränderung und Veränderung der Verhältnisse sind bei Marx miteinander verzahnt. Weder ist die Gesellschaft bloß vom Individuum und dessen Bewusstsein her zu denken noch sind die Individuen allein von der Gesellschaft bestimmt. In der Marx'schen Bildungsdialektik kann individuelle Selbstveränderung nur im Zusammenwirken mit einer grundlegend gesellschaftlichen Umwälzung erreicht werden, welche von ihm als „revolutionäre Praxis" bezeichnet wird. Bekanntlich vertraute Marx noch darauf, dass die Zuspitzung der kapitalistischen Produktionsentwicklungen angesichts einer wachsenden Verelendung auch zu einer zunehmenden Einsicht in die Notwendigkeit einer gesellschaftsverändernden Praxis führen werde. Inzwischen wissen wir, dass Marx' Veränderungsdiagnose in dieser Form nicht eingetreten ist und der Ergänzung bedarf. Maßgeblich war im erweiterten Anschluss daran Lenins Auffassung, dass die Bedingung der Möglichkeit von Revolutionen in der Anhäufung der kapitalistischen Widersprüche liege, die insbesondere in Staaten der imperialistischen Peripherie am offensichtlichsten auftreten (vgl. dazu insbesondere Lenin 1917).

Auch und weil eine Revolution, die den Kapitalismus besiegt, bislang ausgeblieben ist, wird seit den multiplen Krisen des Kapitalismus ab dem Jahr 2007 auch im öffentlichen Diskurs wieder die Frage nach einem strukturell notwendigen Zusammenhang von Kapitalismus, Krise und grundlegenden Veränderungsmöglichkeiten gestellt. Dagegen erfuhren sowohl der theoretische Bezugsrahmen als auch die Praktiken der revolutionären Praxis einen grundsätzlichen Bedeutungswandel (vgl. dazu Birkner/Seibert 2017). Wesentliche Etappen dabei bildeten die Neuübersetzung von Begrifflichkeiten, die sich auch in den hier verhandelten Konzeptionen der Subversion und der Transformation wiederfinden. Im Folgenden soll diese Entwicklung anhand der genannten

---

ist die Kritik an der These der Machtübernahme von 1917 wie der Subversion von 1968 entliehen. Indes setzt dieser Beitrag durch den Miteinbezug der Marxlesarten und der bildungstheoretischen Diskussion des Transformationsbegriffs einen anderen Schwerpunkt.

2 Marx-Engels-Werke in 43 Bänden. Herausgegeben vom Institut für Marxismus-Leninismus beim ZK der SED. Dietz-Verlag, Berlin 1956–1990. Im Folgenden zitiert: MEW, Band, Seite.

Revolutions-Jubiläumsdaten nachverfolgt und systematisch auf die jeweils hegemonialen Marxismen bezogen werden.

2 1917: Revolutionsfetisch und Traditionsmarxismus

Zum Mythos der Februarrevolution, die zum Ende der Zarenherrschaft und der russischen Monarchie führte und der Oktoberrevolution, welche letztlich die Parteiherrschaft der Bolschewiki unter Lenin etablierte, existieren viele Narrative und Interpretationsmuster.

Eines wäre, diese als eine einzige Aufführung von Missverständnissen zu erzählen, wie es die Lesart Bini Adamczaks (2017) nahelegt. So ist von Lenin aus dem Januar 1917 der Ausspruch überliefert, dass „Wir, die Alten [...] vielleicht die entscheidenden Kämpfe dieser kommenden Revolution nicht erleben" (Lenin 1917, zit. n. Figes 2008, S. 349) werden. Auch der Menschewik Suchanow glaubte die Kunde von einer kommenden Revolution aufgrund des weiblichen Geschlechts der Überliefererinnen nicht. Tatsächlich ausgelöst wurde die Februarrevolution am 8. März 1917 – nach dem in Russland verwendeten julianischen Kalender am 23. Februar – mit einem Protestmarsch von Frauen aus dem Petrograder Arbeiterviertel.

Auch der Oktober 1917 wird gerne als kanonisierte Heldenerzählung beschrieben. Die Ereignisse vom Oktober 1917, die in John Reeds epochalem Roman „Zehn Tage, die die Welt erschütterten" glorifizierend festgehalten sind – nicht zuletzt indem Lenin selbst ein kurzes Vorwort beisteuerte –, entpuppen sich als „Eroberung eines schlecht bewachten Weinkellers" (Adamczak 2017, S. 64). So lockte am 25. Oktober das schlechte Wetter anstatt der geplanten 100 000 Menschen bloß 30 000 auf die Straße; auch die Uhrzeit auf den Flugblättern für den vorbereiteten Sturm auf das Winterpalais musste mehrfach nach hinten korrigiert werden. Da sowohl die Kanonen, die das Startsignal für den Sturm geben sollten, verrostet waren als auch der Kommissar, der eine rote Lampe für das Startsignal holen sollte, sich im Dunkeln verlief und in eine Schlammgrube fiel, entschied sich Lenin, der die Chance auf einen historischen Umbruch dahinschwinden sah, für die Behauptung, die Regierung sei gestürzt, obwohl dies bis dahin noch nicht geschehen war. Als der Angriff auf das Palais schließlich im Gange war und die Minister verhaftet waren, entdeckten die Bolschewisten den Weinkeller des Palais und es begann „ein mehr als zehn Tage anhaltendes Saufgelage" (ebd., S. 64).

Wenn auch mittlerweile die marxistisch-leninistische Heldenerzählung vom Urereignis des *Sturms auf den Winterpalast* bedenklich ins Wanken geraten ist, prägt dieser Mythos, nicht zuletzt aufgrund der Analogie zum französischen *Sturm auf die Bastille*, nach wie vor die Rede von Bedingungen und Möglichkeiten heutiger Revolutionen. Denn unabhängig davon, ob diese tatsächlich eine bloße „Aufführung von Missverständnissen", (Adamczak) eine „Wachablösung"

(Suchanow), ein „Putsch" bzw. „Staatsstreich" (Hildermeier), eine „Tragödie" (Figes) oder, wie Marchart für einen anderen Kontext hervorhebt, eine Verdichtung von „Mikrorevolutionen" (Marchart) war, steht am Ende dieser Geschichte tatsächlich die Abdankung des Zaren und die Gründung der UdSSR im Jahr 1922. Damit verbunden war jedoch auch das Scheitern der revolutionären Idee einer herrschaftsfreien Einrichtung der Verhältnisse durch die Etablierung einer revolutionären Kaderpartei als Vorhut der Arbeiterklasse und der darauffolgende russische Bürgerkrieg, auf dessen Ruinen sich der Stalinismus erhob (vgl. dazu Adamczak 2007; Hildermeier 1995; Marchart 2005).

Zum Revolutionsmythos und dessen Scheitern dürfte nicht unwesentlich die Lesart und Praxis des Traditionsmarxismus, den u. a. Lenin vertrat, beigetragen haben. Diese Lesart umfasst ebenso reformistische Strömungen der sozialdemokratischen Partei des ausgehenden 19. Jahrhunderts wie revolutionäre Alleinvertretungsansprüche des Marxismus-Leninismus. Beide haben ihre zentralen Referenzen in den von Marx zusammen mit Engels verfassten Schriften. Aber auch der maßgeblich von Engels[3] verantwortete „Anti-Dühring" lieferte die klassischen Interpretationsmuster. Schlagworte, die diese Lesart umfassen, sind: Historizismus, Determinismus, Naturalismus und dialektische Entwicklungsgesetzlichkeit (vgl. dazu Burghardt 2019b).

Mit Engels galt die Materialistische Dialektik als „Wissenschaft von den allgemeinen Bewegungs- und Entwicklungsgesetzten der Natur, der Menschengesellschaft und des Denkens" (MEW 20, S. 132). Das dialektische Analogisieren historischer bzw. gesellschaftlicher Zusammenhänge und Naturgesetzlichkeiten lieferte Vorschub für einen parteidoktrinären Sozialismus, in dem diese Gesetze nur noch planmäßig verwaltet und angewandt werden mussten. Insbesondere fehlte die in Hegels Dialektik auszumachende Unterscheidung zwischen Subjekt und Objekt: Ersteres wurde so zum passiven Abbild bzw. zur Widerspiegelung von Letzterem. Damit wurde das Marx'sche Motiv der historischen Vermittlung der Gegenstände und ihrer emanzipatorischen Veränderlichkeit getilgt. Das in dieser Wissenschaftsgläubigkeit enthaltene autoritäre Potenzial wurde übrigens früh von Teilen des Anarchismus erkannt. Bakunin hält in diesem Zusammenhang bereits 1873 exemplarisch fest.

> „Selbst die rationalste und tiefsinnigste Wissenschaft kann nicht die Formen des zukünftigen gesellschaftlichen Lebens erahnen. Sie kann nur die negativen Bedingungen definieren, die sich logisch aus der strengen Kritik an der bestehenden Gesellschaft ergeben" (Bakunin 1972, S. 636).

3 Auch die Rezeptionsgeschichte des Marxismus geht wesentlich auf Engels zurück, durch dessen Edition und Popularisierung des Marx'schen Werkes erhebliche Eingriffe vorgenommen wurden. Nach Ingo Elbe, auf dessen Grundlagentheorie die hier vorgestellten Marxlesarten zurückgehen, müsste daher strenggenommen von einem Engelismus gesprochen werden (vgl. Elbe 2008, S. 14).

Sucht Marx in den Thesen über Feuerbach noch nach rationellen Lösungen durch das Begreifen der menschlichen Praxis, die erst die Theorie zum Mystizismus veranlasst, reduziert Engels die Hegel'sche Logik auf Beispiele bzw. Gesetze aus den Naturwissenschaften. Diese *Probe auf die Dialektik* dürfte am Prominentesten wohl in der Auseinandersetzung zum *Qualitativen bzw. Dialektischen Sprung* gemacht worden sein – eine Bezeichnung, die bei Marx kaum auftaucht (vgl. dazu Bensussan 1987). In Analogie etwa zu siedendem bzw. gefrierendem Wasser suchte Engels den Umschlagpunkt durch eine Anhäufung quantitativer Umstände in einen neuen qualitativen Zustand. Dieser qualitative Sprung wurde alsdann auf die Menschheitsgeschichte ausgedehnt und fungierte so als naturwissenschaftlich abgesicherte Revolutionsontologie. Adamczak spricht diesbezüglich von einem „Revolutionsfetisch", der in der Verkehrung von Mittel und Zweck besteht (vgl. Adamczak 2017, S. 24 ff.). Denn danach galt es als wissenschaftlich gesichert, dass die Menschheit einem Automatismus der Befreiung unterworfen sei, sodass nicht die Bedingung der Möglichkeit von Revolution zur Disposition stand, sondern lediglich deren Verwaltung diskutiert wurde.

Ähnliche Vereinfachungen finden sich in der instrumentellen Auffassung des Staats- und Arbeitsbegriffes wieder: Definierte Engels neben dem „Staat der Kapitalisten" diesen als „ideelle[n] Gesamtkapitalist[en]" (MEW 20, S. 260) noch doppelt, berief sich die von Lenin aufgemachte Inhaltskritik des Staates auf eine universalhistorische Form der Klassenherrschaft, wonach der bürgerliche Staat bloßes Instrument der herrschenden Klasse sei. Vor diesem Hintergrund schien es gewissermaßen naturnotwendig, dass das Proletariat die entfremdeten Verhältnisse durchschauen muss, ergo revolutionär sei. In der parteioffiziellen Position des Marxismus-Leninismus (ML) fällt dieser revolutionsmetaphysische Automatismus der Befreiung schließlich staatsideologisch mit dem Sozialismus als historisches Entwicklungsstadium und der Utopie einer kommunistischen Gesellschaftsform als geschlossener Weltanschauung zusammen.

Im Revolutionsbegriff des Traditionsmarxismus sind damit die Ideale der Gleichheit ebenso enthalten wie deren Verkehrung in Totalität. Geschichtsdeterministisch wird eine Kontinuität des Fortschritts durch einen qualitativen Sprung unterstellt. Die Revolution erscheint als historische Notwendigkeit deren fortschrittsautomatisches Subjekt das naturwüchsig zu sich kommende Proletariat bildet. Der revolutionäre Umsturz gewinnt einen strukturellen Überhang gegenüber der Umwälzung, insofern dieser als ein durch Kader und Partei vorbereitetes Ereignis betrachtet wird, welches zu einem totalen Bruch mit dem Vorhergegangenen führt. Dementsprechend dominierten in den Parteidebatten taktische und militärische Fragen. Deutet man diese Entwicklung von der Konterrevolution des Stalinismus her, so wird die Utopie der Egalität von 1917 durch Homogenisierung und Totalisierung desavouiert. Folgen wir hier abermals Adamczaks Interpretation, war das Umschlagen von Gleichheit in Totalität bereits in Lenins Logik der Einheit von Partei, Zentralkomitee und des Vorsitzenden mitangelegt (vgl. Adamczak 2017, S. 68, 92, 277). Gilt die Revolution als historisch eintretende Notwendigkeit, wird das in ihr enthaltene Moment der Freiheit und Spontanität getilgt.

Wenn auch nicht die Geschichte aus einer Theorietradition abgeleitet werden kann, sind Tendenzen der postrevolutionären Entwicklung in den geschichtsdeterministischen und revolutionsfetischisierten Lesarten des Traditionsmarxismus mithin angelegt.

3 1968: Subversion und Westlicher Marxismus

Die Bewegung von 1968 kann in vielerlei Hinsicht als Antwort und Kritik der Ereignisse und Folgen des Oktober 1917 gelesen werden. Setzte der Traditionsmarxismus noch auf Wissenschaft und gesetzmäßige Geschichtsentwicklung, standen für die globalen Proteste der 68er Utopie und Voluntarismus im Vordergrund. Kritik an der fortgesetzten Herrschaft von Kapital und Bürokratie wurde ebenso geübt wie an Kolonialismus und Patriarchat. Komplementär dazu markierte der theoretische Bezugspunkt des westlichen Marxismus einen Rettungsversuch von Marx vor dem dogmatischen Parteimarxismus.

Ab den 1950er Jahren schienen mit der Rede von einer nivellierten Mittelstandsgesellschaft (Schelsky) und der wachsenden Bedeutung zunächst nicht klassengebundener Identitäten wie Geschlecht und ethnische Zugehörigkeit die Kategorien des Traditionsmarxismus anachronistisch. Überdies hatte sich die Integrationskraft des Kapitalismus derart ausgeweitet, dass nun auch andere Sphären – wie etwa die Kulturindustrie, die Grenzen der ökologischen „Ausbeutung" oder die Gefahr atomarer Kriege – in die Auseinandersetzungen und sozialen Proteste miteinbezogen wurden (vgl. dazu Nachtwey 2016, S. 17 ff.). Im Gegenzug setzte sich nun allerdings auch breitenwirksam die Erkenntnis durch, dass materieller Mangel nicht mehr allein auf zu geringe Produktionsmittel zurückzuführen sei, sondern auf der kapitalistischen Eigentumsordnung fußt (vgl. Behrens/Hafner 2017).

Der westliche Marxismus greift historisch sowohl auf vormarxistische Philosophie zurück und versucht gleichzeitig, Marx zu erweitern bzw. zu komplementieren. Der Begriff geht auf eine gleichnamige Studie Perry Andersons (1978) zurück, der damit konkurrierende Strömungen zum traditionellen Marxismus idealtypisch und in durchaus kritischer Absicht ins Blickfeld nahm. Gegen die Ökonomisierungstendenzen des Traditionsmarxismus werden vor allem Theoretiker ins Feld geführt, die auf den sogenannten frühen, humanistischen und philosophischen Marx rekurrieren, der nun den Deutungshorizont für sein ökonomisches Hauptwerk bildet (vgl. Behrens/Hafner 2017, S. 13 ff.). So sind nach Anderson ab 1920 mit dem Niedergang der Arbeiterbewegung den heterogenen Theorien des westlichen Marxismus wenigstens eine Wendung auf das Subjekt, eine Schwerpunktverlagerung auf die Philosophie sowie ein grundlegend gesellschaftheoretischer Pessimismus hinsichtlich der geschichtlichen Perspektiven revolutionärer Praxis gemein. Gegen die szientistische Rede objektiver Entwicklungstendenzen werden nun die ideologiekritische Perspektive sowie der Entfremdungsbegriff des frühen Marx hervorgehoben. Darüber hinaus wird Marx im Anschluss, aber auch in Abgrenzung zum hegelianischen Erbe (etwa durch Della Volpe) und in der Ergründung des Materialismusbegriffs bei Spinoza (etwa durch Althusser) um kulturtheoretische und insbesondere psychoanalytische Dimensionen erweitert. Diese doch recht allgemeinen Bestimmungen erlauben es Anderson (aber auch van der Linden), unter die Lesart so unterschiedliche Theoretiker, Strömungen und Schulen wie Lukács und Korsch, die Kritische Theorie um Horkheimer und Adorno, aber auch Schmidt, Gramsci, Della Volpe, Sartre und Althusser sowie Lefebvre zu subsumieren (vgl. Anderson 1978; van der Linden 1992; zur Kritik vgl. Elbe 2006; Haug 1978).

Die kritische Frontstellung gegen eine Perspektive der Verwirklichung von Revolution speist sich aus den Erfahrungen der Russischen Revolution und deren Scheitern durch den Stalinismus sowie aus den Erfahrungen des Nationalsozialismus.

Vom Proletariat als revolutionärem Subjekt wird über mehrere Umwege Abstand genommen: Stellvertretend dafür steht Adornos[4] Diagnose, dass sich die „Produktionsverhältnisse in die Apparaturen der physischen und der geistigen Macht" (Adorno 2007, S. 76) verlängert haben (vgl. ebenfalls Adorno 1962). Auch Marcuses[5] (2004, S. 267) Hinwendung zu den unangepassten, relativ

4 In seiner „Vorlesung über Negative Dialektik" (1965/1966) hält Adorno bezüglich des revolutionären Augenblicks fest: „Und man kann schlechterdings heute nicht mehr so denken, wie Marx dachte; nämlich: daß die Revolution unmittelbar bevorstünde, – einfach deshalb, weil auf der einen Seite weder das Proletariat damals schon der bürgerlichen Gesellschaft integriert war, noch, auf der anderen Seite, die bürgerliche Gesellschaft schon die ungeheuren Machtmittel, sowohl die realen physischen wie die in einem weitesten Sinn psychologischen, so ausgebildet hatte; beides, in eins mit der zunehmenden Integration, macht heute den Begriff einer Revolution außerordentlich problematisch" (Adorno 2007, S. 71). Gleichwohl blieb Adorno durch alle Schaffensphasen hindurch der unabgegoltenen Suche nach einem revolutionären „Hebelpunkt" durchaus verpflichtet (vgl. dazu Quadfasel 2013).

5 In seinem „Versuch über Befreiung" grenzt sich auch Marcuse explizit vom traditionsmarxistischen Revolutionsbegriff ab: „Ebensowenig wie kritische Theorie kann politische Praxis sich an einem Begriff der Revolution orientieren, der ins 19. und frühe 20. Jahrhundert gehört und der in weiten Bereichen der Dritten Welt immer noch gilt. Diese Konzeption stellt sich die ‚Machtübernahme' im Verlauf einer Massenerhebung vor, geführt von einer revolutionären Partei, die als Avantgarde einer revolutionären Klasse handelt und eine neue zentrale Macht einsetzt, welche die grundlegenden gesellschaftlichen Veränderungen einleitet" (Marcuse 1969, S. 117 f.). Indes hält Marcuse an der Idee der Revolution fest wie kaum ein anderer Vertreter der Kritischen Theorie: In dem Essay über „Konterrevolution und Revolte" werden vor dem Hintergrund veränderter kapitalistischer Produktions- und Zirkulationsweisen und einer „inneren Desintegration" der Arbeiter*innen dezentrale,

autonom agierenden *Randgruppen*, zu denen neben den Studenten nun auch Schüler*innen, Heimkinder oder Obdachlose zählten, können dieser Entwicklung zugeordnet werden, die schließlich in Gorz' (1980) gleichnamige Analyse eines endgütigen „Abschied[s] vom Proletariat" mündete.

Umgekehrt werden dagegen die von der frühen Kritischen Theorie angestellten empirischen Untersuchungen zum *autoritären Charakter* als wesentliche Subjektform des Faschismus hervorgehoben. Die Autor*innen beziehen sich dabei sowohl auf eine psychoanalytische Theoriebildung des Unbewussten als auch auf eine sozioökonomische Rahmenanalyse der Gesellschaft (vgl. Adorno 1995, S. 10 ff.). Die Praxis der Menschen, denen Herrschaft gleichsam zum Bedürfnis wurde, wird nun gerade nicht mehr als revolutionär, sondern als konformistisch bezeichnet. Aus der Idee der Emanzipation der Menschheit wurde eine Analyse der autoritären Revolten, die geradewegs in die Barbarei führten.

Natürlich kann die Bewegung der 68er nicht auf das eine Datum reduziert werden. Die Chiffre *68* bildet vielmehr einen Kulminationspunkt für bereits existierende weltweite Proteste gegen imperialistische Kriege, für die Unterstützung antikolonialer Befreiungskriege, für eine an die sozialistische Frauenbewegung anknüpfende zweite feministische Welle sowie für die in den Vereinigten Staaten aufflammenden antirassistischen Kämpfe. Länderspezifisch hatte die 68er-Bewegung heterogene Ursprungsformen, wie etwa die Proteste gegen den Vietnamkrieg in den USA, die generationale Frage nach der NS-Vergangenheit in Deutschland, die Gründung neuer Universitäten in Frankreich, aber auch das Aufbegehren gegen den autoritären Sozialismus während des sogenannten *Prager Frühlings* in der damaligen Tschechoslowakei. Häufig vergessen werden in dieser Aufzählung die Studentenproteste in Japan und Mexiko, wobei in Mexiko-Stadt das *Massaker von Tlatelolco* eine bis heute unbekannte Anzahl von Todesopfern forderte (vgl. dazu Frei 2008). Gleichwohl vollzog sich in keinem der Länder ein grundlegender Regimewechsel, sodass die Bewegung von 1968 heute eher als Revolte oder Kulturrevolution denn als Revolution bezeichnet wird (vgl. dazu Gilcher-Holtey 2001; Hodenberg/Siegfried 2006).

Aus pädagogischer[6] Perspektive gibt in diesem Zusammenhang vor allem der Subversionsbegriff Aufschluss. Denn in der Analyse der 68er-Bewegung, die

---

spontane und diffuse Möglichkeiten von Revolten diagnostiziert sowie deren Ansteckungspotenzial eruiert (vgl. Marcuse 1973, S. 54 ff.). Hier spricht Marcuse explizit von der Notwendigkeit einer „Gegenerziehung und Gegenorganisation" (ebd., S. 60). Auch wenn manche Passagen des Essays als eine recht überschwängliche Konzession an den damaligen Zeitgeist eingeordnet werden müssen, die Marcuse auch für den Verfassungsschutz als relevant erscheinen ließ, wirkt der Schlusssatz dennoch hellsichtig: „[D]ie nächste Revolution wird das Werk von Generationen sein; die ‚Endkrise des Kapitalismus' kann sehr wohl länger als ein Jahrhundert dauern" (ebd., S. 154).

6 Zur Pädagogik des westlichen Marxismus zählen so heterogene Strömungen wie die *kritische Erziehungswissenschaft* um Klaus Mollenhauer, Herwig Blankertz und Wolfgang

gerade wegen ihrer Heterogenität als Praxis des westlichen Marxismus gelten kann, steht häufig die Selbstbezeichnung des Antiautoritären im Vordergrund. Autorität wurde nicht nur als Verhaltens- und Sozialisationsform erkannt, sondern auch als strukturelles Verhältnis befunden (vgl. Baader 2008). Dies bedeutete, dass nun nicht mehr die umstürzende Machtübernahme der Staatsgewalt im Zentrum der Ideen stand, sondern die Subversion der Subjekte, die ihr Privates neu zu regeln, die bürgerliche Ordnung anders zu unterlaufen und sich auf einen langen Marsch durch die Institutionen einzustellen wussten. Subversion zielt nicht mehr ideologisch abgesichert auf den einen Bruch und das revolutionäre Ereignis, sondern begibt sich in einen Prozess der emanzipatorischen Destabilisierung (vgl. Adamczak 2017, S. 233 ff.). Exemplarisch hält Walter Benjamin gegen die Auffassung revolutionärer Fortschrittskontinuität fest, dass die Revolutionen weniger die Marx'sche Lokomotive der Weltgeschichte als vielleimehr der Griff nach der Notbremse seien (vgl. Benjamin 1974, S. 1232).

Laut Adamczak lag das Hauptaugenmerk von 1968 nicht zuletzt aufgrund der historischen Folgen von 1917 auf den Begriffen der Differenz und Freiheit. Die Subversion steht damit für eine Auflösung autoritärer Verhältnisse, sei es nun des Staates oder der Familie, der privaten Beziehungen und der Kindererziehung, der Bürokratie, der Universität und der Arbeitsverhältnisse. Politik war nicht mehr Vorbereitung und Verwaltung der Revolution, sondern wandelte sich identitätstheoretisch zu einer Politik der ersten Person. Der „Signifikant des autoritären Systems" (Schäfer 2018) steht als Symbol für 68, während die Formel der Freiheit, beginnend bei Sexualität und Lebensform, die hegemoniale Antwortstrategie darstellt. Ungeachtet der großen Differenzen hinsichtlich vieler Formen des Aktionismus spiegeln sich in diesen Praxen durchaus Paradigmen des westlichen Marxismus wider: etwa Lukács Ausführungen zur Entfremdung und Verdinglichung, Adornos Rede von der verwalteten Welt, die genannten Studien zum *autoritären Charakter*, aber auch ein existenzialistischer Voluntarismus französischer Provenienz.

Deutet man auch diese Revolutionswelle von deren Scheitern her, so folgte abermals auf den emanzipatorischen Anspruch eine Redogmatisierung der nun Neuen Linken. Daneben erwies sich der Kapitalismus selbst als höchst flexibel,

---

Klafki, die *materialistische Bildungsphilosophie*, als deren Hauptvertreter Heinz Joachim Heydorn, Gernot Koneffke, Hans-Jochen Gamm und Wolfdietrich Schmied-Kowarzik gelten, aber auch internationale Bezugsautoren wie Antonio Gramsci oder Pierre Bourdieu. Gemeinsam teilen diese kritischen Pädagogiken mit dem westlichen Marxismus wesentliche Annahmen: Fast alle dieser Strömung zugeordneten Theorie halten dialektisch am Universalismus der Aufklärung fest. Im Vergleich zu den sozialistischen Erziehungskonzepten ist eine gewisse Praxisferne auszumachen, die jedoch durch eine sozial- und handlungstheoretische Neuausrichtung aufgefangen wird. Kritik und Selbstkritik dienen nun als Schutzmechanismen vor politischer Vereinnahmung (vgl. dazu Burghardt 2018; Schmied-Kowarzik 1988).

indem er die Quellen der Empörung integrierte und sich dem Wandel der Produktionsverhältnisse anpasste, ohne transformativen Schaden zu nehmen. Auch hier folgte auf die Befreiung aus der verwalteten Arbeitswelt des Fordismus deren postfordistische Vereinnahmung. Mittlerweile haben Boltanski und Chiapello (2003) in ihrer Arbeit „Der neue Geist des Kapitalismus" nachgewiesen, inwiefern die sukzessive Ersetzung von Fremdkontrolle, Unterdrückung, Regulierung und Standardisierung neue Formen der Selbstkontrolle, der Überforderung, der Deregulierung und der Flexibilisierung nach sich zog. Boltanski und Chiapello bezeichnen die Kritik der 68er an Entfremdung, Bürokratie und fehlender Selbstverwirklichungsmöglichkeiten als *Künstlerkritik*. Dagegen nahm die klassisch traditionsmarxistische *Sozialkritik* noch wesentlich stärker Anstoß an Verarmung, Ausbeutung und sozialer Ungleichheit. Somit hat der neue Geist Eigenschaften wie „Autonomie, Spontaneität, Mobilität, Disponibilität, Kreativität, Plurikompetenz [...] direkt der Ideenwelt der 68er entliehen" (ebd., S. 143 f.). Im Ergebnis sind auch hier die Ideale von 1968 durch ihren Zerfall in Singularitäten gescheitert. Denn das wachsende Maß von Autonomie am Arbeitsplatz kostete den Preis einer Berufs- bzw. Planungssicherheit und erhöhte den psychischen Druck auf die einzelnen Individuen. Kurzum, die Subjektivierung der Arbeit[7] hat mit dem „unternehmerischen Selbst" ihre Basis in den widerständigen Praxen und durchgesetzten Kritikformen von 1968.

4 Heute: Bildung und Revolution als transformatorische Beziehungsweisen

Gegenwärtig taucht der Revolutionsbegriff in einer neuen, teilweise schwer einzuhegenden Breite wieder auf (vgl. Menke 2015). Seit der Revolte von 1968 werden nun auch andere Formen der Subversion, des Aufstands, des Aufruhrs oder der Riots mit revolutionstheoretischem Vokabular aufgeladen; sei es mit Blick auf den sogenannten *Arabischen Frühling* (ab 2010), die *Occupy-Bewegung* (ab 2011), die *Unruhen in England* (2011), die *Proteste der Gilets jaunes* in Frankreich seit 2018 und die *Fridays for Future Bewegung* (seit 2019). Auch wenn es dazu kaum belastbare Statistiken gibt, liegt die Vermutung durchaus nahe, dass diese Protest- und Widerstandsformen in einem Zusammenhang mit den multiplen Krisen des Kapitalismus seit 2007 stehen. Nicht selten waren die Bewegungen eine Reaktion auf staatliche Austeritätspolitik. Ferner rücken Debatten um ökologische Krisen, Nachhaltigkeit und globale Fluchtbewegungen mittlerweile derart in den Fokus der Aufmerksamkeit, dass auch von Seiten der bürgerlichen Mitte sowie internationaler Organisationen der Ruf nach fundamentaler Veränderung laut geworden ist (vgl. Brand 2017).

7 Zu einer materialistischen Kritik am Subjektivierungsbegriff vgl. Burghardt 2019a.

Zwar legen momentan die gegen die autoritären Krisenlösungsversuche von Staat und Kapital und die Reetablierung rechter Diskurse vielzählig vorhandenen Protestformen keinen revolutionären Bruch oder Umsturz nahe, jedoch halten sie zumindest einen emanzipativen Veränderungswillen offen. Vor diesem Hintergrund wäre auch die häufig bemühte Diagnose eines sogenannten *Rechtsrucks* der Gesellschaft neu zu bewerten. Offen bleibt bislang, ob wir es nicht vielmehr mit einer neuen Polarisierung der Gesellschaft zu tun haben, in der ein wesentlicher Teil sich autoritär formiert bei gleichzeitig wiedererstarkenden Kämpfen gegen Nationalismus und Abschottung. So verlaufen momentan die Rückkehr des Faschismus in Europa und Versuche einer radikalen gesellschaftlichen Emanzipation in vielen Bereichen und Ländern parallel. Mit Althusser kann daher nach wie vor davon ausgegangen werden, dass das Potenzial revolutionärer Ereignisse in deren Überdetermination, also dem widersprüchlichen Zusammenspiel der „verschiedenen Ebenen" und der „verschiedenen Instanzen der gesamten Gesellschaftsformation" liegt (Althusser 2011, S. 121).

Theoretisch ist, im erweiterten Anschluss an Polanyi, insbesondere der Transformationsbegriff als neue Metaerzählung an die Stelle der Revolution getreten (vgl. Brie 2014). Damit wird sowohl ein nichtintentionaler Prozess gesellschaftlicher Entwicklung bezeichnet als auch eine umfassende verändernde Praxis auf ökonomischen, politischen und kulturellen Ebenen (vgl. Brie/Reißig/Thomas 2016). Als wesentliche Charakteristika definiert die „Transformationsforschung" ein zielgerichtetes und mittelbewusstes Eingreifen von Akteuren und die Intention, gesellschaftliche Grundstrukturen zu verändern (vgl. Brie 2015). Vor diesem Hintergrund stellt nach Demirović (2014) der Transformationsbegriff den Versuch dar, „Prozesse des Wandels und langfristige Veränderungen und radikale, revolutionäre Brüche zusammenzudenken". Damit sollen Revolution, Reform und Subversion verknüpft, aber auch „die inneren Grenzen jener Konzepte und ihre widersprüchliche Beziehung reflektiert" (ebd., S. 429) werden. Insofern stellt der Terminus weniger ein entwickeltes Konzept, als vielmehr eine Absage sowohl an einen sozialdemokratischen Reformismus als auch an orthodoxe Revolutionskonzepte dar. Gleichwohl kann mit Marx davon ausgegangen werden, dass die Tendenz zur Transformation der kapitalistischen Gesellschaft selbst eingeschrieben ist. An prominenter Stelle heißt es bei diesem schließlich.

> „Die Bourgeoisie kann nicht existieren, ohne die Produktionsinstrumente, also die Produktionsverhältnisse, also sämtliche gesellschaftlichen Verhältnisse fortwährend zu revolutionieren. Unveränderte Beibehaltung der alten Produktionsweise war dagegen die erste Existenzbedingung aller früheren industriellen Klassen. Die fortwährende Umwälzung der Produktion, die ununterbrochene Erschütterung aller gesellschaftlichen Zustände, die ewige Unsicherheit und Bewegung zeichnet die Bourgeoisepoche vor allen anderen aus. Alle festen eingerosteten Verhältnisse mit ihrem Gefolge von altehrwürdigen Vorstellungen und Anschauungen werden aufgelöst, alle

> neugebildeten veralten, ehe sie verknöchern können. Alles Ständische und Stehende verdampft, alles Heilige wird entweiht, und die Menschen sind endlich gezwungen, ihre Lebensstellung, ihre gegenseitigen Beziehungen mit nüchternen Augen anzusehen" (MEW 4, S. 465).

Nach Marx schafft also der Kapitalismus selbst die geeignete Ausgangsbasis für revolutionäre Umwälzungen. Und damit wären wir am Ausgang dieser Untersuchung angelangt: Hier beschrieb Marx das „Zusammenfallen des Änderns der Umstände und der […] Selbstveränderung" (MEW 3, S. 5) als revolutionäre Praxis. Im „Manifest der kommunistischen Partei" wird dagegen die fortwährende Revolutionierung der gesellschaftlichen Verhältnisse als Charakteristikum der kapitalistischen Produktionsweise, welche durch die Bourgeoisie repräsentiert wird, befunden. Subjekt (die Menschen) und Objekt (die Verhältnisse) bzw. Handlung und Struktur werden von Marx wiederum dialektisch begriffen. So stellt der Mensch einerseits das „Ensemble der gesellschaftlichen Verhältnisse" (MEW 3, S. 6) dar, gleichzeitig drückt sich die Gesellschaft „in der Summe der Beziehungen aus, worin diese Individuen zueinander stehen" (MEW 42, S. 189). Die Formel „Veränderung bzw. Umwälzung = Revolution = Transformation" bleibt allerdings zu unscharf. Dagegen taucht in beiden Zitatstellen der weitaus weniger prominente Beziehungsbegriff auf. Für Adamczaks Revolutionstheorie liegt genau darin der Schlüssel einer gesellschaftsverändernden Praxis: eine Praxis, die in den unterschiedlichen Marxlesarten auch unterschiedlich ausgelotet und gewichtet wurde. Denn Beziehungsformen können in traditionsmarxistischer Manier objektivistisch zwischen Kapital und Arbeit liegen, vor allem ausbeuterisch sein und dadurch gleichsam geschichtsdeterministisch zur Befreiung drängen oder sie können, in der Wendung aufs Subjekt durch den westlichen Marxismus, entfremdet, verdinglicht und autoritär sein und müssen daher eine antiautoritäre Wende vollziehen.

Auch der Transformationsbegriff wird von Adamczak als eine Form der Beziehungsweise gefasst. Revolutionen müssen ihr zufolge nicht als Ereignis der Machterringung, sondern als sozialer Transformationsprozess der Enthierarchisierung begriffen werden.

> „Die Revolution schafft nicht aus dem Nichts, sie verknüpft bisher Unverbundenes in neuer Weise […]. Im Zentrum der Revolution steht weder die Totalität (des Staates) noch die Individualität (des einzelnen Menschen) […], weder die Produktionsweise noch die Existenzweise, sondern die Beziehungsweise" (Adamczak, S. 226).

Nicht mehr der Umsturz bildet den Maßstab der Analyse, sondern die Veränderung der Beziehungsformen, deren kapitalistisches Normalverhältnis das der Konkurrenz ist. Auf der Suche nach den revolutionären Subjekten treten nun zwischen intellektueller Avantgarde (Lenin) und Substrat der Geächteten

(Marcuse) die Relata der Beziehung auf den Plan.[8] Dabei geht es nicht um die Rekonstruktion einer ontologisch vorgängigen Beziehungsstruktur, sondern um die Schaffung eines Raums für Experimente,[9] die zumindest zum Teil erst noch unternommen werden müssen. An dieser Stelle haben bei ihr die Begriffe der Alterität, der Differenz oder der Hybridität ihren Einsatz, aber eben auch neue Praktiken des Queering und die unabgegoltene Idee der Solidarität. Adamczak zieht die Verbindungen anhand der Kategorie des Geschlechts nach und hebt auf die fehlende Perspektive der Solidarität ab, die die Losung der Französischen Revolution vervollständigte. Damit tritt ein ebenfalls alter Revolutionsgedanke neben den klassischen Maßstab der Freiheit als Kriterium einer Revolution. Condorcet definierte diese noch im Hinblick auf die Französische Revolution: „Das Wort revolutionär ist nur auf solche Revolutionen anzuwenden, deren Ziel die Freiheit ist" (Condorcet, zit. n. von Radow 2017, S. 59).

Die Perspektive der Beziehungsform bietet also durchaus Anschlussmöglichkeiten und lässt sich etwa auf die in Transformationsdiskursen vieldiskutierte Praxis von Care-Commons[10] übertragen. Insbesondere feministische Diskurse zur *Care-Arbeit* weisen mit einigem Recht darauf hin, dass selbstorganisierte Bedürfnispolitik jenseits von Markt und Staat die Frage nach der Reproduktion des Lebens neu zu stellen habe, insofern darüber gegenseitige Beziehungen neu entwickelt und der Kapitalakkumulation Grenzen gesetzt werden. Nach Silvia Federici übersetzen die Commons „zum Teil die Marx'sche Idee vom Kommunismus als eine Aufhebung der herrschenden Verhältnisse" (Federici 2017, S. 101). Indes muss hier eingewandt werden, dass populäre Commons-Theoretiker wie Jeremy Rifkin wesentlich auf die Entwicklung des technischen Fortschritts setzen, etwa durch *3D-Drucker* bzw. *Open-Access*-Entwicklungen und weniger die Verfügungsmacht über lebensnotwendige Rohstoffe wie Wasser und Boden im Blick haben. Dagegen hält Federici explizit gegen traditionsmarxistische Diskurse über die Vorbedingungen des kommunistischen Projekts fest, dass Aktivitäten des Care-Commoning gerade nicht vor dem Hintergrund der Entwicklung der Produktivkräfte, der Technologisierung der Produktion oder der Ausdehnung der kapitalistischen Verhältnisse diskutiert werden sollten, sondern eine kollektive Praxis

8 Im impliziten Anschluss an Marcuse weist Rita Casale (2017) auf die Möglichkeiten „gesellschaftlicher Transformation jenseits einer identitären Logik" hin. Die historisch heimatlosen Figuren wie Juden, Arbeiter, Frauen oder Flüchtlinge stehen danach nicht allein für die Gewalt der Verhältnisse, sondern auch für die potenzielle Emanzipation derer, die vom Kapitalismus strukturell exterritorialisiert werden und die das Andere des bürgerlichen, männlichen Subjekts bilden: „Sie entlarven aufgrund ihrer strukturellen Nicht-Zugehörigkeit den Scheincharakter der Absicht der bürgerlichen Institutionen, die Gesellschaft in ihrer Allgemeinheit vertreten zu wollen" (ebd., S. 142).

9 Für diesen Hinweis danke ich Ruth Sonderegger.

10 Unter *Commons* werden Güter bzw. Ressourcen verstanden, die Menschen gemeinsam, in direkter Kooperation nutzen, ohne daran als Einzelne ein Eigentumsrecht zu besitzen.

der Selbst-Transformation darstellen. Da sich insbesondere die reproduktive Beziehungsarbeit in großen Teilen nicht technisieren lässt, bleibt diese immer noch überwiegend unbezahlt oder wird neu in einen prekären Niedriglohnsektor integriert. Gegen die Tendenz der Singularisierung als Folge von 1968 wiederum stellt die kollektive Selbst-Transformation den Versuch dar, „die Isolation einzureißen, die für die Hausarbeit im Kapitalismus charakteristisch ist, aber nicht um sie auf industrieller Ebene neu zu organisieren, sondern um kooperative Formen der Sorgearbeit zu schaffen" (ebd., S. 102).

Mit dem Gedanken der „Selbst-Transformation" (ebd., S. 103) werden auch bildungstheoretisch neue Schnittmengen freigelegt: Als Bedingung der Möglichkeit der Bildung neuer Beziehungsweisen könnte der Versuch von Hans Christoph Koller (2011) gelesen werden, den Bildungsbegriff anders und zwar transformatorisch zu denken. Denn Bildungsprozesse vollziehen sich seit Kant, Humboldt und Marx im Modus der Veränderung von Ich und Welt, Subjekt und Objekt oder Mensch und Gesellschaft. Koller hebt insbesondere auf Krisen als Anlässe für Bildungsprozesse ab, insofern Bildung eine

> „Veränderung der grundlegenden Figuren des Welt- und Selbstverhältnisses von Menschen [beschreibe D. B.], die sich potentiell immer dann vollziehen, wenn Menschen mit neuen Problemlagen konfrontiert werden, für deren Bewältigung die Figuren ihres bisherigen Welt- und Selbstverhältnisses nicht mehr ausreichen" (ebd., S. 15 f.).

Die Berührungspunkte von Transformations- und Bildungstheorien ließen sich erweitern: Beide sind inzwischen von teleologischen Erzählungen befreit und blicken in eine ungesicherte Zukunft, die jedoch beeinflussbar scheint, Macht- und Herrschaftsverhältnisse wirken limitierend und geben zugleich den Anlass zur Veränderung. Beide bilden Suchbewegungen nach dem Anderen, die die Krisen zur Voraussetzung haben und beide gehen in der Figur des Singularen, des Ereignisses und des Bruches nicht auf. Einen Unterschied markiert dagegen der Ausgangspunkt der Transformation: Denn Kollers Ansatz ist unpolitisch; er konzipiert Bildungsanlässe biografisch und gesellschaftlich neutral. Die Transformationsforschung begründet sich indes über eine Kritik an den Verhältnissen. Strukturell ergeben sich durch den Bezug zur Kritik und Krise freilich wieder Gemeinsamkeiten. Während Koller die Krise der Einzelnen als grundlegenden Bildungsanlass betrachtet, geht Marx von politischen Missverhältnissen und Adamczak vom politischen Scheitern vorangegangener Versuche aus. Erst über die kritische Reflexion auf die Niederlage der Revolutionszyklen von 1917 und 1968 können danach deren Entwicklungen nachvollzogen und deren unabgegoltenes Potenzial neu gefordert werden.

Dennoch besteht kein Grund, einem neuen Revolutions- bzw. Tranformationsautomatismus das Wort zu reden: Allem Transformationsoptimismus zum Trotz müssen sich Commons- und Bildungstheorien mit Marx nach den jeweiligen Eigentumsverhältnissen und der stofflichen Grundlage ihrer (Re-) Produktion befragen lassen (vgl. Mats 2017). Denn vielen Transformations- und Reformkonzeptionen liegt eine inhärente Optimierung des kapitalistischen Normalbetriebs zugrunde, wie etwa an Debatten über einen kapitalistischen *Green New Deal* nachgewiesen werden könnte. So ließe sich gegen Federici durchaus einwenden, dass der Kapitalismus gerade wegen seiner Abspaltung der unbezahlten Care-Arbeit funktioniere und eine gemeinschaftliche Organisation der Reproduktion dessen materialistische Grundlagen nicht wesentlich berühre. Die Transformation der Care-Arbeit bedeutet damit zwar eine grundlegende Subversion der Beziehungsweisen, nicht aber eine Revolutionierung der materialistischen Verhältnisse.

Gleichwohl können Revolutionstheorien von Bildungstheorien lernen, dass es um das Schaffen von praktischen Anlässen geht, die über eine bloße Reaktion auf eine wie auch immer geartete Krise hinausgehen. Denn transformatorische Praxen sind weder determiniert noch kontingent. Bildung und Revolution bedeuten einen Überschuss, dessen „Reich der Freiheit" (MEW 25, S. 828)[11] sich auf das Mögliche und Zukünftige und nicht allein auf das Notwendige beruft. Dabei erweist sich das Moment der Selbstreflexion als charakteristisch für Praxen der Bildung und der gesellschaftlichen Transformation: In seiner Schrift zum Staatsstreich Napoleons III. in Frankreich 1851 („Der achtzehnte Brumaire des Louis Bonaparte") hält dies Marx für die proletarischen Revolutionen des 19. Jahrhunderts fest.

> Diese „kritisieren beständig sich selbst, unterbrechen sich fortwährend in ihrem eignen Lauf, kommen auf das scheinbar Vollbrachte zurück, um es wieder von neuem anzufangen, verhöhnen grausam-gründlich die Halbheiten, Schwächen und Erbärmlichkeiten ihrer ersten Versuche" (MEW 8, S. 118).

Die historische Ausgangslage findet indes „nicht unter selbstgewählten, sondern unter unmittelbar vorgefundenen, gegebenen und überlieferten Umständen" statt (MEW 8, S. 115). Dennoch, so die Marx'sche Geschichtsdialektik, werden diese Umstände durch das Handeln der Menschen reproduziert oder verändert bzw. „gemacht" und zwar als Prozess *und* Ereignis. Revolutionäre Praxis kann sich also nicht im Bunde mit der Geschichte und der Situation wissen, aber sie kann eine neue Beziehung mit den Subjekten der Verhältnisse eingehen.

Im Licht der Revolutionszyklen von 1917 und 1968 geht es nicht mehr allein um das *Was* und *Wer*, sondern auch um das beziehungs- und bildungstheoretische

---

11 Die Rede vom „Reich der Freiheit" ist bei Marx weniger idealistisch als materialistisch bedingt. Der Textabschnitt lautet: „Das Reich der Freiheit beginnt in der Tat erst da, wo das Arbeiten, das durch Not und äußere Zweckmäßigkeit bestimmt ist, aufhört; es liegt also der Natur der Sache nach jenseits der Sphäre der eigentlichen materiellen Produktion" (MEW 25, S. 828).

Wie des Veränderns. In materialistischer Tradition stünde nach wie vor die Umwälzung der Verhältnisse auf dem Plan, jedoch nicht mehr allein durch eine einmalige Machtübernahme, sondern über (Bildungs-)Prozesse der Transformation, Praxen des radikalen Reformismus (Hirsch) oder Weisen des (Care-) Commoning. Denn die befreite Gesellschaft ist kein Zustand oder bloßes Ideal, worauf Marx und Engels hinwiesen, sondern „die wirkliche Bewegung, welche den jetzigen Zustand aufhebt" (MEW 3, S. 35).

Literatur

Adamczak, Bini (2007): Gestern Morgen. Über die Einsamkeit kommunistischer Gespenster und die Rekonstruktion der Zukunft. Münster: Unrast

Adamczak, Bini (2017): Beziehungsweise Revolution. 1917, 1968 und kommende. Frankfurt/M.: Suhrkamp

Adorno, Theodor W. (1951/1962): Minima Moralia. Reflexionen aus dem beschädigten Leben. Frankfurt/M.: Suhrkamp

Adorno, Theodor W. (1965–1966/2007): Vorlesung über Negative Dialektik. Frankfurt/M.: Suhrkamp

Adorno, Theodor W. (1994): Brief an Walter Benjamin vom 18.3.1936. In: Theodor W. Adorno/Walter Benjamin: Briefwechsel 1928–1940, Bd. 1. Frankfurt/M.: Suhrkamp

Adorno, Theodor, W. (1995): Studien zum autoritären Charakter. Frankfurt/M.: Suhrkamp

Althusser, Louis (2011): Widerspruch und Überdeterminierung. Anmerkungen für eine Untersuchung. In: ders.: Für Marx. Berlin: Suhrkamp, S. 105–144

Anderson, Perry (1978): Über den westlichen Marxismus. Frankfurt/M.: Syndikat

Baader, Meike Sophia (2008): 68 und die Pädagogik. In: Schaffrik, Tobias/Wienges, Sebastian (Hrsg.): 68er Spätlese – Was bleibt von 1968? Münster: LIT, S. 58–77

Bakunin, Michail (1972): Staatlichkeit und Anarchie und andere Schriften. Frankfurt/M. u. a.: Ullstein

Behrens, Diethard/Hafner, Kornelia (2017): Westlicher Marxismus. Stuttgart: Schmetterling

Benjamin, Walter (1974): Über den Begriff der Geschichte. GS, Bd. 1. Frankfurt/M.: Suhrkamp, S. 1223–1266

Bensussan, Gérard (1987): Qualität/Quantität; Qualitativer (oder dialektischer) Sprung. In: Haug, Wolfgang Fritz (Hrsg.): Kritisches Wörterbuch des Marxismus, Bd. 6. Hamburg: Argument, S. 1097–1102

Birkner, Michael/Seibert, Thomas (Hrsg.) (2017): Kritik und Aktualität der Revolution. Wien: Mandelbaum

Boltanski, Luc/Chiapello, Ève (2003): Der neue Geist des Kapitalismus. Konstanz: UVK

Brand, Ulrich (2017): Sozial-ökologische Transformation als „halbe Revolution". Perspektiven eines kritisch-emanzipatorischen Verständnisses. In: Birkner, Michael/Seibert, Thomas (Hrsg.): Kritik und Aktualität der Revolution. Wien: Mandelbaum, S. 211–229

Brie, Michael (2015): Beiträge zur kritischen Transformationsforschung – ein erster Überblick über den Diskussionsstand. In: ders. (Hrsg.): Mit Realutopien den Kapitalismus transformieren? Beiträge zur kritischen Transformationsforschung 2. Hamburg: VSA, S. 7–29

Brie, Michael (Hrsg.) (2014): Futuring. Perspektiven der Transformation im Kapitalismus über ihn hinaus. Münster: Westfälisches Dampfboot

Brie, Michael/Reißig, Rolf/Thomas, Michael (Hrsg.) (2016): Transformation: Suchprozesse in Zeiten des Umbruchs. Münster: LIT

Brumlik, Micha (2017): Vom Proletariat zum Pöbel: Das neue reaktionäre Subjekt. In: Blätter für deutsche und internationale Politik 62, H. 1, S. 56–62

Burghardt, Daniel (2018): Kritische Pädagogik nach Marx. Zum westlichen Marxismus, der Neuen Marxlektüre und den pädagogischen Anschlüssen In: Vierteljahrsschrift für Wissenschaftliche Pädagogik 94, H. 2, S. 215–231

Burghardt, Daniel (2019a): Von Charaktermasken zum unternehmerischen Selbst? Fragen der kritischen Pädagogik an die kritische Soziologie In: Ricken, Norbert/Casale, Rita/Thompson, Christiane (Hrsg.): Subjektivierung. Erziehungswissenschaftliche Theorieperspektiven. Weinheim/ Basel: Beltz Juventa, S. 179–198

Burghardt, Daniel (2019b): Marxismus. In: Weiß, Gabriele/Zirfas, Jörg (Hrsg.): Handbuch Erziehungs- und Bildungsphilosophie. Wiesbaden: Springer VS, S. 451–463

Casale, Rita (2017): Die Heimatlosen der bürgerlichen Moderne. In: Birkner, Michael/Seibert, Thomas (Hrsg.): Kritik und Aktualität der Revolution. Wien: Mandelbaum, S. 131–149

Demirović, Alex (2014): Transformation und Ereignis. Zur Dynamik demokratischer Veränderungsprozesse der kapitalistischen Gesellschaftsformation. In: Brie, Michael (Hrsg.): Futuring. Perspektiven der Transformation im Kapitalismus über ihn hinaus. Münster: Westfälisches Dampfboot, S. 419–435

Elbe, Ingo (2006): Zwischen Marx, Marxismus und Marxismen – Lesarten der marxschen Theorie. In: Hoff, Jan/Petrioli, Alexis/Stützle, Ingo/Wolf, Frieder Otto (Hrsg.): Das Kapital neu Lesen. Beiträge zur radikalen Philosophie. Münster: Westfälisches Dampfboot, S. 52–71

Elbe, Ingo (2008): Marx im Westen. Die neue Marx-Lektüre in der Bundesrepublik seit 1965. Berlin: Akademie

Engels, Friedrich (1878/1975): Herrn Eugen Dühring's Umwälzung der Wissenschaft. In: MEW, Bd. 20. Berlin: Dietz

Federici, Silvia (2017): Marx, der Feminismus und der Aufbau der Commons. In: Birkner, Michael/ Seibert, Thomas (Hrsg.): Kritik und Aktualität der Revolution. Wien: Mandelbaum, S. 71–104

Figes, Orlando (2008): Die Tragödie eines Volkes: Die Epoche der russischen Revolution 1891 bis 1924. Berlin: Berlin

Frei, Norbert (2008): 1968. Jugendrevolte und globaler Protest. München: dtv

Gilcher-Holtey, Ingrid (2001): Protest, Revolte, Kulturrevolution? Die 68er Bewegung. In: Praxis Geschichte 14, H. 6. Braunschweig: Westermann, S. 8–13

Gorz, André (1980): Abschied vom Proletariat – jenseits des Sozialismus. Frankfurt/M.: Europäische Verlagsanstalt

Haug, Wolfgang Fritz (1978): Westlicher Marxismus? Kritik eines notwendigen Versuchs, die marxistische Theorie zu historisieren. In: Das Argument 110/1978, S. 484–502

Hildermeier, Manfred (1995): Die Russische Revolution 1905–1920. 4. Aufl. Frankfurt/M.: Suhrkamp

Hodenberg, Christina von/Siegfried, Detlef (Hrsg.) (2006): Wo „1968" liegt. Reform und Revolte in der Geschichte der Bundesrepublik. Göttingen: Vandenhoeck & Ruprecht

Koller, Hans-Christoph (2011): Bildung anders denken. Einführung in die Theorie transformatorischer Bildungsprozesse. Stuttgart: Kohlhammer

Lenin, Wladimir Iljitsch (1917/2016): Der Imperialismus als höchstes Stadium des Kapitalismus. Gemeinverständlicher Abriss. Kritische Neuausgabe. In: Hedeler, Wladislaw/Külow, Volker (Hrsg.). Berlin: Verlag 8. Mai

Linden, Marcel van der (1992): Von der Oktoberrevolution zur Perestroika. Der westliche Marxismus und die Sowjetunion. Frankfurt/M.: dipa

Marchart, Oliver (2005): Neu beginnen. Hannah Arendt, die Revolution und die Globalisierung. Wien: Turia + Kant

Marcuse, Herbert (1967/2004): Der eindimensionale Mensch. Studien zur Ideologie der fortgeschrittenen Industriegesellschaft. 4. Aufl. München: dtv

Marcuse, Herbert (1969): Versuch über Befreiung. 2. Aufl. Frankfurt/M.: Suhrkamp

Marcuse, Herbert (1973): Konterrevolution und Revolte. Frankfurt/M.: Suhrkamp

Marx, Karl (1845/1969): Thesen über Feuerbach. In: MEW, Bd. 3. Berlin: Dietz

Marx, Karl (1851–1852/1972): Der achtzehnte Brumaire des Louis Bonaparte. In: MEW, Bd. 8. Berlin: Dietz

Marx, Karl (1857–1858/1983): Grundrisse der Kritik der politischen Ökonomie. In: MEW, Bd. 42. Berlin: Dietz

Marx, Karl (1894/1974): Das Kapital. Dritter Band. In: MEW, Bd. 25. Berlin: Dietz

Marx, Karl/Engels, Friedrich (1845/1969): Die Deutsche Ideologie. In: MEW, Bd. 3. Berlin: Dietz

Marx, Karl/Engels, Friedrich (1847–1848/1972): Manifest der Kommunistischen Partei. In: MEW, Bd. 4. Berlin: Dietz

Mats, Rüdiger (2017): Termiten aller Länder, vereinigt euch! Die Commons-Theorie feiert gemeinwirtschaftliche Konzepte als praktische Kapitalismuskritik. Was taugt sie? In: konkret 01/2017

Menke, Christoph (2015): Die Möglichkeit der Revolution. In: Merkur. Deutsche Zeitschrift für europäisches Denken 69, H. 794, S. 53–60

Nachtwey, Oliver (2016): Die Abstiegsgesellschaft. Über das Aufbegehren in der regressiven Moderne. Frankfurt/M.: Suhrkamp

Quadfasel, Lars (2013): Adornos Leninismus. Kritische Theorie und das Problem der Avantgarde. In: dschungel, Beilage zur Jungle World, H. 21, S. 18–23

Randow von, Gero (2017): Wenn das Volk sich erhebt. Schönheit und Schrecken der Revolution. Köln: Kiepenheuer & Witsch

Schäfer, Alfred (2018): Politischer Widerstand als Bildungsprozess? Anmerkungen im Ausgang von den Protestbewegungen der 1960er Jahre. In: Bünger, Carsten/Sanders, Olaf/Schenk, Sabrina (Hrsg.) (2018): Bildung und Politik nach dem Spätkapitalismus. Hamburg: Argument, S. 95–121

Schmied-Kowarzik, Wolfdietrich (1988): Kritische Theorie und revolutionäre Praxis. Konzepte und Perspektiven marxistischer Erziehungs- und Bildungstheorie. Bochum: Germinal

Bildung – Eine Welt bilden

Zum Begriff „mondialisation“ bei Jean-Luc Nancy

Edgar Forster & Madeleine Scherrer

> „[…] es darf nichts mehr übrig bleiben von dem, was unter dem Titel des Sinns Erde und Mensch in einen benennbaren Horizont gerückt hat“ (Nancy 1996/2004, S. 9).

Unser Text ist eine Meditation über die Stellung und Funktion des Begriffs „Globalisierung“ in der Wissensproduktion der Erziehungswissenschaft. Nancys Denk- und Schreibexzesse über „mondialisation“ treiben unser Nachdenken voran, irritieren und zerstreuen es.[1] In seinen Büchern wie „Die Erschaffung der Welt oder Die Globalisierung“ (2002; 2003) oder „Der Sinn der Welt“ (1993/2014) verwandelt sich ein „zufälliges Partikel“[2] in den Unruheherd eines schöpferischen Taumels, unfähig, daraus eine Geschichte zwingender Rationalität entstehen zu lassen, die von Fortschritt und Entwicklung oder vom Widerstand und von Kämpfen, von einer Globalisierung von „oben“ und „unten“ (Santos 2006) oder von der neoliberalen Landnahme der Welt erzählt. Dieser Dissemination folgen wir, weit davon entfernt, „Globalisierung“ zu einem Schlüsselbegriff des erziehungswissenschaftlichen Denkens und unserer eigenen Arbeit zu stilisieren. Wir behandeln „Globalisierung“ oder „mondialisation“[3] nicht als ein neues

1 „Nancy's thinking […] follow a line up to the limit of thought itself in order to […] expose thought to its own excess“ (James 2006, S. 231).

2 Man müsste Humanwissenschaften als eine Form der Prosa verstehen und mit einer „random theory of prose“ erklären: „Modernity begins with the recognition that the object before me is not a sign but a random particle. And it is all there is; nothing is behind or beyond it, nor is anything underneath. It is opaque and irreducible, one singularity among others multiplied excessively in every direction. The universe is made of such things“ (Bruns 1990, S. ix).

3 Das französische Wort „mondialisation“, das Nancy (2003) in „La création du monde“ verwendet, wird in der deutschen Ausgabe als „Globalisierung“ übersetzt. Nancy merkt dazu an, dass „Globalisierung“ („mondialisation“) „bisher den ökonomischen und technischen Tatsachen vorbehalten war“ (ebd., S. 9). Diese gesellschaftliche Entwicklung wird im Französischen auch als „globalisation“ bezeichnet. Mit dem Begriff „mondialisation(s)“ sollen die Vielfalt und Einzigartigkeit der unterschiedlichen Globalisierungsverläufe beschrieben werden, die in allen Lebensbereichen am Werk sind (vgl. GERM 2016, o. S.; vgl. auch Badura (2006) für die deutschsprachige Verwendung von „Mondialisierungen“). Wir verwenden „Globalisierung“ in diesem Text im weiten Sinn von „mondialisation“.

Thema, das zum Forschungsfeld „Erziehung und Bildung" hinzukommt, es erweitert oder ergänzt, sondern als epistemologischen Begriff mit einer formalen und materialen Dimension: Zum einen hat „Globalisierung" die Funktion, erziehungswissenschaftliche Wissensproduktionen zu problematisieren und anderen Spuren im Nachdenken über den Begriff der Welt zu folgen und zum anderen verbindet „Globalisierung" die Kritik der Wissensproduktion mit gesellschaftlichen Kämpfen.

Zum Begriff „Globalisierung" gesellen sich verwandte Begriffe wie „Globus", „Globalität" und „Welt". Mit Konzepten wie „Raum", „Grenze", „Zugehörigkeit" oder „Innen und Außen" verbindet sich „Globalisierung" zu Konfigurationen oder Versuchsanordnungen. Die Begriffe „Versuchsanordnung" und „Konfiguration" haben wir den erkenntniskritischen Schriften von Benjamin (1925/1991, S. 207–237) und Adorno (1931/1996) entlehnt, um den epistemologischen Stellenwert unserer Meditation über „mondialisation" zu bezeichnen. Konfigurationen sind schöpferische Prozesse, aus denen Ideen hervorgehen und „jede Idee enthält das Bild der Welt", wie es bei Benjamin (1925/1991, S. 228) heißt. Solche Bilder sind „keine bloßen Selbstgegebenheiten" (Adorno 1931/1996, S. 341); sie werden vielmehr hergestellt „und legitimieren sich schließlich allein dadurch, dass in schlagender Evidenz die Wirklichkeit um sie zusammenschießt" (ebd.). In Nancys Texten interessiert uns diese „ars inveniendi" oder „exakte Phantasie" (ebd.). Ihr fällt in Adornos Philosophie *als* Deutung eine wichtige Rolle zu: Die Elemente einer Konstellation verbleiben streng beim Material, das die Wissenschaften darbieten, aber erst in Versuchsanordnungen entsteht ein Bild der Welt. Der Begriff „Globalisierung" bewahrt in der Idee eines Bildes der Welt eine Beziehung zu den gesellschaftlichen Widersprüchen sowie Kämpfen *und* zu den Theorien, die diesen Widersprüchen Ausdruck verleihen (oder sie ins Vergessen schreiben). In Versuchsanordnungen kündigt sich die Aufhebung der vorgefundenen Wirklichkeit an: „Nicht zwar wird im Begriff die Wirklichkeit aufgehoben; aber aus der Konstruktion der Figur des Wirklichen folgt allemal prompt die Forderung nach ihrer realen Veränderung" (ebd., S. 338). Versuchsanordnungen sind Wissensproduktionen und Interventionen, und alles kommt auf die Schöpfung („création")[4] von Konfigurationen an, mit denen wir (Bilder der) Welt entwerfen.

Das tun wir, wenn wir den Begriff „Globalisierung" in unseren Arbeiten verwenden und durch Versuchsanordnungen (Bilder der) Welt kreieren. Dies

---

4 Wir werden dem Begriff der Schöpfung bei Nancy immer wieder begegnen: „[…] there is a specific instant or instance which is of decisive importance for Nancy, the instant of what he comes to call *creation*" (James 2006, S. 232). Sein Buch „Die Erschaffung der Welt oder Die Globalisierung" enthält nicht nur den Text „Urbi et Orbi", sondern auch Texte über die Schöpfung: „Über die Schöpfung" („De la création") und „Die Schöpfung als Denaturierung: Metaphysische Technologie" („La création comme dénaturation: technologie métaphysique").

geschieht nicht in einem geschichtslosen Raum, sondern in einem Zeitgeschehen, da die uralte Idee vom „Ende der Welt" eine dramatische Renaissance erlebt (Danowski/Viveiros de Castro 2019).

> Diese Renaissance zeigt an, dass „der Boden, auf dem [unsere] Geschichte sich immer abgespielt hatte, ins Wanken geraten ist. Als würde eine Bühne lebendig und versuchte, am dramatischen Geschehen mitzuwirken. Von diesem Augenblick an ändert sich an der Art und Weise, Geschichten zu erzählen, von Grund auf alles [...]" (Latour 2017, S. 16).

Nancy geht in seinem Denken von „mondialisation" ebenfalls von der Feststellung (und *nicht* von der Hypothese) aus, dass die Menschen im Begriff sind, die Welt zu zerstören. „Derart jedoch, dass wir nicht genau wissen, was ‚zerstören' bedeutet, noch welche ‚Welt' sich zerstört" (Nancy 2003, S. 16)[5]. Die einzige Gewissheit sei, dass das, was geschieht, tatsächlich eintritt. Wie sollen wir uns angesichts dessen auf „Welt" beziehen und über Globalisierung oder „mondialisation" sprechen? Und wie vermessen ist es, *über* die Welt zu sprechen, als seien wir nicht Teil davon?[6] Im Begriff „Globalisierung" sind unsere Bilder von Welt, unser Wissen über die Welt und unsere Stellung in ihr, das „Weltweitwerden" von Welt und ein „Außen", das mit der Vorstellung der Welt als Globus einhergeht, aufgehoben. Der Begriff „mondialisation" drängt uns, wie wir zeigen werden, über die Grundlosigkeit/Abgründigkeit unseres Tuns und unserer Wissensproduktionen nachzudenken.

1 „L'immonde"

Zwischen etwa 1860 und 1914 erlebte die Welt, wie Osterhammel (vgl. 2010, S. 1010–1055) in seinem voluminösen Werk über „Die Verwandlung der Welt"

5 Wir legen unserer Meditation zum Buch „Die Erschaffung der Welt" (frz. „La création du monde") die deutsche (Nancy 2003) und französische Ausgabe (Nancy 2002) zugrunde.

6 „Schon dieser Ausdruck ‚Beziehung zur Welt' zeigt, in welchem Ausmaß wir gewissermaßen *entfremdet* sind" (Latour 2017, S. 32). Nancys Nachdenken über „mondialisation" konvergiert hier mit einem zeitgenössischen Denken, das als „New Materialisms" (Coole/Frost 2010) etikettiert wird und in den „Science and Technology Studies" (vgl. Bauer/Heinemann/Lemke 2017) einen interdisziplinären Ausdruck findet. Ein theoretisch konsequenter Versuch, einer Epistemologie *über* die Welt zu entgehen, ist Barads (2007, S. 184) „agential realist account of technoscientific practices": „[...] the knower does not stand in a relation of absolute externality to the natural world [...]. We are not outside observers of the world. Neither are we simply located at particular places in the world; rather, we are part of the world in its ongoing intra-activity" (ebd.). Diesen Gedankengang müsse man posthumanistisch verstehen: „I don't want the human to be in Nature, as if Nature is a container" (Kirby, zit. n. ebd.).

eindrücklich erzählt, einen markanten Globalisierungsschub, wenn man die Bildung weltumspannender Netze des Verkehrs, der Kommunikation, des Handels und der Finanzbeziehungen als Globalisierung bezeichnet. Aber nicht nur die Welt verwandelt sich im „langen" 19. Jahrhundert, sondern auch die Erzählweisen, um den Veränderungen gerecht zu werden. Die Metapher des Netzes löst allmählich Körper- und Maschinenmetaphern ab und bildet bis heute die dominante Form, Welt zu beschreiben. In sogenannten Weltprojekten um 1900 realisierten sich neue Bilder von *der* Welt. Krajewski (2006, S. 257 ff.) nennt diese „Gewebe" von Weltgeschichte, Welt-Geld, Welt-Standardisierung oder Weltsprache eine „Textokratie", eine Welt des Symbolischen[7], die nicht nur von einer Fortschrittseuphorie und einem technokratischen Optimismus, sondern auch vom Imperialismus zeugte.

> „Denn die Schablone oder das Referenzmodell, von dessen Perspektive aus der Blick aufs Globale erfolgt, versteht unter ‚Welt' allen voran die ‚Kulturnationen', also Europa und allenfalls noch die in ähnlicher Weise prosperierenden und fortschrittsgläubigen Vereinigten Staaten. Das heißt, ‚Welt' bezeichnet zunächst [...] nichts anderes als das eigene (geopolitische) Umfeld. Wenn ‚Welt' jedoch zunächst nur Kulturnationen, ‚civilisierte Welt' [...] oder den ‚Kreis der von Gesittung erfüllten Welt' [...] bezeichnet, erschließt dieser Blickwinkel gleichzeitig schon ein künftiges Kolonisierungsprogramm, das antritt, alle anderen unterentwickelten Staaten, eben den ‚Rest der Welt', einzubeziehen" (ebd., S. 272).

In Krajewskis Studie über deutsche Weltprojekte ist das Bild der Welt nicht unabhängig vom Bild ihrer Erschließung. Die imperialistische Geste der restlosen Landnahme und die Durchsetzung einer globalen Ordnung prägten das Bild der Welt.

Auf ganz andere Weise verwendet Nancy (2003, S. 15) die Metapher des Netzes. Die Welt habe die Fähigkeit verloren, eine Welt zu bilden. Sie zersetze sich, und es bleibe nichts als ein Netz, ein Gewebe, ein „Glomus", ein Knäuel, eine bloße Agglomeration und Akkumulation. In seiner Welt-Erzählung greift Nancy (ebd., S. 11–55) den päpstlichen Segensspruch „urbi et orbi" auf. Rom habe seine Kraft eingebüßt, ein ordnendes Zentrum zu bilden und Nancys Auslegung markiert diese Zersetzung: „partout et n'importe où" (Nancy 2002, S. 13). In der deutschen Übersetzung liest man „überall und nirgends" (Nancy 2003, S. 13). Nachdrücklicher wäre jedoch die getreue Übersetzung „überall und wo auch immer". Zersetzung heißt Verlust des Bildes vom Ganzen, wie es im Spruch

7 Diese Welt des Symbolischen ist nicht in erster Linie die Welt der Philosophie mit ihren Abhandlungen über „Weltbilder" und „Weltanschauungen", sondern die Welt der Verkehrssprachen und Verkehrswege, der Währungen und der ökonomischen Strukturen sowie der historischen Aufzeichnungsmethoden (vgl. Krajewski 2006, S. 15 f.).

„urbi et orbi" zum Ausdruck kommt: alles umfassen und unter einem Prinzip vereinen – „wo auch immer". Nancy spricht von „désintegration", das aufschlussreicher ist als die deutsche Version „Zersetzung": Auseinanderfallen dessen, was Welt genannt wird.

Niemals sei die Fähigkeit der Welt, eine Welt zu bilden, Realität geworden, aber solche Imaginationen haben kreative und zerstörerische Kräfte freigesetzt. Zum einen haben sie räumliche Ordnungsvorstellungen geschaffen: Rom, das Zentrum der Welt; vom Lande hebt sich die Stadt ab, der „urbane" Raum mit Lebensentwürfen, die Weltgewandtheit, Vornehmheit und Bildung ausdrücken. In der ersten Euphorie einer neuen Globalisierung gegen Ende des 20. Jahrhunderts haben Metropolen – New York, London, Tokio – solche Phantasien eines Kosmopolitismus in der „global city" (Sassen 1991) neu belebt. Die Kehrseite ist der „Planet der Slums" (Davis 2007).

Die Welt hat nicht aufgehört, sich räumliche Ordnungsvorstellungen zu geben – Abendland, Orient; der Westen; Globaler Norden und Süden; Zentrum, Peripherie – und Regeln, wie sich die Mächtigen die Welt aufteilen (vgl. Schmitt 1974). Mit räumlichen Ordnungsvorstellungen gehen zeitliche Ordnungsvorstellungen einher: Fortschritt, Entwicklung, Moderne, Zeitgenossenschaft. Frantz Fanon, Homi Bhabha und viele andere weisen auf die rassistische Struktur dieser Ordnungsvorstellungen hin: „You come too late, much too late, there will always be a world – a white world between you and us" (Fanon, zit. n. Bhabha 1994, S. 339).

Weshalb sollte man den Verlust einer integrierenden Kraft, die für eine gewisse Zeit von Roms Gewaltherrschaft ausging und ihre moderne Grundlage im transatlantischen Sklavenhandel hatte, bedauern? Wenn anstelle eines geordneten Raums, der sich um ein Zentrum und auf dieses hin organisiert, die Erde heute von einem „Stadtnetz" („tissue urbain") (Nancy 2003, S. 13; Nancy 2002, S. 14) überzogen wird und eine bloße Agglomeration bildet, dann findet sich der Westen auf einem „Planet der Slums" (Davis 2007) wieder, den er selbst produziert hat. Und keine skeptische Haltung und kritische Reflexion, die nur auf ihre Weise die gleiche Fortschrittslogik nähren, bergen in sich das Potenzial einer anderen Zukunft.

> „Im Gegenteil, in ein und derselben Bewegung ist die Gewissheit um einen historischen Fortschritt ausgesetzt, die Konvergenz des Wissens, der Ethik und des guten Zusammenlebens zersetzt und die Vorherrschaft eines gemeinsamen Reiches der technischen Macht und der reinen ökonomischen Vernunft etabliert worden" (Nancy 2003, S. 15).

Was die Welt unablässig hervorbringe, seien Wucherungen des „Widerweltlichen" („l'immonde") (Nancy 2002, S. 16). Die Welt zerstöre sich, und von dieser schlichten Feststellung müsse man ausgehen, wenn man über „mondialisation" nachdenke.

2 Umgestürzte Welt

Mit der Erkenntnis, dass die Wucherungen des „Widerweltlichen" die Welt zerstören, setzt Nancys philosophische Intervention ein. Sie beginnt von sich aus – als eine „selbst-erzeugende Technik", „comme la technique autoproductive" (Nancy 2002, S. 106), eine „Selbst-Einsetzung" (Nancy 2003, S. 91), um einen Sinn der Welt zu schaffen, den es noch nicht gegeben hat (vgl. Nancy 2003, S. 59). So erklären sich der Titel des Buches „La création du monde ou la mondialisation" und die Bedeutungsvariationen, die das Wort „oder" erzeugt.[8] Die Welt gibt es nur als Schöpfung und „mondialisation" ist die Erschaffung der Welt als *eine* Welt (eine einzige Welt *oder* eine von vielen Welten). Schöpfung ist ein Akt, ein Tun. Wenn es das Allgemeine nicht gegeben hat, dann muss es geschaffen werden (ebd., S. 60 f.). Mit welchem Ziel? Eine Welt hervorzubringen, die „dieses Namens würdig ist"[9] („digne de ce nom") (Nancy 2003, S. 59; Nancy 2002, S. 67)?

Nancys „l'auto-institution" beginnt mit der Lektüre eines Auszugs aus „Die deutsche Ideologie", um den Ort wiederzufinden oder neu zu schaffen, den das „Abendland" (Nancy 2003, S. 15) mit seiner Ausdehnung über die ganze Welt verwüstet habe – und mit ihm die Fähigkeit, Sinn zu stiften. Von Marx übernimmt er die materialistische Auffassung, dass „die Bedürfnisse und die Weise der Produktion" (Marx/Engels 1845–1846/1969, S. 30) die Menschen zusammenhalten. Dass die Menschen nur miteinander existieren können und aufeinander angewiesen sind, sei auch im Kapitalismus nie ganz verschwunden, wenn auch dieses Allgemeine, die Menschheit, als eine „illusorische Form der Gemeinschaftlichkeit" (Marx/Engels 1969, S. 34) erscheinen mag. Selbst wenn es keine Vorstellung vom Umstürzen einer (ökonomischen) Globalisierung, in der es allein um Akkumulation geht, in etwas Anderes gebe, sondern nur bedrohliche Bilder und Nachrichten vom Globus, verbunden mit der bitteren Einsicht, dass *unser* Bild von der Welt nur die Scham darüber erzeugt, dass *wir uns* einst in die Welt der westlichen Moderne mit ihren Rationalitätsidealen wie in einen Käfig eingesperrt und *uns* dabei selbst angezündet haben, so schaffe die Durchsetzung eines Weltmarktes und die Verbindung von immer mehr Menschen die Voraussetzung für einen Umsturz, der die Vorstellung einer Revolution übersteigt. In der umgestürzten Welt produziere sich die Menschheit vollkommen in sich selbst (Nancy 2003, S. 17). Es gehe nicht mehr darum, Wert in seiner fetischisierten Warenform zu schaffen. An dessen Stelle trete der „Wert als Schöpfung" (ebd., S. 19). Die „Produktion des Menschlichen als solchem" (ebd., S. 20) verdränge

---

8 Die Verbindung „oder" kann die Form einer Konjunktion, Disjunktion oder Substitution annehmen (vgl. Nancy 2003, S. 9).

9 Man muss diesen tautologischen Ausdruck „absentheistisch" (vgl. Nancy 2003, S. 47, Fußnote 23) lesen. Es gibt keinen Begriff von „Welt", die sich ihres Namens würdig erweist, es sei denn, man belebt zugleich die Idee einer Welt *und* Würde.

die kapitalistische wertschöpfende Produktion. *Alle* schließen sich zusammen, um die Welt zu erschaffen, die den Menschen produziert, der sich als „absoluten Wert und dessen Genuss" (ebd.) erschafft – und man müsste hinzufügen, dass dieses Wörtchen „alle" wohl einen umfassenderen Begriff des *Lebens* bezeichnet. Der Mensch produziert sich in einem doppelten Sinn selbst: Jeder und jede bringt sich erstens durch *alle* hervor und umgekehrt produzieren sich *alle* durch jeden und jede. Dass der Mensch sich durch sich selbst produziert, heißt zweitens nichts anderes als „Produktion der Eigenschaft des Menschlichen" (ebd.) oder anders ausgedrückt: Der Mensch ist „freier Produzent der Freiheit selbst" (ebd.). Wenn ein Zweck nicht im Voraus gegeben ist, dann ist jede Entscheidung unvorhersehbar und der Anfang einer Reihe von Entscheidungen. Nach diesem Ideal der kantischen Freiheit situiert Nancy (2003, S. 59) den Menschen. Er führt an dieser Stelle einen Begriff von Marcel Mauss ein: „l'homme total". Er ist mit dem Begriff der „totalen gesellschaftlichen Tatsache" (Mauss 1950/1990, S. 176) verknüpft und bezeichnet das Soziale als Relation oder Austausch in all seinen Formen und Inhalten (vgl. Moebius 2006, S. 103). Beide Begriffe stützen sich auf einen Symbolbegriff, der nicht etwas Vorhandenes repräsentiert, sondern die Welt in ihrer Gesamtheit durch Verweisungszusammenhänge herstellt und damit Sinn produziert. Totalität ist kein Raumbegriff; er geht nicht mit der Vorstellung einer Ausdehnung einher. Totalität schafft reine Immanenz; sie kennt kein Außen.

3 Absoluter Wert

Alles, was der Mensch ist, realisiert sich in der doppelten Produktion und dieses Hervorbringen ist sein Wert. Dass sich zu diesem Wert nichts in ein Verhältnis zu setzen vermag, entzieht ihn der ökonomischen Logik. Er ist kein Element einer Äquivalenzkette und produziert sich nicht durch etwas Anderes. Das Hervorbringen des Menschen und des Menschlichen *ist* der Wert. Das entspricht der Singularität, die der Mensch ist, dem „Einzelnen", „chaque fois" (Nancy 2002, S. 20). Nancy (1996/2004) verdichtet dies zur Formel „être singulier pluriel".[10] Niemand existiert für sich; die Welt gibt es nur als geteilte – und zugleich gilt: die Einzelne ist die Einzigartige, der Einzelne ist der Einzigartige. Wenn die Welt die Menschen macht, die die Welt machen, wenn man also auf diesen Zirkelschluss besteht, dass die Menschen sich wechselseitig und damit die Eigenschaft des Menschlichen produzieren, und wenn genau darin, in dieser Schöpfung selbst, der Wert besteht, dann wird die Schlussfolgerung von Nancy verständlich, „dass die Stätte des Sinns, des Wertes und der Wahrheit die Welt ist" (Nancy 2003,

10 „[...] ‚être' ist Verb oder Hauptwort, ‚singulier' und ‚pluriel' sind Hauptworte oder Adjektive, alles lässt sich [im Französischen] kombinieren [...]" (Nancy 1996/2004, S. 57).

S. 21); Wert = Sinn = Wahrheit, nichts anderes ist die Welt. Die Welt ist ihre Schöpfung, darin besteht ihr Sinn.

Nancy folgt, wenn er „Die deutsche Ideologie" auslegt, Althussers (1965/2011) Interpretation des Humanismus: „Über die Menschen etwas *erkennen* kann man nur unter der absoluten Bedingung, zuvor den philosophischen (theoretischen) Mythos vom Menschen zu Asche reduziert zu haben" (Althusser 2011, S. 292). Man müsse auf die Praxis zurückgehen und genau dies tut Nancy (2003), wenn er von *dem* Wert, dem „absoluten Wert" oder dem „Wert an sich" spricht.

> „[…] das Hauptmerkmal eines Wertes ‚an sich', der gerade nicht ein ‚Ding an sich' ist, sondern die Wirksamkeit einer *praxis* als das, was sie ‚wert' ist, was vollkommen durch sich selbst und in der Materialität oder in der komplexen Körperlichkeit der Umwandlung, in der sie zum Ausdruck kommt, sich gibt oder sich erschafft" (ebd., S. 24, Fußnote 9; vgl. Nancy 2002, S. 26).

Der Mensch begründe keine Theorie, er sei Ausgangspunkt für eine Meditation über den absoluten Wert. Er sei eine Tat; die Schöpfung der Menschheit (Nancy 2003, S. 24). Die Zirkularität in der Bestimmung der Begriffe ist bei Nancy entscheidend. Die Menschheit, die sich als Welt produziert und die Welt, die die Menschheit ist, hat ihren Zweck ausschließlich in sich selbst. Das bedeutet Freiheit, die Nancy als das Menschliche des Menschen bezeichnet. In einer Fußnote vermerkt Nancy (mit einer Verbindungslinie zum mythischen Wertbegriff im antiken Griechenland): „[…] was produzieren? Nichts anderes als einen wertvollen Menschen oder den Wert eines Menschen" (ebd., S. 25, Fußnote 10). Da dieser Wert nicht ein Wert *für* etwas ist, also weder zweckgerichtet ist noch eine Äquivalenz mit etwas aufweist, ist die Formulierung „wertvoller Mensch" irreführend; der Mensch ist nicht in Bezug auf etwas „wertvoll", denn der Wert hat keinerlei Bezug. Vielmehr nimmt der Wert die Funktion einer *différance* an. Das Werk ist die Spur, die der menschliche Wert ist, aber das Werk bedeutet den menschlichen Wert nicht. Was das heißt, erschließt Nancy aus Figuren der Umkehrung: In den Terroranschlägen von 9/11 manifestiere sich das Aufeinanderprallen zweier Figuren des absoluten Wertes als Allmacht mit den Merkmalen der „Selbstzerstörung", „Selbstverherrlichung" und „Überessentialisierung" (ebd., S. 26). Allmacht realisiere aber nicht den absoluten, unbedingten Wert, sondern den fortwährenden Regress einer „schlechten Unendlichkeit" (ebd.); denn alles bleibe in der Potenz gefangen, während der Wert bei Marx ein Genuss durch Realisierung sei und zwar „Aufschub des Willens, das Loslassen, ja sogar das Versagen, das den Genuss als Genuss einer Wahrheit oder eines Sinns kennzeichnet" (ebd., S. 27). Während die Macht in sich selbst gründe, sei der Akt, in dem sich der Genuss realisiere, ohne Grund und Zweck. Der Zweck, „la fin", ist auch das Ziel oder das Ende. Nur in dieser Koinzidenz sei der Wert absolut. Er sei „inkommensurabel", „unbewertbar", bis er aufhöre,

Wert zu sein, „und zu dem wird, was im Deutschen *Würde* heißt und über den *Wert* hinausgeht" (ebd.).[11]

4 Diesseits

Die Würde – des Menschen allein? – drängt Nancy (2003) zur Frage: „Wie kann man dem Unendlichen *in actu*, dessen exakte Kehrseite die unendliche Macht ist, gerecht werden?" (S. 27) Die Würde sei inkommensurabel. Sie komme zu einem Menschen nicht hinzu und könne weder verliehen noch entzogen werden. Sie ist das Leben selbst und am Rand zum Tode zeigt sie sich unverstellt, wie Deleuze in seiner Lektüre von Charles Dickens' „Unser gemeinsamer Freund" zeigt.

> „Ein Schuft, ein übles, von allen verachtetes Subjekt wird sterbend herbeigebracht, und mit einem Mal bezeugen nun die, die ihn pflegen, eine Art Eifer, Achtung, Liebe gegenüber dem geringsten Lebenszeichen des Sterbenden. [...] Je mehr er aber ins Leben zurückkehrt, desto kälter werden seine Retter [...]" (Deleuze 1996, S. 31).

Was bedeutet es, dem „Unendlichen *in actu*" gerecht zu werden? Und welche Implikationen hat das Denken der Würde in einer Welt, die „mondial" gedacht wird? Eine erste Antwort: Nancy weist jede Idee eines „Jenseits" der Welt zurück und „mondialisation" ist diese Zurückweisung. Die Schöpfung des Menschen findet nicht *in* dieser Welt, sondern *als* diese Welt statt. Es gibt nur *eine* Welt, *diese* Welt, deren Teil wir sind, die wir realisieren und durch die wir uns erschaffen – und am Ende zerstören werden. Das „Unendliche *in actu*" ist die Suspension des Jenseits.[12] Während schlechte Unendlichkeit zu einem unendlichen Regress führe, lasse eine Welt, die „für sich absolut wertvoll" (Nancy 2003, S. 28) sei, das „Grundlose *in actu*" (ebd.) zum Vorschein kommen und Nancy nennt dieses Grundlose *in actu* die „wirkliche Existenz" (ebd.).[13] Dass die Welt stattfindet, ist ihre wirkliche Existenz. Sie lässt jede „Weltanschauung" zerfallen: „Eine ‚gesehene'

---

11 Dieses Motiv findet sich zuerst bei Lacan. Er stellt einen Zusammenhang zwischen dem Lustprinzip und der antiken Moral her: „In der antiken Moral ist die Lust, die gerade darin besteht, daraus so wenig wie möglich zu machen, *otium cum dignitate* [Muße mit Würde], eine Askese" (Lacan, zit. n. Nemitz 2017, o. S.).

12 „Es ist daher nur Bewusstlosigkeit, nicht einzusehen, dass eben die Bezeichnung von etwas als einem Endlichen oder Beschränkten den Beweis von der *wirklichen Gegenwart* des Unendlichen, Unbeschränkten enthält, daß das Wissen von Grenze nur sein kann, insofern das Unbegrenzte *diesseits* im Bewusstsein ist" (Hegel 1830/1986, § 60).

13 Nancy verweist auf ein berühmtes Epigramm von Angelus Silesius (1657/1984, Erstes Buch, Nr. 289): „Die Ros' ist ohn warumb / sie blühet weil sie blühet, / Sie achtt nicht jhrer selbst / fragt nicht ob man sie sihet". – Das „Rätsel der Moderne" (ebd., S. 46) bestehe darin, dass das „Grundlose" das doppelte Gesicht des Kapitals und der mystischen Rose annehmen könne.

Welt, eine vorgestellte Welt ist eine Welt, die dem Blick eines Welt-Subjekts ausgesetzt ist. Ein Welt-Subjekt (das heißt ebenso gut ein Geschichts-Subjekt) kann selbst nicht in der Welt sein" (ebd., S. 28f.). Sie ist die Welt als Ideologie und als solche selbst Welt. Und selbst bei metaphysischen Vorstellungen eines Schöpfers handle es sich um nichts weiter als um die Welt selbst, so Nancy (vgl. ebd.). Worin bestünde eine zeitgemäße Bestimmung der Welt? Man widerstehe jeder Vorstellung von Welt, jeder „Weltanschauung" (ebd., S. 34). Das wäre ein „modellloses Denken" der Welt (vgl. ebd., S. 36, Fußnote 17). Was bliebe? Die Welt wäre ein Faktum. Ein „factum" ist ein Werk, eine Tat, eine Handlung oder ein Verfahren; schließlich ein Vorfall, ein Ereignis.

Alles ist Welt und das Absolute ist das „immanente Verhältnis der Welt zu sich selbst" (Nancy 2003, S. 36). Das „Weltweite" („le mondial") ist eine Immanenz. Mit der Implosion der Weltanschauung entfernt sich Welt von jeglichem Objektstatus und wenn Nancy (ebd., S. 30) vom „Subjekt" des „Weltweitwerdens" der Welt spricht, dann setzt er das Subjekt in Anführungszeichen; Subjekt und Objekt sind Hilfskonstruktionen, um sich verständlich zu machen, aber im Grunde führen sie in die Irre, wenn von Immanenz die Rede ist.

Die Welt ist unablässig dabei, „sich selbst zu werden" (ebd., S. 30) und „mondialisation" bezeichnet dieses Werden oder fortdauernde Entfalten: Jeder Akt ist ein Werden, das die Welt ist. An dieser Stelle macht sich Deleuzes Denken hartnäckig bemerkbar (vgl. Deleuze 1996). Die Immanenz sei ein transzendentales Feld.[14] Sie „ist nicht in etwas, nicht einer Sache immanent, sie hängt von keinem Objekt ab und gehört zu keinem Subjekt" (Deleuze 1996, S. 30). Was ist die Immanenz?, fragt Deleuze: „Ein Leben ..." (ebd.), ein indefinites Leben.[15] Es bestehe aus Virtualitäten, Ereignissen, Singularitäten. Sie aktualisieren sich in einem Objekt und Subjekt und fallen damit aus dem transzendentalen Feld – als Transzendentes.

5 *Eine* Welt

Was bedeutet „eine Welt"? In der Tradition Heideggers antwortet Nancy (2003) in „Die Erschaffung der Welt": „Eine Welt ist eine Sinntotalität" (ebd., S. 30) oder

14 Deleuze (1996, S. 29) spricht von einem „transzendentalen Empirismus".

15 Der Begriff „Leben" findet sich auch in Nancys Text „Über die Schöpfung" („De la création"), dem zweiten Text im Buch „Die Erschaffung der Welt oder Die Globalisierung" („La création du monde ou la mondialisation"): „[...] darin besteht der Einsatz der Philosophie (*oder* dessen, was man ein ‚Leben' nennt) [...]" (ebd., S. 59). Nancy (2008, S. 85) nennt Deleuzes Philosophie eine „virtuelle Philosophie". Er setze ein „philosophisches Wirkliches in Gang" (ebd.) oder, um es kurz zu machen, er schaffe eine Welt, indem er ein transzendentales Feld durchquere. Darin sind Nancy und Deleuze „contemporains" (vgl. ebd., S. 82).

auch eine „hypothetische oder asymptotische Sinntotalität“ (ebd., S. 69).[16] Knapp zehn Jahre vorher, 1993, hat Nancy über „Le sens du monde“ geschrieben.[17] Sinn ist nicht einfach Bedeutung, sondern absolut[18] zu denken; alles umgreifend oder allgemein, wie er in „Une pensée finie“ schreibt.

> „the sense of life, the sense of man, of the world, of history, the sense of existence which is or makes sense, which without sense would not exist. And the sense which exists, or which produces existing, without which there would be no sense“ (Nancy, zit. n. James 2006, S. 90).

Angetrieben wird die Erkundung des Raums, „der ausgedehntesten Allgemeinheit des Sinns“ (Nancy 1993/2014, S. 17), von der „offenkundige[n] Gehaltlosigkeit der Begründung unserer Leben – und das Singulärste, die offenkundige Notwendigkeit des allerkleinsten Existenzsplitters genauso wie der Welt, *auf/zu* der sie existiert“ (ebd.). Wenn alle Botschaften ausgeschöpft sind, wenn keine Botschaft sinnerfüllend ist (und das Denken abzuschließen vermag), dann bleibt nur die „Existenz, die keinen Sinn *hat*. Und dieser Anspruch ist für sich allein bereits der Sinn, mit all seiner Kraft zum Aufstand“ (ebd.).

Existenz = Sinn; um die Bedeutung dessen zu ermessen, genügen zwei Referenzen aus dem Buch „Der Sinn der Welt“ (Nancy 1993/2014). Das Nichts ist nicht das andere des Sinns; dieser ist an das Nichts gebunden und zeigt sich auf besondere Weise im Nichts, das eine Souveränität *ohne Boden* ist. Nancy stellt dem Buch ein Zitat aus Nietzsches „Nachgelassene Fragmente“ vom Herbst 1887 voran: „Einen Sinn hineinlegen – diese Aufgabe bleibt unbedingt immer noch übrig, gesetzt daß kein Sinn darinliegt“ (Nietzsche 1887/1988, S. 359). Bereits vor aller Erwartung und Forderung nach Sinn wisse man sich bereits „in der Welt“. Allen Sinnen gehe noch ein Sinn voraus. Jenseits allen Sinns sei ein Sinn zu vernehmen, ein Überschuss an Sinn, aber er kommt aus keinem Jenseits der Welt. Eine zweite Referenz entnimmt Nancy dem Roman „Die Wand“ von Marlen Haushofer (1999; vgl. Nancy 1993/2014, S. 197).

> „Im Grunde sind diese Gedanken ganz ohne Bedeutung. Die Dinge geschehen eben, und ich suche, wie Millionen Menschen vor mir, in ihnen einen Sinn, weil meine Eitelkeit nicht gestatten will, zuzugeben, dass der ganze Sinn eines Geschehnisses in ihm

16 Vgl. den Abschnitt über „Die Weltlichkeit der Welt“ in „Sein und Zeit“, in dem Heidegger (1926/1986, S. 63 ff.) nach dem „In-der-Welt-sein“ fragt; siehe insbesondere die Begriffe „Verweisung“ und „Verweisungsganzheit“: „Überdies wurde deutlich, dass Verweisung und Verweisungsganzheit in irgendeinem Sinne konstitutiv sein werden für die Weltlichkeit selbst“ (Heidegger 1986, S. 76).

17 Das Buch ist unter dem Titel „Der Sinn der Welt“ im Jahr 2014 in deutscher Sprache erschienen. Seine Veröffentlichung geht dem Buch über „mondialisation“ voraus.

18 „Was, für sich, von nichts abhängt, ist ein *Absolutes*“ (Nancy 1993/2014, S. 209).

selbst liegt. Kein Käfer, den ich achtlos zertrete, wird in diesem, für ihn traurigen Ereignis, einen geheimnisvollen Zusammenhang von universeller Bedeutung sehen. Er war in dem Augenblick unter meinem Fuß, als ich niedertrat; Wohlbehagen im Licht, ein kurzer schriller Schmerz und Nichts. Nur wir sind dazu verurteilt, einer Bedeutung nachzujagen, die es nicht geben kann" (Haushofer 1999, S. 216 f.).

Der Sinn *ist* dieser Gedankengang. Hier zeige sich kein Mangel an Sinn, sondern der Entzug von Bedeutung, der der Sinn ist. Deswegen kann Nancy (1993/2014, S. 208) sagen, dass unserem Sinn nichts fehle: „der Mangel an gegebenem Sinn ist vielmehr das, was ihn erfüllt". Der Sinn ist nie nur begrenzt oder lokal und er ist nicht der Sinn *von* etwas. Man muss den Sinn als etwas begreifen, das sich in Bezug auf eine Gesamtheit herstellt und eine Sinntotalität schafft. Sie ist jedes Mal eine Singularität, wie wenn man sagen würde (um Nancys Beispiele aufzugreifen): Debussys Welt oder die Welt des Krankenhauses oder die „Vierte Welt". Keine Welt ist wie die andere und keine dieser Welten wird von einer transzendenten Kraft gestiftet und zusammengehalten. Diese Welten sind weder gut noch böse, aber vielleicht liegt „etwas Wildes und Kraftvolles" (Deleuze 1996, S. 29) in ihnen.

Und Existenz denkt Nancy (1993/2014, S. 202) „als Exposition des *Zur*-Welt-Seins oder des Welt-Seins – worin das Böse koextensiv mit dem Guten scheint, das ‚Schlimmste' mit dem ‚Besten', und worin sich die Exposition jedesmal entscheiden muss. Oder auch: der Sinn als gegebener, der Sinn als vermittelter, der Sinn als Überraschung. Oder auch in diesem anderen Register: der Sinn als Zeichenzusammenhang, der Sinn als Bedeutung, der Sinn als Ursprung von Bedeuten".

Noch bevor etwas Bedeutung annimmt, ist Sinn eine geteilte Welt und Existenz (vgl. James 2006, S. 9).[19] Der Sinn geht der Sprache voraus und Nancys Philosophie kann als Erkundung dessen gelten, was er in „Der Sinn der Welt" als „Überborden des Sinns" (Nancy 1993/2014, S. 38) bezeichnet; der Sinn überschreitet die Bedeutungsgebung und in Nancys Schreibexzess materialisiert sich Sinn (vgl. James 2006, S. 64).

Aber es müsse doch einen „Sinn der Welt" geben. Solche Einsprüche entspringen einem Gefühl, einem „sentiment" – nicht zu Unrecht, wie Nancy (1993/2014, S. 14) meint. „Sentiment" hat eine Verbindung zu den Sinnen, zu „empfinden", „sentir" oder „zum Sinn als Bezug auf oder als Zu-etwas-Sein, wobei dieses Etwas somit nur etwas anderes sein kann" (ebd., S. 15).[20] Somit wäre man durch das

19 Vgl. Heideggers (1926/1986, S. 142 ff.) Analyse von „Da-sein als Verstehen" (§ 31) und „Verstehen und Auslegung" (§ 32): „Sinn ist das, worin sich Verständlichkeit von etwas hält. Was im verstehenden Erschließen artikulierbar ist, nennen wir Sinn" (ebd., S. 151).

20 Das Verb „empfinden" ist nach dem gleichen Muster wie „empfangen" und „empfehlen" gebildet und setzt sich aus ent- und finden zusammen. Es ist westgermanischen Ursprungs

In-der-Welt-sein vor jeder Bedeutung in eine Sinntotalität eingesponnen. Es gibt Welt, *ergo* gibt es Sinn: „Das *es gibt* macht aus sich selbst heraus und als solches Sinn. Wir haben es nicht mehr mit der Frage zu tun ‚Warum gibt es überhaupt etwas?', sondern mit der Antwort: ‚Es gibt etwas, und das allein macht Sinn'" (ebd.). Und: „*Welt* bedeutet zumindest *Sein-zu* [*être-à*]" (ebd.), also „Bezug, Beziehung, Anrede, Sendung, Präsentation, Schenkung" (ebd.). Somit ist Welt nicht nur ein Korrelat von Sinn, „sie ist als *Sinn* strukturiert, und umgekehrt ist *Sinn* als *Welt* strukturiert" (ebd.). „Sinn der Welt" ist folglich ein tautologischer Ausdruck (vgl. ebd.). Die Welt *hat* keinen Sinn mehr, sie *ist* der Sinn und deswegen müsse man die Welt nicht interpretieren, sondern in den Sinn eintreten (ebd., S. 16). Somit verschmilzt der Sinn mit der „praxis" (und nicht mit der „poiesis") und löst sich aus der Bedeutung und Deutung heraus.

Nancy (2003, S. 31) verwendet den Begriff „Resonanz", um die Verräumlichung des Sinns als Beziehungsnetz zu bezeichnen. Es definiert meinen Ort, aber dieser Ort ist nicht *in* der Welt, sondern er definiert meine Teilhabe an Welt. Welt hat die Bedeutung von „Aufenthalt, Schutz, Wohnstatt, Rettung, Intimität, Gemeinschaft, Subjektivität" (Nancy 1993/2014, S. 10). Wer ist, ist Teil der Welt. Eine Stätte zu haben, schafft Welt; Welt = Welt bewohnen.[21] Jede*r Hinzukommende ist Teil der Welt, immer schon hinzugekommen – voraussetzungslos und selbstredend, das heißt ohne Grund und Begründung. „Eine Welt ist genau das, wo es Platz für alle Welt gibt […]" (Nancy 2003, S. 30).[22]

Aber was ist *eine* Welt, wenn es ein gegebenes Allgemeines nicht gibt? Eine solche Welt könne nur in einer finalen Mannigfaltigkeit und „Irreduzibilität der Singularitäten" (ebd., S. 62) bestehen.[23] Diese Singularitäten denkt Nancy mit Lyotard: Das Allgemeine sei die Vorschrift, „die singuläre Gerechtigkeit jedes Spiels zu beachten" (zit. n. Nancy 2003, S. 63). Also bedürfe es – trotzdem – *einer Welt*: „Mais il faut ainsi *un monde*" (Nancy 2002, S. 72). An dieser Stelle führt Nancy einen für sein Denken zentralen Begriff ein: „Gemeinschaft". Was

und bedeutete ursprünglich „herausfinden, merken". Daraus entwickelte sich die auf Gefühle bezogene Bedeutung „etwas wahrnehmen".

21 Vgl. hierzu Nancys Überlegungen zum Begriff der „Anwesenheit" (Nancy 2003, S. 32).

22 Wir erinnern an einen Entwurf von Ingeborg Bachmann (1981, S. 135), dem die Herausgeber*innen den Titel „Auf das Opfer darf keiner sich berufen" hinzugefügt haben: „Immerzu müssen wir uns und alles, was wir tun, wünschen, denken, begründen; das Leben, wie wir es seit Jahrtausenden leben, ist nichts Selbstverständliches, schon frühe Aussprüche wie ‚Leben geschenkt', ‚Gnade', ‚Befreiung', deuten auf die gigantische Unselbstverständlichkeit. Alle diese Worte müßten verschwinden. Hier wird nicht mehr geschenkt, begnadigt, befähigt, anerkannt etc., wenn hier dies nicht mehr getan wird – es wird das Morgenrot sein" (Bachmann 1981, S. 135).

23 Noch steht aus, Nancys Begriffe „Welt" und „Sinntotalität" mit den in dekolonialen Konzepten verwendeten Begriffen „pluriverse" und „pluriversality" zu befruchten (vgl. Reiter 2018).

ist „mondialisation"? Der Mangel an Gemeinschaft oder auch die Schwierigkeit, Gemeinschaft zu bestimmen.

> „Wie kann man nicht nur dem Ganzen der Existenz, sondern allen Existenzen gerecht werden, allen Existenzen zusammengenommen, aber doch unterschiedlich und diskontinuierlich, nicht als Gesamtheit ihrer Unterscheidungen, Differenzen und Widerstreite – *gerade so nicht* – sondern als diese Unterscheidungen zusammen, koexistierend oder zusammen-erscheinend, als vielfältige zusammengehalten – folglich vielfältig zusammen als vielfältige, um es noch schlechter zu sagen … – und durch ein *co-* gehalten, das kein Prinzip ist, oder eben ein Prinzip bzw. ein Urprinzip des Zwischenraums im Prinzip selbst" (Nancy 2003, S. 63).

Die Interpunktionen und rhetorischen Wiederholungen scheinen uns hier wesentlich zu sein: In immer neuen Anläufen und Substitutionen setzt Nancy an, um zu benennen, was *eine* Welt ist, die keinen Ausschluss produziert, weil sie nur Relationen im Inneren kennt, die kein Innen eines Behältnisses (mit einem Außen) ist – und die nur als Spur gedacht werden kann. Es gehe also um Gerechtigkeit gegenüber dem „singulär Pluralen" (Nancy 2003, S. 64; vgl. Nancy 1996/2004). Das heißt „Gleichheit der Personen inmitten der Inkommensurabilität der Singularitäten" (Nancy 2003, S. 64). Und was spräche dagegen, diese Gleichheit auf das auszudehnen, was Deleuze ein Leben nennt? Wie immer, diese Form der Gerechtigkeit ist ohne gemeinsames Maß, es sei denn das Maß eines „Überschusses des Inkommensurablen" (ebd.). Weder gebe es eine Annäherung an eine gegebene Rationalität noch die Vorstellung, „die eigene Rationalität als Inkommensurabilität der Vernunft an oder für sich denken [zu] müssen" (ebd.). Ein Urteil über Zwecke könne somit weder ein bestimmendes noch ein reflektierendes Urteil sein. Vielmehr müsse man durch ein „aktives Erfinden" (ebd., S. 65) Zwecke hervorbringen. Was Nancy „Idee" (ebd.) nennt, geht über den Begriff hinaus und bezeichnet diese „praxis". Sie wird zur „Schöpfung ihres eigenen Schemas, das heißt einer nie dagewesenen Realität, welche die Form/Materie einer Welt der Zwecke ist" (ebd.). Dieses Schema müsse einem mannigfaltigen Allgemeinen genügen, das heißt das „Schema eines Widerstreits oder einer generellen bzw. absoluten Inkommensurabilität" (ebd.) sein.

6 Existenzielle Öffnung

Die Welt ist ein Faktum oder, genauer, *unser* Faktum, denn die Produktion der Menschheit ist selbst die finale und totale Vollendung der Selbstproduktion. Das zeigt sich in einer zentralen Formulierung des Sinns der Welt: „Es handelt sich nicht um Signifikation, sondern es handelt sich um den Sinn der Welt als seine *Konkretheit* selbst, das, woran unsere Existenz rührt, und wodurch sie *berührt* wird, in jedem möglichen Sinn" (Nancy 1993/2014, S. 20). Die Signifikation ist eine Schließung und Bändigung von etwas, das sich als „Öffnung" bemerkbar macht. Das Denken sei damit befasst, das zu berühren, was kein Inhalt ist, sondern eine Unruhe im Denken, das diese Öffnung *und* der Versuch, sie zu schließen, ist. In der Signifikation manifestiert sich die existenzielle Öffnung und das Denken – die Rede, die Schrift – sei immer der Versuch, sich dieser Öffnung, die die Existenz berührt, zu entschreiben oder herauszuschreiben (vgl. ebd.).

> Auf diese Weise lässt sich die Manifestation des Sinns „in Konkretheit oder in *praxis* des Sinns verwandeln […]. ‚[K]onkret' bezeichnet das, dessen Konsistenz und dessen Widerstand die notwendige Äußerlichkeit eines Seins-*zu* bilden, als eines Seins-gemäß-dem-Sinn. Der Sinn ist konkret: das heißt, er ist greifbar *und* undurchdringlich (diese beiden Eigenschaften implizieren einander gegenseitig)" (ebd., S. 20 f.).

Das schöpferische Tun, das diese „Praxis" ist, ist ein Hervorbringen von Welt, das jede Vorstellung überschreitet und „absentheistisch" (vgl. Nancy 2003, S. 47, Fußnote 23) gedacht werden muss. Schöpfung ist das Gegenteil von Produktion als „Fabrikation, die ein Gegebenes, ein Projekt und einen Fabrikanten voraussetzt" (ebd., S. 47). In der Schöpfung realisiere sich auf besondere Weise die „Idee *ex nihilo*" (ebd., S. 47 f.). Ein solcher Materialismus hat keine Wurzeln, ist ein „Nichts-an-Grund [*rien-de-raison*]" (ebd., S. 49; Nancy 2002, S. 56).[24]

7 „Wie führst du die Welt aus?"

Man sollte nicht darüber hinwegsehen, dass Nancy „La création du monde" als einen Aufruf zum Kampf versteht: „Kampf des Abendlandes gegen sich selbst, des Kapitals gegen sich selbst" (Nancy 2003, S. 51) angesichts der Tatsache, dass die Welt im Begriff ist, sich zu zerstören (vgl. ebd., S. 16). Nancy wechselt in diesen Passagen zum appellativen *Du*, das wir, jede*r von uns, sind. *Unsere* Aufgabe bestehe darin, „eine Form oder eine Symbolisierung der Welt zu erschaffen" (ebd.). Dies sei ein konkreter Kampf, geleitet von der Frage:

> „Wie führst [*engager*] du die Welt aus? Wie verweist du auf einen Genuss der Welt als solcher, und nicht auf die Aneignung einer Äquivalenzkette? Wie verleihst du einer Wertdifferenz Form, die keine Differenz an Reichtum gemäß eines allgemeinen Äquivalents, sondern gemäß jener Differenz der Einzelnen ist […]" (Nancy 2003, S. 51; Nancy 2002, S. 59).

24 In der späten Schrift „Der Unterstrom des Materialismus der Begegnung" entwickelt Althusser (1982/2010) einen Materialismus dieser Art.

Im Wort „engager" sind die Bedeutungen von „etwas beginnen", aber auch einer Verpflichtung, die man durch eine Wahl, eine Handlung, eine Entscheidung eingeht und einer Verantwortung, die aus ihren Folgen resultieren, aufgehoben.

Man muss einen solchen Kampf erstens unter der Bedingung führen, dass diese *Welt* aus nichts hervorgeht. Sie ist ohne Modell, ohne Prinzip und Zweck. Dies sei „die Gerechtigkeit und der Sinn einer Welt" (Nancy 2003, S. 55). Zweitens: Kraft und Energie für diesen Kampf kommen von keiner höheren Macht oder Autorität, von keinem Außen. Wer daran hängt, erfährt den Verlust von Sinn und depressiven Verfall. Energie speist sich aus dem „Mit-Sein", aus der Koexistenz. Man müsse, drittens, Zwecke aktiv erfinden (vgl. ebd., S. 65). Praxis bezeichne die Schöpfung einer nie dagewesenen Realität, ein Hervorbringen von Welt, das jede Vorstellung überschreitet. Praxis bewahrt dabei einen Bezug zu einer Erfahrung, dass etwas widersteht und insistiert. Aus dieser Kraft gehen Bedeutung und Sinn hervor.

Es bleibt, diesen Kampf aufzunehmen. Dies ist weder „eine abstrakte noch [...] eine rein formale Aufgabe" (ebd., S. 51). Was tun? *Bildung. Eine Welt bilden.*

Literatur

Adorno, Theodor W. (1931/1996): Die Aktualität der Philosophie. GS 1: Philosophische Frühschriften. Frankfurt/M.: Suhrkamp, S. 325–344

Althusser, Louis (1965/2011): Für Marx. Frankfurt/M.: Suhrkamp

Althusser, Louis (1982/2010): Der Unterstrom des Materialismus der Begegnung. In: Althusser, Louis (Hrsg.): Materialismus der Begegnung. Späte Schriften. Zürich: diaphanes, S. 21–65

Bachmann, Ingeborg (1981): Die Wahrheit ist dem Menschen zumutbar. Essays, Reden, Kleinere Schriften. München: Piper

Badura, Jens (Hrsg.) (2006): Mondialisierungen. „Globalisierung" im Lichte transdisziplinärer Reflexionen. Bielefeld: Transcript

Barad, Karen (2007): Meeting the Universe Halfway. Quantum Physics and the Entanglement of Matter and Meaning. Durham/London: Duke University Press

Bauer, Susanne/Heinemann, Thorsten/Lemke, Thomas (Hrsg.) (2017): Science and Technology Studies. Klassische Positionen und aktuelle Perspektiven. Frankfurt/M.: Suhrkamp

Benjamin, Walter (1925/1991): Ursprung des deutschen Trauerspiels. GS, Bd. I/1. Frankfurt/M.: Suhrkamp, S. 203–430

Bhabha, Homi (1994): The Location of Culture. London/New York: Routledge

Bruns, Gerald L. (1990): Introduction: Toward a Random Theory of Prose. In: Shklovsky, Viktor (Hrsg.): Theory of Prose. Champaign/London: Dalkey Archive Press, S. ix–xxi

Coole, Diana/Frost, Samantha (2010): New Materialisms. Ontology, Agency, Politics. Durham/London: Duke University Press

Danowski, Deborah/Viveiros de Castro, Eduardo (2019): In welcher Welt leben? Ein Versuch über die Angst vor dem Ende. Berlin: Matthes & Seitz

Davis, Mike (2007): Planet der Slums. Berlin/Hamburg: Assoziation A

Deleuze, Gilles (1996): Die Immanenz: ein Leben ... In: Balke, Friedrich/Vogl, Joseph (Hrsg.): Gilles Deleuze – Fluchtlinien der Philosophie. München: Fink, S. 29–33

GERM (Groupe d'études et de recherches sur les mondialisations) (2016): Die Globalisierung und die Mondialisierung. URL: https://mondialisations.org/php/public/art.php?id=14433&lan=DE (Abfrage: 02.02.2020)

Haushofer, Marlen (1963/1999): Die Wand. Roman. München: dtv

Hegel, Georg Friedrich Wilhelm (1830/1986): Enzyklopädie der philosophischen Wissenschaften im Grundrisse 1830. Erster Teil. Die Wissenschaft der Logik. Mit den mündlichen Zusätzen. Werke, Bd. 8. Frankfurt/M.: Suhrkamp

Heidegger, Martin (1926/1986): Sein und Zeit. 16. Aufl. Tübingen: Niemeyer

James, Ian (2006): The Fragmentary Demand. An Introduction to the Philosophy of Jean-Luc Nancy. Stanford (CA): Stanford University Press

Krajewski, Markus (2006): Restlosigkeit. Weltprojekte um 1900. Frankfurt/M.: Fischer

Latour, Bruno (2017): Kampf um Gaia. Acht Vorträge über das neue Klimaregime. Berlin: Suhrkamp

Marx, Karl/Engels, Friedrich (1845–1846/1969): Die deutsche Ideologie. MEW III. Berlin: Dietz, S. 9–530

Mauss, Marcel (1950/1990): Die Gabe. Form und Funktion des Austauschs in archaischen Gesellschaften. Frankfurt/M.: Suhrkamp

Moebius, Stephan (2006): Marcel Mauss. Konstanz: UVK

Nancy, Jean-Luc (1993/2014): Der Sinn der Welt [*Le sens du monde*]. Zürich/Berlin: diaphanes

Nancy, Jean-Luc (1996/2004): Singulär plural sein [*Être singulier pluriel*]. Berlin: diaphanes

Nancy, Jean-Luc (2002): La création du monde *ou* la mondialisation. Paris: Galilée

Nancy, Jean-Luc (2003): Die Erschaffung der Welt oder Die Globalisierung. Zürich/Berlin: diaphanes

Nancy, Jean-Luc (2008): Deleuzes Falte des Denkens. In: Nancy, Jean-Luc/Schérer, René (Hrsg.): Ouvertüren. Texte zu Gilles Deleuze. Zürich/Berlin: diaphanes, S. 81–91

Nemitz, Rolf (2017): La jouissance – die Lust jenseits des Lustprinzips, das sogenannte Genießen. URL: https://lacan-entziffern.de/geniessen/jouissance-geniessen-lustbefriedigung/#easy-footnote-18-53269 (Abfrage: 13.01.2020)

Nietzsche, Friedrich (1887/1988): Nachgelassene Fragmente 1885–1887. Kritische Studienausgabe, herausgegeben von Giorgio Colli und Mazzino Montinari, KSA 12. München: Deutscher Taschenbuchverlag

Osterhammel, Jürgen (2010): Die Verwandlung der Welt. Eine Geschichte des 19. Jahrhunderts. 5. Aufl. München: Beck

Reiter, Bernd (Hrsg.) (2018): Constructing the Pluriverse. The Geopolitics of Knowledge. Durham/London: Duke University Press

Santos, Boaventura de Sousa (2006): Globalizations. In: Theory, Culture & Society 23, H. 2–3, S. 393–399

Sassen, Saskia (1991): The Global City. New York, London, Tokyo. Princeton (NJ): Princeton University Press

Schmitt, Carl (1974): Der Nomos der Erde im Völkerrecht des Jus Publicum Europaeum. 2. Aufl. Berlin: Duncker & Humblot

Silesius, Angelus (1657/1984): Cherubinischer Wandersmann. Kritische Ausgabe. Stuttgart: Reclam

Einfach kompliziert

Schule und die Sache mit dem Posthumanismus

Agnieszka Czejkowska

„Wir schulden niemandem etwas
Alle schulden uns alles
Aber wir schulden niemandem etwas"
(Thomas Bernhard 1986: „Einfach kompliziert")

Der vorliegende Beitrag versteht sich als eine subjekt- und institutionskritische Analyse von Verhältnissen, in denen wir immer schon erziehen, (aus-)bilden, sozialisieren und forschen, zugleich aber auch uns bilden sowie erzogen, sozialisiert und beforscht werden. Verfolgt wird, vor diesem Hintergrund, das Anliegen, schulpädagogische Evaluations*auftrags*forschung und pädagogische Professionalisierung unter der Berücksichtigung posthumanistischer Befunde neu zu justieren. Dabei möchte ich aufzeigen, dass die Frage nach dem Menschenbild ein Topos ist, bei dem sich bildungsphilosophische Einsätze als „produktiv" für die (Schul-)Praxis erweisen. Die dem zugrundeliegende These ist, dass gerade auf dem Feld des *anthropos* der Antagonismus, der zwischen pädagogischen Ansprüchen und politischer Vereinnahmung herrscht, eine pragmatische und beunruhigende „Versöhnung" erfährt, die es bearbeitbar zu machen gilt.

Die folgenden Überlegungen bestehen aus vier Abschnitten: Im ersten Abschnitt skizziere ich das schwierige Verhältnis zwischen Bildungspolitik, Schulpraxis und Bildungsphilosophie. In den zwei folgenden Abschnitten analysiere und kommentiere ich zwei formative Evaluationsforschungsstudien[1] und die Relevanz ihrer Ergebnisse für eine bildungsphilosophisch orientierte Professionalisierung von Pädagog*innen. Abschließend erörtere ich die Spielräume einer Reflexion, die nicht länger von der Frage nach dem Wesen des Menschen dominiert wird. So viel sei vorweggenommen, wie fordernd diese Konstellation auch sein mag, die daraus resultierenden Auseinandersetzungen ermöglichen eine

---

1 Siehe Czejkowska *et al.* 2018; Thoma/Czejkowska 2017. Die Beauftragung ist in Zusammenhang mit der Reform *PädagogInnenbildung NEU* zu sehen. Diese steht für einen grundsätzlichen Reformprozess in Österreich, bei dem die Ausbildung von Lehrer*innen für die Primarstufe und für die Sekundarstufe neu ausgerichtet wurde. Seit 2015/2016 werden Lehramtsstudien für allgemeinbildende Fächer an den Schulen der Sekundarstufe von öffentlichen Universitäten und Pädagogischen Hochschulen gemeinsam durchgeführt. Siehe dazu online unter: https://www.bmbwf.gv.at/Themen/schule/fpp/ausb/pbneu.html (Abfrage: 10.03.2020).

Kritikform, die für standortspezifische Schulentwicklung wie Professionalisierungsprozesse überraschend anregend sein kann.

1 Ein unversöhnlich kompliziertes Verhältnis?

Die von Bildungspolitik dominierte Schulorganisation und pädagogische Professionalisierung sind in einer nahezu unmöglichen Situation, wenn es darum geht, aktuelle bildungsphilosophische Erkenntnisse mit den eigenen Praktiken und Routinen der Vermittlung und Wissensproduktion in Einklang zu bringen. Während spätestens mit der poststrukturalistischen Subjektkritik das Ideal einer emanzipatorischen Bildungspraxis auf dem Prüfstand steht, scheint sich Bildungspolitik im Namen einer nicht näher bestimmten *Qualität* in die technokratische Sicherheit einer souveränen Kompetenz- und Evidenzorientierung zu flüchten. Entsprechende *Tools* werden bereits seit Mitte der 1990er Jahren vorbereitet: Bildungsstandards und *Evidence-based Policy* sollen Schulen eine evaluierende, zentralisierende Außensicht garantieren. Im Rahmen der verpflichtenden und zieldefinierten Schulentwicklung sind inzwischen Monitoring-Instrumente wie interne und externe Evaluation hinzugekommen.[2] Interessanterweise sind dadurch Schulen als auch Schulaufsicht ausgerechnet seit jener Phase, in der die Erziehungswissenschaft sich ihres Bildungssubjekts und -kanons nicht länger sicher sein kann, mit der Verwaltung von „Bildungsgewissheiten" beschäftigt. Letzteres passiert in erster Linie in Form von Datenerhebung und -interpretation der Leistung von Schüler*innen, also des sogenannten *Outputs*. Dessen Maßstab ist schließlich die standortspezifische wie internationale Vergleichbarkeit. Damit ist eine Vielzahl von Scharnieren zwischen Praxis und Steuerung installiert, die mögliche Irritationen – verursacht durch die poststrukturalistische Kritik an metaphysischen Setzungen – aufzufangen imstande sind. Die Expansion des Qualitätsdiskurses ermöglicht so, wie Thomas Höhne pointiert anmerkt, jene entscheidende Transformation, die *„nur noch leistungs- und qualitätssteigerndes Wissen relevant erscheinen lässt"* (Höhne 2015, S. 69). Die Dominanz des Leistungs- und Qualitätsdiskurses hat aber auch noch eine weitere Konsequenz, nämlich die Entledigung der irritierenden Frage nach dem Subjekt der Bildung zugunsten einer Kompetenz des Subjekts.

Ein weiteres Beispiel für das problematische Verhältnis zwischen pädagogischen Praxisstrukturen und bildungsphilosophischer Theoriebildung lässt sich an Lehrplänen und -programmen ablesen: Formulieren poststrukturalistische Positionen eine grundsätzliche Kritik am klassischen Subjektbegriff und suchen

2 Eine durchgängige Verpflichtung für alle Schulen zur Schulentwicklung erfolgte in Österreich 2011 durch eine Novelle des Bundes-Schulaufsichtsgesetzes. Mehr dazu siehe Czejkowska/Dörler/Seyss-Inquart 2016.

jegliche Bestimmung zu dekonstruieren, werden auf curricularer Ebene naturalisierende und essenzialisierende Grenzziehungen ausgearbeitet. Ungeachtet der gegenteiligen Absicht werden ausgerechnet im Namen von Inklusion und Individualisierung Markierungen des Defizits und damit der Abwertung gesetzt: Indem Zugehörigkeitsordnungen wie Sprache, Geschlecht, Religion, Herkunft etc. einmal mehr zu für die Praxis maßgeblichen, da diagnostisch relevanten Kategorien befördert werden, werden diese Differenzkategorien verstärkt statt relativiert. Entsprechende bildungsphilosophische Interventionen, wie etwa Kritik an Anrufungsprozessen, die eine bestimmte Subjektposition herstellen (vgl. u. a. Schröder/Wrana 2014, S. 19 ff.; Jergus/Thompson 2015, S. 814 ff.; Seyss-Inquart 2016, S. 141 ff.), werden nicht selten mit dem Vorwurf der Praxisferne quittiert, jedenfalls jenseits irgendeiner Relevanz für Schule und Ausbildung disqualifiziert. Umgekehrt, die Expansion der Bildungsforschung und ihre Popularität in der pädagogischen Professionalisierung erweckt den Eindruck, bildungsphilosophische Standpunkte und deren kritische Reflexion seien verzichtbar (vgl. Terhart 2014, S. 10 f.; Stroß 2018). Die Sehnsucht nach Rankings und Eindeutigkeit im Klassenraum scheint zu groß.

Es lässt sich also festhalten, dass zwischen pädagogischen Praxisstrukturen und bildungsphilosophischer Theoriebildung ein kompliziertes, um nicht zu sagen antagonistisches Verhältnis herrscht. Es führt gar dazu, dass aufgrund der scheinbaren Unvereinbarkeit der unterschiedlichen Wissens- und Forschungszugänge die eigentliche Problemlage der Ausbildung und des Professionsfeldes aus dem Blick gerät: Gesellschaftliche (Ohn-)Machtkonstellationen, Kontroversen und Krisen werden ungefiltert, da bildungspolitisch gesteuert, an die Schulen weitergereicht, statt innezuhalten und diese in ihrer Bedeutung für die Organisation Schule zu untersuchen. Wäre Evidenzorientierung nicht gerade an dieser Schnittstelle eine Empfehlung? Zumindest würde sie den beteiligten Akteur*innen die Gelegenheit bieten zu beurteilen, ob es sich um eine gesellschaftspolitische oder schulpädagogische Aufgabe, gegebenenfalls beides, handelt. Entsprechende Maßnahmen könnten dann einschlägig ausgearbeitet werden. Heterogenität und Diversität von Lebensweisen, Interessen, Einstellungen und Werten sind gesellschaftliche, mitunter konfliktgeladene Realitäten und betreffen mitnichten bloß die Frage eines didaktischen Handgriffs, den etwa eine Lehrerin beherrscht oder nicht. Um es auf konkrete Punkte zu bringen: Standardisierte Vergleichstests sind für die Frage der Bildungsqualität ebenso wenig aussagekräftig wie Curricula für die Inklusionsbereitschaft einer Schule. Möglicherweise ist aber auch die vielzitierte Evidenz kein ausreichendes Instrumentarium, um zu Urteilen zu gelangen – ein Schelm, wer Böses dabei denkt. Weshalb es in diesem Zusammenhang zu einer Vermischung der unterschiedlichen Agenden kommt und in theoretisierenden Zugängen reflexartig ein „Feind der Praxis“ gesehen wird, erschließt sich aus den mit Schulen gemeinsam durchgeführten Entwicklungs- und Evaluationsforschungsprojekten nicht. Eine mögliche Spur ist die Beobachtung einer

Einflussnahme von Akteur*innen, die pädagogische, aber auch andere Anliegen haben und Governance-Prozessen, die pädagogische Zielsetzungen mit politischen Agenden gleichsetzen. Doch was haben sie gemeinsam? Im Sinne einer machtanalytischen Haltung von innen heraus, die untersucht, wie zeitgenössische wissenschaftliche Praktiken entstehen (vgl. Rabinow 2004), könnte es sein, dass diesbezügliche Konflikte und Krisen allesamt mit dem gegenwärtig kontrovers verhandelten Thema zusammenhängen, nämlich mit der bereits angerissenen Interpretationsfolie *Subjekt* und *Bildung*, präziser formuliert, wie man sich zur Frage des *anthropos* verhalte.

Es folgen nun Schlaglichter auf jene Problemlagen, die in Zusammenhang mit der Fixierung eines bestimmten Menschenbildes entstehen und die unausweichlich zu einer Vereinnahmung pädagogischer Praxisfelder durch politisches Agendasetting bis in die Mikroebene führen. Dabei wird auch die ambivalente Verstrickung der Auftragsforschung berührt. Im Vordergrund steht jedoch das Nachdenken darüber, welche „Entlastung" die Berücksichtigung der aktuellen bildungsphilosophischen Auseinandersetzungen, wie etwa die von Michael Wimmer (2019) vorgeschlagenen Entwürfe posthumanistischer Pädagogik, für Forschung und Schulpraxis bieten können.

2 Wie viel Offenheit verträgt die Sehnsucht nach Autonomie?

Trotz der an unterschiedlichen Orten formulierten Kritik an der Autonomie des Menschen und seines Kompetenzeifers lassen sich die „Illusionen von Autonomie" und mit ihnen der Anspruch, Menschen auf künftige Herausforderungen so vorzubereiten, dass sie dann ihre Position in der Welt selbst zu bestimmen in der Lage sind, pädagogisch nicht zurückweisen (vgl. Schäfer 1996; Meyer-Drawe 1998; 2008). Zugleich haben gesellschaftliche Voraussetzungen von Produktivität einen dermaßen grundlegenden Einfluss auf die Organisation von Erziehung und damit die Ermöglichung von Bildungsprozessen (vgl. Anhalt/Rucker/Welti 2018), dass, wie auch immer die Einschätzung seitens wissenschaftlicher Expertise ausfällt, machtpolitische Konstellationen und Strategien diese überlagern. Das ist nichts Neues, wie wir von Bruno Latours „Anthropologie der Modernen" (2014) erfahren. Die vielschichtige, politische, wissenschaftliche, ökonomische, rechtliche usw. Durchdringung der modernen Institutionen lässt sich nicht auflösen; ist sozusagen das Kennzeichen der Moderne, *„ein einziges verknüpftes Ensemble"* (Latour 2014, S. 66). Wenn also die historisch ausgewiesene Aufgabe der Vermittlung eines bestimmten Wissenskanons aus politischen und ökonomischen Gründen zugunsten einer Kompetenzvermittlung in den Hintergrund zu treten scheint (differenziert siehe Neuweg 2015; für den Hochschulbereich Casale/Oswald 2019), dann hat das eben weitreichende Konsequenzen für die Organisation von Lernprozessen. Vor diesem Hintergrund kommt die

Bildungswissenschaft nicht umhin, bestimmte Formen des Lernens, wie das informelle Lernen, abermals neu zu bewerten.[3] Dieser Umstand führt über kurz oder lang zur Transformation nicht nur der formalen Unterrichtsgestaltung, sondern auch der Definition, was und wie der Mensch zu lernen hat. Diese Transformation geschieht nicht kurzfristig, sie unterliegt einer Diskrepanz zwischen theoretischen Ansprüchen und gesellschaftspolitischen Umsetzungsversuchen, die sich entlang der Frage, wie der lernende Mensch *sein* sollte, reiben.

So ist spätestens seit den 1970er Jahren – jener Krisenzeit, die das neoliberale Regime des unternehmerischen Selbst und des Wettbewerbs hervorbringen sollte (vgl. u. a. Foucault 2004; Bröckling 2007) – einer der kritischen Diskursstränge um Schule davon geprägt, dass Schüler*innen nicht mehr zugemutet werden kann, Inhalte „passiv" zu konsumieren. Damit wird u. a. die Kritik an gängigen Frontalunterrichtsformaten geäußert (vgl. Friedrich/Mandl 1990, S. 198). Zahllose Pilotprojekte, die sogenanntes *offenes Lernen* zu entwickeln suchen, werden initiiert und abgeschlossen. Dennoch scheint der Frontalunterricht nicht gänzlich verpönt zu sein (vgl. Schirlbauer 1992). Durchaus mehren sich Positionen, die darauf aufmerksam machen, dass offenes Lernen nicht so wirksam sei wie erhofft (vgl. u. a. Faulstich 2002, S. 32; Budde 2019, S. 192 f.). Obgleich offenes Lernen gerade die Schüler*innen stärker zu berücksichtigen sucht, wird dem Format vorgeworfen, Schüler*innen würden sich selbst überlassen bleiben; auch mangele es an pädagogischer Begleitung. Auf das Risiko eines überforderten, „erschöpften Selbst" (Ehrenberg 2004) bzw. einer „psychotischen Gesellschaft" (Schirach 2019) wird in diesen kritischen Positionen, ohne diese Begriffe explizit zu bemühen, bereits früh hingewiesen. Zusammengefasst: Die Etikettierung „offen" löse nicht per se ein, was sie an positiven Resultaten für Lernende verspricht, nämlich Schüler*innen darin zu unterstützen, ihren Interessen und Fähigkeiten entsprechend, Kompetenzen eigenständig und eigenverantwortlich zu erwerben.

Das dreijährige Entwicklungsprojekt „Kindorientiertes Lehren und Lernen" (Czejkowska et al. 2018) widmete sich den skizzierten Problemlagen und arbeitete aus dem gesammelten Datenmaterial gewonnene Bedingungsfaktoren für Unterrichtsformate aus, die eine offene, schüler*innenzentrierte Gestaltung des Unterrichts unterstützen sollten. Das Problem einer anthropologischen Setzung wurde pragmatisch dadurch umgangen, Praktiken zu identifizieren und zu beschreiben, die den beteiligten Kindern die Erfahrung des offenen Lernens ermöglichen. Und dennoch tauchte es unablässig über die Routine der Zwischen- und Abschlussberichte und über Praktiken der Sanktionierung sowie Beurteilung auf. Diese eröffnen in der Regel ein weites Spektrum an Interpretations- und Reaktionsmöglichkeiten und beziehen sich nicht selten auf Eigenschaften der Akteur*innen, die in keinem direkten Zusammenhang mit ihrer Leistungsperformance stehen.

3 John Dewey hat bereits Anfang des 20. Jahrhunderts auf diesen notwendigen Reformschritt hingewiesen (vgl. Dewey 1916/1930, S. 23 ff.).

Das bedeutet, Praktiken der Evaluierung schließen unweigerlich auch Persönlichkeitsmerkmale ein. Dadurch läuft jeder Evaluationsprozess Gefahr, zu einer Bewertung der Gesamtpersönlichkeit von Schüler*innen wie der involvierten Lehrer*innen zu werden. Deutlich wird das anhand der Analyse von an Schüler*innen gerichteten Briefauszügen der Lehrpersonen: „Das erste Schuljahr ist bereits vorüber! Du hast in dieser Zeit viel Neues gelernt. Ich möchte Dir zum Schulschluss mitteilen, was du gelernt hast“ (Czejkowska et al. 2018, S. 58). Es folgen Beschreibungen und wertende Kommentierungen des Verhaltens sowie der Leistungen der adressierten Schüler*innen. Diese Rückmeldeformate wiederum rufen den bewertenden Blick des Evaluationsteams auf den Plan. Neben der Kontrollpflicht und Einübung der Selbstkontrolle werden offene Materialien wie Portfolios und Lerntagebücher für Sanktionierung und bekannte Beurteilungsroutinen genützt: „Ich wundere mich über deine Form!“ (ebd., S. 62 f.), heißt es etwa in einer Gesamtbewertung der Qualität eines Portfolios. „Du bist eine fröhliche und höfliche Schülerin“ lautet eine weitere Adressierung. Die allgegenwärtige Tendenz zu genderspezifischen u. a. Typisierungen lässt sich trotz aller theoretischen Sensibilisierung im Zuge des Praxisalltags nicht ignorieren. Der Schritt zu normierenden Subjektivierungsprozessen ist allgegenwärtig, auf der Ebene der Rückmeldungen an Schüler*innen, aber eben auch an die beteiligten Lehrer*innen.

Die Ergebnisse dieses Projekts zeigen darüber hinaus, dass sich in Abstimmung mit allen Beteiligten fraglos ein Katalog idealer Bedingungen formulieren lässt. So sind für die gelungene Gestaltung eines offenen Unterrichts zwei Voraussetzungen notwendig, die die soziale, politische und wirtschaftliche Durchdringung betreffen, bevor auch nur an pädagogische Gestaltung zu denken ist: Erstens handelt es sich um die unbedingte Zustimmung und Unterstützung seitens der Schulleitung, des Lehrer*innenkollegiums sowie der Eltern bzw. Erziehungsberechtigten; zweitens ist die Bereitstellung zeitlicher und finanzieller Ressourcen (zusätzliche Werteinheiten, Fortbildungsmaßnahmen usw.) besonders relevant. Demnach kann offener und im höchsten Maße individualisierter Unterricht in einer nach Klassenverbänden organisierten Institution vornehmlich auf der Basis von intensivem Ressourceneinsatz realisiert werden. Wenn diese Grundbedingungen gegeben sind, können angesichts der aktuellen Voraussetzungen von Schule (architektonische und strukturelle Vorgaben) weitere Felder identifiziert werden, die einen Einfluss auf die Lehr- und Lernprozesse in einer Klasse haben und darüber entscheiden, ob der Unterricht an den Schüler*innen „vorbeigeht“ oder ihrem Entwicklungsstand entsprechend zur Verantwortung gegenüber den eigenen Lernprozessen erzieht: (1) die Form der pädagogischen Beziehung, (2) der reflektierte Einsatz von Lehr-Lern-Methoden, (3) eine bestimmte Gestaltung des Lehr-Lern-Raums und (4) die Bereitstellung professioneller Unterstützung. Voraussetzung hierbei ist, *alle* Beteiligten einigen sich auf ein gemeinsames Ziel und darauf, wie dieses zu erreichen ist.

Und hier beginnt bereits das bekannte Dilemma: Unterschiedliche pädagogische Konzepte und anthropologische Setzungen der involvierten Akteur*innen sind allgegenwärtig, werden jedoch nicht ausgewiesen und damit nicht bearbeitbar. Containerbegriffe, die von *Offenheit* bis *Kindeswohl* reichen, strukturieren den pädagogischen Alltag, der entsprechend individueller Professionsauffassungen, die wiederum nicht selten Unterschiedliches meinen, abläuft. Die Spannbreite der pädagogischen Interventionen beinhaltet Elemente *negativer Erziehung*, wie sie Rousseau vorschwebte, bis zu aktivierenden Anrufungsprozessen, die den Wettbewerb in einer Lerngemeinschaft ankurbeln sollen. Hier lässt sich die Inszenierung einer bestimmten Vorstellung vom lehrenden und lernenden Subjekt feststellen, die letztlich an die anthropozentrische Bildungstradition des Westens bruchlos anknüpft. Die im Feld agierenden Akteur*innen betonen auch in den neu entwickelten Formaten die Bedeutung einer pädagogischen Beziehung, die auf Führung, zu vermittelnde Inhalte und Werte setzt. Das Ziel ist unbestritten, das im Werden begriffene Wesen seiner Bestimmung näher zu bringen. Doch was ist die angestrebte Bestimmung? Lässt sich hier etwa die Spur eines neuhumanistischen Bildungsideals nachzeichnen? Auf den ersten Blick kann zweifelsfrei konstatiert werden: Das humboldtsche Bildungsideal hat die Schule nach wie vor fest im Griff. Es ist die individuelle Entwicklung und Auseinandersetzung mit der Welt, die den gesellschaftlichen Fortschritt in der Zukunft sichern soll, wie man dem ausgearbeiteten Katalog der idealen Bedingungen für offene Lehr-Lern-Formate entnehmen kann. Doch es kommt noch ein weiteres Moment hinzu, die bereits sehr früh einsetzende Selbstevaluierung der eigenen Lernprozesse, vor allem aber die Einübung in die (Selbst-)Verantwortung für diese Prozesse. Das bedeutet, der Mensch des offenen Lernens ist ein Agent der Qualitätssicherung seiner selbst.

Fassen wir die erhobenen Voraussetzungen für die Ermöglichung von offenen Lernprozessen zusammen und konfrontieren diese mit der aktuellen Frage des *anthropos*, so lautet das vorläufige Fazit: Das neuhumanistische Bildungsideal wird um institutionell und konsensuell erarbeitete Settings erweitert, die den sich selbst vermessenden Menschen herstellen. Schulisches Lernen soll demnach die eigenverantwortliche und selbsttätige wie selbstevaluative Auseinandersetzung mit Lerninhalten ermöglichen und gewährleisten. Dieser Anspruch beruht auf dem anhaltenden Paradigma, das verstärkt individualisiertes Lehren und Lernen in Schulen einfordert. Wie angedeutet, ist es ein Resultat der strukturellen Veränderungen, ausgerufen durch den Grundsatz des Lebenslangen Lernens und seiner aktuellen Anrufungspraxis, das Subjekt zum lebenslangen, formalen, informellen und non-formalen Lernen wollen anzuhalten (vgl. Pongratz 2008). An dieser Stelle würde ich jedoch einen Schritt weiter gehen als Ludwig Pongratz in seiner zusammenfassenden Formel „Lebenslang lernen dürfen, können, sollen, müssen – und schließlich wollen“ (ebd., S. 163): Als Agent*innen der Qualitätssicherung unserer selbst werden wir lebenslang lernen *wollen müssen*. Soweit die aktuellen Reformvorstellung der Institution Schule, die das gebildete Subjekt des Neuhumanismus durch das kompetente Subjekt des Neoliberalismus ergänzt. Das Credo der Selbstkontrolle, Kreativität und Wettbewerbsfähigkeit lässt sich vom großen Entwurf bis ins kleinste pädagogische Detail, wie etwa die Gestaltung der Lerntagebücher und Portfolios sowie deren Kommentierungen, nachvollziehen (Czejkowska et al. 2018, S. 58 f.) und passt sich reibungslos an den formalen Leistungs- und Qualitätsdiskurs an.

3 Wie viel Uneindeutigkeit verträgt der institutionelle Rahmen des Bildungswesens?

Nehmen wir ein weiteres Projekt in den Blick, so lässt sich festhalten, dass das lernende Subjekt, der Mensch des Neoliberalismus, mit bestimmten Attributen ausgestattet sein sollte, um pädagogische Aufmerksamkeit zu erhalten – die politische ist ihm jedenfalls sicher. So wurde mit der Einrichtung des Mobilen Unterstützungsteams (MUT) das Ziel verfolgt, Pädagog*innen an Schulen in ihrem Umgang mit Heterogenität zu stärken – insbesondere in den Folgejahren der Fluchtbewegung im Jahr 2015. So berät das MUT Schulen vor Ort, organisiert Dolmetscheinsätze und Übersetzungsleistungen, die von entsprechenden Vertragspartner*innen umgesetzt werden. Die Auswertung der erhobenen Daten[4] hat ergeben, dass die Flexibilität dieser Maßnahme seitens der Schulen explizit begrüßt wird. Die Angebotsstruktur wird sowohl von Pädagog*innen als auch von Stakeholdern und Schulentwicklungsexpert*innen als bedeutsam für die pädagogische Praxis bewertet. Vor allem wird MUT als externe, unbürokratische *Erstanlaufstelle* wahrgenommen, die in den unterschiedlichen Bedarfsfällen rasch weitervermittelt und einen ausgezeichneten Überblick über die umfangreichen Angebote hat.

Aus der Perspektive der kritischen Migrationsforschung macht eine Analyse der inhaltlichen Schwerpunktsetzungen der Beratungs- und Unterstützungsmaßnahmen deutlich, dass die formulierte Perspektive auf Heterogenität den Blick auf soziale Hierarchisierungen und systemische Schieflagen lenkt und Antidiskriminierung, Antirassismus sowie Gewaltprävention als grundlegende Handlungsprinzipien formuliert. Einschränkungen älterer pädagogischer Konzepte, etwa der „Ausländerpädagogik" oder der „interkulturellen Pädagogik" (vgl. Mecheril 2010), die im Schulalltag nach wie vor relevant sind – das machen zahllose Interviewpassagen deutlich –, sollen überwunden werden. Damit wird an vielen Stellen prinzipiell möglich, jenseits kulturalisierender Zuschreibungen systematische Ungleichstellungen und Bildungsbenachteiligungen sowie die

4 Vgl. Thoma/Czejkowska 2017, S. 3 ff.

damit verbundenen pädagogischen Handlungserfordernisse und -möglichkeiten zu reflektieren. Programmatisch betrachtet beschränkt sich die Konzeptualisierung von „Vielfalt" nicht auf Migration, sondern beinhaltet das Zusammenwirken unterschiedlicher Heterogenitätsdimensionen (Gender, Behinderung, Sprache, Religion, Klasse etc.). So weit, so gut.

Allerdings wird gerade vor dem Hintergrund einer migrationspädagogischen Perspektive auch deutlich, dass die Themenbereiche soziale Ungleichheit und Bildungsbenachteiligung ebenso wie Diskriminierungskritik unterbelichtet bleiben. Die Analysen der Gespräche mit den involvierten Akteur*innen zeigen nämlich, dass voreilige Erklärungsansätze, die sich an statischen Identitäts- und Kulturkonzepten orientieren, rasch bei der Hand sind, wenn sich uneindeutige, spannungsgeladene Situationen ergeben. Diese Ansätze zeitigen oft das Gegenteil des erwünschten Effektes, da sie komplexe soziale Problemlagen mit vermeintlich einheitlichen und fest umgrenzten „Nationalkulturen" zu erklären versuchen. Anders formuliert, pädagogische Herausforderungen werden allzu schnell zu „kulturellen" Problemen und involvierte Personen zu „Anderen" stilisiert. Deutlich wird auch, dass Information allein nicht ausreichend ist, um pädagogisches Handeln in migrationsgesellschaftlichen Verhältnissen so zu gestalten, dass möglichst bildungsfreundliche und diskriminierungsfreie Räume entstehen. Vielmehr bedarf es einer Verständigung über eigene Perspektiven auf Heterogenität sowie der eigenen Beteiligung an diesen Prozessen. Institutionelle Diskriminierungserfahrungen sind eine unvermeidliche Realität. Wie dem vorliegenden Datenmaterial entnommen werden kann, bilden Routinen der Zuordnung und Zuschreibung, die zu Übergriffen führen, den schulischen Alltag.

Das Bildungssystem und die darin Handelnden spielen eine maßgebliche Rolle, wenn es darum geht, welche Zuordnungskategorien relevant gemacht werden und welche nicht. Umso wichtiger ist eine entsprechende Analyse des Praxisfeldes Schule im Rahmen von Fortbildungsmaßnahmen für Lehrkräfte. Will man nicht in einer individuellen Bezichtigungspraxis verharren, gilt es zu analysieren, wie diese Ordnungen in bildungsinstitutionellen Kontexten hergestellt und reproduziert werden und, noch viel wichtiger, wie sie verändert werden können. Dazu sind die Beschreibung und Analyse dieser Kontexte der erste Schritt, mit Astrid Messerschmidt eine Kritik, die die eigene Beteiligung am Kritisierten nicht ausspart.

> „[…] an Praktiken der Missachtung und der Anerkennung haben gebildete und durch pädagogische Institutionen ausgebildete Individuen ihren Anteil. Eine kritische Position von außen, ohne selbst in das Kritisierte involviert zu sein, wird damit unmöglich. Die Erziehungswissenschaft kann sich nicht auf eine Beobachterposition zurückziehen, sie muss ihren Anteil an den beobachteten Verhältnissen reflektieren" (Messerschmidt 2020, S. 15).

So wird anhand des erhobenen Materials deutlich, dass den *Subjektiven Theorien* der befragten Pädagog*innen zufolge „Vielfalt" als Merkmal von Schüler*innen und Eltern konzipiert wird, dass aber weniger stark über damit verbundene soziale Hierarchisierungen und pädagogische Handlungsspielräume nachgedacht wird. Dies lässt sich vermutlich auch auf die Fokussierung bzw. (De-)Thematisierung entsprechender Inhalte in den jeweiligen Ausbildungen zurückführen.

Vor allem Rassismus wird in den Gesprächen weitgehend ausgeblendet oder durch beschönigende Begriffe in seiner Wirkmächtigkeit bagatellisiert – dies mag dem Versuch geschuldet sein, Kolleg*innen nicht zu beschämen oder anzuklagen oder den gemeinsamen Arbeitskontext nicht zu entwerten. Gerade dieser Herausforderung lässt sich jedoch beikommen: Aufgrund gut dokumentierter Abwehrmechanismen in Hinblick auf die Thematisierung von Rassismus in pädagogischen Kontexten (u. a. Leiprecht/Steinbach 2015; Gomolla/Schwendowius/Kollender 2016; Gomolla et al. 2019) wäre es entsprechend auch für Unterstützungssysteme empfehlenswert, sich mit Hilfe professioneller Begleitung Reflexionsräume zu erschließen, in denen Strategien für die Öffentlichkeitsarbeit entwickelt und mögliche Umgangsweisen mit entsprechenden gesellschaftlichen Stimmen ausgelotet werden. Diskriminierende und rassistische Strukturen oder Vorfälle an Schulen werden häufig tabuisiert. Eine solche Tabuisierung vermag diejenigen Akteur*innen, die – nicht selten unbemerkt – Schüler*innen oder deren Eltern von Beteiligungsmöglichkeiten ausschließen, vermutlich kurzfristig vor Kritik zu „schützen".

Im Sinne einer nachhaltigen und entindividualisierten Perspektive ist allerdings auch die Thematisierung unangenehmer Aspekte notwendig, da nur über Reflexion und das gemeinsame Ausloten verschiedener Möglichkeitsspielräume Schulstrukturen und pädagogische Handlungsmöglichkeiten erarbeitet und erprobt werden können, mit denen möglichst vielen Schüler*innen die Öffnung von Bildungswegen ermöglicht wird. Und ausgerechnet in diesem Zusammenhang werden Formate des offenen Lernens als besonders unterstützend genannt, da sie Raum für individualisierte Lernformen bieten. Hierin liegt m. E. der Grund und Erfolg für die irritierende Verschränkung des neuhumanistischen Bildungsideals mit dem Kompetenzdiskurs[5]: Das „westlich" konnotierte Bildungsideal, „umarmt" von international kompetitiven Bildungsstandards, ermöglicht eine diffuse Versicherung und Gewissheit der eigenen Verortung in der komplexen und unübersichtlichen Welt des unendlichen Wettbewerbs. Wie sieht nun die Einübung des Subjekts in diese Gewissheit aus? Wenn wir die Gelingensbedingungen von offenen Unterrichtsformaten wieder bemühen, dann ergibt sich hier ein interessantes Bild der „Vereindeutigung".

5 Oder wie es Christiane Thompson formuliert: „Zwischen überholtem Idealismus, dem Anspruch Kritischer Reflexivität und kompetenzorientierter Umschrift erscheint ‚Bildung' ambivalent positioniert und umkämpft" (Thompson 2017, S. 112).

(1) *Die Form der pädagogischen Beziehung*: In offenen Unterrichtsformaten wird seitens der Lehrer*innen eine Begegnung mit Schüler*innen gesucht, die einen Austausch über Lehr-Lern-Inhalte, Interessen und Lernerfahrungen ermöglicht. Pädagog*innen sehen sich vor diesem Hintergrund als Gesprächspartner*innen, die Kommunikationsräume für die Anliegen der Schüler*innen eröffnen. Das bedeutet jedoch nicht, dass sie ihre Verantwortung, Inhalte aufzubereiten und zu vermitteln, abgeben und zu bloßen „Lerncoaches" werden (vgl. auch Euler 2019). Vielmehr geht es darum, die pädagogische Beziehung auf eine Weise zu gestalten, die es ermöglicht, regelmäßige Gespräche über Herausforderungen und Fortschritte des Lernprozesses ohne Sorge bezüglich Sanktionen zu gestalten. Individuelle Freiräume werden für den Lernerfolg als grundlegend betrachtet. Die Gewährleistung solcher Freiräume in einem Klassenverband und mit unterschiedlichen Lernvoraussetzungen stellt hier zweifellos die größte Herausforderung dar. Nicht ohne Zufall sind die bislang erfolgreichsten Mittel diesbezüglich individuell abgeschlossene Vereinbarungen, die eine vermeintlich freiwillige Selbstverpflichtung der Schüler*innen gegenüber den anderen garantieren (kritisch dazu Dzierzbicka 2006). Heterogenität und Differenz erfahren hier eine besondere Form der Individualisierung: die Konstruktion eines von seiner Mitwelt losgelösten Subjekts, das durch sein rationales Verhalten die Welt kompetent gestaltet und verantwortet.

(2) *Der reflektierte Einsatz von Lehr-Lern-Methoden*: Offenes Lernen setzt voraus, dass anstelle der ausschließlichen Aufbereitung eines vorgegebenen Wissens- und Zeitplans an den Interessen und Bedürfnissen der Lernenden orientierte thematische Schwerpunkte gesetzt werden. Anhand von gemeinsam mit Schüler*innen ausgewählten Beispielen wird eine gesamte Sachstruktur erarbeitet. Selbstständiges und eigenverantwortliches Lernen setzt bei Schüler*innen Methodenkompetenzen voraus, die sie selten bereits besitzen. Verstärkte Selbstbestimmung im Erreichen von Lernzielen können Schüler*innen erst übernehmen, wenn sie zuvor darauf vorbereitet wurden, planvoll zu arbeiten. Neben der Mitbestimmung sind auch Lösungswege für vorgegebene Problemstellungen selbst zu entwickeln, aber vor allem Lernprozesse, Lernschwierigkeiten, Lernfortschritte und Lernergebnisse selbstständig zu dokumentieren. Dabei ist unbedingt zu beachten, dass das Führen personalisierter Lernmaterialien ebenso eines eigenen Lernprozesses bedarf. Interessanterweise wird ausgerechnet in diesem Zusammenhang der problematischen Vorstellung einer „transzendentalen Beurteilungsfunktion", also „Leistungserfolg ohne Ansehen der Person" (Schäfer/Thompson 2015, S. 25) beurteilen zu können, die Absage erteilt und die Selbstevaluation gefördert, um nicht zu sagen, gefeiert.

(3) *Eine bestimmte Gestaltung des Lehr-Lern-Raumes*: Schüler*innen verbringen einen erheblichen Teil ihrer Kindheit und ihrer Jugend in der Schule. Es wird daher empfohlen, ihnen Möglichkeiten zu eröffnen, diese aktiv mitzugestalten. Neben

Argumenten wie das Wohlfühlen oder den Lernraum als „dritten Erzieher“ zu betrachten, wird die frühe Einübung ästhetischer Wahrnehmung angeführt (Babbe/Hofmann 2011). Dabei gilt als eine wesentliche Komponente die Variation. Die empfohlenen Räume sollten vielfältige Unterrichtsarrangements ermöglichen und den Lernenden erlauben, konzentriert individuell zu lernen, in der Gruppe oder im Klassenverband zu arbeiten, sich auszutauschen, Unterstützung in Anspruch zu nehmen, gemeinsam etwas zu erleben, Beziehungen zu pflegen, sich zurückzuziehen sowie auszuruhen und schließlich ihre körperlichen Bedürfnisse zu erfüllen. Da Klassenzimmer nicht nur Lernorte, sondern auch Lebens- und Begegnungsräume darstellen, sind diese multifunktional zu gestalten. Zugleich haben Kinder ein starkes Bedürfnis nach klaren und ordnenden Strukturen und somit nach Übersichtlichkeit (vgl. auch Bilstein 2018, S. 36f.). Das Bewusstsein für und die Gestaltung von produktiven Homeoffices, also eine bestimmte Form der ethischen und ästhetischen Subjektivierung, kann angesichts der aktuellen Entwicklungen um neue Arbeitsformen nicht früh genug geschult werden.

(4) *Die Bereitstellung einer professionellen Unterstützung*: Ungeachtet der pädagogischen Ausbildung, die seit geraumer Zeit auf offene Unterrichtsformate setzt, führen die an der Institution Schule beobachteten Praktiken zur Ausbildung von Routinen, die nahezu unbemerkt den zu vermittelnden „Stoff“ bzw. „Kompetenzen“ in den Vordergrund rücken, während sie die Schüler*innen und vor allem deren Bedürfnisse in den Hintergrund treten lassen. Die Anspannung angesichts von Bildungsstandards – vor allem aber der „Zentralmatura“ – ist nicht nur Schüler*innen ins Gesicht geschrieben. Um diese Prozesse zu reflektieren und entsprechend darauf zu reagieren, wird empfohlen, spezifische Fort- und Weiterbildungsmöglichkeiten anzubieten. *Teamteaching* ist, sofern es kooperativ gestaltet wird, eine der wichtigsten Maßnahmen, um offene Lehr-Lern-Prozesse in Gang zu setzen. Die Einrichtung von entsprechenden zeitlichen und räumlichen Nischen an Schulen verspricht eine langfristige Möglichkeit, Kompetenzen im Umgang mit offenen Unterrichtsformaten auszubauen. Die besondere Herausforderung hierbei ist, diese Unterstützung in der Schule, in der Nachmittagsbetreuung bzw. zu Hause zu koordinieren, ohne ein System der „totalen Überwachung“ zu etablieren. Die Einbindung von Eltern und Erziehungsberechtigten ist auf beiden Seiten gewünscht, es fehlt allein an entsprechenden Strukturen. Regelmäßige informelle Treffen, in denen gemeinsam mit den Pädagog*innen über aktuelle Entwicklungen gesprochen und eventueller Unterstützungsbedarf kommuniziert werden kann, bieten sich hier an. Doch auch hier bleibt das Problem bestehen: Es werden Settings gefordert, die eine Übersichtlichkeit und Eindeutigkeit suggerieren und gleichzeitig Offenheit versprechen, die schließlich auf einer Deutungs- und Bestimmungsmacht des lehrenden wie lernenden Subjekts basiert. Wenn Eltern das Konzept eines Lernentwicklungsgesprächs fremd ist, dann bleiben auch diese Eltern und ihr Kind fremd.

4 Posthumanistischer Ausblick

Die Ergebnisse der im Rahmen der Evaluationen geführten Fokusgruppen und Interviews veranschaulichen weitere Dilemmata, mit denen Schulen zu kämpfen haben: So wird deutlich, dass Schulen den Weg zum konstruktiven Umgang mit Heterogenität und zum inklusiven bzw. differenzierten Unterricht nicht allein beschreiten können und auf pädagogisch-professionelle Unterstützungssysteme angewiesen sind. Neben ihrem Kerngeschäft der pädagogischen Arbeit sind sie für administrative Belange zuständig und gestalten im Idealfall Möglichkeiten der Elternbeteiligung. Daneben sind sie defizitorientierten Perspektiven auf ihren Beruf im Allgemeinen und auf bestimmte Handlungsweisen im Besonderen ausgesetzt. Neben der medialen und öffentlichen Kritik im Kontext jeweils tagespolitisch relevanter Themen geschieht es nicht selten, dass Schulen, die ihrem pädagogischen Handeln und ihren Schulentwicklungskonzepten einen differenzsensiblen und diskriminierungskritischen Rahmen geben, öffentlichen und breitenwirksamen Diffamierungen ausgesetzt sind. Entsprechende Beratung und Unterstützung kann über Fortbildung, Coaching und Supervision, aber auch über Vernetzung mit anderen, bereits „erfahreneren" Pädagog*innen und Schulen bzw. schulexternen Einrichtungen erreicht werden. Die Frage, die in diesem Zusammenhang jedoch zu stellen ist, ist jene nach der Stoßrichtung dieser Maßnahmen, will man die problematischen Setzungen, die mit einer taxativen Auflistung von „Vielfaltsmerkmalen" verbunden sind, vermeiden.

Mit Blick auf die Einbindung der Ergebnisse in die Lehre im *Lehramt BA und MA Sekundarstufe Allgemeinbildung* (*PädagogInnenbildung NEU*) lässt sich der Einsatz posthumanistischer Pädagogikentwürfe als vielversprechend beurteilen. Denn mit der Problematisierung und grundsätzlichen Kritik an den „grenzziehenden Bestimmungen und der Inthronisierung des Menschen im Zentrum seiner Welt und als Maß aller Dinge" (Wimmer 2019, S. 12) eröffnet sich ein Reflexionsspielraum bezüglich eigener subjektiver Theorien und pädagogischer Routinen, der über die bisherigen Reflexionsangebote hinausgeht. Es sind gerade die impliziten Menschenbilder, die in akuten Situationen handlungsrelevant werden und damit die pädagogische Praxis strukturieren. Diese zugänglich und bearbeitbar zu machen – vor dem Hintergrund einer theoretischen Folie, die dem Reflex zu widerstehen sucht, Menschen zu definieren –, vermittelt zumindest eine Vorstellung davon, dass eine antirassistische und in Hinblick auf den sozialen Status antidiskriminierende pädagogische Praxis möglich sein könnte.[6]

Der Perspektivenwechsel, der mit einer *Posthumanistischen Pädagogik* im Sinne eines *„Feldes heterogener Entwürfe, die einerseits einen Identitäts- und*

6 Eine interessante bildungstheoretische Antwort auf dieses Dilemma bietet m. E. der von Andreas Dörpinghaus (2020) vorgelegte Versuch, Bildungsprozesse als Bildung der Wahrnehmung zu denken.

hegemonialen Geltungsanspruch stellen, der aber aufgrund des Bezugs auf die Pluralität der Entwürfe zugleich verunmöglicht wird" (ebd., S. 61), vollzogen würde, bietet nicht unbedingt die viel strapazierten „Rezepte" für eine fordernde Praxis, eröffnet aber Spielräume. Es handelt sich dabei um die Spielräume eines Denkens, das nicht länger nach dem Wesen des Menschen fragen lässt, sondern sich von diesem Drang, den Menschen zu definieren und zu fixieren, zu lösen sucht. Denn mit jeder Definition werden stets jene ausgeschlossen, die nicht unter diese fallen. Dabei wird m. E. auch ein Raum eröffnet, der das Risiko, über die Analyse von Zugehörigkeitsverhältnissen den Gegenstand der Kritik zu reproduzieren, erst gar nicht eingeht.

Zweifellos handelt es sich dabei um ein schwieriges Unterfangen, unterliegt doch pädagogisches Handeln stets einer bestimmten Vorstellung davon, wie der Mensch, den es zu erziehen gilt, sein sollte. Gehen wir von Stuart Hall aus, dann ist gar die Konstruktion eines Selbst ohne die Konstruktion des Anderen unmöglich (vgl. Hall 1988, S. 920). Versuchen wir die Konstruktion des Anderen zu öffnen, so hat das aber seinen Preis wie Katarina Froebus (2019) an der Figur des *Zombies* herausarbeitet: „Jeder Versuch, die Grenzen zwischen Selbst und dem Anderen zu verschieben muss sich mit der Angst auseinandersetzen, die das Andere auslöst" (ebd., S. 149). Betrachtet man das moderne Subjekt in letzter Konsequenz, so ist es die Folge einer Spaltung zwischen „Menschlichem" und „Unmenschlichem". Der Zombie, das untote Subjekt, markiert jene Grenze des sozialen Zusammenlebens, als Ausgegrenztes taucht es immer wieder auf und irritiert die Zugehörigkeitsordnungen auf radikale Weise. Folgt man Froebus, so werden in der Figur des Zombies Leerstellen alteritätsphilosophischer Subjektkritik erkennbar, zumal das Andere aus gesellschaftlichen Machtverhältnissen ausgeschlossen bleibt, aber auch ihre Anschlussfähigkeit an gesellschaftskritische Positionen, die Ungleichheits- und Unterdrückungsverhältnisse thematisieren, sichtbar wird (vgl. ebd., S. 152).

Ungeachtet der Grenzüberschreitung bleibt die Figur des Zombies an der Dichotomie Menschliches/Unmenschliches orientiert und beinhaltet die angesprochene Gefahr, über die Thematisierung von Ausgrenzung diese zu reproduzieren. Unter Umständen gibt es einen Weg, das Andere wie das Selbst zu öffnen und eingeprägte Angstzustände erst gar nicht auszulösen. Sagen wir uns von dem Drang, den Menschen zu definieren, los, besteht die Aussicht, Phänomene der Ausgrenzung sichtbar werden zu lassen und vor allem die damit in Verbindung stehenden Mechanismen emotional wie reflexiv zugänglich zu machen. Studierende wie in der Praxis Tätige wissen diese Perspektive im Rahmen der Aus- und Fortbildung, aber auch Projektkooperationen in Hinblick auf die Entwicklung eines beruflichen Ethos kontraintuitiv jedenfalls zu schätzen: Die Auseinandersetzung mit den Definitionen des Menschen und damit gesetzten Ausgrenzungen berühren die eigenen Verstrickungen – ohne den moralischen Zeigefinger, der nicht selten in Zusammenhang mit der Thematisierung von Ressentiments schnell gefühlt wird und zu Abwehrreaktionen führt.

Die Fragestellung nach pädagogischem Handeln und Denken, das ohne eine Schablone des Menschen auskommt, regt an, ohne zu verurteilen. Freilich trifft diese Form der Kritik auch die Mentalität unserer Zeit bezüglich des Umgangs mit den Ressourcen der Welt. Den Menschen nicht länger im Zentrum zu denken, sondern ihn anders, eben uneindeutig zu denken, könnte unter diesen Umständen eine realistische Aussicht auf Erfolg beinhalten. Für die Reflexion pädagogischer Ambitionen trifft das bereits zu.

Literatur

Anhalt, Elmar/Rucker, Thomas/Welti, Gaudenz (2018): Erziehung als Ermöglichung von Bildung. Über die originäre Problemstellung der Erziehungswissenschaft im Kontext der Bildungsforschung. In: Erziehungswissenschaft 29, H. 56, S. 19–25

Bebe, Karin/Hofmann Susanne (2009): Silberdrachenschnaubwelten. Ästhetische Alphabetisierung durch partizipative Architekturen in einer öffentlichen Bildungseinrichtung. In: Lehn, Renate/ Stuefer, Renate (Hrsg.): Räume bilden. Wie Schule und Architektur kommunizieren. Wien: Löcker, S. 153–174

Bernhard, Thomas (1986): Einfach kompliziert. Frankfurt/M.: Suhrkamp

Bilstein, Johannes (2018): Vom Inneren der Seele bis an das Ende der Welt. Raum als pädagogische Kategorie. In: Thole, Werner/Koller, Hans-Christoph/Glaser, Edith/Krumme, Salome (Hrsg.): Räume für Bildung – Räume der Bildung. Beiträge zum 25. Kongress der Deutschen Gesellschaft für Erziehungswissenschaft. Opladen/Berlin/Toronto: Barbara Budrich, S. 24–39

Bröckling, Ulrich (2007): Das unternehmerische Selbst: Soziologie einer Subjektivierungsform. Frankfurt/M.: Suhrkamp

Budde, Jürgen (2019): Transformationen der modernen Schule in einer postmodernen Gesellschaft. In: Walgenbach, Katharina (Hrsg.): Bildung und Gesellschaft im 21. Jahrhundert. Zur neoliberalen Neuordnung von Staat, Ökonomie und Privatsphäre. Frankfurt/M.: Campus, S. 181–209

Casale, Rita/Oswald, Christian (2019): Bildung zum Humankapital. In: Walgenbach, Katharina (Hrsg.): Bildung und Gesellschaft im 21. Jahrhundert. Zur neoliberalen Neuordnung von Staat, Ökonomie und Privatsphäre. Frankfurt/M.: Campus, S. 61–87

Czejkowska, Agnieszka/Dörler, Tobias/Seyss-Inquart, Julia (2016): Kritische Schulentwicklung. Im Dilemma einer verordneten Selbststeuerung. In: dies. (Hrsg.): Schule entwickeln. Bildungstheoretischen und -forschenden Spielräumen auf der Spur. Wien: Löcker, S. 11–27

Czejkowska, Agnieszka/Feichter, Helene/Hummel, Sandra/Seyss-Inquart, Julia/Strausz, Klara (2018): Offen lernen. Kindorientierter Unterricht in Forschung und Praxis. Wien: Löcker

Dewey, John (1916/1930): Demokratie und Erziehung. Eine Einleitung in die philosophische Pädagogik. Breslau: Ferdinand Hirt

Dörpinghaus, Andreas (2020): Mich bilden. In: Pädagogische Korrespondenz 61, H. 2 (i. D.)

Ehrenberg, Alain (2004): Das erschöpfte Selbst: Depression und Gesellschaft in der Gegenwart. Frankfurt/M.: Suhrkamp

Euler, Peter (2019): Zur Notwendigkeit dezidiert pädagogischer Theorie für die Praxis der Lehrkräfte. Schule und Pädagogik in Zeiten der Reformgewitter (1. Teil). In: SEMINAR – Lehrerbildung und Schule, H. 1, S. 104–119

Foucault, Michel (2004): Geschichte der Gouvernementalität I. Sicherheit, Territorium, Bevölkerung. Vorlesung am Collège de France 1977–1978. Frankfurt/M.: Suhrkamp

Friedrich, Helmut F./Mandl, Heinz (1990): Psychologische Aspekte autodidaktischen Lernens. In: Unterrichtswissenschaft 18, H. 3, S. 197–218

Froebus, Katarina (2019): Das Untote in der Pädagogik. Subjektkritische Einsätze. Wien: Löcker

Gomolla, Mechtild/Kollender, Ellen/Riegel, Christine/Scharathow Wiebke (2019): Editorial zum Thementeil Diversitäts- und Antidiskriminierungskonzepte im Feld von Schule und Migration. In: ZDfm/Diversitäts- und Antidiskriminierungskonzepte im Feld von Schule und Migration – Erfordernisse, Spannungen und Widersprüche, H. 4, S. 1–2

Gomolla, Mechtild/Schwendowius, Dorothee/Kollender, Ellen (2016): Qualitätsentwicklung von Schulen in der Einwanderungsgesellschaft: Evaluation der Lehrerfortbildung zur interkulturellen Koordination (2012–2014). In: Hamburger Beiträge zur Erziehungs- und Sozialwissenschaft, H. 16. Hamburg: HSU. URL: https://nbn-resolving.de/urn:nbn:de:gbv:705-opus-31392 (Abfrage: 05.03.2018)
Hall, Stuart (1989): Rassismus als ideologischer Diskurs. In: Das Argument 178, H. 6, S. 913–922
Höhne, Thomas (2015): Ökonomisierung, Interdiskurs, Bildung. In: Bühler, Patrick/Forster, Edgar/Neumann, Sascha/Schröder, Sabrina/Wrana, Daniel (Hrsg.): Normalisierungen. Wittenberger Gespräche III. Halle-Wittenberg: Martin-Luther-Universität, S. 57–75
Jergus, Kerstin/Thompson, Christiane (2015): Innovation im Horizont frühkindlicher Bildung? In: Zeitschrift für Pädagogik 61, H. 6, S. 808–822
Latour, Bruno (2014): Existenzweisen. Eine Anthropologie der Moderne. Berlin: Suhrkamp
Leiprecht, Rudolph/Steinbach Anja (2015): Schule in der Migrationsgesellschaft, Bd. 1 und 2. Schwalbach: Debus Pädagogik.
Mecheril, Paul (2010): „Interkulturelle Pädagogik“ und „Ausländerpädagogik“. In: Mecheril, Paul u. a. (Hrsg.): Materialien zum Band: Bachelor|Master: Migrationspädagogik. Weinheim/München: Juventa, S. 8–15
Messerschmidt, Astrid (2020): Fremd werden. Geschlecht – Migration – Bildung. Wien: Löcker
Meyer-Drawe, Käte (1998): Streitfall „Autonomie“ Aktualität, Geschichte und Systematik einer modernen Selbstbeschreibung von Menschen. In: Bauer, Walter/Lippitz, Wilfried/Marotzki, Winfried/Ruhloff, Jörg/Schäfer, Alfred/Wulf, Christoph (Hrsg.): Fragen nach dem Menschen in der umstrittenen Moderne. Jahrbuch für Bildungs- und Erziehungsphilosophie 1. Baltmannsweiler: Schneider Verlag Hohengehren, S. 31–51
Meyer-Drawe, Käte (2008): Diskurse des Lernens. München: Fink
Neuweg, Georg Hans (2015): Kontextualisierte Kompetenzmessung. Eine Bilanz zu aktuellen Konzeptionen und forschungsmethodischen Zugängen. In: Zeitschrift für Pädagogik 61, H. 3, S. 377–383
Rabinow, Paul (2004): Anthropologie der Vernunft. Studien zu Wissenschaft und Lebensführung. Herausgegeben von Carlo Caduff und Tobias Rees. Frankfurt/M.: Suhrkamp
Schäfer Alfred/Thompson, Christiane (2015): Leistung – eine Einleitung. In: dies. (Hrsg.): Leistung. Paderborn: Schöningh, S. 7–35
Schäfer, Alfred (1996): Autonomie – zwischen Illusion und Zumutung. In: Vierteljahresschrift für wissenschaftliche Pädagogik 72, H. 1, S. 175–189
Schäfer, Alfred (2019): Bildung und/als Subjektivierung. Annäherungen an ein schwieriges Verhältnis. In: Ricken, Norbert/Casale, Rita/Thompson, Christiane (Hrsg.): Subjektivierung. Erziehungswissenschaftliche Theorieperspektiven. Weinheim/Basel: Beltz Juventa, S. 119–136
Schirach, Ariadne von (2019): Die psychotische Gesellschaft. Wie wir Angst und Ohnmacht überwinden. München: Tropen
Schirlbauer, Alfred (1992): Junge Bitternis. Eine Kritik der Didaktik. Wien: Universitätsverlag
Schröder, Sabrina/Wrana, Daniel (2015): Normalisierungen – Eine Einleitung In: Bühler, Patrick/Forster, Edgar/Neumann, Sascha/Schröder, Sabrina/Wrana, Daniel (Hrsg.): Normalisierungen. Wittenberger Gespräche III. Halle-Wittenberg: Martin-Luther-Universität, S. 9–33
Seyss-Inquart, Julia (2016): Bildung versprechen. Zur Ordnung institutionalisierter Kindheit im politischen Sprechen. Wien: Löcker
Stroß, Annette M. (2018): Das Verhältnis von Bildungstheorie und pädagogischer Professionalität. In: dies. (Hrsg.): Gesundheit und Bildung. Wiesbaden: Springer VS, S. 33–48
Terhart, Ewald (2014): Bildungsphilosophie und empirische Bildungsforschung – (k)ein Missverhältnis? In: Pongratz, Ludwig/Wimmer, Michael/Nieke, Wolfgang (Hrsg.): Bildungsphilosophie und Bildungsforschung. Bielefeld: Janus, S. 9–36
Thoma, Nadja/Czejkowska, Agnieszka (2017): Evaluationsforschungsstudie zur Erstanlauf- und Beratungsstelle Mobiles Unterstützungsteam Steiermark (MUT). Unveröffentlichter Abschlussbericht
Thompson, Christiane (2017): „Diesem Ding (es sey was es wolle) einen andern Nahmen zu geben“. In: Thompson, Christiane/Schenk, Sabrina (Hrsg.): Zwischenwelten der Pädagogik. Paderborn: Schöningh, S. 111–123
Wimmer, Michael (2019): Posthumanistische Pädagogik. Unterwegs zu einer poststrukturalistischen Erziehungswissenschaft. Paderborn: Schöningh

III Medien und Medialität in der Bildungs- und Erziehungstheorie

Inspiration und Irritation durch literarische Texte

Zu einer Form erziehungswissenschaftlicher Theoriebildung und ihren Praktiken

Hans-Christoph Koller

Es dürfte viele Erziehungswissenschaftler*innen geben, die in Lehrveranstaltungen literarische Texte wie Romane und Erzählungen als Beispiele nutzen, um pädagogisch relevante Sachverhalte an konkreten Beispielen zu veranschaulichen. Können literarische Texte aber über die Beispielfunktion hinaus auch als Ausgangspunkt erziehungswissenschaftlicher Theoriebildung fungieren – also nicht nur zur Illustration anderweitig gewonnener Einsichten dienen, sondern zu neuen Erkenntnissen führen?

Diese Frage war Gegenstand einer Hamburger Tagung im November 2004, die sich zum Ziel gesetzt hatte, „das Anregungspotenzial literarischer Texte exemplarisch zu erproben" (Koller/Rieger-Ladich 2005, S. 11). Das Vorhaben schloss an eine Reihe früherer Versuche an, literarische Texte zum Gegenstand erziehungswissenschaftlicher Erkenntnisgewinnung zu machen. Schon 1978 hatten Dieter Baacke und Theodor Schulze eine Arbeitsgruppe initiiert, die der „Wissenschaftliche[n] Erschließung autobiographischer und literarischer Quellen für pädagogische Erkenntnis" gewidmet war (vgl. Baacke/Schulze 1979) und dann zur Entwicklung einer neuen Forschungsrichtung namens „Erziehungswissenschaftliche Biographieforschung" beitrug. In diesem Ansatz führen literarische Texte allerdings nur noch ein Schattendasein, da dort als Datengrundlage vor allem biografische Interviews eingesetzt werden. In anderen Kontexten rückten dafür seit Mitte der 1980er Jahre Romane und Erzählungen in den Fokus der Aufmerksamkeit – vor allem bei Klaus Mollenhauer (1991; 2000) und Jürgen Oelkers (1985; 1991), die sich um die Erprobung literarischer Texte als Quelle erziehungswissenschaftlicher Theoriebildung besonders verdient gemacht haben.

Vor diesem Hintergrund war die Hamburger Tagung 2004 als Versuch zu verstehen, bislang eher vereinzelte Ansätze einer pädagogischen Lektüre literarischer Texte weiter voranzutreiben und daran interessierte Kolleg*innen miteinander ins Gespräch zu bringen. Seither haben zwei weitere solche Tagungen stattgefunden, deren Beiträge jeweils publiziert wurden (Koller/Rieger-Ladich 2005; 2009; 2013). Ein weiteres Buch, das in Anlage und

Fragestellung explizit daran anschließt, ist 2018 erschienen (Kleiner/Wulftange 2018).[1]

Diese Sachlage bietet die Möglichkeit, auf der Basis dieser Publikationen eine Zwischenbilanz zu ziehen und zu fragen, welchen Beitrag die Auseinandersetzung mit literarischen Texten zur erziehungswissenschaftlichen Theoriebildung leisten kann. In einem ersten Schritt (1) werden die programmatischen Begründungen einer solchen Vorgehensweise skizziert, um dann (2) genauer darauf einzugehen, welche Praktiken der Theoriebildung dabei im Einzelnen anzutreffen sind. Abschließend (3) geht es um die Frage nach den Methoden pädagogischer Lektüren, die ein wichtiges Desiderat weiterer Forschung darstellt.

1 Zur Begründung erziehungswissenschaftlicher Lektüren literarischer Texte

In den vorliegenden Arbeiten lassen sich vor allem zwei Argumente für den Einsatz literarischer Texte zur erziehungswissenschaftlichen Theoriebildung ausmachen.[2] Das erste Argument geht von *thematischen* Übereinstimmungen zwischen literarischen und pädagogischen Texten aus, aber betont die *formalen* Unterschiede der Herangehensweise. Literarische Texte behandeln demnach oft dieselben Phänomene wie pädagogische Schriften, doch tun sie das in einer Weise, die sich vom begrifflich-theoretischen Zugang wissenschaftlicher Arbeiten unterscheidet. Als besondere Eigenschaften literarischer Texte gelten dabei vor allem die Anschaulichkeit, Detailliertheit und Differenziertheit, mit der Menschen und Dinge, individuelle Akteure und soziale Konstellationen, subjektive Erfahrungen und intersubjektive Verflechtungen beschrieben werden. Im Unterschied zu wissenschaftlichen Arbeiten, so kann man dies begrifflich fassen, *argumentieren* literarische Texte nicht, sondern *zeigen* etwas, das heißt, sie *beschreiben* oder *erzählen* in sinnlicher Konkretion (vgl. Rieger-Ladich 2014).

Diese Herangehensweise lässt literarische Texte als geeignet erscheinen, abstrakte theoretische Zusammenhänge, wie sie für wissenschaftliche Theoriebildung kennzeichnend sind, zu *veranschaulichen*. Man hat dies in einer an die wissenschaftstheoretische Debatte um 1900 gemahnenden Begrifflichkeit als Interesse am Einzelfall, am Individuellen und Besonderen beschrieben und dem

1 Insgesamt liegen damit 46 einschlägige Beiträge von 32 verschiedenen Autor*innen vor. Hinzu kommen – ohne Anspruch auf Vollständigkeit – weitere, einzeln erschienene Beiträge (vgl. z.B. Bokelmann 1979 und Brumlik 2008) und verschiedene Zeitschriftenartikel (vgl. die Beiträge zu den Themenschwerpunkten der Zeitschrift für Qualitative Forschung 8 (2007), H. 1 sowie der Mitteilungen des Deutschen Germanistenverbands 67 (2020), Ausgabe 1).

2 Zum Folgenden vgl. Koller 2014, woraus einige Formulierungen übernommen sind.

wissenschaftlichen Bemühen um das Allgemeine, um Gesetzmäßigkeiten, Klassifikation und Typisierung entgegengestellt (vgl. z. B. Baacke 1979). Aussichtsreicher scheint der Versuch, die Besonderheit literarischer Texte im Anschluss an Günther Buck als „Identifizierung von Beispielen" zu begreifen, das heißt als Vorgehensweise, die im Unterschied zur juristischen Kasuistik den Einzelfall nicht als Fall einer bereits bekannten allgemeingültigen Regel begreift, sondern als *Beispiel*, das nur auf andere Beispiele verweist und mit diesen zusammen für eine (prinzipiell oder noch) unbekannte allgemeine Regel steht (vgl. Buck 1979).

Die besonderen Qualitäten literarischer Texte erschöpfen sich aber nicht in ihrer Eignung, vorhandene theoretische Einsichten zu illustrieren. Die meisten Autor*innen, die literarische Texte im Rahmen erziehungswissenschaftlicher Theoriebildung heranziehen, betonen vielmehr das Ziel, der Erziehungswissenschaft durch die Lektüre von Romanen oder Erzählungen *neue* Erkenntnisse zu erschließen. Für diese Aufgabe scheinen literarische Texte insofern geeignet, als sie häufig Aspekte und Dimensionen pädagogisch relevanter Handlungszusammenhänge beleuchten, die der Wissenschaft sonst kaum zugänglich wären. „Niemand ist dabei, wenn Jean oder Hanno aufsteht", schreibt z. B. Dieter Baacke unter Bezug auf Thomas Manns „Buddenbrooks", „der Erzähler aber kann uns genau schildern, was um und in diesen Heranwachsenden vorgeht" (Baacke 1979, S. 96).

Dieses Potenzial literarischer Texte, pädagogisch relevante Konstellationen aus der Sicht beteiligter Individuen zu thematisieren, hat mit einer weiteren Eigenschaft insbesondere erzählender Literatur zu tun: ihrer *Perspektivität*. Erzähltexte berichten von einem Geschehen jeweils aus einer besonderen Perspektive. Die Möglichkeiten dafür reichen von der – in der Erzähltheorie sogenannten – „Nullfokalisierung" eines allwissenden Erzählers über die „interne Fokalisierung" einer einzigen Figur bis zur Erzählung aus wechselnden Perspektiven verschiedener Figuren (vgl. Martínez/Scheffel 2012, S. 66 ff.). Auf diese Weise vermögen literarische Texte ein pädagogisch relevantes Geschehen nicht einfach nur aus einer Außensicht wiederzugeben, sondern zu beschreiben, wie es sich aus der Perspektive einer oder mehrerer beteiligter Personen darstellt.

Das zweite Argument zur Begründung des erziehungswissenschaftlichen Interesses an literarischen Texten betont demgegenüber weniger die thematischen Gemeinsamkeiten als die Unterschiede zwischen Literatur und Pädagogik bei der Auswahl des jeweils als relevant Angesehenen (vgl. Oelkers 1985). Während pädagogische Texte demnach vor allem an der Begründung, Zielbestimmung und Optimierung pädagogischen Handelns orientiert sind, behandeln literarische Texte, in denen von Erziehung oder Bildung die Rede ist, diese Themen oft grundlegend anders. Thematisiert wird dort weniger das Gelingen pädagogischer Bemühungen als vielmehr das Scheitern von Erziehung und Bildung bzw. die Diskrepanz zwischen pädagogischen Aspirationen und den tatsächlichen Folgen erzieherischen Tuns. Was pädagogische Autor*innen tendenziell ausblenden oder verdrängen, bildet demzufolge in literarischen Texten den Fokus: dass Erziehung ein riskantes Unternehmen ist, das misslingen kann (und häufig auch misslingt) sowie, dass sich zwischen pädagogischen Ambitionen und dem, was wirklich geschieht, eine beträchtliche Kluft auftun kann, die in pädagogischen Publikationen allzu oft verschwiegen oder beschönigend überbrückt wird.

Dieses Vermögen literarischer Texte, vernachlässigte oder verleugnete Aspekte des pädagogischen Feldes zu erfassen, stellt allerdings kein Wesensmerkmal von Literatur in einem ontologischen Sinn dar, sondern kommt ihr aufgrund historischer Entwicklungen zu, die sich im Übergang zur Moderne vollzogen haben und durch die sich die Geltungsansprüche literarischer und pädagogischer Texte auseinanderentwickelt haben (vgl. Casale 2005). Mit der Durchsetzung der Autonomieästhetik im späten 18. Jahrhundert wird von literarischen Texten (im Unterschied zu pädagogischen Texten) weder die normative Orientierung individuellen (z. B. pädagogischen) Handelns erwartet noch eine kohärente moralische Position. Literarische Texte dürfen also im Unterschied zu pädagogischen Abhandlungen widersprüchliche, moralisch fragwürdige oder pädagogisch ratlos lassende Positionen vertreten. Damit soll nicht behauptet werden, pädagogische Texte bildeten ein homogenes Genre, das keine Widersprüche oder moralischen Ambivalenzen dulde. Doch stellen innerhalb der pädagogischen Debatte provokante Positionen wie z. B. die Bildungstheorie Adornos eher eine Ausnahme dar, während für die Literatur wie für die gesamte Kunst der Moderne der Bruch mit (u. a. moralischen) Konventionen ein wesentliches Element ausmacht. Die davon ausgehende Irritation kann als besonderes Erkenntnispotenzial für die erziehungswissenschaftliche Theoriebildung gelten.

2 Praktiken der Theoriebildung in Auseinandersetzung mit literarischen Texten

Im Folgenden soll die programmatische Darstellung dieses Erkenntnis- und Irritationspotenzials um die Beschreibung der konkreten Praktiken ergänzt werden, die für die Theoriebildung in Auseinandersetzung mit literarischen Texten charakteristisch sind. Dabei gehe ich von keinem festen Konzept dessen aus, was als *Theoriebildung* gelten kann. Der Terminus ist vielmehr als weiter Sammelbegriff zu verstehen, der das umfasst, was in praxistheoretischer Perspektive *doing theory* genannt wird. Das Augenmerk der Überlegungen richtet sich dabei insbesondere darauf, genauer zu beschreiben, mittels welcher konkreter Praktiken in den genannten Beiträgen versucht wird, in Auseinandersetzung mit literarischen Texten neue Fragen, Einsichten oder Erkenntnisse zu gewinnen und vorliegende Theorien zu problematisieren oder weiterzuentwickeln.

Praktiken lassen sich dabei im Anschluss an Andreas Reckwitz (2003, S. 290) als „die kleinste Einheit des Sozialen“ begreifen, die „in einem routinisierten

‚nexus of doings and sayings' (Schatzki) zu suchen [ist], welches durch ein implizites Verstehen zusammengehalten wird". Bei Praktiken handelt es sich also im Unterschied zu bewusst eingesetzten Strategien, die auf einem expliziten Wissen (*knowing that*) beruhen,

> um „know-how abhängige und von einem praktischen ‚Verstehen' zusammengehaltene Verhaltensroutinen, deren Wissen einerseits in den Körpern der handelnden Subjekte ‚inkorporiert' ist, die andererseits regelmäßig die Form von routinisierten Beziehungen zwischen Subjekten und von ihnen ‚verwendeten' materialen Artefakten annehmen" (ebd., S. 289).

Kennzeichnend für Praktiken in diesem Sinne sind Reckwitz zufolge drei Merkmale, die gleichzeitig so etwas wie Grundannahmen einer Theorie sozialer Praktiken ausmachen: Praktiken zeichnen sich *erstens* durch ihre Materialität aus und zwar in dem doppelten Sinn, dass es sich bei ihnen um körperliche Aktivitäten handelt, deren wiederholter Vollzug zur Inkorporierung äußerer Strukturen beiträgt und, dass sie an bestimmte materielle Dinge oder Artefakte gebunden sind. So stellt in unserem Kontext etwa das Lesen eine Praktik dar, das heißt eine routinisierte (auch) körperliche Aktivität, die an das materielle Objekt ‚Buch' gebunden ist. Ein *zweites* Merkmal von Praktiken besteht darin, dass ihnen kein explizites Wissen zugrunde liegt, sondern ein implizites praktisches Wissen im Sinne eines ‚Sich-auf-etwas-Verstehens' – in unserem Fall also z. B. ein Wissen, wie man literarische Texte liest. Und *drittens* schließlich ist für Praktiken charakteristisch, dass sie zwar durch vielfache Wiederholung zu Routinen werden, aber zugleich insofern unberechenbar und potenziell innovativ sind, als es im Zuge solcher Wiederholung stets zu Bedeutungsverschiebungen oder Überschneidungen mit anderen Praktiken und Wissensformen kommen kann.

Bezieht man diese Überlegungen auf die erziehungswissenschaftliche Auseinandersetzung mit literarischen Texten, scheint zunächst fraglich, inwiefern die praxeologische Perspektive geeignet ist, die Spezifik wissenschaftlicher Theoriebildung zu erfassen. Handelt es sich bei dem, was Erziehungswissenschaftler*innen tun, wenn sie literarische Texte lesen, analysieren und interpretieren, um routinisierte Aktivitäten, für die der Körper und der Umgang mit Dingen bedeutungsvoll sind? Obwohl nicht zu bestreiten ist, dass körperliche Aktivitäten und materielle Dinge in diesem Kontext eine Rolle spielen, bleibt fraglich, inwiefern die körperliche bzw. materielle Dimension als *wesentlich* für das gelten kann, worum es dabei geht.

Im Blick auf die zweite genannte Grundannahme, das heißt die Betonung der impliziten Logik einer Praxis wird die Bedeutung der praxeologischen Perspektive jedoch durchaus plausibel. Denn für das, was Erziehungswissenschaftler*innen tun, wenn sie sich mit literarischen Texten auseinandersetzen – also lesen, analysieren, vergleichen, kommentieren, interpretieren, dekonstruieren usw. –, ist ein implizites praktisches Wissen im Sinn eines *Know-how* mindestens ebenso wichtig ist wie der explizite Bezug auf Theorien und Methoden (im Sinn eines *knowing that*). Es könnte also interessant sein, dieses *Know-how* aufzuspüren.

Ebenso interessant im Blick auf unser Thema ist die dritte Grundannahme, die das „Spannungsfeld von Routinisiertheit und systematisch begründbarer Unberechenbarkeit von Praktiken" betrifft (Reckwitz 2003, S. 282). Denn daraus folgt, dass solche Praktiken trotz aller Routine und obwohl sie wiederholt werden (müssen), ein unberechenbar *innovatives* Potenzial enthalten. Und diese These schlägt eine Brücke zur Frage nach dem erziehungswissenschaftlichen Erkenntnispotenzial der Analyse und Interpretation literarischer Texte.

Im Folgenden soll es darum gehen, dieses Potenzial genauer auszuleuchten und das Augenmerk dabei auf die konkreten Praktiken zu richten, die in dieser Form der Theoriebildung auftreten. Das ‚Material' der Untersuchung bilden die Beiträge der eingangs genannten vier Bände, die ein weites Spektrum an untersuchten Autor*innen, Theoriebezügen, methodischen Vorgehensweisen und literarischen Quellen repräsentieren.[3]

2.1 Theorien anreichern

Eine erste Praktik geht von einer weitverbreiteten Bezugnahme auf literarische Texte aus, die aber nicht als Form der Theoriebildung gelten kann, da sie sich auf die Veranschaulichung vorliegender theoretischer Konzepte beschränkt. Über diese illustrierende Vorgehensweise geht die hier gemeinte Praktik insofern hinaus, als sie literarische Texte nicht nur zur Veranschaulichung bekannter Einsichten, sondern auch dazu nutzt, vorhandene Theorien oder Begriffe, die sich durch hohe Abstraktheit auszeichnen, zu konkretisieren, indem sie diese mit Beispielen anreichert und so modifiziert und weiterentwickelt.

Metaphorisch lässt sich diese Praktik so beschreiben, dass die vorhandenen theoretischen Konzepte dabei als Skelett dienen, das durch die Bezugnahme auf literarische Beispiele mit Fleisch und Blut versehen wird. Die Praktik des Illustrierens geht dabei fast unmerklich in eine Praktik der Theoriebildung über, wenn die literarischen Beispiele, die zunächst nur zur Veranschaulichung von Bekanntem dienen, einen Überschuss enthalten, der über das Bekannte hinausgeht und es so erlaubt, vorliegende Theorien zu erweitern und auszudifferenzieren.[4]

---

3 Das Spektrum der untersuchten Autor*innen reicht von Nobelpreisträger*innen wie Imre Kertész, Elfriede Jelinek, Doris Lessing und Herta Müller über bekannte Namen wie Thomas Bernhard, Christa Wolf oder Philip Roth bis hin zu aktuellen Erfolgsautor*innen wie Christian Kracht, Juli Zeh oder Zeruya Shalev.

4 Das Verhältnis literarischer Beispiele zu theoretischen Konzepten in dieser Praktik lässt sich vergleichen mit dem Verhältnis von Theorien und empirischen Materialien im Forschungsstil der *Grounded Theory* (vgl. Strauss/Corbin 1996, S. 25 ff.), wo Theorien als

Diese Praktik lässt sich veranschaulichen anhand eines Beitrags von Vera King (2009) zu dem Band „Figurationen von Adoleszenz". Die Einladung zu der diesem Band vorausgegangenen Tagung trug in Anlehnung an einen Essay von Michael Rutschky (2002) die Überschrift „Alles noch offen? Adoleszenz im Spiegel der Literatur" und legte es nahe, sich mit der These einer besonderen (Entwicklungs-)Offenheit der Adoleszenz auseinanderzusetzen. Kings Interpretation von David Mitchells Roman „Der dreizehnte Monat" nimmt diese Anregung auf und problematisiert jene These (die sich auch in psychoanalytischen Ansätzen Julia Kristevas oder Mario Erdheims findet). Darüber hinaus bezieht sich King auch auf ihre eigene Adoleszenztheorie, die Adoleszenz als psychosozialen Möglichkeitsraum begreift, aber die These von der Offenheit relativiert, indem sie Faktoren beschreibt, die die gesellschaftlich ungleiche Ausgestaltung dieses Möglichkeitsraums bedingen (vgl. King 2013). Dieser Theoriebezug erlaubt es, die These von der Offenheit der Adoleszenz zu modifizieren und diese als „Unabgeschlossenheit" gegenüber einer vermeintlichen Freiheit von Determination abzugrenzen (vgl. King 2009, S. 115).

Ein weiteres Theorem, das dieser Interpretation zugrunde liegt, ist die intergenerationale Dimension der Adoleszenz, die King als wichtige Bedingung der Qualität des adoleszenten Möglichkeitsraums begreift. Adoleszenz ist demnach keine bloß individuelle Entwicklungsaufgabe, die nur die Heranwachsenden bewältigen müssten, sondern betrifft alle Beteiligten, das heißt auch Eltern bzw. Erwachsene und die Chancenstruktur des adoleszenten Möglichkeitsraums hängt entscheidend von der Qualität der intergenerationalen Beziehungen ab.

Kings Auseinandersetzung mit Mitchells Roman lässt sich zunächst als Illustration solcher Konzepte begreifen – etwa, wenn sie anhand von Rezensionen des Romans nachzeichnet, dass darin klassische Themen eines Adoleszenzromans abgehandelt werden. Über die Illustration gängiger Adoleszenz-Konzepte hinaus geht aber die detaillierte, die literarischen Mittel des Romans berücksichtigende Entfaltung des Zusammenhangs zwischen den verschiedenen Themen und insbesondere zwischen der Entwicklung des Protagonisten Jason auf der einen und der Entwicklung der Beziehung seiner Eltern auf der anderen Seite.[5]

Die Nachzeichnung der komplexen Verwobenheit dieser beiden für Jason zunächst unverbunden erscheinenden Handlungsstränge erlaubt es, den durch den abstrakten Begriff der „intergenerationalen Beziehung" markierten Raum auszufüllen, mit Details anzureichern und dabei herauszuarbeiten, *wie* Jasons

„sensitizing concepts" gelten, die die Forschenden für solche Phänomene sensibilisieren, die sonst gar nicht in den Blick geraten würden, während den empirischen Materialien die Aufgabe zukommt, das abstrakte Gerüst solcher Konzepte mit Leben zu füllen.

5 Dass diese Themen in der Erziehungswissenschaft in der Regel in separaten Teildisziplinen (nämlich Jugend- bzw. Adoleszenzforschung und Familienforschung) behandelt werden, verweist zugleich auf das Potenzial literarischer Texte, disziplinäre Logiken infrage zu stellen.

Entwicklung mit der Beziehungskrise seiner Eltern zusammenhängt. Das zeigt King z. B. in einer detaillierten Analyse der Eingangsszene des Romans, in der Jason verbotenerweise das Arbeitszimmer des Vaters betritt, um einen hartnäckigen Telefonanruf entgegenzunehmen, der sich später als Anruf der Geliebten des Vaters entpuppt (mit der dieser ein Kind hat). In der Interpretation eines anderen Handlungsstrangs deckt sie auf, wie Jasons Schuld- und Versagensgefühle (weil er eine kostbare, vom Großvater vererbte Uhr kaputt gemacht hat) damit zusammenhängen, „dass es der Vater selbst ist, der die Familien-Genealogie [...] durch die Trennung von der Familie ‚zerbrochen' hat" (King 2009, S. 123).

Ähnliches gilt für ein anderes Konzept, nämlich die „Dialektik von Determination und Ermöglichung" bzw. von „Aneignung" und „Enteignung". Kings Interpretation füllt diese abstrakten Kategorien mit konkreten Beispielen, die die Ambivalenz von Jasons Entwicklung deutlich werden lassen, indem sie nachzeichnet, wie dieser sich in widersprüchlichen Pendelbewegungen allmählich die Fähigkeit aneignet, sich mit sprachlichen Mitteln gegen eine gewalttätig-erpresserische Jungen-Gang zur Wehr zu setzen, dabei aber zugleich Enteignungen erfährt, indem er bei der endgültigen Trennung seiner Eltern am Ende des Romans das Haus und das Zimmer seiner Kindheit für immer verlassen muss.

2.2 Sich inspirieren lassen

Eine zweite Praktik der Theoriebildung pädagogischer Lektüren besteht darin, sich von Romanen und Erzählungen für bestimmte pädagogisch relevante Phänomene oder Sachverhalte sensibilisieren zu lassen, die in der Erziehungswissenschaft wenig reflektiert werden, aber in literarischen Texten bevorzugt zur Sprache kommen. Anders als bei den „sensitizing concepts", von denen eben die Rede war, sind es in dieser Praktik nicht die Theorien, die für bestimmte Phänomene sensibilisieren, sondern die literarischen Beispiele, die neue, bislang vernachlässigte Perspektiven auf pädagogische Sachverhalte eröffnen. Eine Voraussetzung dieser Praktik ist eine bestimmte Forschungshaltung, die man als die Bereitschaft beschreiben kann, sich von literarischen Texten faszinieren oder inspirieren zu lassen – und die mit dem verwandt ist, was in der qualitativen Forschung als Prinzip der Offenheit beschrieben wird (vgl. Hoffmann-Riem 1994), nämlich die Bereitschaft, eigene begriffliche Strukturierungen zurückzustellen und sich auf potenziell neue und unerwartete Perspektiven des untersuchten Feldes einzulassen.

Eine wichtige Rolle im Blick auf die Eignung literarischer Texte, sich von ihnen faszinieren zu lassen und sich für abweichende Perspektiven zu öffnen, dürfte die bereits erwähnte Entwicklung spielen, durch die sich Geltungsansprüche der Literatur von denen pädagogischer Texte entfernt haben und die es literarischen Texten erlaubt, auch moralisch ambivalente, uneindeutige oder inkohärente Positionen zu vertreten. Literarische Texte müssen weder einen bestimmten Themenkatalog abarbeiten noch einer strengen Methode folgen und das bietet Raum dafür, sich zu ungewöhnlichen Fragen inspirieren zu lassen.

Als Beispiel für diese Haltung sowie für Themen, die durch literarische Texte in den Horizont der Erziehungswissenschaft gerückt werden, kann der dritte der oben genannten Bände mit dem Titel „Vom Scheitern" dienen. Prämisse der Wahl dieses Themas war die These, dass das Scheitern pädagogischer Bemühungen einen blinden Fleck der erziehungswissenschaftlichen Theoriebildung darstellt, der durch die Auseinandersetzung mit literarischen Texten erhellt werden kann, da dort (zumindest seit der Moderne) Scheitern und Misserfolge häufig thematisiert werden (vgl. Koller/Rieger-Ladich 2013, S. 9 ff.).

Einen im Blick auf die hier interessierende Praktik besonders interessanten Aufsatz stellt der Beitrag von Jürgen Oelkers (2009) zu den „Figurationen der Adoleszenz" dar. Wie erwähnt trug die Einladung zu der vorangegangenen Tagung die Überschrift „Alles noch offen? Adoleszenz im Spiegel der Literatur". Während das Fragezeichen dazu einlud, die Offenheit adoleszenter Entwicklungen infrage zu stellen, setzt sich Oelkers mit dieser These gar nicht direkt auseinander, sondern lässt sich von drei neueren Romanen zu einer anderen Frage inspirieren, die nicht der Eröffnung zukünftiger Möglichkeiten gilt, sondern herausfinden will, ob bzw. wie die Adoleszenz im Nachhinein „korrigiert" werden kann.

Bei den drei Romanen handelt es sich um Ian McEwans „Abbitte", Jonathan Franzens „Korrekturen" und Philip Roth' „Der menschliche Makel". Der erste erzählt die Geschichte einer Schuld, die die Protagonistin in ihrer Jugend auf sich lud und „die sich trotz aller Versuche nicht auslöschen lässt" (Oelkers 2009, S. 133). Die 13-jährige Briony hat ihre ältere Schwester beim Sex mit einem jungen Mann beobachtet und beschuldigt diesen darauf eines Verbrechens, das er nicht begangen hat, nämlich der Vergewaltigung eines anderen Mädchens. Oelkers arbeitet heraus, wie die Protagonistin, deren Falschaussage das Leben des jungen Mannes ruiniert hat, nun erfolglos versucht, diesen Fehler zu korrigieren und so „Abbitte" zu leisten: „Manche Schuld kann nicht vergeben werden, anders als in der christlichen Lehre gibt es dafür keine Instanz. Was überlebt, ist der Wunsch danach" (ebd., S. 142 f.).

Franzens „Korrekturen" erzählt die Geschichte einer Familie mit drei erwachsenen Kindern, die unablässig versuchen, sich selbst, ihre eigene Kindheit und Jugend und sich gegenseitig zu korrigieren – ob es nun darum geht, den Peinlichkeiten der eigenen „Kindheit im Mittelwesten" zu entgehen, „sich von der Autorität seines Vaters zu distanzieren" oder „eine ständige Korrekturwand" gegenüber den unerfüllbaren Erwartungen der Mutter aufrechtzuerhalten (Oelkers 2009, S. 144). Diese Geschichte deutet Oelkers nicht nur als Familienroman, sondern auch als Gesellschaftsbild, das die amerikanische Gesellschaft als

„Korrekturgesellschaft" darstellt, voller „‚Persönlichkeitsoptimierer', die mit der universalen Sehnsucht, ‚den Gegebenheiten des Selbst zu entfliehen', Geld verdienen" (ebd., S. 145).

Während die Korrekturbemühungen in den beiden genannten Romanen scheitern, gelingt ein entsprechender Versuch in Roth' „Der menschliche Makel" – allerdings nur um einen ziemlich hohen Preis. Oelkers zeichnet nach, wie Coleman Silk, der Protagonist des Romans, im Alter eine Lebenslüge korrigiert, die darin besteht, dass er seine Abstammung von einer schwarzen Mutter zugunsten einer Karriere als Professor für klassische Literatur erfolgreich verleugnet hat. Den Preis für die Korrektur dieser Lüge bildet sein gesellschaftlicher Abstieg, der durch eine politisch unkorrekte Ausdrucksweise Silks in einer Lehrveranstaltung eingeleitet und durch die sexuelle Beziehung zu einer viel jüngeren Putzfrau besiegelt wird. Das Schicksal ereilt den Protagonisten schließlich in Form eines vermeintlichen Verkehrsunfalls, der in Wirklichkeit ein Anschlag des Ehemanns jener Putzfrau ist, der sich auf diese Weise an seiner Frau und deren Liebhaber rächt.

Das Anregungspotenzial literarischer Texte für die erziehungswissenschaftliche Theoriebildung besteht in diesem Fall darin, die (nachträgliche) Korrektur der (eigenen) Jugend überhaupt als ein (auch pädagogisch) relevantes Thema herauszustellen. Dessen Relevanz für die Erziehungswissenschaft könnte z. B. darin bestehen, die rückblickende Auseinandersetzung mit der eigenen Jugend als besondere Form eines biografischen Bildungsprozesses zu verstehen und davon ausgehend zu untersuchen, unter welchen Bedingungen der Wunsch nach einer solchen Korrektur entsteht und wovon es abhängt, ob entsprechende Versuche gelingen oder scheitern.

2.3 Sich irritieren lassen

Eine von der Praktik des Sich-inspirieren-Lassens vielleicht nicht trennscharf, aber zumindest graduell unterscheidbare dritte Praktik der Theoriebildung ist das Sich-Einlassen auf das Irritations- und Provokationspotenzial, das literarische Texte oft bieten. Wie die zuletzt beschriebene Praktik beruht auch diese darauf, dass literarische Texte seit der Moderne nicht verpflichtet sind, widerspruchsfreie, kohärente und moralisch unzweideutige Positionen zu vertreten, sondern es erlauben, gängige Sichtweisen und vermeintlich sichere Standpunkte infrage zu stellen. Vom Sich-inspirieren-Lassen unterscheidet sich diese Praktik dadurch, dass sie nicht nur neue Perspektiven auf bekannte Gegenstände eröffnet, sondern darüber hinaus eine irritierende, aufstörende Wirkung entfaltet, die man mit Bernhard Waldenfels (1997) als Erfahrung des Fremden beschreiben kann. Das Fremde zeigt sich Waldenfels zufolge nur, indem es sich den Kategorien einer etablierten Ordnung entzieht. Aber dieses Sich-Entziehen ist kein passives Geschehen, sondern ein aktiver Vorgang, etwas, das störend in die jeweilige Ordnung einbricht, uns heimsucht und verunsichert.[6]

Exemplarisch lässt sich diese Praktik an einem Beitrag von Andreas Poenitsch (2009) zeigen, der anhand einer beeindruckenden Zitatcollage nachzeichnet, wie Thomas Bernhards autobiografisches Werk grundlegende pädagogische Vorstellungen und Ambitionen nachhaltig irritiert und entzaubert. Das gilt etwa für die erwähnte These von der Entwicklungsoffenheit der Adoleszenz ebenso wie für alle Ambitionen, die das Ziel pädagogischen Handelns in der Förderung, Verbesserung oder Höherentwicklung des oder der Menschen erblicken. Dem stelle Bernhard die schonungslose Beschreibung seiner eigenen Lern- und Studienzeit als einer „Selbstmordgedankenzeit“ gegenüber und schildere die Wirkungen seiner Erziehung in Familie und katholischem Internat als „Gemütsverfinsterung“, „Gemütszerstörung“, „Unglücklichmachung“ und „Geistesmord“ (zit. n. ebd., S. 57).

Poenitsch (2009, S. 48) interpretiert dies als Indizien für eine grundlegende „Aussichtslosigkeit bzw. Skepsis [...] gegenüber pädagogisch zu vermittelnder Sinnstiftung mit Blick auf gelingende Weltbewältigung und Lebensführung“. Damit komme nun doch ein Geltungsanspruch ins Spiel, der es verunmögliche, das Provokationspotenzial von Bernhards autobiografischen Texten allein auf den ästhetisch-fiktionalen Status von ‚Literatur‘ zurückzuführen und damit zugleich seiner verstörenden Wirkung zu berauben.

> Poenitsch zufolge tritt hier „der für jede Deutung problematische, ästhetisch-fiktionale Geltungsanspruch von Literatur weitgehend in den Hintergrund zugunsten des zwar nicht weniger problematischen, aber immerhin als solchem erkennbaren und zu verfolgenden proto- oder parapädagogischen Geltungsanspruchs als Wahrheitsanspruch“ (ebd., S. 53) – allerdings ohne die Verallgemeinerbarkeit dieser Wahrheit zu behaupten.

Weitere Beispiele für diese Praktik der Befremdung finden sich etwa in Jürgen Oelkers' Interpretation von Karl Ove Knausgårds Roman „Lieben“, die diesen als ‚realistische‘ Beschreibung von Erziehungserfahrungen den idealisierenden Tendenzen der öffentlichen Rede über Erziehung und der empirischen Bildungsforschung gegenüberstellt (vgl. Oelkers 2018) oder in Jörg Zirfas' Lektüre von T.C. Boyles Erzählung „Das wilde Kind“, die anhand der Geschichte des wilden Kindes von Aveyron den Versuch unternimmt, „traditionelle Diskurse in der Pädagogik aus dem (literarisch formierten) Blickwinkel von Betroffenen zu irritieren und neu zu gewichten“ (Zirfas 2013, S. 37).

6 Vgl. dazu auch die von Christiane Thompson (2011, S. 148ff.) in Bezug auf Bildungstheorie und Bildungsforschung beschriebene Praktik der kategorialen Befremdung.

In allen genannten Fällen zielt die Praktik des Sich-irritieren-Lassens weniger auf einen ‚konstruktiven' Beitrag zu einer Handlungsorientierung versprechenden Theoriebildung als vielmehr auf die skeptische Infragestellung vorliegender optimistischer pädagogischer Theoreme sowie auf die Herausarbeitung eines Unverfügbaren, das sich dem pädagogischen Zugriff entzieht.

3 Methoden pädagogischer Lektüren

Zu den Desiderata für die weitere Forschung auf diesem Gebiet gehört die Frage nach spezifischen *Methoden* der erziehungswissenschaftlichen Auseinandersetzung mit literarischen Texten (vgl. Beck 2009 und Diegmann 2013). Methoden unterscheiden sich von Praktiken im oben skizzierten Sinn dadurch, dass sie eher auf explizitem als implizitem Wissen beruhen (wenn auch gerade im Bereich der rekonstruktiven Forschung eine bestimmte Forschungs*haltung* für wichtiger angesehen wird als die Einhaltung standardisierter Regeln). Dennoch ist die Methodenfrage hoch bedeutsam, wenn es um die Anerkennung dieser Form der Theoriebildung geht – etwa bei der Beantragung von Forschungsgeldern. Deshalb soll abschließend erörtert werden, welche Hinweise auf methodische Vorgehensweisen bei der Analyse und Interpretation von Romanen und Erzählungen sich in den hier untersuchten Beiträgen finden.

Eine öfter anzutreffende methodische Überlegung ist zunächst die Forderung, bei der Auseinandersetzung mit literarischen Texten deren ästhetische Eigenlogik und sprachliche Besonderheiten eigens zu berücksichtigen. Programmatisch findet sich dieses Postulat bei Vera King (2018, S. 21), die die Aufgabe der Lektüre eines literarischen Werks in der „Deutung einer Deutung" sieht, das heißt in der „Rekonstruktion derjenigen Deutung [...], die das Werk über seine ästhetische Formung des Gegenstands selbst zur Geltung bringt". Die Besonderheit literarischer Texte besteht demnach darin, ihren Gegenstand zu deuten, indem sie ihm eine spezifisch ästhetische Form geben. Die ästhetische Formgebung kann dabei – wie in Kings Interpretation von Melinda Nadj Abonjis Roman „Tauben fliegen auf" – der Temporalstruktur der Erzählung gelten, das heißt der Art und Weise, wie durch die Verflechtung von aktuellem Geschehen und Rückblenden in die Vergangenheit unbewältigte Themen der Familiengeschichte und deren transgenerationale Verarbeitung entfaltet werden. Die Aufmerksamkeit für die ästhetische Eigenlogik literarischer Texte kann sich aber auch auf andere Besonderheiten von Romanen und Erzählungen richten wie auf den Satzbau (vgl. Ricken 2005), die quasi-musikalische Gestaltung von Textpassagen mittels Reim, Vokalgleichklang und Metrum, rhetorische Figuren wie Metapher, Ironie und Hyperbel (vgl. Wulftange 2018), die Verwendung von Personalpronomina (vgl. Rose 2018) sowie die Vielstimmigkeit und Multiperspektivität literarischer Texte (vgl. Kleiner 2018).

Der letzte Punkt, die Perspektivenvielfalt von Romanen, verdient dabei besondere Aufmerksamkeit – nicht nur, weil er öfter Erwähnung findet (vgl. z. B. Casale 2005 und Ricken 2005), sondern auch, weil er in einem Beitrag von Bettina Kleiner (2018) eine interessante theoretische Begründung erfährt. Unter Bezug auf die Literaturtheorie Michail Bachtins beschreibt Kleiner (2018, S. 110) die dort als „Polyphonie der Stimmen“ bzw. als „Dialogizität“ gefasste Wiedergabe von Figurenreden und deren Verknüpfung mit der Erzählerstimme sowie anderen Diskursfragmenten als besondere Gestaltungsmöglichkeit von Romanen, die einen Zugang zur Vielfalt sozialer Standpunkte und zum Widerstreit „zwischen konkurrierenden Repräsentationen von Welt, Subjekt und Geschichte“ eröffne.

Methodisch bedeutsam ist, dass mit Bachtins Konzept der vielstimmigen Rede eine theoretische Grundlegung zur Verfügung steht, die für die Analyse und Interpretation von Romanen und Erzählungen genutzt werden kann. Methodisch relevant ist etwa die Unterscheidung von Dialogizität auf der Ebene der Figurenrede bzw. der Erzählerstimme und auf der Ebene des Einzelwortes, das je nach Kontext verschiedene Bedeutung annehmen kann und in Gestalt des humoristischen, ironischen oder parodistischen Wortes zwei oder mehr Stimmen, Weltanschauungen und Sprachen zum Ausdruck bringen kann. Die Fruchtbarkeit dieses Konzepts zeigt Kleiner in ihrer Analyse des Romans „Tauben fliegen auf“ anhand zweier Szenen. Ein Gespräch zweier Cafégäste über den Balkan und seine Bewohner, das die Protagonistin und Ich-Erzählerin Ildiko, die in dem Café als „Serviertochter“ arbeitet, mithört und ironisch kommentiert, deutet Kleiner als Hinweis auf eine kritische Distanzierung der Erzählerin von den zitierten Diskursfragmenten. Eine andere Passage, die von Ildikos Aufbruch aus dem Elternhaus erzählt, in dessen Beschreibung ein Gespräch mit ihren Eltern so eingeflochten wird, dass nicht mehr klar ist, wer gerade spricht, gilt ihr als Indiz für ein Zugleich von Ildikos Orientierung *an* ihren Eltern und ihrer Abgrenzung *von* diesen.

Die Vielfalt unterschiedlicher Stimmen spielt auch eine wichtige Rolle in einem methodologisch ausgerichteten Beitrag Rainer Kokemohrs, der von der Frage ausgeht, „ob Romane vermöge ihrer literarischen Textualität Auskünfte über Bildungsprozesse geben können, die auf anderem Wege vielleicht nicht zu erreichen sind“ (Kokemohr 2018, S. 238). Sein Vorschlag zielt darauf ab, die bildungstheoretisch motivierte Auseinandersetzung mit literarischen Texten durch den Bezug auf Konzepte der literaturwissenschaftlichen Narratologie methodisch zu fundieren. Im Unterschied zu anderen Beiträgen, die erzähltheoretische Konzepte heranziehen und dabei vor allem auf die Erzähltheorie Gérard Genettes Bezug nehmen (vgl. z. B. Reh 2013 und Zirfas 2013), stützen sich Kokemohrs Überlegungen auf die Narratologie Wolf Schmids (2014). Gegenstand dieser Überlegungen ist vor allem die Frage, auf welcher Ebene eines Erzähltextes Bildungsprozesse im Sinne einer Veränderung von Welt-Selbst-Verhältnissen analysiert werden können.

Kokemohr geht davon aus, dass es bei der Auseinandersetzung mit literarischen Texten nicht darum gehen könne, etwas über Bildungsprozesse realer „psychophysischer“ Personen (Schmid) auszusagen, da dies es erfordern würde, sich unabhängig vom jeweiligen Text auf aus anderen Quellen stammendes Wissen zu beziehen. Gegenstand einer bildungstheoretischen Lektüre könnten vielmehr nur Aussagen über solche Instanzen sein, die im jeweiligen literarischen Text selbst artikuliert werden. Dabei bezieht sich Kokemohr auf ein Modell Schmids, das die verschiedenen Kommunikationsebenen beschreibt, die durch einen Erzähltext eröffnet werden. Über die gängige Unterscheidung zwischen Autor, Erzähler, Figur und Leser hinausgehend führt Schmid eine weitere Instanz ein, die Kokemohr für die Frage nach dem möglichen Ort von Bildungsprozessen in einem Roman für entscheidend hält: den *abstrakten Autor*. Im Unterschied zum konkreten Autor handele es sich dabei nicht um die empirische Person, die das literarische Werk geschaffen hat (und um deren Biografie wir aus externen Quellen wissen), sondern um eine textuelle Instanz, die Schmid als „anthropomorphe Hypostase aller schöpferischen Akte“ bezeichnet und die im Werk nur virtuell existiere, „angezeigt durch die Spuren, die die schöpferischen Akte im Werk hinterlassen haben“ (zit. n. Kokemohr 2018, S. 249). Diese Instanz repräsentiere, so Kokemohr weiter, „die übergeordnete Einheit eines in sich differenzierten literarischen Werks“ (ebd.). Der abstrakte Autor, der „ein Konstrukt des Lesers auf der Grundlage seiner Lektüre des Werks“ darstellt (ebd., S. 255), ist also diejenige schöpferische Instanz, die vom Leser als organisierendes Zentrum eines Romans in seiner Gesamtheit konstruiert wird.[7]

Kokemohrs entscheidende These lautet nun, Bildung als Veränderung des Welt-Selbstverhältnisses könne sich in einem literarischen Text nur auf der Ebene des abstrakten Autors vollziehen, nämlich „in der Veränderung, einer anderen Akzentuierung oder einem Bruch eben dieser literarischen Baugesetzlichkeit, also einem Widerruf der ‚anthropomorphe[n] Hypostase aller schöpferischen Akte‘“ (Kokemohr 2018, S. 251). Alle anderen Ebenen des Modells scheiden demnach aus: der konkrete Autor, weil er im Text selbst gar nicht artikuliert ist, der fiktive Erzähler ebenso wie die Figuren der erzählten Welt, weil sie Konstrukte des abstrakten Autors und deshalb an die von diesem repräsentierte literarische Baugesetzlichkeit gebunden seien.

Indizien für einen solchen Bruch der Baugesetzlichkeit (und damit für einen Bildungsprozess) können Kokemohr (2018, S. 266) zufolge die „Vielfalt der Instanzen und Stimmen“ sein bzw. „poetische, in der Differenz der Instanzen über das schier Gesagte hinausweisende Wirkungen“ (ebd., S. 267), die „im kon- oder

7 Hier wäre zu prüfen, ob diese Totalitätsunterstellung zu halten ist und welche Konsequenzen die gegenläufige Annahme einer – zumindest potenziellen – Pluralität der „Spuren schöpferischer Akte“ hätte. Der Clou von Kokemohrs Interpretation scheint mir aber darin zu liegen, dass sie es durchaus für möglich hält, dass diese Totalitätsunterstellung im Text selber durchbrochen wird – und dass genau das den Fall eines im Text artikulierten Bildungsprozesses ausmacht.

dissonanten Zusammenwirken der Instanzen emergieren" (ebd., S. 269). Ähnlich wie die von Kleiner unter Bezug auf Bachtin beschriebene „Polyphonie der Stimmen" ist es Kokemohr zufolge also vor allem die Vielfalt der in einem Roman artikulierten Instanzen, deren dialogischer Zusammenklang neue Strukturen hervorbringen und so als Indiz eines Bildungsprozesses interpretiert werden kann.

Kokemohrs Beitrag kann als wichtige Anregung für die weitere Diskussion über Methoden einer erziehungswissenschaftlichen Analyse und Interpretation literarischer Texte gelten. Sein Vorschlag, die bildungstheoretische Lektüre von Romanen auf eine narratologische Grundlage zu stellen, stellt eine methodologische Perspektive dar, die weitere Ausarbeitung verdient. Seine Überlegungen zum abstrakten Autor, zur Vielstimmigkeit und zum Bruch in der Baugesetzlichkeit eines Erzähltexts entwerfen zumindest *einen* Weg[8], aus der Untersuchung von Romanen Erkenntnisse über Verlaufsformen und Bedingungen von Bildungsprozessen zu gewinnen. Die weitere Debatte sollte diese Anregungen aufgreifen und – unter Einbeziehung weiterer erzähltheoretischer Konzepte – fortentwickeln.

Die Beispiele sollten verdeutlicht haben, dass die vorliegenden Beiträge eine ganze Reihe methodischer Anregungen enthalten, ohne dass diese bislang in eine systematische Ordnung gebracht worden wären. Zu diesen Anregungen gehört zum einen die Forderung, die Besonderheiten der sprachlichen Form literarischer Texte zu berücksichtigen – von der Zeitstruktur von Erzählungen über rhetorische Figuren bis zum Gebrauch von Personalpronomina. Besondere Bedeutung kommt dabei zum anderen der (potenziellen) Vielstimmigkeit literarischer Texte zu, für deren Beschreibung und Interpretation Erzähltheorien wie u. a. die Bachtins und Schmids hilfreich sind. Im Sinne der Frage nach Praktiken scheint aber über die Formulierung expliziter methodischer Regeln hinaus etwas anderes wichtig, nämlich die Kultivierung einer Forschungshaltung, die es erlaubt, den hier beschriebenen Praktiken zu folgen und sich von literarischen Texten inspirieren und irritieren zu lassen. Diese Forschungshaltung könnte man – mit einer Formulierung, die ich Christiane Thompson verdanke – als „thinking outside the box" bezeichnen: als die Bereitschaft, jenseits etablierter Wissensformationen und ihrer disziplinären Ordnungen zu denken.

---

8 Diskussionswürdig scheint, ob es der *einzige* Weg ist und ob Kokemohrs negatives Urteil über die Suche nach der Artikulation von Bildungsprozessen auf allen anderen Ebenen eines Erzähltexts aufrechterhalten werden kann. Die Begründung dafür, dass in einem Roman dargestellte Veränderungen einer Figur oder des Erzählers, die als Bildungsprozesse gedeutet werden könnten, „nur aus der Perspektive eines Beobachters in seinen Manifestationen und seinem Resultat, aber nicht als Prozess dargestellt sein" können und deshalb „einem lebensweltlichen Bildungsprozess nur nachgebildet" wären (Kokemohr 2018, S. 251), bleibt er jedenfalls schuldig. Plausibel scheint mir nur, dass sich solche Veränderungen nicht im Text selbst *vollziehen*. Aber warum ihre *Darstellung* als Prozess unmöglich sein soll (und deshalb keinen Aufschluss über Bedingungen und Verlaufsformen von Bildungsprozessen gewähren), leuchtet mir nicht ein.

Literatur

Baacke, Dieter (1979): Ausschnitt und Ganzes. In: Baacke, Dieter/Schulze, Theodor (Hrsg.): Aus Geschichten lernen. Zur Einübung pädagogischen Verstehens. München: Juventa, S. 87–125

Baacke, Dieter/Schulze, Theodor (Hrsg.) (1979): Aus Geschichten lernen. Zur Einübung pädagogischen Verstehens. München: Juventa

Beck, Christian (2009): Rezension zu: Koller, Hans-Christoph/Rieger-Ladich, Markus (Hrsg.): Figurationen von Adoleszenz. Bielefeld: Transcript. In: socialnet Rezensionen. URL: https://www.socialnet.de/rezensionen/8386.php (Abfrage: 14.05.2020)

Bokelmann, Hans (1979): Julka oder die pädagogische Verzweiflung. Überlegungen zur Erziehungswissenschaft als Handlungswissenschaft. In: Röhrs, Hermann (Hrsg.): Die Erziehungswissenschaft und die Pluralität ihrer Konzepte. Festschrift für Wilhelm Flitner zum 90. Geburtstag. Wiesbaden: Akademische Verlagsgesellschaft, S. 115–133

Brumlik, Micha (2008): Erziehungsromane der Jahrtausendwende. In: Marotzki, Winfried/Wigger, Lothar (Hrsg.): Erziehungsdiskurse. Bad Heilbrunn: Klinkhardt, S. 221–238

Buck, Günther (1979): Über das Identifizieren von Beispielen – Bemerkungen zur „Theorie der Praxis". In: Marquard, Odo/Stierle, Karlheinz (Hrsg.): Identität (= Poetik und Hermeneutik. Bd. VIII). München: Fink, S. 61–81

Casale, Rita (2005): Unverständliche Geschichten. Bemerkungen über das Verhältnis der Pädagogik zur Literatur. In: Koller, Hans-Christoph/Rieger-Ladich, Markus (Hrsg.): Grenzgänge. Pädagogische Lektüren zeitgenössischer Romane. Bielefeld: Transcript, S. 19–34

Diegmann, Daniel (2014): Rezension zu: Koller, Hans-Christoph/Rieger-Ladich, Markus (Hrsg.): Vom Scheitern. Pädagogische Lektüren zeitgenössischer Romane. Bielefeld: Transcript. In: socialnet Rezensionen. URL: https://www.socialnet.de/rezensionen/16815.php (Abfrage: 14.05.2020)

Hoffmann-Riem, Christa (1994): Die Sozialforschung einer interpretativen Soziologie – Der Datengewinn. In: dies. (Hrsg.): Elementare Phänomene der Lebenssituation. Ausschnitte aus einem Jahrzehnt soziologischen Arbeitens. Weinheim: Deutscher Studien Verlag, S. 20–70

King, Vera (2009): „Das liegt daran, dass es noch nicht zu Ende ist". Zeit, Raum und generative Struktur in David Mitchells Bildungs- und Adoleszenz-Roman *Der dreizehnte Monat*. In: Koller, Hans-Christoph/Rieger-Ladich, Markus (2009): Figurationen von Adoleszenz. Pädagogische Lektüren zeitgenössischer Romane II. Bielefeld: Transcript, S. 113–129

King, Vera (2013): Die Entstehung des Neuen in der Adoleszenz. Individuation, Generativität und Geschlecht in modernisierten Gesellschaften. 2. Aufl. Wiesbaden: Springer VS

King, Vera (2018): Kunst als Deutung. Kreative Formung des Unbewältigten im interkulturellen Generationen- und Adoleszenzroman „Tauben fliegen auf" von M. Nadj Abonji. In: Kleiner, Bettina/Wulftange, Gereon (Hrsg.): Literatur im pädagogischen Blick. Zeitgenössische Romane und erziehungswissenschaftliche Theoriebildung. Bielefeld: Transcript, S. 21–42

Kleiner, Bettina (2018): Redevielfalt und der Widerstreit verschiedener Deutungs- und Sinnhorizonte in „Tauben fliegen auf". In: Kleiner, Bettina/Wulftange, Gereon (Hrsg.): Literatur im pädagogischen Blick. Zeitgenössische Romane und erziehungswissenschaftliche Theoriebildung. Bielefeld: Transcript, S. 105–128

Kleiner, Bettina/Wulftange, Gereon (Hrsg.) (2018): Literatur im pädagogischen Blick. Zeitgenössische Romane und erziehungswissenschaftliche Theoriebildung. Bielefeld: Transcript

Kokemohr, Rainer (2018): Bildungsprozesse im Roman? Eine Auseinandersetzung mit Hans-Christoph Kollers Konzept bildungstheoretischer Romanlektüre. In: Kleiner, Bettina/Wulftange, Gereon (Hrsg.): Literatur im pädagogischen Blick. Zeitgenössische Romane und erziehungswissenschaftliche Theoriebildung. Bielefeld: Transcript, S. 237–271

Koller, Hans-Christoph (2014): Bildung als Textgeschehen. Zum Erkenntnispotenzial literarischer Texte für die Erziehungswissenschaft. In: Zeitschrift für Pädagogik 60, H. 3, S. 333–349

Koller, Hans-Christoph/Rieger-Ladich, Markus (Hrsg.) (2005): Grenzgänge. Pädagogische Lektüren zeitgenössischer Romane. Bielefeld: Transcript

Koller, Hans-Christoph/Rieger-Ladich, Markus (Hrsg.) (2009): Figurationen von Adoleszenz. Pädagogische Lektüren zeitgenössischer Romane II. Bielefeld: Transcript

Koller, Hans-Christoph/Rieger-Ladich, Markus (Hrsg.) (2013): Vom Scheitern. Pädagogische Lektüren zeitgenössischer Romane III. Bielefeld: Transcript

Martínez, Matías/Scheffel, Michael (2012): Einführung in die Erzähltheorie. 9. Aufl. München: Beck

Mitteilungen des Deutschen Germanistenverbands 67 (2020): Ausgabe 1

Mollenhauer, Klaus (1991): Vergessene Zusammenhänge. Über Kultur und Erziehung. 3. Aufl. München: Juventa

Mollenhauer, Klaus (2000): „Über die Schwierigkeit, von Leuten zu erzählen, die nicht recht wissen, wer sie sind". Einige bildungstheoretische Motive in Romanen von Thomas Mann. In: Dietrich, Cornelie/Müller, Hans-Rüdiger (Hrsg.): Bildung und Emanzipation. Klaus Mollenhauer weiterdenken. Weinheim/München: Juventa, S. 49–72

Oelkers, Jürgen (1985): Die Herausforderung der Wirklichkeit durch das Subjekt. Literarische Reflexionen in pädagogischer Absicht. Weinheim/München: Juventa

Oelkers, Jürgen (1991): Bearbeitung von Erinnerungslast. Erziehungswissen in literarischen Texten. In: Zeitschrift für Pädagogik, 27. Beiheft, S. 393–405

Oelkers, Jürgen (2009): Korrekturen der Jugend. Beobachtungen an neueren Romanen. In: Koller, Hans-Christoph/Rieger-Ladich, Markus (Hrsg.): Figurationen von Adoleszenz. Pädagogische Lektüren zeitgenössischer Romane II. Bielefeld: Transcript, S. 131–153

Oelkers, Jürgen (2018): Erziehung als realistische Erfahrung: Eine Deutung von Karl Ove Knausgårds Roman „Lieben". In: Kleiner, Bettina/Wulftange, Gereon (Hrsg.): Literatur im pädagogischen Blick. Zeitgenössische Romane und erziehungswissenschaftliche Theoriebildung. Bielefeld: Transcript, S. 217–236

Poenitsch, Andreas (2009): „Wir werden erzeugt, aber nicht erzogen". Pädagogische Annäherungen an die Autobiographie Thomas Bernhards. In: Koller, Hans-Christoph/Rieger-Ladich, Markus (Hrsg.): Figurationen von Adoleszenz. Pädagogische Lektüren zeitgenössischer Romane II. Bielefeld: Transcript, S. 47–63

Reckwitz, Andreas (2003): Grundelemente einer Theorie sozialer Praktiken. Eine sozialtheoretische Perspektive. In: Zeitschrift für Soziologie 32, H. 4, S. 282–301

Ricken, Norbert (2005): „Unersetzbar ist das Wort der Dichter …". Systematische Bemerkungen zum Verhältnis von Pädagogik und Literatur am Beispiel des Romans Mann und Frau von Zeruya Shalev. In: Koller, Hans-Christoph/Rieger-Ladich, Markus (Hrsg.): Grenzgänge. Pädagogische Lektüren zeitgenössischer Romane. Bielefeld: Transcript, S. 35–49

Rieger-Ladich, Markus (2014): Erkenntnisquellen eigener Art? Literarische Texte als Stimulanzien erziehungswissenschaftlicher Reflexion. In: Zeitschrift für Pädagogik 60, H. 3, S. 350–367

Rose, Nadine (2018): Die Spannung halten. Erkundungen sprachlicher Formate jenseits der Wissenschaft. In: Kleiner, Bettina/Wulftange, Gereon (Hrsg.): Literatur im pädagogischen Blick. Zeitgenössische Romane und erziehungswissenschaftliche Theoriebildung. Bielefeld: Transcript, S. 89–104

Rutschky, Michael (2002): Alles noch offen. Jugend als Utopie und Roman. In: Neue Sammlung 42, H. 1, S. 3–12

Schmid, Wolf (2014): Elemente der Narratologie. 3. Aufl. Berlin: de Gruyter

Strauss, Anselm/Corbin, Juliet (1996): Grounded Theory. Grundlagen qualitativer Sozialforschung. Weinheim/München: Juventa

Thompson, Christiane (2011): Praktiken der Bildungstheorie und Bildungsforschung. In: Breinbauer, Ines Maria/Weiß, Gabriele (Hrsg.): Orte des Empirischen in der Bildungstheorie. Einsätze theoretischer Erziehungswissenschaft II. Würzburg: Königshausen & Neumann, S. 140–156

Waldenfels, Bernhard (1997): Topographie des Fremden. Studien zur Phänomenologie des Fremden 1. Frankfurt/M.: Suhrkamp

Wulftange, Gereon (2018): Melinda Nadj Abonjis Roman „Tauben fliegen auf". Eine erziehungswissenschaftliche Spurensuche. In: Kleiner, Bettina/Wulftange, Gereon (Hrsg.): Literatur im pädagogischen Blick. Zeitgenössische Romane und erziehungswissenschaftliche Theoriebildung. Bielefeld: Transcript, S. 129–148

Zeitschrift für Qualitative Forschung 8 (2007): H. 1

Zirfas, Jörg (2013): Absolute Liminalität. Das wilde Kind von T. Corghessan Boyle. In: Koller, Hans-Christoph/Rieger-Ladich, Markus (Hrsg.): Vom Scheitern. Pädagogische Lektüren zeitgenössischer Romane III. Bielefeld: Transcript, S. 23–45

Filmische Bildungen und Montagen

Theoriebildung im Horizont der Bildlichkeit

Andrea Sabisch

Die Frage, wie wir uns Bildungsprozesse in einem weiten Sinne als *Veränderungen* und in einem engeren Sinne als *Transformationen*, das heißt als grundlegende Umwandlungen von Welt- und Selbstverhältnissen vorstellen, ist nicht ohne Medialität zu denken. Wenn wir von einer *bildlichen* Strukturiertheit der Welt- und Selbstverhältnisse ausgehen, haben wir es mit der Entstehung von Sinn wie auch mit der Veränderbarkeit von Bedeutungen, Wirkungen und Performanzen *durch* Bilder, Blicke und Bildreihungen zu tun.

Über die Strukturiertheit des Medialen, hier: des Bildlichen, zu sprechen, ist aus mindestens vier Gründen widerständig und kompliziert: Erstens, weil sich das Mediale der direkten Sichtbarkeit entzieht und wir es über Umwege beschreiben müssen (vgl. Mersch, o. J., S. 2);[1] zweitens, weil die Sprache lange als „Kardinalmedium des Denkens" galt und damit eine Medienvergessenheit anderer medialer Strukturen bedingte (vgl. Mersch 2015, S. 30);[2] drittens, daraus abgeleitet, weil sich ein bildtheoretisches und bildphilosophisches Vokabular erst seit den 1990er Jahren herausbildet und wir mit dem Phänomen der Bildlichkeit, insbesondere den Bildern im Plural (vgl. Ganz/Thürlemann 2010 und Bronfen/Frey/Martyn 2016) immer noch am Anfang stehen; und viertens, weil es uns an Einsicht, Erfahrung und Vokabular für *vor*sprachliche und vorbewusste Prozesse des Verknüpfens und Bildens mangelt, zumal sich Bildlichkeit in einem *prä*subjektiven wie *prä*objektiven Erfahrungsraum der Vergemeinschaftung abspielt (vgl. Waldenfels 2015, S. 95) und im Versprachlichen Subjekte und Objekte verlangt werden, wo diese sich erst in der Erfahrung herausbilden.

Wenn ich also im Folgenden danach frage, wie Bilder uns bilden und umbilden, wie Bilder im Plural unser Sehen umformen und uns *anders* denken lassen[3] (vgl. Koller 2012), ringe ich zeitgleich um eine Sprache, die die Eigenlogik der Bilder jenseits von Sprachanalogien zu fassen sucht, die zudem eine

---

1 Der hier zugrundeliegende Begriff des Medialen bezieht sich auf die negative Medientheorie nach Mersch (vgl. Mersch, o. J., S. 2).

2 „Medienphilosophie bedeutet diese Ausweitung der Sichtzone: Jenseits des philosophischen Präjudiz der Sprache als Kardinalmedium des Denkens gibt es noch andere mediale Denkformen, wie sie mindestens für die basalen Grundformate der Schrift, des Bildes, der Zahl und des Tons reklamiert werden müssen" (Mersch 2015, S. 30).

3 Unter „*anders* denken" verstehe ich sowohl etwas *Anderes* zu denken geben als auch auf *andere* Art und Weise denken lassen (vgl. Koller 2012, S. 9).

medien*spezifische* Differenzierung zulässt und die ereignishafte Dimension des Erscheinens von Bildern, das *Werden* der Bilder *zwischen* Bild- und Sehereignis zu lozieren und artikulieren sucht.

Mit dem Film wähle ich ein spezifisches Bildmedium[4] aus, das die Pluralität und Serialität der Bilder fokussiert. Von der Reihung der Bilder und von ihren Zwischenräumen auszugehen, bedeutet, das zu fokussieren, was die Bilder lebendig werden lässt und sie wirksam macht.

Um nun überhaupt zur ‚inneren' Strukturiertheit des Medialen vordringen zu können, in der Inhalt und Form wechselseitig auseinander hervorgehen, geht es im Folgenden aber nur bedingt um das, *was* Bilder zeigen, sondern vielmehr darum, *wie* Bilder zeigen, wie sie unterschwellig zusammenhängen, prozessieren und Relationen bilden, ab wann sie Einheiten und Anschlüsse bilden, wie sie diese auflösen, verschieben und neue Bildkonstellationen und Bildlichkeiten generieren.

In den folgenden Überlegungen versuche ich dabei die Prozesse der Veränderbarkeit und Transformierbarkeit vor allem hinsichtlich *eines* Aspekts zu untersuchen: nämlich der Montage.

Ich begreife die Montage als Praxis der Bildverknüpfung, die untrennbar ist von der Praxis der Bildisolierung und der Bildtrennung. Die Frage, wie sich das Zueinander und Auseinander von bildlichen Einheiten und Grenzen ereignet, bezieht sich nicht nur auf den analogen ‚Schnitt', sondern vielmehr auf die kompositorische, konstellative, konnektive und die kontinuierliche Dimension der Bilder. In Analogie zur Sprache könnte man sagen, dass ich mit der Thematisierung der Montagepraxis gewissermaßen die Aufmerksamkeit auf eine syntagmatische und syntaktische Ebene der Bilder richte. Die Montage setzt uns als Betrachtende zu den Bildern in ein Verhältnis und lässt uns leiblich orientieren. Das hat den Vorteil, Veränderungen und Transformationen als dynamisches Geschehen zu denken, das *zwischen* Bildern entsteht, als Verschiebung von Relationen, als Kombination und Gruppierung zu begreifen, die wir im Sehen und Aufmerken stets neu aktualisieren. Meine Frage lautet: Wie können wir Bildungsprozesse anders, nämlich als filmbildliche denken?

1 Exemplarische Annäherungen an die Bildlichkeit des Films

Wenn wir die Medialität nicht positiv beschreiben können, sind wir mit der Frage konfrontiert, wie wir uns überhaupt einen Zugang zum Medialen bahnen

4 Der Film ist mehr als ein *reines* Bildmedium. Den Film jedoch vom Bild her zu denken, bedeutet, allererst aufmerksam zu werden für seine spezifische Struktur der Diegese jenseits der Narration.

können. Um sich nun also einer spezifischen Medialität des Films anzunähern, verschiebe ich den Fokus von den Sichtbarkeiten auf die medialen Praktiken, hier: die bildlichen Praktiken, die den Film und seine Betrachtung grundieren. Damit folge ich Dieter Merschs Argumentation, der kritisch fragt, wie die „spezifische Medialität von Sprache" zu denken sein könnte, als „propositionale Struktur", als „figurale Kraft des Rhetorischen", als „kommunikative Funktion", als „das Illokutive des Sprechakts", als „die gesamte Szene der Verständigung" oder als „Schrift", und der folgert, dass es „keine ausschöpfende Medienphilosophie der Sprache" geben kann, „die sie nicht wesentlich engführte oder in ihren Möglichkeiten beschnitte": Mit Wittgenstein schlägt er vor, „statt von Sprache nunmehr von der Praxis des Sprechens anhand von ‚Sprachspielen' zu handeln und dabei ein ‚weites Gedankengebiet, kreuz und quer, nach allen Richtungen hin' zu durchreisen" (Mersch 2010, S. 188).

Wenn ich die Annahme Merschs auf die Medienphilosophie der Bilder übertrage und es entsprechend keine „ausschöpfende Medienphilosophie" der Bilder gäbe, stellt sich dennoch die Frage, wie ich die spezifische Medialität des Filmes (u.a. als bildliche) beschreiben kann.[5] Worin besteht die Wirkung der filmischen Medialität und ihre Vermittlungsleistung, ihre Mediation? Und wie ist die spezifische Medialität an einer Veränderbarkeit unseres Sehens und Denkens beteiligt?[6]

Analog zu Wittgensteins Sprachspielen gehe ich, statt von der Gesamtheit des Ikonischen, von einer Praxis des *Bildens* aus, vom Einbilden, Bildwerden und Verbildlichen. Diese Praxis des Bildens sucht ihren Gegenstand nicht in fertigen Bildern, sondern reflektiert Bilder im Entstehen, als Errichtung von Sichten, als Durchformung und Formatierung, als Sinn- und Erfahrungsgenerierung. Um diesen Fragen näher zu kommen, wähle ich *drei* Beispiele, an denen ich versuche, Aspekte der filmischen Medialität als eingebettet in eine Bildlichkeit aufzuzeigen. Worin besteht nun die Arbeit der bildlichen Montage im Film? Was heißt es, Veränderbarkeit und Transformation in Bezug auf die Montagepraktiken zu denken?

---

5 Wenn ich Filme unter dem Fokus des Bildlichen subsummiere, ist das eine Reduktion, die ich vorläufig in Kauf nehme, um die Eigenlogiken des Visuellen allererst in ihren vielfältigen Erscheinungsweisen auszuloten.

6 Mersch führt aus: „Es ist diese Bestimmung der Übersetzung oder Übertragung, die für alle weitere Medientheorie leitend geworden ist – doch bildet ihre eigentliche Herausforderung die Klärung dessen, was die behauptete Transzendentalität des Medialen besagt, worin die Wirkung des Mediums, seine Kraft zur Modifikation des Denkens, Wahrnehmens oder Handelns genau besteht" (Mersch 2010, S. 187).

2 Ausrichtungswechsel des Sehens durch Montage der Bildzwischenräume

Das erste Beispiel einer Montagepraxis stammt aus dem Film „Mine“ von William Kentridge aus dem Jahr 1991. Der animierte 35-mm Film ist knapp sechs Minuten lang. Er zeigt ein Grubengelände, auf dem zahlreiche schwarze Bergwerksarbeiter in dunklen Schächten bohren, graben, duschen und schlafen. Die Zeche wird von einem weißen, männlichen, korpulenten Mann (Soho Eckstein) betrieben, der von dieser Arbeit profitiert. Neben der dargestellten äußeren kolonialen Apartheids-Situation Südafrikas wird auch das innere Erleben, das Unterbewusste des Ausbeuters, das gewissermaßen in ihm ‚arbeitet', mitvisualisiert.

Die Darstellung besteht aus den für Kentridge typischen großformatigen Kohlezeichnungen auf Papier in Schwarz-Weiß, die er immer wieder überarbeitet und animiert. Er zeichnet eine Szene, fotografiert sie, überzeichnet sie, radiert geringfügig bestimmte Details, zeichnet darüber und fotografiert sie erneut. Mit den beim Radieren von Kohle zurückbleibenden Spuren auf dem Blatt erfindet Kentridge eine Bildgebung, die das Vergehen der Zeit im performativen Vollzug der Bilder sichtbar macht. Im Medium des Films kann man qua Reihung ein Fortschreiten sowohl des Zeichnens als auch der Handlung als auch der formalen Veränderung oder Transformation *sehen*, indem der vergangene Strich durchscheint. Während die Genese einer Zeichnung üblicherweise im fertigen Einzelbild enthalten und doch gleichermaßen verborgen bleibt, wird hier die Entwicklung der Figuration und die Veränderung von Bildern in den Filmen selbst thematisch. So beruht der gesamte Film auf nur 18 Bildern, die immer wieder überarbeitet und fotografiert wurden (vgl. Manchester 2000).

Die Szene, die ich aus dem Film auswähle, um über die Montage als generatives Prinzip der Veränderbarkeit und Transformation nachzudenken, zeigt den Protagonisten pfeiferauchend auf einem Bett sitzend. Ein weißes Tablett befindet sich vor ihm. Der in Ringen aufsteigende Rauch seiner Pfeife formt sich in der Animation zu einer Glocke, mit deren Läuten er das Ende der Schicht anzeigt. Schnitt. Bilder von sich duschenden Menschenkörpern unter Tage werden sichtbar. Schnitt. Soho sitzt im Anzug auf dem Bett. Er legt die Glocke beiseite und greift eine Kaffeekanne gewissermaßen aus der Luft. Eine Tasse kommt ebenfalls angeflogen, gesellt sich auf dem Tablett zur Kaffeepresse. Er drückt den Filtereinsatz herunter. Aber das Herunterdrücken des Filters endet dabei nicht wie üblich am Bodensatz der Glaskanne, sondern es geht durch den Glasboden, durch das Tablett, durch das Bett und gewissermaßen auch durch den Rahmen als ursprüngliche Bildgrenze hindurch.

Die Montage als sogenannter *Match cut* führt eine Bewegung (das Herunterdrücken des Kaffeefilters) in einer anderen zeiträumlichen Szenerie (Grubenbohrung) weiter. Diese Bewegung auf der figuralen und kinetischen Ebene wird im weiteren Verlauf auf der grafischen Ebene fortgeführt.[7] Die Bohrung, die sich weiß vor dunklem Hintergrund abhebt und immer weiter in den Stollen hineingräbt, *wird* im Sehprozess unterdessen zum Bindeglied zwischen unterschiedlich klaustrophoben Grubenbildern, sie *wird* zur grafischen Durchquerung der Bilder, zu ihrer Bildverkettung.

Bis hierher haben wir es mit einer Montage zu tun, die sowohl Verknüpfungen und Trennungen im Visuellen herstellt und so ganz unterschiedliche Bildräume und Bildrelationen zusammenfügt. Was auf den ersten Blick einfach herzustellen erscheinen mag, bedarf allererst einer Bildfindung: der Kaffeepresse, die zum Bohrer im Mienenschacht *wird*. Die Transformation der Gegenstände geschieht jedoch nicht im Sinne eines sichtbaren *Morphings*, indem wir eine zum Bohrer permutierende Kaffeekanne *sehen*. Sie geschieht genau genommen nur sehr begrenzt im Visuellen, ihre Bildemergenz entsteht vielmehr aus dem Schatten (vgl. Breidbach 2017). Der Schatten auf der Bettdecke von Soho bildet eine Auslassung im Bildlichen und zugleich einen *Übergang*, er verschiebt die Bildgrenzen vom dunklen und unscharfen Hintergrund in Sohos Schlafzimmer zum dunklen Stollen. Vor diesem Hintergrund kontrastiert die grafisch hell dargestellte Bohrung umso mehr.

Für die Veränderbarkeit und Transformation ist an dieser Montage besonders interessant, dass sich mit der Bildverkettung und der damit verwobenen Verschiebung und Auflösung der Bildgrenzen zugleich eine weitere Umgestaltung ergibt: Die Richtung, aus der Bilder erscheinen, verändert sich. Während Soho zunächst in mehreren Bildern nacheinander auf seinem Bett dargestellt wird, der Bildraum also auf einer horizontalen Ebene stabil bleibt und nur die aus der Luft kommenden Kaffeeutensilien den Fokus qua Bewegung auf sich ziehen, ändert sich mit der Montage des *Match cuts* die Richtung, aus der die Bilder miteinander montiert sind. Es wirkt, als ließe die von oben nach unten durchgeführte Bohrung und Bildverkettung gleichzeitig die dunklen Bilder aus der Grube aufsteigen. Unterdessen stellt sich mir beim Betrachten ein leibliches Gefühl des Fallens ein.

---

7 Die Verbindung der Bilder wird zudem durch überbrückende Geräusche verknüpft, auf die ich in diesem Text jedoch nicht vertiefend eingehen kann: Die Glocke läutet das Ende der Schicht und zugleich einen Ebenenwechsel ein, das Rattern leitet die Abfahrt der Loren und die Bohrung begleitend zur Bildmontage ein. Die unterschiedlichen Geräusche übertönen das im Hintergrund laufende *Cello Concerto in B minor, Opus 104* von Dvořák.

Abbildung 1–6: William Kentridge: Standbilder aus dem 35-mm-Film „Mine“, 1990, 5:50 sec., mit freundlicher Genehmigung des Künstlers
© William Kentridge

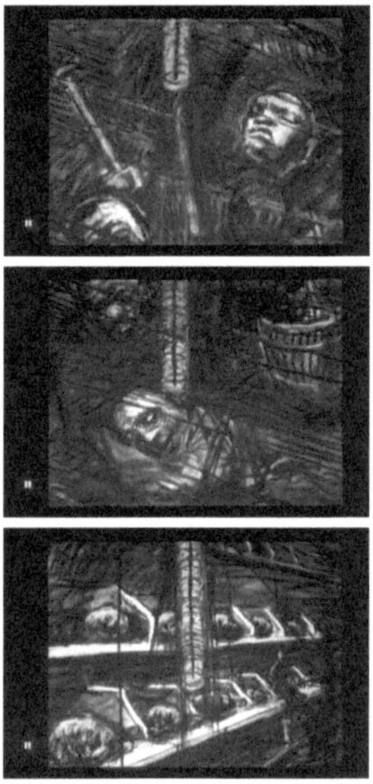

Das Mediale zeigt sich in diesem Beispiel also weder nur in der Veränderung und Transformation von gezeichneten Gegenständen *im* Bild noch im Prozessieren der Zeitlichkeit *durch* die Zeichnungen, die qua Bildreihung, Bildkombination mit unterschiedlichen Tempi und Rhythmen der Gestaltbildung auftreten. Es zeigt sich vor allem durch das Animieren von den Zwischenräumen der Bilder her. Die Kaffeekannenbohrung wird so zum richtungsverändernden Moment einer Bild- und Blickdynamik. Die Bildfindung, die Kentridge selbst in vielen Dokumentationen als wichtig für diesen Film herausstellt (vgl. Tappeiner/Wulf 2017, 08:10 Min.), besteht genau genommen aus einer visuellen Montage sehr unterschiedlicher Bildräume, Größen und Materialitäten. Erst die filmische Animation, die durch die bildliche und formale Gleichstellung der schwarz-weißen Zeichnungen begünstigt wird, lässt uns beim Betrachten des Films eine neue Richtung einschlagen und *gibt* dem Sehen dadurch eine Struktur.

Wenn Kentridge seine Zeichnungen für diesen und andere Filme der neunziger Jahre mit „Drawings for Projection“ betitelt (vgl. Manchester 2000), wird deutlich, wie sehr diese Art der Transformation durch die Montage der Blickrichtung und der leiblichen Positionierung vor den Bildern einer Projektion und Aufführung bedarf, um wirken zu können. Die Projektion wird zur wichtigen *Schnittstelle* für das im Film wiederholte Oszillieren und Springen zwischen den widersprüchlichen Welten von Soho und der Welt der Namenlosen im Stollen einerseits sowie zwischen dem bewussten und unterbewussten Erleben des *Eigentümers* („Mine“) andererseits. Erst die *Praxis* des Montierens im Betrachten, die Aktualisierung ‚beim allmählichen Verfertigen der Gedanken‘ im Sehen, führt dazu, die Transformation der Ausrichtung des Sehens als Dynamisierung und als Movens des Sehens zu erfahren.

3 Moduswechsel des Sehens durch innere Montage innerhalb des Bildes

Das zweite Beispiel, mit dem ich mich der filmischen Medialität und ihrer Vermittlungsleistung annähere, ist das gut zwölfminütige Video „Untitled (‚lock')" von Wolfgang Oelze.[8] Es ist 2014 entstanden und wurde 2019 in der Ausstellung „Fuzzy Dark Spot. Videokunst aus Hamburg", die Oelze selbst kuratierte, in der Sammlung Falckenberg gezeigt (vgl. Oelze in anderer Ansicht 2014). Es ist mit der Handkamera aus dem fahrenden Auto gefilmt und wird als Loop im HD-Format 16:9 auf die Wand projiziert. Das Video zeigt für etwa eineinhalb Minuten das Filmen aus dem offenen Seitenfenster neben dem Fahrersitz eines PKW, das den Blick über Straßenszenen gleiten lässt, dann die Kamera im Außenspiegel einfängt, einige Sekunden am Armaturenbrett verweilt, die Lüftungsschlitze streift und schließlich eine dunkle LKW-Rückseite anvisiert. Durch die Frontscheibe blickend, folgen wir als Betrachter*innen dem Lastwagen für zehn Minuten. Im Zentrum des Bildes ist immer der vorausfahrende kastige, dunkle Wagen, je nach Verkehrsaufkommen und Abstand zur Kamera, in leicht variierenden Größen zu sehen. Auf der Heckseite des LKWs ist ein großes X in schwarzer Farbe gemalt, in deren Mitte sich ein silberfarbenes Schloss befindet. In den letzten Minuten des Films sehen wir den Transporter schließlich nach rechts abbiegen, zwei weitere Autos vergrößern den Abstand zum Kameraauto. Die Vergrößerung des Abstandes erweitert zugleich das Sichtfeld. Dadurch werden zuvor verdeckte weitere LKWs der gleichen Art, mit fast monochromem Camouflagemuster sichtbar, die die Assoziation zu Militärkonvois nahelegen. Was eingangs als kontingente Filmaufnahme erschien, „verdichtet sich infolge der permanenten Fadenkreuzperspektive zunehmend zu einem analogen Trackingszenario", das auf „Straßen durch eine arabische Stadt" aufgenommen wurde (Jung 2019, S. 73).

Aber was genau wird hier *getrackt*? Über die Dauer von zehn Minuten sehen wir eine weitgehend dunkle Fläche, die die Rückseite eines LKWs darstellt. Gleichwohl wirkt diese Rückseite als flächige Ansicht, als Bild. Dieses *Bild im Bild* scheint die Sicht zunächst stärker zu verweigern, als es zu sehen gibt. Es erinnert sowohl an Zensurbalken als auch an „Das schwarze Quadrat" Malewitschs als auch an Mark Wallingers Film „Via dolorosa", in dem eine schwarze Bildfläche große Teile der figurativen Darstellung des christlichen Leidenswegs verdeckt.[9] Das dunkle Bild behindert unsere Sicht auf den Tiefenraum und hinterlässt uns recht orientierungslos in Bezug auf die räumliche Umgebung. So sehr wir auch versuchen, an der LKW-Ansicht vorbei zu sehen, einen Horizont zu erhaschen, wandert unser

8 Für den Hinweis auf diese Arbeit und deren Konstruktion danke ich Nina Rippel.

9 Marc Wallingers Film „Via Dolorosa" ist eine ca. 18-minütige Videoinstallation als Loop, die Ausschnitte von Franco Zeffirellis Film „Jesus of Nazareth" (1977) zeigt. Der *Aus*schnitt ergibt sich, weil die Projektionsfläche an der Wand von einem schwarzen Rechteck übermalt wurde und also eine Maske bildet und das Filmbild abdeckt.

zentralperspektivisch geschulter Blick immer wieder in die Bildmitte zurück. Aber er bleibt nicht dort. Er kann auch umschwenken und zur Projektionsfläche unserer Imaginationen werden. Wen oder was verfolgen wir da eigentlich und aus welchem Grund? An was erinnert uns diese Situation? Was wird geschehen?

Mit der Kamerafahrt kommt noch eine weitere Ebene hinzu. Die Kamera, die wir in der Eingangsszene des Films im Rückspiegel gesehen haben und die vermutlich auch weiter händisch gehalten wurde, steht in einer engen Relation zum gezeigten Bildausschnitt. Die Fahrt von Oelzes Kamera ergibt sich hingegen nicht durch eine Eigenbewegung des Filmers oder durch Schwenks. Sie ist beständig frontal ausgerichtet. Ihre Bewegung können wir lediglich durch die sich minimal verschiebenden Lichtreflexe in der Windschutzscheibe wahrnehmen. Wenn wir mit unseren Blicken der Kamera folgen, durchqueren wir einen Raum, der sich uns nur bedingt öffnet. Daher schreibt die Medientheoretikerin Claudia Reiche über das Video: „Die Kamerafahrt, die das Video in einer Einstellung durchhält, ist nämlich eine, die zugleich keine ist. Bei dieser Bewegung einer Kamera durch den Raum ist der hier durchfahrene Raum zugleich kein Raum und die Kameraarbeit mit Simulation durchkreuzt“ (Reiche 2019, S. 36).

In Filmen mit einer Handkamera übertragen sich gewöhnlich Verwacklungen, die auf dem Verfolgen eines Objekts beruhen, auf das Videobild. In Oelzes Video hingegen liegt in der Bildmitte eine Ruhe, die seltsam anmutet. Mit dieser Ruhe einher geht zugleich eine Unruhe, die sich vom Bildrand her zeigt. Sie durchzieht die gesamte Projektion so, dass die Videoprojektion an ihren Rändern gewissermaßen ausfranst und auf der Wand zu tanzen scheint. Wie kommt es zu dieser irritierenden Performanz des projizierten flatternden Videobildes?

Abbildung 7: Standbild aus Wolfgang Oelzes Video „Untitled (‚lock‘)“, 2014, 16:9, Farbe, Stereo, 12:14 Min., mit freundlicher Genehmigung des Künstlers © Wolfgang Oelze und Skizze des oszillierenden Bildrahmens

Dem Katalog der Ausstellung entnehme ich, dass Oelze die Ruhe der Bildmitte wie auch die Unruhe der Projektionsgrenze technisch erzeugte, indem der er das gesamte Video mit einer digitalen Bildstabilisierungssoftware bearbeitete (ebd.). Die Stabilisierung kann entweder in die Kamera integriert sein oder in der Postproduktion qua Software angewandt werden. Sie bewirkt, dass die Mitte des bewegten Bildes stabil dargestellt, also nahezu still gestellt wird, während sich die Bewegung an den Rändern enorm verstärkt. Die ungewöhnliche und äußerst wirkungsvolle Dynamisierung des flackernden Randbereichs hängt vermutlich damit zusammen, dass Oelze das übliche Beschneiden der Bildrahmungen durch die Bildstabilisierung in diesem Video schlicht unterlässt. Damit stellt er die Bildränder des projizierten Videos als solche aus. Er verlagert so eine inhaltliche Bedeutungsgenerierung vom Prozess des Trackens eines spezifischen beweglichen Bildobjekts auf die mediale Ebene der Sinnerzeugung: er legt Spuren im bewegten Bild, die stärker die Ko-Relationen zwischen Kamera, Betrachter*in, Projektion und *Bild im Bild* untersuchen. Während unsere Aufmerksamkeit im Betrachten des Videos also zwischen Bildmitte und Bildrand hin und her springt (was das Tracken eines Punktes[10] ohnehin stets unterbricht und irritiert), spaltet sich sowohl die Einheit des Bildes als auch die Einheit des Bildraumes. Der Fokus wird zur Marginalie und umgekehrt. Der Tiefenraum wird unterbrochen durch das *Bild im Bild* als Flächenraum. Dadurch entsteht eine Zwischenräumlichkeit, die zwischen Flächenraum, Tiefenraum und Aufführungsraum vor der Projektion changiert. Wenn man vor der groß projizierten Wand im Museum steht und die Bildmitte in etwa der Augenhöhe entspricht, erfährt man das Flackern als Rahmung, das den Blick zurückwirft auf die Bildmitte, besonders intensiv. Die Spaltung dieses konfligierenden Sehens zwischen fokussierendem und lateralem Sehen irritiert unsere Sehgewohnheiten. Es lässt die Sichten kollidieren und auseinandertreiben, sodass ein reflexives Spiel mit den Diskontinuitäten im Sichtbaren entsteht.

Wie kann man die Arbeit der Montage beschreiben, die zwar digital verursacht, aber in der Komposition des Filmbildes konzeptionell angelegt ist und in der Rezeption immer neu aktualisiert wird? Könnte man sie nicht als *innere* Montage zwischen Einzelbild und Filmbild verstehen, also als bildliche Einbettungsrelation, als „Verschachtelung" (vgl. Pichler 2010, S. 121 ff.) *innerhalb* der Kadrierung bzw. *innerhalb* eines Bildes? Das würde bedeuten, dass die Transformation, die vom Fokussieren eines Bildobjekts ausging, durch die Sichtverweigerung der *Bild-im-Bild*-Situation entfacht und qua verzerrender ‚Bildstabilisierung' und permutierender Rahmung in Gang gehalten wird, als Moduswechsel

10 Vgl. dazu die Aussage Oelzes zu seinem Video: „Automatic ‚tracking' (following a point by digital means) tries to fixate the truck in the middle of the picture, while the field of vision around it begins to careen wildly" (Oelze 2014, o. S.).

des Sehens aufgefasst werden kann. Es gibt keine Sicht, die sich in diesem Video stabilisieren lässt.

Wenn Wittgenstein mit dem sogenannten Kippbild von Hase und Ente einen *Aspektwechsel* beschreibt, der dadurch entsteht, dass ein gleicher Bildgegenstand als Hase *und* als Ente wahrgenommen werden kann, können wir dann bei Oelze nicht analog dazu von einem Moduswechsel des Sehens sprechen?

Dieser Moduswechsel bestünde dann darin, dass hier der Bildgegenstand (vom LKW zum *Bild im Bild* als Filmbild) und der jeweilige Modus des Sehens (vom Tracking zum Sehen visueller Zwischenräume) auseinanderdriften (vgl. Lüthy 2012, S. 131). Gerade die Unvereinbarkeit der Modi des Sehens (fokussierendes und flankierendes Sehen) sowie die Unmöglichkeit, sie entweder jeweils zu stabilisieren oder sie *gleichzeitig* sehen zu können, verändern den Akt des Sehens vom referenziellen Tracking hin zum relationalen Sehen des Abstandes, zum Formatieren der Zwischenräume innerhalb des Bildes, der Bildräumlichkeit und deren Projektion im Ausstellungsraum. Dadurch wird die bewegungslose bewegtbildliche Durchformung des Sehens bis hin zum beweglichen Bild erfahrbar.

4 Logikwechsel des Sehens durch Montage als Medienwechsel

Das dritte Beispiel, mit dem ich eine spezifisch filmische Medialität zu zeigen versuche, ist die Arbeit „3 Sekunden", die Marc-Antoine Mathieu als hybrides Werk konzipierte, indem er sowohl eine Version im Medium des Buches erstellte als auch eine zweite Version mit exakt derselben Bildfolge im Medium des Films, genauer: als digitalisierte Animation (vgl. Mathieu 2012a und Mathieu 2012b).

> Laut Klappentext versucht das Werk bildhaft den „Verlauf eines Lichtstrahls in einem kleinen Ausschnitt von Zeit und Raum einzufangen. Die drei Sekunden, die er umfasst, erzählen eine sehr kurze, aber auch hoch konzentrierte Geschichte in Form eines Krimis. Das Beobachten der Details und die Erforschung der Schauplätze ermöglichen es, tote Winkel zu rekonstruieren und Indizien zusammenzutragen, aus denen sich die Beziehungen der Personen und die Motive erschließen lassen" (Mathieu 2012a).

Das Interessante beider Arbeiten liegt dabei weniger auf der semantischen Ebene als vielmehr auf der medialen. Es besteht darin, dass es, trotz übereinstimmender Bilder und trotz übereinstimmender Schnitte, zu unterschiedlichen Montagepraktiken und damit zu Veränderungen des Sehens kommt. Wie kann dies geschehen?

Einerseits zeigt Mathieu mit seinem *Buch* insgesamt 602 Einzelbilder in quadratischem Format, die jeweils in neun Einzelbildern pro Seite (drei Panels à drei Bilder) angeordnet sind und durch einen schmalen schwarzen Rahmen und weiße Bildzwischenräume voneinander getrennt sind. Das Fortschreiten der

Bildhandlung wird also in den kinetischen Vollzug der Bildbetrachtung verlagert, der sich nicht nur an der westlichen ‚Leserichtung' im Buch festmacht, sondern zudem auch auf eine selbstbestimmte zeitliche Orientierung der Betrachtung verweist, die sich im Vor- und Zurückblättern der Rezipient*innen zeigt.

Die Bilder verteilen sich auf verschiedene Seiten im Buch und knüpfen damit an mehrteilige Bildformen an, die auf verschiedene Orte verteilt sind. Im Verfolgen der bildhaften Reihenfolge bei Mathieu kann man also den Weg des Lichtstrahls als lineare Bildverkettung nachvollziehen.

Abbildung 8: Panelansicht aus Marc-Antoine Mathieus Comic „3 Sekunden", 2012, mit freundlicher Genehmigung des Künstlers
© Marc-Antoine Mathieu

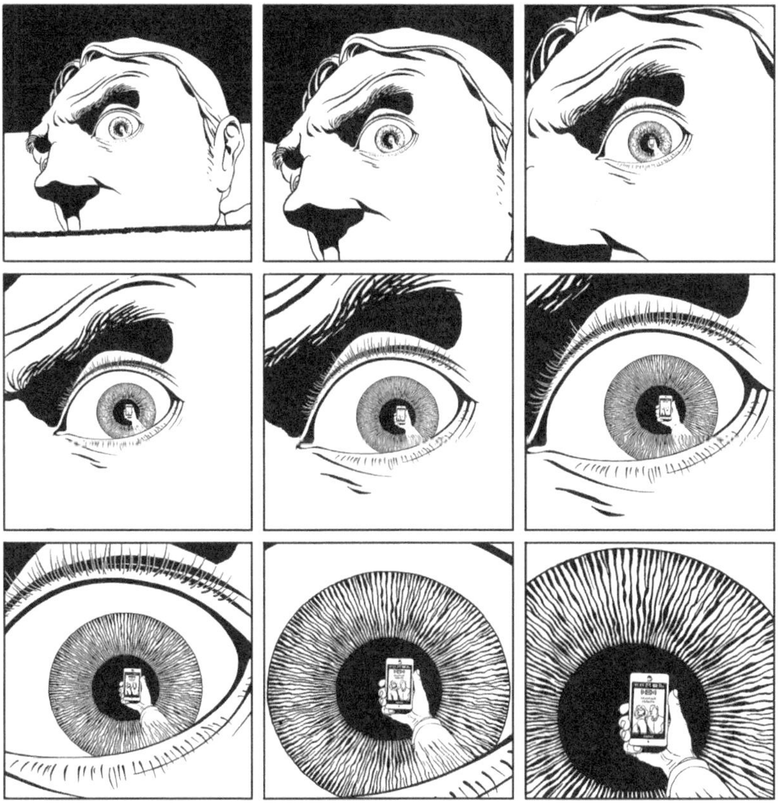

Gleichwohl erhalten wir im Wahrnehmungsprozess die Möglichkeit, diese chronologische Betrachtung nicht nur aber auch an den Schnitten intervallhaft zu unterbrechen, um z. B. die Einzelbilder genauer zu betrachten, um die gesamten Buchseiten als überblicksartige Bildensembles anzusehen oder um lediglich einzelne Übergänge zwischen den Bildern auszuloten, die durch die Vergrößerung und den verschobenen Bildausschnitt z. B. verfremdend wirken. Die Rezeption des Buches lässt uns also eine körperliche Bewegungsfreiheit, um die zeitliche und räumliche Organisation der Bildverknüpfung im sequenziellen Vergleich und in ihrer Verschiebung und Vergrößerung wahrzunehmen. Dies geschieht allerdings, trotz des zentralperspektivischen Bildraums, auf Kosten einer *Durchsicht* (*per-spectiva*). Die Montagepraxis besteht hier also darin, die Zeit in Bildern so zu *verräumlichen*, dass ihre Diskontinuität im Nebeneinander der Bilder sichtbar wird.

Andererseits zeigt Mathieu mit der animierten Darstellung im Medium des digitalen Films, dass die Bilder hier gewissermaßen *durch* ein Einzelbild hindurch erscheinen. Sie werden vor allem durch Bildverschachtelungen, wie Bild-im-Bild-Kompositionen und als Figur-Grund-Relationen zusammengehalten. Durch die Reihenbildung als Zoom entsteht der Eindruck, dass uns die gezeichneten Bildobjekte entgegentreten und es zugleich eine Sogwirkung in das Bild hinein gibt, die uns in das Bildgeschehen verwickelt. In der Rezension zu „3 Sekunden" lesen wir: „Wir folgen nicht nur einem Blick, sondern *sind* dieser Blick selber, der wie ein nicht enden wollender Zoom, eine Vergrößerung und Annäherung, sich immer weiter fortbewegt" (Schlüter 2012, o. S., Hervorh. A. S.). Der Lichtstrahl wird zur Fiktionalisierung eines Blickes, den wir niemals selbst einnehmen könnten und der uns doch derart mit dem Film verstrickt, dass wir den Film nicht mehr als Gegenstand einer Erfahrung denken können.

Mit der gefühlten körperlosen Fortbewegung ist aber auch eine gleichzeitige Bewegungslosigkeit verbunden. Während wir die verschiedenen Einstellungen, Perspektiven und Kamerabewegungen als Blick-Ausrichtungen erfahren, wird das betrachtende Subjekt körperlich stillgestellt, denn der Blick ist durch das zentralperspektivische Zoomingverfahren zwanghaft auf die Bildmitte fokussiert. Je schneller wir den Film abspielen, desto stärker erleben wir die körperliche Zurichtung auf einen Flucht-, bzw. einen Augenpunkt. Solange wir die Handlung verfolgen wollen, dürfen wir nicht einmal zwinkern, geschweige denn, einem Bildbegehren oder Aufmerksamkeitsgeschehen nachgehen. Dies gelingt indes nur, wenn wir den Blickfluss und damit aber auch das Sehen unterbrechen. Die Montagepraxis besteht hier also darin, die bildhafte Verkettung durch Bilder auf bestimmte Bildzentren zu verlagern und damit den Bildraum so zu verzeitlichen, dass eine Diskontinuität, eine Teilung inmitten des Bildes entsteht. Darin ähnelt diese Arbeit derjenigen von Oelze.

Die Veränderbarkeit des Sehens als Wechsel einer bildlichen Logik zu verstehen kann vor allem durch den Vergleich von Montagepraktiken unterschiedlicher Medien geschehen. In der Performanz dieses Vergleichs erkennen wir nicht nur den Vergleich der Rezeptionsweisen; wir sehen die Bildlichkeit also nicht mehr nur noch als Buch oder als Film, sondern im Vergleich erkennen wir die Konzeption eines Logikwechsels einer Liaison von Sehen und Denken, die die innere Strukturiertheit des Medialen qua Montage offenbart (vgl. Krämer 2009, S. 122).

Wenn an diesen Beispielen zumindest ansatzweise deutlich wird, wie Medialität unser Sehen, unsere Erfahrungen und damit verwoben auch unser Denken formieren und verändern kann, stellt sich mir nun die Frage, wie ich von den Beschreibungen der Montagepraktiken an künstlerischen Filmarbeiten und zur Annäherung an eine spezifische filmbildliche Medialität komme.

5 Übergänge im Medialen vom Sichtbaren zur Virtualität

Mit den filmischen Montagepraktiken habe ich zu zeigen versucht, wie uns das Betrachten von künstlerischen Beispielen im Medium des Filmbildes jeweils *anders* sehen lassen kann. Die Veränderungen und Transformationen im Medialen zu ermessen, heißt, sie zunächst rückzubinden an die Filme selbst. Von der Performanz des Filmbildes auszugehen, bedeutet vor allem, die Verkettung *durch* Bilder und *im* Bildlichen als zeiträumliches Geschehen *zwischen* Bild- und Sehereignis zu aktualisieren. Dabei werden Übergänge im Medialen erkennbar und denkbar, die Verschiebungen und Umwandlungen des Sehens generieren. Die Übergänge im Bildlichen, die mit der Verschiebung der Grenzen eines Bildes, Rahmens oder Screens sowie mit der leiblichen Resonanz darauf (der Ausrichtung, Kinese oder dem Blickbegehren) zu tun haben, die ich an den Beispielen jeweils als Sicht- und Blickwechsel beschrieben habe, enden aber nicht im Sichtbaren.

Die Übergänge im Bildlichen lassen durch Wiederholung und Varianz im Prozess des Sehens eine Filmräumlichkeit entstehen, die nicht gänzlich von der imaginären Umgebung zu trennen ist, sondern sich in der Diegese gewissermaßen mit ausdehnt (vgl. Zahn 2015). Und ebenso wie dieses sogenannte *Off* des Filmbildes einen Übergang vom Sichtbaren zur Virtualität bildet, spielt das Unbewusste und das Verdrängte für die Übergänge im Bildlichen sowie zwischen Bildwerdung und Subjektwerdung eine immense Rolle (vgl. u. a. die Symptombildung im Antworten auf Bilder bei Sabisch 2018a, S. 119). Wenngleich ich diese Ebene an den Beispielen bisher allenfalls streifen konnte, deute ich im Folgenden zumindest an, dass die Organisation des Sehens eng mit Dispositiven und Blickregimes und damit einer Sozialität wie Kulturalität verbunden ist (zur Tradition der Trennung von Display und Dispositiv vgl. Frohne/Haberer/Urban 2011, S. 10).

Mit Kentridge lässt sich beispielsweise zeigen, dass die mediale Ausrichtung mit einer Hierarchisierung des Sehens zusammenhängt und es bildliche Traditionen dafür gibt, die Welt in ein Oben und Unten zu teilen: die Welt Sohos im Kontrast zur Welt der Minenarbeiter und das helle Bewusstsein im Kontrast zum Unterbewussten des Minenbetreibers, das unter der Bettdecke zur Erscheinung kommt.

Bei Oelze könnte man zudem über die Fadenkreuzperspektive sprechen, die den Bildraum organisiert. Wenn diese Perspektive in filmischen

Verfolgungsjagden eingenommen wird und in den Egoshooter-Games als Aktivierung der Mitspieler funktioniert, spielt Oelze mit dieser Tradition der Blickaktivierung und verweigert sie zugleich durch die *Bild-im-Bild*-Situation, da die Interaktion nur über Blicke und nicht operativ spielend vorgesehen ist. Diese bildliche Errichtung einer Sperre, einer Arretierung oder Schleuse, die auch der Titel „Untitled (‚lock')" anklingen lässt, spielt mit den Positionierungen und Aktivierungen der Blicke.

6 Montage und Assoziation

Um die Frage zu beantworten, wie wir von den spezifischen Praktiken der Montage zur Medialität, hier zur Filmbildlichkeit, gelangen, bin ich von der sich je unterschiedlich organisierenden Zwischenräumlichkeit ausgegangen, um ein Spektrum von Möglichkeiten der Sichtveränderung auszuloten.

Was die kontrastierenden filmischen Darstellungen hingegen gemeinsam haben und was uns vielleicht einen Hinweis darauf geben kann, das Spezifische des Filmbildes zu denken, ist, dass in ihnen ein Übergang von einem Bild im Singular zu den Bildern im Plural thematisch wird. Dies geschieht formal zum einen über die Projektion, den Screen oder das Display, das als erstes Bild einer Teilsequenz oder der gesamten Sequenz den Auftakt für eine Reihung bildet. Zum anderen geschieht dies *innerhalb* eines Einzelbildes oder eines Bildelements, indem sich Bildgrenzen verschieben und für Anschlüsse von anderen Bildern verschließen oder öffnen. Aber neben der formalen Errichtung und Unterscheidung von Sichten, die in bildlichen Konstellationen, Konfigurationen und Kompositionen unser Sehen modifizieren, geschieht die Durch- und Umformung in den Filmen vor allem virtuell, in einem Übergang *zwischen* Bild und Subjekt.

Um diesen äußerst komplexen Übergang in seiner flüchtigen Genese ernst zu nehmen, ihn also im *Zwischen* von Bild*werdung* und Subjekt*bildung* zu begreifen, habe ich in den letzten Jahren den Vorgang der „visuellen Assoziierung" genauer untersucht, den man als Knotenpunkt und als minimalsten Übergang im Medialen begreifen kann, der weder essenzialistisch noch mechanistisch, noch subjektiv noch beliebig zu denken ist (vgl. Sabisch 2018b).

In Bezug auf die Frage, *wie* wir Veränderbarkeit im Visuellen denken können, stellt die Assoziation insofern ein wichtiges Initial und gleichzeitig ein „generatives Prinzip" der Bildverkettung dar, weil sich in ihr die Bildlichkeit mit dem Imaginären verwebt und eine Reihenbildung allererst *motiviert* wird. Infolgedessen lässt sich der komplexe Vorgang der Assoziation als *Arbeit* skizzieren, die ich analog zur *Traumarbeit* bei Freud oder zur *Erfahrungsarbeit* bei Waldenfels (Waldenfels 2015, S. 262) als intersubjektive *und* interikonische *Verarbeitung* verstehe.

In diesem Text versuche ich nun, die Montage sozusagen von der visuellen Assoziation her zu denken. Das bedeutet, dass die Montage mehr ist als eine formale Schneidetechnik. Sie verknüpft und trennt nicht nur Zwischenräume zwischen Bildern, sondern auch zwischen Bildern und den (stets dezentriert zu denkenden) Subjekten. Darüber hinaus verschränkt sie aber auch die Prozesse der künstlerischen Produktion mit ihrer Rezeption. Die Montage als *Arbeit* der Assoziierung und Dissoziierung zu denken, erlaubt es uns, Anschlüsse zum Subjekt hin, u. a. hinsichtlich der psychoanalytischen Dimension von Verschiebung, Verdichtung und Ersatzbildung zu entwickeln.

Das Potenzial des zeit-räumlichen wie subjektiven und sozialen *Anschließens* entfaltet die Assoziation, *indem* sie zwischenbildliche Übergänge, Reihungen und bildliche Ordnungen, auch *jenseits* einer Linearität *herstellt* (z. B. in Bildensembles). Insofern stellt die Assoziation den entscheidenden Dreh- und Angelpunkt, das Movens der Veränderlichkeit dar; denn sie vermag Ordnungen im Visuellen durch Gestalt- und Einheitsbildungen, durch Reihen- und Analogiebildungen etc. *um*zubilden. *Indem* die Assoziation im Visuellen eine Art Vermittlungsarbeit leistet, die eine mediale Übergänglichkeit *bilden* und *um*bilden kann und eben dadurch ein *neues* und *anderes* Sehen entfachen kann, wird sie auch für Bildungsprozesse im erziehungswissenschaftlichen Kontext interessant. Aber wie können wir davon ausgehend das Mediale theoretisieren?

7 „Film als Theorie"?

Die Frage, wie man Medialität theoretisieren kann, ist nicht ohne ihre Erfahrung zu denken.

Das Mediale, hier: das Filmische, zu theoretisieren (vgl. Pantenburgs Titel „Film als Theorie" von 2006), heißt für mich, von den Filmen selbst oder von Filmausschnitten auszugehen (vgl. Pantenburg 2006, S. 70) und die Eingebundenheit des Subjekts in der Rezeption mitzudenken. Der komplexe Prozess zwischen Bildentstehung und Subjektbildung, der sich präsubjektiv und präobjektiv ereignet (Waldenfels 2015, S. 262), kann nur bedingt eingeholt werden und dennoch besteht die Theoretisierung darin, dieses ereignishafte Geschehen zu denken und zu beschreiben zu versuchen.

Allerdings ist dieses Denken als Theoriearbeit seinerseits nicht ohne Medialität zu denken. Sie geschieht als mediale Exteriorisierung eines Wissens- und Imaginationszusammenhangs, der sozial und zeiträumlich kommuniziert werden kann. Historisch betrachtet wurde diese Exteriorisierung in den Wissenschaften lange recht einseitig als sprachliche Artikulierung und Explizierung aufgefasst.[11]

11 Vgl. zum „philosophischen Präjudiz der Sprache als Kardinalmedium des Denkens" Mersch (2015, S. 29 f.).

So wurde das Verständnis von ‚Bildung' in der Erziehungswissenschaft zumindest seit dem *linguistic turn* vor allem sprachtheoretisch imaginiert und begründet, obwohl verschiedene Bildungstheoretiker seit dem Milleniumswechsel immer wieder einforderten, Bildung im „Horizont der Medialität" (vgl. Jörissen 2014, S. 18) zu verorten.[12] Auch die Auffassung von ‚Theorie' als begrifflicher Bestimmung, Beschreibung und Kategorisierung von Erkenntnissen schien lange der Sprache vorbehalten (vgl. Pantenburg 2006, S. 54).

Zudem trägt bis heute das Verständnis von ‚Wissenschaft' als sprachliches ‚Aussagesystem' bzw. als ‚Text' (vgl. Ritter/Gründer 1998, S. 1147) dazu bei, dass *andere*, beispielsweise bildliche oder filmische Weisen der Exteriorisierung von Wissen, marginalisiert werden. Was aber geschah mit der parallel verlaufenden Exteriorisierung des Wissens in den Künsten? Wurde diese wissenschaftlich nicht aufgegriffen oder nicht als Theoriebildung akzeptiert? Oder fand sie schlicht keinen Eingang in das gängige Buchformat wissenschaftlicher Darstellung?

Seit der Digitalisierung und der zunehmenden Hinwendung zu Bildern in den Wissenschaften lockert sich zum einen die starre Privilegierung der Sprache. Ein grundlegender kultureller Umbruch vollzieht sich aktuell, den man mit Régis Debray als Wandel von der „Graphosphäre" zur „Videosphäre" beschreiben könnte (Debray 2013, S. 192f.). Zum anderen scheint mir, dass gegenwärtig auch die Grenzziehung zwischen Wissenschaften und Künsten poröser wird und sich verlagert.[13]

Vor dem Hintergrund dieser kulturhistorisch bemerkenswerten Veränderungen versuche ich, die Theoriearbeit, insbesondere die filmbildliche, zumindest als text-bildliche Exteriorisierung eines Wissens- und Imaginationszusammenhangs anzusehen. Wenn ich also danach frage, wie das Mediale theoretisiert werden kann und gesagt habe, das Mediale sei nicht ohne Erfahrung zu denken, dann versuche ich in meiner Forschung die Theoriebildung von der spezifischen medialen Erfahrung, hier: vom Filmbildlichen her zu denken.

Ich gehe also von den künstlerischen Filmbildern aus, setze mich ihnen und ihrer Wirkung leiblich aus und versuche, mich von ihnen irritieren zu lassen (vgl. Thompson 2017, S. 120).

Für diese Irritation als Entzug suche ich zugleich nach einer adäquaten Zugangs- und Darstellungsweise. Um dabei das Fremde, das sich nach Waldenfels zeigt, *indem* es sich entzieht (Waldenfels 2012, S. 114), nicht seiner Fremdheit zu berauben, versuche ich, auf eine experimentelle Weise Proben, Fälle oder Beispiele zu bilden, an denen es indirekt aufscheinen kann.

---

12 Vgl. exemplarisch zur Genese des bildungstheoretischen Diskurses in Bezug zur Medialität Sabisch (2018a, S. 19–64).

13 Vgl. zur Annahme einer aktuellen „grundlegenden Verschiebung, durch die sich das Verhältnis von Kunst und Wissen neu figuriert" Busch (2016, S. 164).

Dieses Herausbilden von Beispielen ist nicht als affirmierende Identifikation zu verstehen, etwa im Sinne von *Best-practice*-Beispielen, sondern im Sinne von solchen Beispielen, die quer zu dem bereits Gedachten und Gebildeten stehen. Ausgehend von diesen Beispielen wird es möglich, eine Distanzierung zu praktizieren, ein (pädagogisches) Problem zu artikulieren sowie eine Position zu beziehen, die vom Detail im Einzelfall absehen kann und Übergänge stiftet.

Diese Beispielbildung findet jedoch weder allein im Empirischen noch allein im Theoretischen statt, sondern *zwischen* Theorie und Empirie. Will man die Suche nach dem Singulären, hier: dem Spezifischen des Filmbildes qua Montage, nicht dem Zufall überlassen, setzt dies entsprechend eine Mitbeteiligung der theoretischen Arbeit voraus. Sie besteht in der Erforschung der Begriffsbildung und Kategorisierung, die das je Spezifische des Filmbildes möglicherweise konturieren können. Sie besteht auch in der Frage, wie sich das zeigen ließe. Mehr noch: Die theoretische Arbeit besteht außerdem darin, einen Übergang vom Singulären zum Exemplarischen herzustellen und ihn zu vermitteln. Dabei werden die Fälle auf ihre Relevanz hin befragt, *zueinander* relationiert, von Nicht-Fällen abgegrenzt, wenngleich nicht dauerhaft, so doch laut Mirjam Schaub als ein „*Zweckbündnis auf Zeit*" (Schaub 2010, S. 21).

8 Bildungstheorie und Film

Wie nun lässt sich im Anschluss an die hier vorgestellten Überlegungen über die Phänomene der Filmbildlichkeit hinsichtlich der Montage das Verhältnis von Bildungstheorie und Film konturieren? Könnte man den Film oder besser gesagt: die Filmerfahrung als je singuläre und situierte Praxis des Sehens und Denkens nicht als Beispiel für bildbasierte Bildungsprozesse mittels Montage und Assoziation verstehen?

Das würde einen Bildungsbegriff zugrunde legen, der „Bildung von der Medialität her zu denken" versucht und von den Artikulationen und *Praktiken des Bildens* im Plural ausgeht (vgl. Sabisch 2018a). Ausgehend von den medialen Erscheinungen, hier: vom Filmbild, wären dann die möglichen Veränderungen und Transformationen für jemanden zu beschreiben und in Spuren einzuholen, die sich zwischen Gewöhnung und Überraschung, zwischen Wiederholung und Störung abspielen.

Der bildungstheoretische Einsatz bestünde dann auch darin, einzuordnen, welches Gewicht man den Artikulationen und Praktiken des Bildens für die Strukturierung und Umstrukturierung des Welt- und Selbstverhältnisses beimisst.

Die Bedeutung, die ich den hier beschriebenen Filmerfahrungen zuteile, liegt also weniger darin, den Film als Quelle zu begreifen, um mit ihm ein pädagogisches Problem zu umreißen. Sie besteht vielmehr darin, den Film als Möglichkeit aufzufassen, die Veränderung der Strukturen des Denkens zu erkennen und zu denken. In Anlehnung an eine Formulierung Kathrin Buschs über „Kunstformen der Theorie" kann ich zusammenfassend festhalten, dass der Film im Kontext der Bildungstheorie und Bildungsphilosophie und, so wie ich ihn hier zur Darstellung bringe, „weniger Sujet einer philosophischen Betrachtung [ist] als vielmehr Austragungsort für eine andere Form des Denkens, das sich entlang und vermittels" des Films vollzieht (vgl. Busch 2016, S. 164).

Dieses Denken im Visuellen anzusiedeln, bedeutet, die Praxis des Bildens stark zu machen und das *Wie* der Bildungen im Plural zu verstehen zu versuchen – unter dem Aspekt der Montage als Assoziation *und* Dissoziation. Die Montage setzt diese Zwischenräume in ein Verhältnis zueinander und erzeugt so allererst eine fragile und flüchtige Übergänglichkeit, die einen Weg *bahnt* und gewissermaßen ein dynamisches Geländer entstehen lässt, um anders und neu zu sehen. Die Montage erlaubt es, nicht nur „etwas als etwas" innerhalb des Bildes zu erkennen, sondern dieses „etwas als etwas" *als* Bildliches *und als* Mediales zu denken. Sie verschränkt dabei nicht nur das Bild im Singular mit dem Bild im Plural, sondern ermöglicht es ferner, unterschiedliche Medien miteinander zu koppeln, um das Denken der Übergänge im Filmbild und durch die Filmbilder zu zeigen.

Indem ich die *Übergänge* und Wechsel dieser filmischen Formierung so stark akzentuiere, geht es mir darum, die Bildungstheorie als einen Ort zu begreifen, der das *Werden* im Filmbildlichen zu denken wagt. Dabei entwerfe ich dieses *Werden* nicht länger als Entwicklung entlang eines Zeitstrahls, sondern als Montage, als vom Ereignis ausgehendes brüchiges Antwortgeschehen, wie es die responsive und mediale Erfahrungskonzeption nach Waldenfels erlaubt (vgl. Waldenfels 2008, S. 67–81).

Wenn Olaf Sanders bereits 2013 behauptete, dass uns „ein wissenschaftliches Vokabular oder Sprachspiel" fehle „um das ‚Werden' zu denken" und dass dessen Hervorbringung „als Aufgabe für Bildungsphilosophie" betrachtet werden könne (vgl. Sanders 2013, S. 89), stimme ich ihm darin insoweit zu, als die Verhandelbarkeit pädagogischer Theoriebildung nach wie vor auch über eine Begriffsarbeit geschieht. Diese habe ich hier mit den Begriffen der *Montage* und *Assoziation* sowohl als medienspezifisches wie auch als transmediales Zwischengeschehen von Bildlichkeit und Sozialität zu erweitern versucht.

Neben der Begriffsarbeit bedarf es jedoch außerdem, wie ich zu zeigen versucht habe, einer medienspezifischen Bildarbeit, die es erlaubt, Bildungsprozesse vom (bewegten) Bild her zu konturieren und theoretisch zu konzipieren, für die sich Sanders ebenfalls ausspricht (vgl. Sanders 2015, S. 116). Diese Bildarbeit lässt uns ahnen, *wie* unser Bild-Sehen unsere Ausrichtungen, Modi und Logiken modifizieren und transformieren kann, *wie* wir Ordnungen des Sehens erfahren, *wie* wir Perspektiv- und Sichtwechsel erleben und *wie* ein Bilden, Imaginieren und Denken im Visuellen grundiert sein könnten. Diese Bildarbeit wäre m. E.

als medienspezifische responsive Forschung und Fallarbeit zu entwerfen, die anhand von Symptombildungen potenzielle Erfahrungen aufscheinen lässt, die im besten Fall zu Beispielen werden können und qua indirektem Zeigen eine andere Empirie und auch eine andere Theoriebildung entfalten könnte (vgl. Sabisch 2018a, S. 384). Damit verbunden sehe ich in der Reflexion von möglichen Bildungsprozessen im Horizont von Bildlichkeit die Chance auf einen neuen „Raum geteilter Auseinandersetzung" zur Ausdifferenzierung und Aushandlung pädagogischer und disziplinübergreifender Theoriebildung (vgl. Thompson/Schenk 2017, S. 12).

Literatur

Breidbach, Angela (2017): Schatten und Bildemergenz im Animationsfilm „Mine". In: Übertragene Körper. München: Fink, S. 235–270

Bronfen, Elisabeth/Frey, Christiane/Martyn, David (Hrsg.) (2016): Noch einmal anders. Zu einer Poetik des Seriellen. Zürich: Diaphanes, S. 105–118

Busch, Kathrin (2016): Ästhetische Amalgamierung. Zu Kunstformen der Theorie. In: Siegmund, Judith (Hrsg.): Wie verändert sich Kunst, wenn man sie als Forschung versteht? Bielefeld: Transcript, S. 163–178

Debray, Régis (2013): Jenseits der Bilder. Eine Geschichte der Bildbetrachtung im Abendland. Berlin: Avinus

Frohne, Ursula/Haberer, Lillian/Urban, Annette (Hrsg.) (2011): Displays und Dispositive. Ästhetische Ordnungen. In: dies. (Hrsg.): Display/Dispositiv. Ästhetische Ordnungen. Leiden u.a./Paderborn: Fink, S. 9–58

Ganz, David/Thürlemann, Felix (Hrsg.) (2010): Das Bild im Plural. Mehrteilige Bildformen zwischen Mittelalter und Gegenwart. Berlin: Reimer

Jörissen, Benjamin (2014): Medialität und Subjektivation. Strukturale Medienbildung unter besonderer Berücksichtigung einer Historischen Anthropologie des Subjekts. Kumulative Habilitationsschrift. Otto-von-Guericke-Universität Magdeburg

Jung, Lydia (2019): Wolfgang Oelze. In: Luckow, Dirk/Oelze, Wolfgang (Hrsg.): Fuzzy Dark Spot. Videokunst aus Hamburg. Köln: Snoeck Verlagsgesellschaft, S. 73

Koller, Hans-Christoph (2012): Bildung anders denken. Einführung in die Theorie transformatorischer Bildungsprozesse. Stuttgart: Kohlhammer

Krämer, Sybille (2009): Operative Bildlichkeit. Von der ‚Grammatologie' zu einer ‚Diagrammatologie'? Reflexionen über erkennendes ‚Sehen'. In: Heßler, Martina/Mersch, Dieter (Hrsg.): Logik des Bildlichen. Zur Kritik der ikonischen Vernunft. Bielefeld: Transcript, S. 94–123

Lüthy, Michael (2012): Das Medium der ästhetischen Erfahrung. Wittgensteins Aspektbegriff, exemplifiziert an Pollocks Malerei. In: Koch, Gertrud/Maar, Kirsten/McGovern, Fiona (Hrsg.): Imaginäre Medialität – Immaterielle Medien. München: Fink, S. 125–142

Manchester, Elisabeth (2000): Ohne Titel. Zusammenfassung auf Website der Tate-Galleries. URL: https://www.tate.org.uk/art/artworks/kentridge-mine-t07484 (Abfrage: 07.01.2020)

Mathieu, Marc-Antoine (2012a): 3 Sekunden. Ein Zoomspiel. Aus dem Französischen von Martin Budde. Berlin: Reprodukt

Mathieu, Marc-Antoine (2012b): 3 Sekunden. Ein Zoomspiel. Film. URL: 3sekunden.reprodukt.com/film.html (Abfrage: 07.01.2020)

Mersch, Dieter (2010): Meta/Dia. Zwei unterschiedliche Zugänge zum Medialen. In: Zeitschrift für Medien- und Kulturforschung 1, H. 2. Hamburg: Meiner, S. 185–208

Mersch, Dieter (2015): Wozu Medienphilosophie? In: ders./Mayer, Michael (Hrsg.): Internationales Jahrbuch für Medienphilosophie, H. 1, S. 13–50

Mersch, Dieter (o.J.): Mediale Paradoxa. Einleitung in eine negative Medienphilosophie. URL: file:///Users/user/Downloads/mersch.negative.medienphilosophie.pdf (Abfrage: 09.01.2020)

Oelze, Wolfgang (2014): Untitled („lock"). URL: biggerthanlife.de/videos/untitled-lock/ (Abfrage: 09.01.2020)

Pantenburg, Volker (2006): Film als Theorie. Bildforschung bei Harun Farocki und Jean-Luc Godard. Bielefeld: Transcript

Pichler, Wolfram (2010): Topologie des Bildes. Im Plural und im Singular. In: Ganz, David/Thürlemann, Felix (Hrsg.): Das Bild im Plural. Berlin: Reimer, S. 111–132

Reiche, Claudia (2019): Das Reale im Fleck der Nichtwahrnehmung. Zur Ausstellung Fuzzy Dark Spot – Videokunst aus Hamburg. In: Luckow, Dirk/Oelze, Wolfgang (Hrsg.): Fuzzy Dark Spot. Videokunst aus Hamburg. Köln: Snoeck Verlagsgesellschaft, S. 31–37

Ritter, Joachim/Gründer, Karlfried (Hrsg.) (1998): Historisches Wörterbuch der Philosophie, Bd. 10: St–T. Darmstadt: Wissenschaftliche Buchgesellschaft

Sabisch, Andrea (2018a): Bildwerdung. Reflexionen zur pathischen und performativen Dimension der Bilderfahrung. München: Kopaed

Sabisch, Andrea (2018b): Visuelle Assoziation als generatives Prinzip. Vom Anschließen und Verknüpfen zum Bilden und Denken. In: dies./Zahn, Manuel (Hrsg.): Visuelle Assoziationen. Bildkonstellationen und Denkbewegungen in Kunst, Philosophie und Wissenschaft. Hamburg: Textem, S. 406–425

Sanders, Olaf (2013): Philosophie pädagogisieren, Lyotard zum Beispiel – und: Wozu Bildungsphilosophie? In: Schäfer, Alfred/Thompson, Christiane (Hrsg.): Pädagogisierung. Halle-Wittenberg: Martin-Luther-Universität, S. 85–102

Sanders, Olaf (2015): Ganz Altes Denken. Auf der Suche nach verschütteten Grundlagen einer bewegungsbildbasierten Bildungstheorie, in der das Subjekt noch larvenhaft erscheint. In: Jörissen, Benjamin/Meyer, Torsten (Hrsg.): Subjekt, Medium, Bildung. Wiesbaden: Springer VS, S. 93–116

Schaub, Mirjam (2010): Das Singuläre und das Exemplarische. Zu Logik und Praxis der Beispiele in Philosophie und Ästhetik. Zürich: Diaphanes

Schlüter, Christian (2012): Comic „3 Sekunden". Der göttliche Blick. In: Berliner Zeitung vom 24.07.12. URL: https://www.berliner-zeitung.de/3774698 (Abfrage: 07.01.2020)

Tappeiner, Maria Anna/Wulf, Reinhard (2017): William Kentridge: Drawing the Passing. Zeichnen für den Augenblick. Fridolfing: Absolut Medien

Thompson, Christiane (2017): „Diesem Ding (es sey was es wolle) einen andern Nahmen zu geben". Theoriearbeit in der Erziehungswissenschaft. In: Thompson, Christiane/Schenk, Sabrina (Hrsg.): Zwischenwelten der Pädagogik. Paderborn: Schöningh, S. 111–124

Thompson, Christiane/Schenk, Sabrina (2017): Zwischenwelten der Pädagogik – ein Auftakt. In: dies. (Hrsg.): Zwischenwelten der Pädagogik. Paderborn: Schöningh, S. 7–15

Waldenfels, Bernhard (2008): Grenzen der Normalisierung. Studien zur Phänomenologie des Fremden, 2. erw. Ausgabe. Frankfurt/M.: Suhrkamp

Waldenfels, Bernhard (2012): Hyperphänomene. Modi hyperbolischer Erfahrung. Frankfurt/M.: Suhrkamp

Waldenfels, Bernhard (2015): Sozialität und Alterität. Modi sozialer Erfahrung. Berlin: Suhrkamp

Zahn, Manuel (2015): Beitrag zum gemeinsamen Vortrag mit May, Evelyn/Pazzini, Karl-Josef/Sabisch, Andrea zum Film „Via dolorosa" von Marc Wallinger „Visuelle Bildung: Blinder Fleck und Fiktion – Transdisziplinäre Zugänge" im Rahmen des Bundeskongresses der Kunstpädagogik im Mozarteum Salzburg am 14.02.2015

Die Schmerzen der anderen

Privileg und Normalität als Gegenstand ästhetischer Bildung[1]

Markus Rieger-Ladich

Es mag der zunehmenden Problematisierung von Privilegien geschuldet zu sein, dass derzeit in Diskursen, die meist getrennt voneinander geführt werden, verwandte Fragestellungen verhandelt werden (vgl. Kerner 2013; Emcke 2016). Wie hoch dabei zuweilen das Konfliktpotenzial ist, wurde deutlich, als sich die weiße US-amerikanische Künstlerin Dana Schutz im Herbst 2016 mit dem Vorwurf konfrontiert sah, aus dem Leid anderer Profit zu schlagen und ihre künstlerische Karriere auf Kosten der Schwarzen Community voranzutreiben. Ihr Ölgemälde ‚Open Casket' zeigte mit Emmett Till eines der bekanntesten Opfer rassistischer Gewalt. 1955 wurde er, im Alter von vierzehn Jahren, von zwei Weißen Männern im Bundesstaat Mississippi auf grausame Weise ermordet, nachdem ihn eine Weiße Frau fälschlich bezichtigt hatte, mit ihr geflirtet zu haben. Seither gilt Emmett Till, dessen Mörder von einer Weißen Jury freigesprochen wurden, in den USA als eines der bekanntesten Opfer rassistischer Gewalt (vgl. Davis 2016). Doch als nun das *Whitney Museum* in New York Dana Schutz' Porträt von Emmett Till zeigte, regte sich heftiger Protest: Schwarze Aktivist*innen blockierten den Zugang zu dem Gemälde und entzogen es den Blicken der Öffentlichkeit; parallel dazu forderte die britische Künstlerin Hannah Black die Museumsleitung in einem offenen Brief dazu auf, das Gemälde nicht nur umgehend aus der Ausstellung zu entfernen, sondern es zu zerstören, um auf diese Weise auszuschließen, dass es verkauft und an anderer Stelle gezeigt werden könne (vgl. Pofalla 2017).

Was sich hier bereits beobachten lässt – die Verknüpfung von Fragen künstlerischer Autor*innenschaft mit jenen nach ethnischer Identität –, hat sich in der Zwischenzeit noch weiter verschärft. So wurde unlängst der US-amerikanischen Schriftstellerin Jeanine Cummins vorgeworfen, in ihrem Roman „American Dirt" von dem Schicksal einer mexikanischen Migrantin zu erzählen, ohne über jenen Erfahrungsschatz zu verfügen, der ihr das erlaube. Obwohl sie sich in dem Nachwort explizit dafür ausgesprochen hatte, lateinamerikanische Einwanderer jenseits der Klischees – mithin entweder als krimineller „Mob" oder

1 Für kluge Rückfragen und tatkräftige Unterstützung bei der Recherche gilt mein Dank Milena Feldmann, Hannah Helfferich, Linnéa Hoffmann, Saskia Langer und Kai Wortmann. Und Anna Wanka dafür, dass sie mich dazu herausgefordert hat, in der Debatte um *cultural appropriation* differenzierter zu argumentieren.

aber als „hilflose, verarmte, gesichtslose braune Masse“ (Pines 2020, S. 55) – zu zeigen, wurde ihr von lateinamerikanischen Literaturkritiker*innen doch genau das zum Vorwurf gemacht: Sie bemühe Stereotype und befördere damit Ressentiments (vgl. Caro 2020). Und auch hier war zwischen den Zeilen die Kritik zu erkennen, dass ihr Roman nicht zuletzt deshalb so misslungen sei, weil sie als Weiße, privilegierte Autorin über keine vergleichbaren Erfahrungen der Diskriminierung verfüge, weil für sie der Alltagsrassismus, mit dem Migrant*innen in den USA konfrontiert seien, eine abstrakte politische Tatsache bleibe. Dies aber, scheinen viele Kritiker*innen zu unterstellen, sei notwendig, um dem gewählten Sujet gerecht zu werden.

Gegen diesen Jargon der Eigentlichkeit und eine falsche Inanspruchnahme von Authentizität intervenierte jüngst Thomas Assheuer (2020). Ohne die literarische Qualität des inkriminierten Romans zu diskutieren und ohne die Programmpolitik der großen US-amerikanischen Verlage, die überwiegend ein Weißes, bürgerliches Publikum adressieren und vornehmlich Weiße Autor*innen unter Vertrag nehmen, zu problematisieren (vgl. Rogers 2006; Caro 2020), warf er eine Reihe grundsätzlicher Fragen auf. In seiner Philippika mit dem Titel „Es geht um den Universalismus“ warnte er vor den fatalen Folgen einer Identitätspolitik, die nun auch das kulturelle Feld zu verändern drohe (vgl. Hettche 2019; Susemichel/Kastner 2020). Wenn nur mexikanische Migrant*innen in der Lage seien, vom Leid mexikanischer Migrant*innen zu erzählen, dann werde damit nicht weniger als eine der wertvollsten Fähigkeiten unserer Spezies in Abrede gestellt: „die einzigartige Gabe, sich, wie unzulänglich auch immer, in fremde Schicksale einfühlen zu können – in Unrecht, das man nicht selbst erleben, in Grausamkeit, die man nicht am eigenen Leib erfahren musste“. Und Assheuer fährt fort.

> „Wenn es nur den Mitgliedern einer ethnischen Opfergruppe gestattet sein soll, von ihrem Schmerz zu sprechen, dann ist das nicht bloß ein Empathieverbot für ‚Kulturfremde‘, sondern schlimmer: Es ist die Absage an jede Form sprachlicher Verständigung. Es gibt dann keine Solidarität unter Fremden, nicht einmal in der Erinnerung – alles wäre spätkoloniale ‚Aneignung‘“ (Assheuer 2020).

Damit würde freilich nicht allein die Fähigkeit zur Ausbildung von Empathie, Anteilnahme und Solidarität bestritten; es werde – wenn auch ungewollt – ein gesellschaftliches Szenario beschworen, das von den Vertreter*innen der Neuen Rechten längst propagiert wird.

> „Die Gesellschaft, die diesen Vorstellungen entspricht, wäre eine Gesellschaft ohne Gesellschaftlichkeit, eine Ansammlung aus isolierten Identitätsbesitzern, die in ihren *gated communities* und in spektakulärer Sprachlosigkeit aneinander vorbeileben. […] Ein jeder wäre der Eingeborene einer Gefühlskultur, die in Erwartung ihrer

> jederzeitigen Kränkbarkeit eifersüchtig bewacht und unter Naturschutz gestellt wird. Es ist nicht leicht, dieses Denken vom Essentialismus rechter Ideologen zu unterscheiden – von der Vorstellung, die Welt bestehe aus homogenen, von unüberwindlichen Mauern umgebenen ‚Kulturkreisen'" (ebd.).

Ohne sich expressis verbis auf die engagiert geführten Debatten um *cultural appropriation, political correctness* und *Critical Whiteness Studies* zu beziehen (vgl. Kerner 2013; Berendsen/Cheema/Mendel 2019; Amelung 2020; Schubert 2020), formuliert Jan Roß in seinem jüngsten Buch einen Kommentar zu diesem politisch umkämpften Themenfeld. Unter dem Titel „Bildung. Eine Anleitung" (Roß 2020a) gewährt der ZEIT-Journalist Einblicke nicht allein in seinen Bildungsgang, sondern auch in seine ästhetischen Vorlieben. Ohne über vertiefte Kenntnisse im Bereich der Bildungstheorie zu verfügen, ist er doch für Fragen von Ungleichheit und Privilegien nicht unempfänglich. Nach eigener Auskunft hat ihn seine Zeit in Indien, wo er für fünf Jahre als Korrespondent tätig war, nicht zuletzt für Gerechtigkeitsfragen sensibilisiert. Mit Blick auf seine Lektüren räumt er freilich ein, dass ihn bisweilen das Schicksal einer literarischen Figur intensiver beschäftigt habe als die Armut realer Personen, mit der er auf seinem Weg zur Arbeit täglich konfrontiert worden sei (vgl. Roß 2020b). Was die unmittelbare Anschauung nicht vermochte, leistete die Literatur. Und so gilt für das literarische Werk Dickens' das, was er auch den Theaterstücken Shakespeares attestiert: „Ich konnte mich auf einmal in diese fremde Welt hineinversetzen, ich konnte mitfühlen und begreifen". Und wenige Seiten später erläutert er, was er unter Bildung versteht.

> „Bildung bedeutet Horizonterweiterung, sie bricht den Seelenkäfig der Phantasielosigkeit auf, die sich keine andere Welt und keine andere Weltsicht als die eigene vorstellen kann. Sie dehnt die Grenzen unserer Vorstellungskraft aus, sie lehrt Einfühlung und Toleranz, sie macht offen für die Überraschungen der Zukunft" (Roß 2020a, S. 11, 23).

Es ist diese Überkreuzung unterschiedlicher Diskurse, die den Hintergrund meiner Überlegungen darstellt. Auffällig ist dabei, dass im selben Moment, in dem die Sensibilisierung für die ungleichen Möglichkeiten, die eigenen Anliegen mit Aussicht auf Erfolg öffentlich zu artikulieren, zunimmt, nicht allein Empathie und Universalismus als heilsame Kräfte beschworen werden (vgl. Schmetkamp 2019), sondern auch der Bildungsbegriff medienwirksam in Anspruch genommen wird. Was dabei jedoch zumeist unterbleibt, ist der argumentative Nachweis dessen, was hier vollmundig behauptet wird. Statt also die Ausbildung von Empathie, Universalismus und Solidarität leichthin anzunehmen, wie es in Beiträgen zur ästhetischen Bildung nicht eben selten geschieht, versuche ich einen Beitrag zur Klärung dessen zu leisten, was damit gemeint sein könnte, wenn wir davon sprechen, von einem Roman, einem Theaterstück oder einer

TV-Serie dazu provoziert zu werden, den engen Kreis des eigenen Erfahrungsschatzes zu erweitern, probehalber die Perspektiven anderer einzunehmen und in der Folge die eigene Position als eine privilegierte zu erkennen (vgl. Rieger-Ladich 2021a). Anders als die eingangs erwähnten Stimmen werde ich mich im Folgenden allerdings nicht auf literarische Texte konzentrieren, sondern auf eine bei Netflix ausgestrahlte Serie, die zum Autor*innen-Fernsehen gezählt werden kann. Bevor ich mich „Orange is the New Black" eingehender zuwende, skizziere ich Richard Rortys Interesse an ästhetischen Zeugnissen. Ich löse mich in einem nächsten Schritt von dessen Konzentration auf die Literatur, stelle knapp das Projekt der „Solidarischen Mobilmachung" vor und begebe mich dann auf den Spuren von Piper Chapman, der weißen Protagonistin von „Orange is the New Black", in das Frauengefängnis von Litchfield. Dabei interessiert mich die Frage, ob sich überzeugende Argumente dafür finden lassen, dass die intensive Befassung mit einer TV-Serie tatsächlich eine tiefgreifende Selbstreflexion sowie eine umfassende Solidarisierung auszulösen vermag und im Anschluss daran mit guten Gründen von einem politischen Bildungsprozess gesprochen werden kann (vgl. Bünger/Trautmann 2012; Rieger-Ladich 2020a).

1 Was ist solidarische Vokabularpolitik?

Obwohl Richard Rorty nicht allein im angloamerikanischen Raum als einer der wichtigsten Erneuerer der Tradition des Pragmatismus gilt und überdies als einer der wenigen Vertreter der akademischen Philosophie, die sowohl mit der kontinentalen wie auch der (sprach-)analytischen Tradition auf intime Weise vertraut sind (vgl. Döring 1997), wurde er im deutschsprachigen Raum doch erst recht spät entdeckt. Hierzulande stand er lange Zeit unter dem Verdacht, dass er das Philosophieren ohne die notwendige Ernsthaftigkeit betreibe und im Umgang mit den wertvollen Beständen der abendländischen Tradition eine gewisse Leichtfertigkeit erkennen lasse (vgl. Rorty 2000; Schäfer/Tietz/Zill 2001).

Nicht ganz unbeteiligt an dieser verhaltenen Rezeption ist Jürgen Habermas. In seinen Vorlesungen über den „Philosophischen Diskurs der Moderne", die Ende der 1980er Jahre erschienen und seinerzeit breit diskutiert wurden, behandelt er Rorty innerhalb eines langen, fast 30-seitigen Exkurses, der den Titel trägt: „Exkurs zur Einebnung des Gattungsunterschiedes zwischen Philosophie und Literatur" (Habermas 1988, S. 219 ff.). Im Zentrum steht hier Jacques Derrida, dem Habermas vorhält, zwischen den unterschiedlichen Geltungsansprüchen, die philosophische und literarische Texte erheben, nicht länger zu unterscheiden – und Philosophie letztlich in Rhetorik aufgehen zu lassen. In der Folge würde die „Klinge der Vernunftkritik selber stumpf werden" (ebd., S. 246). Es ist genau diese Geste, die Habermas auch seinem Kollegen aus den USA vorwirft: Indem Rorty der Philosophie keinen herausgehobenen Anspruch auf Erkenntnis zuerkenne und eine komparative Perspektive einnehme, betreibe er eine gefährliche Nivellierung differenter Wertsphären: „Rorty zufolge sind Wissenschaft und Moral, Wirtschaft und Politik *in der gleichen Weise* wie Kunst und Philosophie einem Prozeß sprachschöpferischer Protuberanzen ausgeliefert" (ebd., S. 241, Hervorh. M. R.-L.; vgl. Wortmann 2019, S. 469 f.). Sie alle verdankten sich nicht näher identifizierten Energieströmen und erhöben den gleichen Anspruch auf Respekt und Kenntnisnahme.

Rorty wurde daher hierzulande lange Zeit – und bisweilen lässt sich dies auch noch in aktuellen Beiträgen beobachten – mit einer „Hermeneutik des Verdachts" (Ricœur) begegnet: Ähnlich wie schon Jacques Lacan, Michel Foucault oder eben Jacques Derrida mit dem Vorwurf konfrontiert wurden, bei der Selbstkritik der Vernunft ohne jedes Maß vorzugehen (vgl. Laermann 1986) und die Grundlagen, auf der diese sinnvollerweise betrieben werden könne, selbst zu zerstören (vgl. dazu kritisch Eßbach 2011), wurde nun skeptisch beäugt, wenn sich Rorty ästhetischen Zeugnissen zuwandte, Phänomene des Alltags zum Gegenstand einer philosophischen Reflexion machte oder bei der Schilderung des eigenen Wegs in die Philosophie weder sein Faible für Orchideen und Trotzkisten aussparte noch schmerzhafte Prügeleien auf dem Schulhof (vgl. Rorty 2000, S. 137 ff.).

Von den unterschiedlichen Beiträgen, die Rorty ästhetischen Fragestellungen widmete, konzentriere ich mich im Folgenden auf jenen, der in den Sammelband „Dimensionen ästhetischer Erfahrung" (Küpper/Menke 2003) aufgenommen wurde. Die These, die Rorty hier vertritt, ziert auch den Titel: „Der Roman als Mittel zur Erlösung aus der Selbstbezogenheit" (Rorty 2003a). Er sucht in diesem Artikel somit die Auffassung zu plausibilisieren, dass die Auseinandersetzung mit fiktionalen Texten ein besonders geeignetes Mittel darstellt, die eigenen Überzeugungen auf den Prüfstand zu stellen, sich für die Erfahrungswelten anderer Personen zu öffnen und in der Auseinandersetzung mit diesen nicht allein sein Urteils-, sondern auch das eigene Empfindungsvermögen weiterzuentwickeln. Fiktionale Texte ermöglichen dies, indem sie die Kontingenz der sozialen Verhältnisse vorführen; sie zeigen uns im Modus des Sinnlichen, dass Ordnungen nur gestiftet und die begrifflichen Instrumente, die wir zur deren Reflexion einsetzen, eben auch kontingent sind (vgl. Rieger-Ladich 2020b). Indem Gedichte, Erzählungen und Romane das tun, werden sie zu Elementen eines Emanzipationsprozesses, der uns – die Leser*innen dieser Texte – dabei unterstützt, sich „aus unserer Vergangenheit und kulturellen Umwelt zu lösen" und in der Folge, Schritt für Schritt, „verständnisvoller, klüger, stärker und weiser zu werden" (Rorty 2003a, S. 49).

In Konflikt mit der abendländischen Philosophie musste Rorty dabei insofern geraten, als sich viele ihrer einflussreichsten Vertreter*innen einem Projekt der Purifizierung verschrieben haben. Der Neo-Pragmatist stellt sich damit ausdrücklich gegen jene gewichtige Tradition, die mit Immanuel Kant an Platons Unternehmen der Läuterung anknüpft und sich dem Ziel verschrieben hat, „das falsche, tierhafte Selbst abzustreifen", um auf diese Weise das „vernünftige, wahrhaft menschliche Selbst" freizulegen (ebd., S. 53; vgl. Rorty 1991, S. 52ff.). Statt also Kants Projekt einer Ausdifferenzierung der Vernunft in drei unterschiedliche Vermögen zu begrüßen und jeder Vermischung dieser Formen der Vernunft entgegenzutreten, betrieb Rorty die Rehabilitierung jener Textsorte, die leicht despektierlich „Belletristik" genannt wird und aus dem Gegenstandsbereich der Philosophie ausgegrenzt wurde. Warum dies einen Verlust darstellt, suchte Rorty mit Blick auf Romane von Henry James und Marcel Proust zu zeigen. Diesen beiden Schriftstellern gelinge es, „mit den Mitteln des Wortes eine beinahe taktile Intimität zum potentiellen Leser" herzustellen: „Autor, Figuren und Leser scheinen ein gemeinsames Bewußtsein zu teilen" und in der Folge dessen geraten unsere eigenen Überzeugungen, Werturteile und Handlungsmaximen auf den Prüfstand. Indem die fiktionalen Figuren unseren Erfahrungsschatz erweitern, sensibilisieren sie merklich für die Gefahren der Selbstbezogenheit und der Selbstzufriedenheit, mithin für die fatale „Neigung zu glauben, man besitze bereits alles Wissen, den vollständigen Überblick über die Folgen einer Handlung, die man erwägt" (ebd., S. 58).

Die „Weisheit des Romans", von der Rorty in einer autobiografischen Skizze spricht (und dabei eine Wendung Milan Kunderas aufgreift), bestehe folglich darin, die Leser*in mit fremden Stimmen zu konfrontieren und diese so anschaulich zu schildern, dass wir ihnen das Recht nicht länger absprechen mögen, gehört und berücksichtigt zu werden. Die Lektüre fiktionaler Texte schult daher unser Empfindungsvermögen und unsere „Fähigkeit, Mitleid zu haben" (Rorty 2003a, S. 56). Ferner artikuliert sie eine Überzeugung, die Rorty mit John Dewey teilt – nämlich die Annahme,

> dass „hinter unserem Gefühl der Verpflichtung gegenüber den Leidenden [...] nicht Größeres, Bleibenderes und Zuverlässigeres als ein bestimmtes historisches Phänomen kontingenter Art [steht]: die allmähliche Ausbreitung des Gefühls, dass die Schmerzen der anderen wichtig sind, egal ob sie derselben Familie, demselben Stamm, derselben Religion, demselben Volk [...] angehören wie man selbst" (Rorty 2000, S. 151).

In seiner „Oxford Amnesty Lecture" (Rorty 2003b), die er im Jahr darauf hielt, griff Rorty dieses Motiv erneut auf und führte seine Überlegungen weiter. Er sprach sich für die Weiterentwicklung einer „Menschenrechtskultur" aus sowie dafür, keine besonderen Hoffnungen daran zu knüpfen, dass eine philosophische Letztbegründung deren Verbreitung befördern könnte. Die Entwicklung einer politischen Haltung, die von Mitgefühl, Anteilnahme und Solidarität gegenüber benachteiligten, marginalisierten und vulnerablen sozialen Gruppen geprägt ist, werde kaum einmal an das Vorliegen eines moralphilosophischen Arguments rückgebunden, das auch vor den Augen eines strengen Logikers Bestand habe. Die Fähigkeit, „allen ungefiederten Zweifüßer[n]" mit Respekt und

Achtung zu begegnen, verdanke sich weniger einem logisch-zwingenden Beweis; sie sei eher schon das Ergebnis einer „Schule der Empfindsamkeit" und der Einsicht, „daß die Ähnlichkeiten zwischen uns selbst und ganz andersartigen Leuten die Unterschiede wettmachen" (Rorty 2003b, S. 261; vgl. Rorty 1991, S. 229ff.; Wortmann i. E.).

Im Unterschied zu Rorty, der für das skizzierte Projekt von Romanen die wichtigsten Beiträge erwartete, plädiert Alexander Koch für eine entschiedene Entgrenzung dieses Vorhabens und dafür, die Literatur nicht länger zu privilegieren. Der Autor und Kurator, der in Berlin eine Galerie unterhält, spricht sich in einem bemerkenswerten Beitrag, der von Sachkenntnis wie von Leidenschaft gleichermaßen gekennzeichnet ist, entschieden dafür aus, sämtliche Künste in den Dienst einer „Solidarische[n] Mobilmachung" zu stellen (Koch 2016).

Nachdem sich auch Koch eingangs dagegen wendet, die Hoffnung an Letztbegründungen sowie (vermeintlich) unbezweifelbare Gewissheiten zu knüpfen (vgl. Dewey 1998) und Rortys Verwendung des Kontingenzbegriffs erläutert, legt er dessen zentrales Anliegen frei – und unterscheidet dabei zwei Funktionen, die ästhetische Zeugnisse übernehmen.

> „Rorty fand, dass wir […] weiterkommen, wenn wir eine gerechtere Welt in Worten und Bildern beschreiben, die für möglichst viele Menschen so ergreifend, anziehend und plausibel sind, dass diese sich eine weniger gerechte Welt nicht mehr vorstellen mögen und vielleicht nicht mehr vorstellen können, und entsprechend denken, handeln und sich organisieren. Zugleich sollten wir eine Sprache für unsere eigenen und anderer Leute Grausamkeiten finden, die uns diese ein für alle mal verleidet" (Koch 2016, S. 165).

Koch teilt dieses Anliegen, folgt aber Rorty nicht darin, dass diese wichtige Arbeit am besten von der Literatur geleistet werden könne. Es spricht nichts dafür, so lassen sich seine Überlegungen paraphrasieren, dass Malerei und Musik, dass die Oper und das Theater, dass das Ballett, ein Projekt der *socially engaged art* das nicht ebenfalls zu leisten vermögen. Und ich trage an dieser Stelle nach: oder eben eine TV-Serie. Warum sollten, so lässt sich mit Koch fragen, von diesen unterschiedlichen Formen der Kunst nicht ebenso wertvolle Beiträge zur Verfeinerung unseres Empfindungsvermögens geleistet werden? Wenn es um die Darstellung von Grausamkeit und Leid, von Schmerz und Verzweiflung geht, stehen Fotografien von Boris Mikhailov, Songs von Soap & Skin und Filme von Ken Loach hinter der Literatur keineswegs zurück. Und dies gilt auch für das Aufbegehren gegen Ungerechtigkeit, für die Versuche, Verhältnisse hinter sich zu lassen, welche als entwürdigend erlebt werden und die eigene Selbstachtung verletzen. Wenn es also darum geht, auf die „Krise der Solidarität" (vgl. Rorty 2008; Adamczak 2017) zu reagieren, mithin nach solchen Vokabularen, Bildern und Narrativen zu suchen, die es erlauben, dass sich der „Radius der Leute, die sich gegenseitig als Ihresgleichen betrachten, erweitert statt verengt" (Koch 2016, S. 168), sind alle Künste gefragt. Sämtliche Gattungen und Genres sollten – hier schließe ich mich den Überlegungen Alexander Kochs ausdrücklich an – auf ihren möglichen Beitrag geprüft werden.

2 Was kennzeichnet das Autor*innenfernsehen?

Genau jene Praktiken des Perspektivenwechsels und der Empathie, an die Richard Rorty und Alexander Koch große Hoffnungen knüpfen, wurden zum Gegenstand, als es vor etwa 20 Jahren in den USA zur Etablierung des Autor*innenfernsehens kam (vgl. Sepinwall 2012). Allerdings verdanken sich die ersten Debattenbeiträge einer ganz anderen Form der Anteilnahme, als dies Rorty im Blick hatte oder etwa Jan Roß, der in seinem Bildungsbuch im hohen Ton von der eigenen Dickens-Lektüre berichtet (vgl. Bartmann 2020). Es ist eben nicht die Einfühlung in das Schicksal derer, die unter widrigen Umständen ihr Leben zu führen gezwungen sind; es ist eine Identifikation anderer Art, von der hier berichtet wird. So blickte Geoffrey O'Brien in der „New York Review of Books" auf acht bewegende Jahre zurück, die er mit den Sopranos verbracht hatte – und kam nicht umhin, nach Abschluss der Serie kopfschüttelnd festzustellen: „It was disturbing to realize how much we did care about these people" (zit. n. Kelleter 2010, S. 68).

Diese Erfahrung der Anteilnahme gilt nicht allein für Tony Soprano, den Kopf einer kleinen Mafia-Truppe, die im Norden New Jerseys ihren illegalen Geschäften nachgeht. Wir begleiten – als Zuschauer*innen – nicht nur den Boss zu seinen Therapiesitzungen bei Dr. Jennifer Melfi, wodurch uns dessen Panikattacken vertraut werden. Diese eigentümliche Nähe gilt auch für die übrigen Mitglieder seiner Mafia-Familie. So machen wir schon in der ersten Folge der ersten Staffel eine Erfahrung, mit der Rorty wohl eher nicht gerechnet hätte. Wir verfolgen hier eine Mutprobe, der Tony Soprano seinen Neffen Christopher unterzieht. Dieser begeht seinen ersten Mord, besteht die Prüfung – und wir müssen (nachträglich) feststellen, dass wir diese Handlung nicht mit Abscheu beobachtet haben. Diedrich Diederichsen hat diese verstörende Erfahrung präzise beschrieben: „Vielleicht zum ersten Mal wundern wir uns, wie und warum wir unsere Sympathien, unsere Perspektiven auf den Plot so organisieren, dass uns der feige Mörder am nächsten ist" (Diederichsen 2012, S. 12).

Was O'Brian und Diederichsen mit Blick auf „The Sopranos" beschreiben, ist freilich nicht der Serie um einen von Depressionen geplagten Mafia-Boss geschuldet. Ähnliche Erfahrungen machen wir auch mit anderen Serien – etwa beim Schauen von „The Wire", „Breaking Bad" oder „Mad Men".[2] Doch statt das

2 Für „Breaking Bad" sei etwa auf David R. Koepsell und Robert Arp (2013) hingewiesen; für „The Wire" auf Margrethe Bruun Vaage (2011). Für alle Fälle gilt, dass wir bei der Beurtei-

nun als ein Indiz für charakterliche Mängel der beiden erwähnten Kulturwissenschaftler zu betrachten, ist es ungleich überzeugender, diese eigentümliche Rezeptionspraxis als Ergebnis eines weitreichenden Umbruchs im Bereich der Medien zu interpretieren, genauer: des Aufeinandertreffens neuer technologischer Möglichkeiten, struktureller Veränderungen in der Medienbranche und sich verändernden Sehgewohnheiten. Es ist dieses Zugleich, das zu völlig neuartigen Formen der Narration führte und innerhalb des Feuilletons enthusiastische Reaktionen provozierte (vgl. Kämmerlings 2010).

Bevor ich mich der Serie „Orange is the New Black“ zuwende und erläutere, welche Formen der Adressierung und Identifikation sich hier beobachten lassen, skizziere ich diese „Revolution“ (Sepinwall 2012), die vor etwa zwei Dekaden stattfand und entwerfe einen Steckbrief des neuen Formats. Zunächst ist es wichtig festzuhalten, dass viele der Verantwortlichen des Neo-TV alles daransetzen, eine „narrative complexity“ (Mittell 2006, S. 29) zu entwickeln, die sich nicht zuletzt darin zeigt, dass die Zuschauer*innen mit einem Tableau von Figuren konfrontiert werden, die vielfältige Beziehungen untereinander unterhalten – und die in ihren Dimensionen zu entschlüsseln viel Zeit, Energie und Aufmerksamkeit in Anspruch nimmt. Die meisten Serien arbeiten aus diesem Grund nicht mit einem zentralen Plot, sondern mit mehreren. In berühmten „long-form series“ (ebd., S. 31) wie „The Sopranos“, „The Wire“ oder „Breaking Bad“ wird ferner über mehrere Staffeln hinweg erzählt. Serien dieser Art lösen sich von der vertikalen Dramaturgie, für die typisch ist, dass der Handlungsbogen eine einzelne Episode in der Regel nicht überschreitet. Es erschließt sich leicht, dass die Entwicklung der Charaktere nur sehr beschränkt möglich ist, wenn – wie dies etwa für die „Waltons“ typisch ist – am Ende einer Folge alle Figuren verlässlich in ihre Ausgangslage zurückkehren. Diese Limitierung der narrativen Möglichkeiten gilt nicht für die horizontale Dramaturgie: Hier wird mit einer Vielzahl von Handlungsbögen gearbeitet, die über eine Episode hinausgehen, sich häufig auch über eine ganze Staffel oder die komplette Serie hinweg erstrecken (vgl. Lang/Dreher 2013, S. 36ff.).

Die Komplexität einer Serie lässt sich also erst dann beträchtlich steigern, wenn in ihr mehrere, unterschiedlich lange Handlungsbögen miteinander kombiniert werden. In der Folge können die einzelnen Figuren und ihre Charakterzüge wie auch die Milieus, in denen sie angesiedelt sind, ungleich detaillierter beschrieben werden. Mit dieser sehr viel feineren Auflösung der Figuren geht einher, dass sich die Figurenkonstellationen einfachen Unterscheidungen wie

lung fiktionaler Figuren parteiisch und unsere moralische Überzeugungen einzuklammern bereit sind: „Wir mögen, wen wir mögen, und meistens wollen wir, dass es so bleibt. Wenn diese Menschen dann Dinge tun und sagen, die uns nicht gefallen, suchen wir nach Entschuldigungen; wir drücken ein Auge zu, verteidigen sie […]. Wir lockern die Toleranzgrenzen für das, was wir als moralisch vertretbar erachten, weil sie uns so sympathisch sind und so sympathisch bleiben sollen“ (Raney 2004, S. 351).

gut/schlecht, sympathisch/unsympathisch nicht länger fügen. Dies gilt für soziale Gruppen wie auch für einzelne Figuren: Integrität und Fairness, Skrupellosigkeit und Niedertracht lassen sich – etwa in der bereits erwähnten Serie „The Wire" – sowohl unter Drogendealern beobachten wie auch unter den ermittelnden Detectives (vgl. Eschkötter 2012). Komplexität kennzeichnet daher nicht nur die narrativen Verfahren, sondern auch das Arrangement der unterschiedlichen Figuren wie auch die einzelnen Charaktere selbst (vgl. Martin 2013). In der Folge dessen kommt es zu einer ausgeprägten Ambiguität des Serienpersonals. Tony Soprano ist daher keine Ausnahme, auch wenn er fraglos einen besonderen Charakter darstellt, wie auch Lee Siegel herausarbeitet: „Seit der Anfangsepisode der Sopranos, als Tony seine erste Panikattacke hatte, die ihn sofort sympathisch machte, und er dann einen Mann, der ihm Geld schuldete, verfolgte und zusammenschlug, was ihn sofort abstoßend machte, waren die Sopranos ein Problem" (Siegel 2005, S. 485 f.).

Ihren Siegeszug traten diese Serien – zunächst in den USA, dann auch in Europa – freilich erst an, als es möglich war, sich von der wöchentlichen Ausstrahlung zu lösen und einzelne Sequenzen erneut zu sehen. Ende der 1990er Jahre waren die technischen Möglichkeiten für diese veränderte Form der Rezeption geschaffen – und „rewachtability" (Mittel 2006, S. 31) wurde umgehend zu einem wichtigen Charakteristikum der neuen Serien.

Diese Kombination unterschiedlicher narrativer Strategien – das „interwoven plotting", der Einsatz komplexer Tableaus, die Entwicklung ambiguer Figuren und „multiple perspectives" (ebd., S. 34, 37) sowie der Verzicht auf einen souveränen Erzähler – führte zu einer historisch neuartigen Emanzipation der Betrachter*innen. Sie wurden dazu genötigt, sich von bekannten Rezeptionsmustern zu verabschieden und sich auf besondere Weise zu engagieren.

> „In all of these programs the lack of explicit storytelling cues and signposts creates moments of disorientation, asking viewers to engage more actively to comprehend the story and rewarding regular viewers who have mastered each program's internal conventions of complex narration" (ebd., S. 37).

Obwohl die Effekte, die von diesen „Lücken" ausgehen, zuvor schon von Literaturtheoretiker*innen herausgestellt worden waren,[3] war es seinerzeit doch neu, dass im Fernsehen nun die technologischen Möglichkeiten zur Verfügung standen, um dieses Potenzial in seiner ganzen Radikalität zu entfalten. Das epische

---

3 Erinnert sei hier nur an die Konstanzer Schule der Rezeptionsästhetik. Wolfgang Iser (1971) hat in seiner legendären Antrittsvorlesung die „Appellstruktur der Texte" freigelegt: Wenn ein literarischer Text Lücken kunstvoll einsetzt und die Story nicht auserzählt wird, wenn Uneindeutigkeiten und Unbestimmtheiten die Erzählung prägen, fordert dies die Leser*innen in besonderer Weise heraus. Der Text appelliert an sie, diese Lücken zu schließen und die Uneindeutigkeiten aufzulösen; er verführt sie zur imaginativen Teilhabe.

Erzählen im Autor*innenfernsehen hatte damit neue Typen von Zuschauer*innen erzeugt (vgl. Kelleter 2010).

TV-Serien entfalten somit ihre narrativen Möglichkeiten erst dann vollständig, wenn sie verschiedene Formen ästhetischer Identifikation zum Einsatz bringen. Indem sie mehrere Register ziehen, halten sie uns in Bewegung: Sie nehmen uns für eine Figur ein, stoßen uns schon bald vor den Kopf und testen auf diese Weise unsere Loyalität. Es sind daher häufig widersprüchliche Gefühle, mit denen wir den Figuren des Neo-TV begegnen. Tony Soprano, Omar Little, Walter White und Don Draper sind nicht schematisch entworfen, wie dies für viele Figuren des klassischen Westerns oder einer Daily-Soap im Vorabendprogramm gilt. Sie machen es uns nicht immer leicht – und binden uns dadurch doch nur umso stärker an sie. Dabei wechseln wir als Zuschauer*innen immer wieder die Perspektive: Wir blicken bisweilen aus einer eher neutralen Perspektive auf das Geschehen und gehen zu den Figuren auf Distanz; wir werden aber auch immer wieder dazu verführt, deren Perspektive einzunehmen, blicken mit ihren Augen auf das Geschehen. Anders formuliert und in der Sprache der Filmwissenschaft: Wir switchen zwischen einer *extradiegetischen* und einer *diegetischen* Perspektive hin und her (vgl. Lang/Dreher 2013; Rustemeyer 2013).

Werden diese narrativen Verfahren raffiniert eingesetzt, führt dies dazu, dass wir zu manchen dieser fiktionalen Figuren überaus enge Bindungen entwickeln. Wenn wir (in den „Sopranos") den Boss zu seinen Therapiesitzungen begleiten oder (in „Breaking Bad") an der Seite von Walter White die Diagnose Lungenkrebs im fortgeschrittenen Stadium erhalten, fällt es uns ausgesprochen schwer, diesen Figuren gegenüber eine neutrale oder gar kritische Position einzunehmen. Wir haben zu Morden geschwiegen, haben Betrügereien gedeckt und sind dabei gleichsam zu ihren Komplizen geworden. Wir wissen um die Abgründe der Figuren, begleiten sie über viele Stunden hinweg; wir stehen an ihrer Seite – und lösen uns aber auch immer wieder, verabscheuen sie (und bisweilen auch uns selbst) (vgl. Rieger-Ladich 2017).[4]

So werden wir im Autor*innen-Fernsehen einem Wechselbad der Gefühle ausgesetzt und zur Einnahme unterschiedlicher Perspektiven provoziert: Nähe und Distanz zum Geschehen wechseln sich ab, ebenso Sympathie und Antipathie für die Figuren; und es kommt zu einer Abfolge von Empathie und Reflexion. Wir lassen uns kognitiv, affektiv und auch leiblich verstricken – und gehen doch wieder auf Abstand, suchen uns von der Story und ihren Figuren zu lösen. Dieser aufreibende Wechsel intensiviert die ästhetische Identifikation noch weiter. Margarete Brunhild Vaage hat das treffend beschrieben.

---

4 David R. Koepsell und Robert Arp, die Herausgeber des Bandes „Breaking Bad and Philosophy", räumen mit Blick auf die kriminelle Karriere Walter Whites ein: „[W]e know how it ends. But we desperately want him to succeed, even as he goes from bad to devil" (2013, S. ix).

„Der Zuschauer taucht nicht an allen Stellen gleich stark in die Fiktion ein. Teilhabe gelingt nur dann wirklich, wenn man zwischen verschiedenen Ebenen wechselt und dabei zwischen fiktionaler Teilhabe, ästhetischer und fiktionaler Empathie sowie Momenten der Selbst-Reflexion hin- und hergleitet" (Vaage 2007, S. 117).

3 „Orange is the New Black" als Auslöser von Bildungsprozessen?

Dieser Wechsel von Anziehung und Abstoßung, von Identifikation und Distanzierung ist auch beim Betrachten der Serie „Orange is the New Black" (im Folgenden: *OITNB*) stark ausgeprägt. Allerdings geschieht dies nun in einem ungleich politischeren Kontext. Als die erste der sieben Staffeln ausgestrahlt wurde, im Jahr 2013, waren viele der heute als „klassisch" geltenden Serien schon beendet. Bei diesen waren die Hauptfiguren fast durchgängig Weiß und männlich (vgl. Martin 2013); und dies galt auch für den *Writers' Room*, also für das Team, das am Drehbuch arbeitet. Mit dieser Tradition brach *OITNB*: Hier wird nicht nur das Figurenensemble von Frauen dominiert, der *Writers' Room* ist überdies komplett weiblich – wenn auch von Weißen Frauen geprägt, was von Vertreter*innen der *Queer Studies* kritisiert wurde (vgl. Belcher 2016; Hassler-Forest 2018). Die Serie galt dem „New Yorker" gleichwohl als Exempel eines „postpatriarchalen TVs" (Meilicke 2016).

Fragen der Identifikation, der Adressierung und der Privilegierung, denen in den USA nicht zuletzt im Kontext der Identitätspolitik (vgl. Fraser 2017; Lilla 2017) seit etwa zwanzig Jahren eine wachsende Bedeutung zukommen, sind in dieser Serie zentral – und das auf zwei unterschiedlichen Ebenen. Sie werden explizit verhandelt, etwa in Gesprächen, die Figuren miteinander führen oder wenn Konflikte zwischen *Inmates* eskalieren; sie schlagen sich darüber hinaus aber auch in der narrativen Struktur selbst nieder. Schlüsselthemen der Identitätspolitik sind daher von ganz grundsätzlicher Bedeutung für die Serie. Die an Intensität zunehmenden Diskussionen um Repräsentation und Identifikation, um Zugehörigkeit und Privilegierung bilden somit den mentalitätsgeschichtlichen Hintergrund für den erzählerischen Kunstgriff, dem sich *OITNB* verdankt (vgl. Susemichel/Kastner 2020). Die Serie, die inspiriert ist von dem gleichnamigen Buch, in dem Piper Kerman (2013), eine Weiße Frau aus der *middle-class*, ihre Erfahrungen in einem Frauengefängnis schildert, rückt zunächst ganz gezielt eine einzelne Figur ins Zentrum: Piper Chapman ist bei Haftantritt 32 Jahre alt, Weiß, bisexuell und hat an einem renommierten College studiert; sie ist mit einem Schriftsteller verlobt, achtet auf ihre Figur und eine ausgewogene Ernährung; sie lebt in Park Slope, einer der teuersten Adressen von Brooklyn und zählt zur liberalen, urbanen *upper middle-class*, mithin zu einer sehr privilegierten sozialen Gruppe (vgl. Rieger-Ladich 2021a).

Piper Chapman bietet damit den Angehörigen ähnlich privilegierter Milieus, denen die Welt des Gefängnisses ebenfalls unbekannt ist, eine ideale Identifikationsmöglichkeit. Das Fremdeln der Protagonistin, das die ersten Folgen prägt, ist daher auch „unser" Fremdeln. Die sympathisch geschilderte Akademikerin, deren Küche mit Kochbüchern von Ottolenghi ausgestattet ist, fungiert dergestalt als ein „trojanisches Pferd", so Jenji Kohan, eine der beiden Produzentinnen. Kohan gibt in einem vielzitierten Interview zu verstehen, dass man einem großen US-amerikanischen Unternehmen der TV-Branche keine Serie verkaufen könne, um Geschichten von Schwarzen, hispanischen, lesbischen, alten und/oder kriminellen Frauen zu erzählen. Sie macht also genau das zum Thema, was im Zusammenhang der Debatte um *cultural appropriation* diskutiert wird – die Adressierung eines mehrheitlich Weißen Publikums durch die Verantwortlichen kultureller Einrichtungen und der Medienbranche (vgl. Rogers 2006). Dann allerdings fügt sie an: „But if you take this white girl [...] and you follow her, you can then expand your world and tell all of those other stories" (zit. n. Meilicke 2016, S. 53).[5]

Damit ist die Erzählstrategie charakterisiert. Das Team von *OITNB* weiß um die dominanten Interessen im Kulturbereich und um jene der finanzkräftigen Unternehmen, deren Geschäftsfeld die Unterhaltungsbranche ist. Die beiden Produzentinnen kennen also die Kräfteverhältnisse, die das kulturelle Feld in den USA prägen – und reagieren darauf mit einem besonderen narrativen Verfahren. Zunächst erhält Piper Chapman unsere ungeteilte Aufmerksamkeit. Mit ihr erkunden „wir" das fremde Terrain, suchen uns zu orientieren und werden schon bald mit der identitären Logik des Gefängnisses vertraut gemacht. Beim Betreten wird Piper Chapman sofort als Weiße identifiziert und von „ihrer Gruppe" – der Gruppe Weißer Frauen – mit den notwendigsten Dingen, etwa Toilettenartikeln, versorgt. Dabei trifft sie auch auf Frauen anderer Gruppen. Schnell zeigt sich, dass auch das Frauengefängnis in Litchfield entlang der Kategorien *Race, Class and Gender* genau jene Verteilung abbildet, die der „War on Drugs" (Branson 2016; Davis 2016) seit vielen Jahren erzeugt: Überproportional häufig vertreten sind *Women of Colour*, Schwarze und Latinas, viele von ihnen Kleinkriminelle aus deprivierten Milieus. Die Gruppe der Weißen Frauen ist zwar kleiner, aber ungleich heterogener: Hier gibt es Drogenabhängige und Drogendealerinnen, eine ehemalige Nonne, die zivilen Ungehorsam praktiziert, Kindsmörderinnen – und eben Piper Chapman. Sie war nach Abschluss des Colleges in einer lesbischen Beziehung und hatte für ihre damalige Geliebte Drogengeld geschmuggelt. Als

---

5 *OITNB* wird fraglos auch von Vertreter*innen anderer sozialer Gruppen geschaut; anders wäre der große kommerzielle Erfolg nicht zu erklären. Die besondere Herausforderung bestand für die Produzentinnen darin, eben auch jene zu adressieren, die von den sozialen Milieus, die in den Flashbacks geschildert werden, sozialräumlich denkbar weit entfernt sind. Um daran zu erinnern, wird im Folgenden „wir" und „uns" bisweilen in Anführungszeichen gesetzt.

Jahre später der Drogenring auffliegt, wird sie verraten – und so findet sie den Weg nach Litchfield in Upstate New York.

Piper Chapman wird dergestalt als Identifikationsfigur eingeführt, die trotz ihres Fehltritts „unsere“ Sympathien verdient. „Wir“ werden also dazu animiert, eine diegetische Perspektive einzunehmen; wir blicken nicht nur mit ihren Augen auf das unbekannte Universum eines Frauengefängnisses, „wir“ teilen auch ihre Gefühle – und werden dabei empfänglich für die Ängste und Ressentiments, die sie Frauen anderer sozialer und/oder ethnischer Herkunft gegenüber entwickelt (vgl. Paefgen 2012; Schmetkamp 2017). Zunächst werden die anderen Frauen von der Protagonistin als opake, geschlossene Gruppe wahrgenommen; sie kennt weder Namen noch Hintergründe, kennt keine individuellen Fälle und vermag noch nicht zu differenzieren. Sie verfügt bei Antritt ihrer 15-monatigen Haftzeit eben nur über den engen Horizont einer Weißen Frau aus der *middle-class*.

Und dann, noch in der ersten Staffel, setzt eine Bewegung der Dezentrierung ein – zunächst ganz unmerklich, bald schon immer deutlicher. Aus den Gruppen von Frauen treten einzelne heraus. Diese Figuren, die „uns“ – also Piper Chapman und den Betrachter*innen – zunächst völlig fremd waren und als Charaktere nicht in den Blick gerieten, erhalten nun durch *Flashbacks* ein Profil: „Wir“ werden in unterschiedlich langen Rückblenden mir ihren Lebensgeschichten konfrontiert, erhalten Einsicht in die *neighbourhood*, in der sie aufgewachsen sind, in die Konflikte, die hier vorherrschen und in die Familienverhältnisse. „Wir“ lernen auf diese Weise ihre Lebensgefährt*innen kennen, in manchen Fällen auch ihre Kinder, ihre Wünsche und Träume, ihre Ängste und Sorgen. Und so streifen mehr und mehr Frauen ihre Anonymität ab.

In der Folge wird das Tableau der Figuren größer und zunehmend komplexer. Die Erzählung löst sich sukzessive von der Hauptfigur, lässt ein wachsendes Interesse an anderen erkennen und nähert sich dem an, was in der Filmwissenschaft ein „egalitärer Modus“ genannt wird (Meilicke 2016). Zunehmend mehr Figuren beanspruchen nun „unsere“ Aufmerksamkeit. „Wir“ werden mit Taystee bekannt gemacht, einer cleveren, energiegeladenen jungen Schwarzen Frau und mit Suzanne, die von allen nur „Crazy Eyes“ genannt wird und unter psychischen Störungen leidet; wir kreuzen wiederholt den Weg von „Pennsatucky“, die in einem „White Trash“-Milieu aufgewachsen ist, sich als Jugendliche prostituiert sowie Crystal Meth konsumiert hat – und ihre Verletzbarkeit hinter einer aggressiven Attitüde versteckt. „Wir“ werden vertraut gemacht mit „Red“, die aus Russland stammt, in der Küche ein strenges Regiment führt und anfangs noch hofft, möglichst bald wieder die Verantwortung für die Erziehung ihrer beiden Söhne wahrnehmen zu können. „Wir“ lernen mit „Nicky“ und „Big Boo“ zwei Lesben kennen, die aus sozialen Milieus stammen, die kaum weiter voneinander entfernt sein könnten, und wir stoßen auf Sophia Burnett, eine Schwarze Transsexuelle, die sich um die Frisuren ihrer Freundinnen kümmert. Dieser überaus heterogenen Gruppe der *Inmates* steht das mehrheitlich Weiße Wachpersonal gegenüber: Schlecht bezahlt und kaum hinreichend qualifiziert, lassen viele von ihnen ihren Ressentiments freien Lauf und die Frauen ihre Verachtung spüren.

Der egalitäre Erzählmodus führt dazu, dass „wir" im selben Maß, in dem das Interesse an den anderen Figuren zunimmt, jenes an Piper Chapman einbüßen – und damit auch die Sympathie für sie. Durch die Konfrontation mit bewegenden Einzelschicksalen erhalten wir Einblicke in gesellschaftliche Dominanz- und Ausbeutungsverhältnisse: „Wir" beginnen nicht nur die Folgen ethnischer Segregation zu verstehen, sondern auch den Alltagsrassismus und die Mechanismen institutioneller Diskriminierung (vgl. Wacquant 2000). Dieses Wissen um die Lebensläufe ihrer Mitinsassinnen ist es, welches die Figur Piper Chapman in ein anderes Licht taucht: Sie wird nun erkennbar als das, was sie von Anfang war, was aber von „uns" – den gleichermaßen privilegierten, voreingenommenen Betrachter*innen – augenscheinlich verdrängt wurde: eine Weiße, privilegierte Angehörige der *middle-class*, die um sich selbst kreist, die das kapitalistische Credo der Selbstverantwortung und des Wettbewerbs internalisiert hat, die kein Bewusstsein für die eigene Privilegiertheit entwickelt und sich für die Schicksale anderer nicht sonderlich interessiert.

Piper Chapman nervt – und das insbesondere jene, die von ihrer Selbstbezogenheit abgestoßen sind und sich mit wachsender Aufmerksamkeit den minderprivilegierten Frauen zuwenden, deren Ringen um Selbstachtung folgen. Genau diese Gruppe privilegierter Betrachter*innen, zu der fraglos auch der Verfasser dieser Zeilen zählt, sieht sich in der Folge unweigerlich mit dem konfrontiert, was in den USA „white supremacy" genannt wird (vgl. Vials 2018). Es geht dabei um das Privileg, Weiß zu sein – mithin von einer Position aus zu sprechen und zu handeln, die das Vorrecht genießt, in einer von Rassismus, Heteronormativität, Sexismus, Homo- und Transphobie geprägten Gesellschaft die Normalität zu verkörpern und sich selbst als „neutral", als „nicht markiert" zu erleben (vgl. Kerner 2013).

Dieses Thema wird in der Serie schon sehr früh, beinah beiläufig eingeführt. Als Piper Chapman in der ersten Folge der ersten Staffel auf das Gelände des Gefängnisses fährt, wird sie von einem Wärter angehalten, der ihr ungefragt und durchaus nicht unfreundlich mitteilt: „No visiting today". Ersichtlich rechnete er nicht damit, in der jungen, Weißen Frau, die in männlicher Begleitung ist, eine künftige *Inmate* vor sich zu haben. Sie ist hier eigentümlich fehl am Platz. Piper Chapman entgeht das nicht – und fragt ihren Verlobten: „Did he look surprised? Like ‚what the hell is she doing here'? He looked surprised to me". Es bleibt im weiteren Verlauf nicht bei solchen (vermeintlich) harmlosen Begebenheiten; bald schon wird sie von Schwarzen Frauen offen mit dem Vorwurf konfrontiert, eine privilegierte Behandlung zu erfahren: Als ihre Großmutter dem Sterben nahe ist, stellt Piper Chapman einen Antrag auf Hafturlaub – und bekommt diesen genehmigt. Ein Novum in Litchfield und Anlass für weitere Konflikte.

Es spricht für die Qualität der Serie, dass sie eine intersektionale Perspektive einnimmt und nicht die Thematisierung von Grautönen scheut. So sehr sie für Praktiken der Diskriminierung, Marginalisierung und Unterdrückung sensibilisiert, betreibt sie doch keine Viktimisierung der Frauen. Die *Inmates* bleiben stets *Inmates*; sie sind Teil eines patriarchalen Apparates – aber sie sind deshalb doch nicht völlig wehrlos. Die Frauen sind mehr als das Objekt von (Männer-) Blicken, sie erweisen sich auch als Subjekte. Sie werden nicht nur beobachtet – von männlichen Wärtern etwa –, sie blicken auch zurück. Auf vielfältige Weise demonstrieren sie immer wieder ihre Agency: Red züchtet Gemüse, um bei den Mahlzeiten für mehr Abwechslung zu sorgen, Soso zettelt einen Hungerstreik an und Piper initiiert einen Newsletter, an dem mitzuarbeiten alle eingeladen sind. Es gibt also vielfältige „micro-level practices" (Fernández-Morales/Menéndez-Menéndez 2016, S. 538) und darunter fraglos auch widerständige Praktiken – also das, was Michel de Certeau (1988) „Taktiken" und „Strategien" genannt hat.

Obwohl die Themen Identität und Gruppenbildung, Hegemonie und Repräsentation, Privilegierung und Marginalisierung, Unterdrückung und Widerständigkeit auf intensive Weise verhandelt werden, geht *OITNB* manchen dabei doch nicht weit genug. Shannon O'Sullivan etwa warf der Serie vor, die herrschenden Verhältnisse zu stabilisieren, statt sie zu verändern. Als Element des Medienkomplexes sei die Serie an der politischen Bewusstseinsbildung beteiligt, biete jedoch keine emanzipatorischen Identifikationsmodelle an. Indem die Serie das Privileg des Weißseins ausstelle und Schwarze, *Women of Colour* und Latinas einmal mehr als minderprivilegierte Gruppen zeige, betreibe sie letztlich die Naturalisierung der herrschenden Verhältnisse. Sie räumt zwar ein, dass die Serie Sympathie erzeuge „for most of its characters", vermisst aber doch eine entschiedenere Haltung: *OITNB* weise über den schlechten Status quo nicht hinaus und lasse keinerlei Support für „gender-progressive ideas" erkennen (O'Sullivan 2016, S. 404, 407).

Ich teile diese Kritik nicht und halte die Enthaltsamkeit, die hier inkriminiert wird, für eine besondere Qualität der Serie. Cohan führt „uns" – die Weißen, privilegierten Zuschauer*innen – auf den Spuren von Piper Chapman in ein soziales Universum, in dem es zur Überlagerung unterschiedlicher Spielarten von Macht, Gewalt und Herrschaft kommt. Sie zeigt dabei, wie sich Widerstand organisiert und Solidarität entsteht – aber auch Humor und Ironie; und sie verschweigt weder den Egoismus noch den Mangel an Solidarität, der bisweilen zu beobachten ist. Die Serie führt überdies vor, wie es der Gefängnisleitung und ihren Anwälten auf perfide Weise gelingt, Zwietracht unter den *Inmates* zu säen und mit dem Versprechen der vorzeitigen Entlassung einzelne gegeneinander auszuspielen. Diesem Druck hält Cindy, lange Zeit eine der engsten Freundinnen von Taystee, nicht stand; sie lässt sich zu einer Falschaussage verführen – und nimmt deren Verurteilung wissentlich in Kauf. *OITNB* zeigt das Gefängnis und sein Personal – die *Inmates*, die Wärter*innen, dessen Leitung, die in den späteren Staffeln in immer höherem Tempo ausgetauscht werden – ohne Weichzeichner: ungeschönt, bloß und nackt.[6] Sie zeigt die *Inmates* in einem von Rassismus, Kapitalismus, Sexismus, Homo- und Transphobie geprägten sozialen Universum, in dem sie um Selbstachtung und Anerkennung ringen, um einen fairen und respektvollen Umgang. Sie pendeln dabei zwischen Macht und Ohnmacht, sind bisweilen voller Hoffnung und häufiger der Verzweiflung nahe; sie setzen sich für solidarische Beziehungen ein, suchen aber immer wieder auch die Nähe zum Wachpersonal, lassen sich korrumpieren und suchen das im Anschluss zu verdrängen.

OITNB beschönigt dabei nichts, federt nichts ab; die Serie kommt ohne eine Stimme aus dem Off aus und ohne erhobenen Zeigefinger. Ähnlich wie der von Richard Rorty wiederholt erwähnte Vladimir Nabokov (2006) darauf verzichtet, Humbert Humbert, den Protagonisten von „Lolita", für sein Begehren zu verurteilen und Heinz Strunk (2016) vergleichbar, der in „Der Goldene Handschuh" davon absieht, die Trinkerszene vorzuführen, die er auf eindringliche Weise schildert, verzichtet auch die Serie um Taystee, Pennsatucky, Red und Sophia Burnett auf moralische Belehrungen. Sie vertraut auf die Genauigkeit der Beschreibungen, die Kraft der bewegten Bilder – und, nicht zuletzt, auf die Sogwirkung der Story. Und fast nebenbei betreibt sie Aufklärung über die Ursachen von Drogenkonsum, die Spätfolgen sexualisierter Gewalt, die Funktionsweise patriarchaler Strukturen, die Effekte der Privatisierung von Gefängnissen – aber dies, wie bereits erwähnt, stets im Modus des Zeigens (vgl. Rustemeyer 2013; Rieger-Ladich 2014a; Gabriel 2015).

Indem sie „uns" mit fremden Figuren und unbekannten Schicksalen konfrontiert, mit der bisweilen unheilvollen Verkettung biografischer Ereignisse, leistet *OITNB* das, was Rorty dem Roman attestiert – uns über die „Kontingenz unseres eigenen moralischen Begriffsrepertoires" (Rorty 2003a, S. 57) aufzuklären. In Begleitung von Piper Chapman treffen „wir" hier auf Figuren, deren Handlungen und Motive sich uns zunächst nicht erschließen, die uns fremd sind – aber dabei doch auf eine Weise gezeigt werden, die unser Interesse weckt. „Wir" suchen Taystee und Crazy Eyes, Poussey und Pennsatucky näher zu kommen, schenken ihnen unsere Aufmerksamkeit, lassen dabei das Vertraute hinter uns und werden stimuliert, unsere hermeneutischen Fähigkeiten zu aktivieren. Dabei ist es nicht nur die Ambiguität der Charaktere, sondern auch der Mangel an Informationen, das anfängliche Unverständnis, die „uns" herausfordern und zu genaueren Beobachtungen provozieren: „[J]e eingeschränkter der Zugang zur Psyche der Protagonisten ist und je weniger der Zuschauer die Regeln kennt, denen diese in ihrem

6 Das wird schon im Trailer deutlich: Hier werden die Gesichter von realen Gefängnisinsassinnen gezeigt – und damit von Frauen jenseits der hegemonialen Schönheitsideale; dabei sind Hautunreinheiten zu sehen, Zahnlücken und Tattoos. Hier werden wir mit müden und traurigen, zornigen und aggressiven, aber auch mit freundlichen und heiteren Blicken konfrontiert.

Verhalten folgen, desto größer ist die Bedeutung der imaginativen Empathie für die narrative Sinngebung" (Vaage 2007, S. 110).

Ohne dass die Produzentinnen von *OITNB* bei der Artikulation ihres künstlerischen Selbstverständnisses meines Wissens je Richard Rorty erwähnt hätten, begünstigt die narrative Strategie ihrer Serie doch genau das, was dieser als Bildungsprozesse beschrieben hat. Diese werden ausgelöst, wenn es nicht beim Gewahrwerden der eigenen Situiertheit innerhalb des sozialen Raumes und der Überzeugungen, die an diesen Ort geknüpft sind, bleibt, sondern das Bedürfnis entsteht, diesen zu überschreiten, sich mit anderen Lebensentwürfen vertraut zu machen – und das eigene Urteilsvermögen immer weiter zu verfeinern. Bildung wäre dann jener riskante Prozess, in dem es zur „Sprengung bislang vertrauter Schemata", zu einem „Wandel der Perspektiven" (Döring 1997, S. 359) und schließlich zum Entstehen solcher Modi der Erfahrungsverarbeitung kommt, die weniger dem nackten Zufall geschuldet sind, sondern sich dem Kontakt mit jenen verdanken, die unter weniger privilegierten Bedingungen ihr Leben zu führen gezwungen sind. Solidarität, hierin ist Rorty unbedingt zuzustimmen, ist dann kein Surplus, kein Luxusgut, das Bildung veredelt; sie wäre vielmehr als eine soziale Praxis zu fassen, die sich aus dem Versuch ergibt, sich zu den eigenen Privilegien in ein Verhältnis zu setzen, die Selbstbezogenheit zu überwinden und für das Leiden und den Schmerz anderer nicht nur empfänglich(er) zu werden, sondern sich auch für die Überwindung der Strukturen einzusetzen, die diese verursachen (vgl. Rieger-Ladich 2021b). Die künstlerische Arbeit – das Schreiben von Büchern, das Malen von Bildern oder eben die Produktion von TV-Serien – ist dann gleichbedeutend mit dem „Entwurf solcher Horizonte" (Koch 2016, S. 164), die genau das ermöglichen.

Literatur

Adamczak, Bini (2017): Beziehungsweise Revolution: 1917, 1968 und kommende. Berlin: Suhrkamp

Amelung, Till Randolf (2020): Identitätspolitik. Stichpunkte zu einem Irrweg im queeren Aktivismus. In: ders. (Hrsg.): Irrwege. Analysen aktueller queerer Politik. Berlin: Querverlag, S. 9–43

Assheuer, Thomas (2020): Es geht um den Universalismus. Warum die Exzesse im kulturellen Kampf um Anerkennung den Rechten in die Hände spielen. In: Die ZEIT, 06.02.2020, S. 55

Bartmann, Christoph (2020): In weiter Ferne, so nah! Jan Roß, die Johannespassion und die Bildung. In: Süddeutsche Zeitung, 10.03.2020, V2, S. 12

Belcher, Christina (2016): There Is No Such Thing as a Post-racial Prison: Neoliberal Multiculturalism and the White Savior Complex on „Orange Is the New Black". In: Television & New Media 17, H. 6, S. 491–503

Berendsen, Eva/Cheema, Saba-Nur/Mendel, Meron (Hrsg.) (2019): Trigger Warnung. Identitätspolitik zwischen Abwehr, Abschottung und Allianzen. Berlin: Verbrecher Verlag

Branson, Richard (2016): We must end the War on Drugs. In: Zeit Online. URL: https://www.zeit.de/wissen/gesundheit/2016-06/drugs-control-laws-reform-english/komplettansicht. 06.07.2016 (Abfrage: 20.03.2020)

Bünger, Carsten/Trautmann, Felix (2012): „Demokratie der Sinne". Judith Butlers Kritik der Gewalt als politische Bildung der Empfänglichkeit. In: Ricken, Norbert/Balzer, Nicole (Hrsg.): Judith Butler: Pädagogische Lektüren, Wiesbaden: Springer VS, S. 399–413

Caro, Hernán D. (2020): Weiße dürfen über alles schreiben. In: FAS, 16.02.20, S. 13
Certeau, Michel de (1988): Die Kunst des Handelns. Berlin: Merve
Davis, Angela (2016): Freiheit ist ein ständiger Kampf. Münster: UNRAST
Dewey, John (1998): Die Suche nach Gewissheit. Eine Untersuchung des Verhältnisses von Erkenntnis und Handeln. Frankfurt/M.: Suhrkamp
Diederichsen, Diedrich (2012): The Sopranos. Zürich: Diaphanes
Döring, Eberhard (1997): Freiheit als Wahrheit. Zeichen der Bildung bei Richard Rorty. In: Ars Semeiotica 20, H. 3–4, S. 355–363
Emcke, Carolin (2016): Gegen den Hass. Frankfurt/M.: Fischer
Eßbach, Wolfgang (2011): Deutsche Fragen an Foucault. In: Eßbach, Wolfgang (Hrsg.): Die Gesellschaft der Dinge, Menschen, Götter. Wiesbaden: Springer VS, S. 13–23
Fernández-Morales, Marta/Menéndez-Menéndez, María Isabel (2016): „When in Rome, Use What You've Got": A Discussion of Female Agency through Orange Is the New Black. In: Television & New Media 17, H. 6, S. 534–546
Fraser, Nancy (2017): Für eine neue Linke oder: Das Ende des progressiven Neoliberalismus. In: Blätter für deutsche und internationale Politik 62, H. 2, S. 71–76
Gabriel, Gottfried (2015): Erkenntnis. Berlin: de Gruyter
Habermas, Jürgen (1988): Der philosophische Diskurs der Moderne. Zwölf Vorlesungen. Frankfurt/M.: Suhrkamp
Hassler-Forest, Dan (2018): „Life Isn't Some Cartoon Musical". Neoliberal Identity Politics in „Zootopia" and „Orange Is the New Black". In: The Journal of Popular Culture 51, H. 2, S. 356–378
Hettche, Thomas (2019): Die Freiheit der Kunst und das Leid der Welt. Gemälde und Kinofilme werden zum Schauplatz von Identitätskämpfen. Das zerstört ihr utopisches Potential. In: Die ZEIT, 18.12.2019, S. 65
Iser, Wolfgang (1971): Die Appellstruktur der Texte. Unbestimmtheit als Wirkungsbedingung literarischer Prosa. Konstanz: Universitätsverlag
Kämmerlings, Richard (2010): Ein Balzac für unsere Zeit. In: FAZ, 14.05.2010
Kelleter, Frank (2010): Populärkultur und Kanonisierung: Wie(so) erinnern wir uns an Tony Soprano? In: Freise, Matthias/Stockinger Claudia (Hrsg.): Wertung und Kanon. Heidelberg: Universitätsverlag, S. 55–76
Kerman, Piper (2013): Orange is the New Black. My Time in a Woman's Prison. London: Abacus
Kerner, Ina (2013): Critical Whiteness Studies: Potential und Grenzen eines wissenspolitischen Projekts. In: Feministische Studien 31, H. 2, S. 278–293
Koch, Alexander (2016): Solidarische Mobilmachung. Kunst, Vokabularpolitik und Resolidarisierung nach Richard Rorty. In: Leonhard Emmerling/Ines Kleesattel (Hrsg.): Politik der Kunst. Über Möglichkeiten, das Ästhetische politisch zu denken. Bielefeld: Transcript, S. 157–173
Koepsell, David R./Arp, Robert (2012): Breaking Bad and Philosophy. Badder Living through Chemistry. Chicago: Open Court Publishing Company
Küpper, Joachim/Menke, Christoph (Hrsg.) (2003): Dimensionen ästhetischer Erfahrung. Frankfurt/M.: Suhrkamp
Laermann, Klaus (1986): Lacancan und Derridada. In: Die ZEIT, 30.05.1986, No. 23
Laner, Iris (2018): Ästhetische Bildung zur Einführung. Hamburg: Junius
Lang, Christine/Dreher, Christoph (2013): Breaking Down. Breaking Bad. Dramaturgie und Ästhetik einer Fernsehserie. München: Fink
Lilla, Mark (2017): The Once and Future Liberal. After Identity Politics. New York: HarperCollins Publishers
Martin, Brett (2013): Difficult Men. Behind the Scenes of a Creative Revolution. From The Sopranos and The Wire to Mad Men and Breaking Bad. London: Penguin Books
Meilicke, Elena (2016): Frauen, Serien. Postpatriarchales Fernsehen aus den USA. In: Merkur. Deutsche Zeitschrift für europäisches Denken 70, H. 809, S. 53–59
Mittell, Jason (2006): Narrative Complexity in Contemporary American Television. In: The Velvet Light Trap, H. 58, S. 29–40
Nabokov, Vladimir (2006): Lolita. Reinbek: Rowohlt
O'Sullivan, Shannon (2016): Who is already always criminalized? An intersectional analysis of criminality on Orange Is the New Black. In: The Journal of American Culture 39, H. 4, S. 401–412

Paefgen, Elisabeth K. (2012): „Me an' my lonesome". Subjektive Perspektiven in Fernsehserien des 21. Jahrhunderts. In: Amthor, Wiebke/Hille, Almut/Scharnowski, Susanne (Hrsg.): Wilde Lektüren. Festschrift für Hans Richard Brittnacher zum 60. Geburtstag. Bielefeld: Aisthesis, S. 347–362
Pines, Sarah (2020): Darf sie das? In: Die ZEIT, 06.02.2020, S. 55
Pofalla, Boris (2017): Das Malen der anderen. In: FAS, 02.04.2017, S. 44
Raney, Arthur A. (2004): Expanding Dispositions Theory: Reconsidering Character Liking, Moral Evaluations, and Enjoyment. In: Communication Theory 14, H. 4, S. 348–369
Rieger-Ladich, Markus (2014a): Erkenntnisquellen eigener Art? Literarische Texte als Stimulanzien erziehungswissenschaftlicher Reflexion. In: Zeitschrift für Pädagogik 60, H. 3, S. 350–367
Rieger-Ladich, Markus (2014b): Walter White aka „Heisenberg". Eine bildungstheoretische Provokation. In: Vierteljahrsschrift für wissenschaftliche Pädagogik 90, H. 1, S. 17–32
Rieger-Ladich, Markus (2017): Eine schmerzhafte Lektion: Tony Soprano als Alter Ego. In: Thompson, Christiane/Schenk, Sabrina (Hrsg.): Zwischenwelten der Pädagogik. Festschrift für Alfred Schäfer. Paderborn: Schöningh, S. 237–249
Rieger-Ladich, Markus (2020a): Bildungstheorien zur Einführung. 2. Aufl. Hamburg: Junius
Rieger-Ladich, Markus (2020b): Inferiore Subjektivität. Annie Ernaux, Didier Eribon und die Gewalt von Zugehörigkeitsordnungen. In: ders./Casale, Rita/Thompson, Christiane (Hrsg.): Un-/Zugehörigkeit. Bildungsphilosophische Reflexionen und machttheoretische Studien. Weinheim/Basel: Beltz Juventa
Rieger-Ladich, Markus (2021a): Privileg. In: Milena Feldmann/Markus Rieger-Ladich/Carlotta Voß/Kai Wortmann (Hrsg.): Pädagogisches Vokabular in Bewegung. Stimmen aus der Allgemeinen Erziehungswissenschaft. Weinheim: BeltzJuventa.
Rieger-Ladich, Markus (2021b): Betroffenheits-Kitsch und Privilegien-Kritik: Warum sie die Entwicklung einer akademischen Streitkultur blockieren. Eine kleine Polemik. Unveröffentlichtes Manuskript, Tübingen.
Rogers, Richard A. (2006): From Cultural Exchance to Transculturation: A Review and Reconceptualization of Cultur Appropriation. In: Communication Theory 16, S. 474–503
Rorty, Richard (1991): Kontingenz, Ironie und Solidarität. Frankfurt/M.: Suhrkamp
Rorty, Richard (2000): Wilde Orchideen und Trotzki. In: ders.: Philosophie & die Zukunft. Essays. Frankfurt/M.: Fischer, S. 137–159
Rorty, Richard (2003a): Der Roman als Mittel zur Erlösung aus der Selbstbezogenheit. In: Küpper, Joachim/Menke, Christoph (Hrsg.): Dimensionen ästhetischer Erfahrung. Frankfurt/M.: Suhrkamp, S. 49–66
Rorty, Richard (2003b): Menschenrechte, Rationalität und Empfindsamkeit. In: ders. (Hrsg.): Wahrheit und Fortschritt. Frankfurt/M.: Suhrkamp, S. 241–267
Rorty, Richard (2008): Gerechtigkeit als globale Loyalität. In: ders.: Philosophie als Kulturpolitik. Frankfurt/M.: Suhrkamp, S. 82–106
Roß, Jan (2020a): Bildung. Eine Anleitung. Berlin: Rowohlt
Roß, Jan (2020b): Macht mich Bildung zum besseren Menschen? In: Die ZEIT, 16.01.2020
Rustemeyer, Dirk (2013): Darstellung. Philosophie des Kinos. Weilerswist: Velbrück
Schäfer, Thomas/Tietz, Udo/Zill, Rüdiger (Hrsg.) (2001): Hinter den Spiegeln – Beiträge zur Philosophie Richard Rortys mit Erwiderungen von Richard Rorty. Frankfurt/M.: Suhrkamp
Schmetkamp, Susanne (2017): Perspektive und empathische Resonanz: Vergegenwärtigung anderer Sichtweisen. In: Hagener, Malte/Vendrell Ferran, Ingrid (Hrsg.): Empathie im Film. Perspektiven der Ästhetischen Theorie, Phänomenologie und Analytischen Philosophie. Bielefeld: Transcript, S. 133–163
Schubert, Karsten (2020): „Political Correctness" als Sklavenmoral? Zur politischen Theorie der Privilegienkritik. In: Leviathan 48, H. 1, S. 29–51
Sepinwall, Alan (2012): The Revolution was Televised. The Cops, Crooks, Slingers, and Slayers who changed TV Drama forever. New York: Touchstone
Siegel, Lee (2005): Das Abstoßende kann sehr anziehend sein. Über Gewalt, Amerika und „Die Sopranos". In: Merkur 59, H. 673, S. 477–490
Strunk, Heinz (2016): Der goldene Handschuh. Reinbek: Rowohlt
Susemichel, Lea/Kastner, Jens (2020): Identitätspolitiken. Konzepte und Kritiken in Geschichte und Gegenwart der Linken. Münster: UNRAST

Vaage, Margrethe Bruun (2007): Empathie. Zur episodischen Struktur der Teilhabe am Spielfilm. In: montage AV 16, H. 1, S. 101–120

Vaage, Margrethe Bruun (2011): Our Man Omar. Warum die Figur Omar Little aus „The Wire" so beliebt ist. In: Robert, Blanchet/Köhler, Kristina/Smid, Tereza/Zutavern, Julia (Hrsg.): Serielle Formen. Von den frühen Film-Serials zu aktuellen Quality-TV- und Online-Serien. Marburg: Schüren, S. 211–227

Vials, Christopher (2018): White Supremacy. Geschichte und Politik des Weißseins in den USA, In: Bundeszentrale für politische Bildung. URL: https://www.bpb.de/apuz/266277/white-supremacy-geschichte-und-politik-des-weissseins-in-den-usa?p=all. 16.03.2018 (Abfrage: 20.03.2020)

Wacquant, Loïc (2000): Elend hinter Gittern. Konstanz: UVK

Wortmann, Kai (2019): Post-Critical Pedagogy as Poetic Practice: Combining Affirmative and Critical Vocabularies. In: Ethics and Education 14, H. 4, S. 467–481

Wortmann, Kai (i. E.): Pädagogik. In: Müller, Martin (Hrsg.): Handbuch Richard Rorty. Wiesbaden: Springer VS

IV Systematische Forschung zwischen Konstruktion und Rekonstruktion

Horizonte der Systematisierung in der Erziehungswissenschaft

Zu den Potenzialen eines reflexiven Verhältnisses theoretischer Grundbegriffe und empirischer Rekonstruktion

Arnd-Michael Nohl

Während die Allgemeine Erziehungswissenschaft[1] über viele Jahrzehnte hinweg als Leitdisziplin der Pädagogik galt, ist ihr seit den 1980er Jahren der Erfolg der Erziehungswissenschaft zum Problem geworden. Wie Vogel (1998) in einem luziden Überblick konstatiert, wird die Allgemeine Pädagogik erstens der Ausdifferenzierung pädagogischer Handlungsfelder nicht mehr gerecht (vgl. auch Benner 1994, S. 122). Zweitens begannen die sich ebenfalls ausdifferenzierenden anderen Teildisziplinen der Erziehungswissenschaft nunmehr selbst ihre Grundfragen, Grundbegriffe und methodologischen Probleme zu reflektieren, sodass der Allgemeinen Pädagogik mit ihrem systematisierenden Anspruch eine wesentliche Aufgabe abhandenkam. Zu diesen wissenschaftssoziologisch identifizierbaren Krisenphänomenen kam noch ein drittes, wissenschaftstheoretisches, hinzu: u. a. vor dem Hintergrund der Diskussionen zur Postmoderne haben systematische Programmatiken und Entwürfe der Pädagogik nicht mehr überzeugt (vgl. Fischer 1984, S. 411; Meyer-Wolters 2001, S. 91; Prange 2001). Im Jahre 1997 schrieb Oelkers: „Die Allgemeine Pädagogik steht erstmalig in ihrer Geschichte vor der Frage, was sie begründen kann, wenn alle einheitlichen Fundamente der Begründung preisgegeben werden müssen" (Oelkers 1997, S. 237).

Dies alles impliziert nun nicht, dass in der Allgemeinen Erziehungswissenschaft – und insbesondere in der Bildungs- und Erziehungsphilosophie – keine systematischen Fragen – etwa nach solchen Phänomenen wie der „Sache", der „Sozialität" oder dem „Politischen" – mehr gestellt würden.[2] Doch sind es nur wenige, die auch systematische Antworten geben. Meines Erachtens hat dies u. a. mit den Konjunkturen der Wissensproduktion in der Allgemeinen Pädagogik zu tun. Für die Bildungstheorie etwa hat Christiane Thompson drei „Praktiken des Theoretisierens" rekonstruiert (2011, S. 142).

---

1 Ich verwende diesen Begriff im Folgenden synonym mit demjenigen der Allgemeinen Pädagogik, auch wenn sie (historisch) unterschiedliche Konnotationen aufweisen.

2 Ich verweise hier auf Titel von Tagungsbänden der Kommission Bildungs- und Erziehungsphilosophie.

Die erste Praxis des Theoretisierens ist die „argumentative Systematik" (ebd., S. 143), bei deren Rekonstruktion Thompson vornehmlich an Kant anknüpft. „Die Systematik zielt" demnach „auf eine operative Ganzheit, welche weder mit Vollständigkeit noch mit Geschlossenheit zu verwechseln ist; denn mit Systematik ist nicht gemeint, dass der Prozess der Erkenntnisgewinnung zu einem Ende kommt" (ebd., S. 144). Die zweite Praxis ist die „geschichtliche Besinnung" (ebd., S. 146), die ein Korrektiv für aktuelle Begrifflichkeiten ist, dazu aber einer Systematisierung bedürfe. „Das kontrastiv-korrektive Arrangement geht dabei aus einem historisch-systematischen Auslegungsprozess hervor, der selbst auf Prüfung und Diskussion angewiesen bleibt" (ebd., S. 148). Geht es hier noch um eine eingehegte, weil historisch situierte Kontingenz, so ist die dritte Praxis des Theoretisierens vollends der Infragestellung von Begriffsbestimmungen und systematischen Festlegungen gewidmet. Diese dritte Praxis „zielt auf eine Befremdung, welche die Konsistenz und Einheitlichkeit des zu verhandelnden Wissensfeldes in Frage stellt" (ebd., S. 148). Solcherart Befremdung kann durch die Konfrontation der Bildungstheorie mit der empirischen Bildungsforschung hervorgerufen werden, m. E. aber auch durch die Interpretation der schönen Literatur (vgl. Koller/Rieger-Ladich 2005), die unseren Blick auf das „Spannungsverhältnis zwischen dem Gegebenen und dem Möglichen" (Casale 2011, S. 323) schärft.

Auch wenn Thompson die argumentative Systematik gegenüber den kontingenzträchtigen Praktiken des Theoretisierens nicht quantitativ gewichtet, erscheinen mir Letztere doch ungleich weiter verbreitet. Die erhöhte Sensibilität für Kontingenz und Differenz beim Theoretisieren ist, so denke ich, dem Versuch geschuldet, den Engführungen eines ‚identifizierenden Denkens' zu entgehen und dem „Nicht-Identischen" im Begriff nachzuspüren (Adorno 2015, S. 24). Solange man keine systematisierenden Unterscheidungen und Relationen benötigt, maximiert diese Fokussierung von Kontingenz und Differenz die Reflexionspotenziale der Allgemeinen Pädagogik. Sobald aber Allgemeine Pädagogik systematisch werden soll, muss sie sich dem Widerstreit zwischen der Notwendigkeit, „etwas als etwas zu identifizieren", und all dem, was „das Nicht-Identische des Gegenstandes […] zur Geltung bringt" (Koller 2011, S. 117), stellen.

Es ist kein Zufall, dass systematisierende Ansprüche einer Allgemeinen Erziehungswissenschaft gerade dort erhoben werden, wo man empirisch forscht. Ohnehin hat es sicherlich zur institutionellen Konsolidierung der Allgemeinen Pädagogik (Kraft 2012, S. 288) beigetragen, dass sie die etwa von Mollenhauer (1996, S. 284) formulierte Kritik an ihrer Empirieferne produktiv aufgenommen hat. Zwar hat Johannes Bellmann Recht, wenn er schreibt, dass es auch solche Versuche gebe, die „traditionelle Allgemeine Pädagogik in eine forschende Allgemeine Erziehungswissenschaft zu verwandeln", die dies „unter Verzicht auf systematische Ansprüche" (Bellmann 2009, S. 32) tun und damit allein der Potenzierung von Differenz und Kontingenz dienen. Er selbst aber skizziert die Konturen einer „theorieorientierten Bildungsforschung", die „systematische Aufgaben Allgemeiner Erziehungswissenschaft aufgreift" (Bellmann 2011, S. 207); mit einem ähnlich systematisierenden Anspruch sind die Arbeiten von Malte Brinkmann (2015) versehen. Es handelt sich dabei aber nicht um das Steckenpferd Einzelner; vielmehr ist die theoretische Reflexion, und aus ihr hervorgehend die Systematisierung, eine wesentliche Voraussetzung für rekonstruktiv-empirische Forschung.

In meinem Beitrag möchte ich zeigen, dass die für empirische Forschung nötige begriffliche Systematik nicht notwendigerweise stillgestellt wird. Wenn empirische Forschung in ein reflexives Verhältnis zur Theoriebildung gebracht wird, können vielmehr vorläufige Systematisierungen und die mit ihnen verbundenen Begrifflichkeiten aufgebrochen werden. Im Folgenden werde ich zunächst auf die Unterscheidung von Grundbegriffen, Methodologie, Empirie und Gegenstandstheorie eingehen, die für diese Verknüpfung von theoretischer Systematisierung mit empirischer Analyse zentral ist (1). Dann rekonstruiere ich vier Mechanismen, mit denen sich theoretische Grundbegriffe und empirische Analysen reflexiv verschränken lassen (2), um schließlich einige Überlegungen dazu anzustellen, wie dies zu einer Systematisierung in der Erziehungswissenschaft beitragen könnte (3).[3]

1 Das reflexive Verhältnis von Grundbegriffen, Empirie und Methodologie

Um empirisch-rekonstruktiv forschen zu können, ist es zunächst notwendig, die im Gegenstandsbereich zu analysierenden Phänomene in abstrakt-theoretischer Form mit Grundbegriffen – etwa als „Bildung", „Lernen", „Organisation" oder „Interaktion" – zu erfassen (vgl. Cicourel 1974, S. 34). Dabei hat die qualitative bzw., genauer, rekonstruktive Bildungs- und Sozialforschung, so Bohnsack, „ihre methodologische Präzision vor allem dort gewonnen, wo sie derartige Grundbegriffe auf einer formalen oder meta-theoretischen Ebene zu definieren vermochte" (2014, S. 222). Folgt man Bohnsack, so sind diese Grundbegriffe von Gegenstandstheorien zu unterscheiden. Letztere treffen spezifische Aussagen über empirische Phänomene – z. B. darüber, wie der Übergang von der Primarschule in das Gymnasium unter den Bedingungen einer bestimmten Schicht- und Geschlechtszugehörigkeit verläuft. In diesem Sinne dienen die empirisch-rekonstruktiven Analysen der Entwicklung von empirisch gegründeten („grounded", Glaser/Strauss 1969) Gegenstandstheorien. Demgegenüber werden

3 Für wertvolle Hinweise, die mir bei der Erstellung dieses Beitrags geholfen haben, danke ich Steffen Amling, Rita Casale, Hans-Christoph Koller, Philip Schelling, Nils Schrewe und Christiane Thompson.

mit Grundbegriffen die zu untersuchenden Phänomene ganz abstrakt – etwa als „Schülerhabitus" oder „Schulorganisation" – definiert, ohne der empirischen Analyse vorzugreifen.[4]

Diese theoretischen Grundbegriffe sind „wichtige Ausgangspunkte für die empirische Forschung, insbesondere hinsichtlich der Konzeptionalisierung jener Phänomene, die man untersuchen möchte" (Biesta/Allen/Edwards 2011, S. 233). Die Arbeit an solchen Grundbegriffen hat eine lange Tradition in der Systematischen Pädagogik (siehe z. B. Brezinka 1981; Flitner 1983; Benner 1987), wobei u. a. Ballauff hervorhebt, dass Grundbegriffe nur relational zueinander zu verstehen sind, sie sich also „aus der Systematik" heraus definieren (1984, S. 434). Auch in der Sozialforschung wird, etwa von Cicourel (1974, S. 34), hervorgehoben, dass die abstrakte „Kategorisierung sozialer Phänomene die Entwicklung einer allgemeinen sozialen Theorie" erfordere.

Allerdings endet die Reflexion von Grundbegriffen nicht vor der empirischen Forschung, sondern lässt sich von jener auch herausfordern. Denn falls es gelingt, die empirischen Analysen so weit zu treiben, dass sie die anfänglich genutzten theoretischen Grundbegriffe irritieren können, gelangen Grundbegriffe und empirische Analyse in ein reflexives Verhältnis. Nur so kann ihr Verhältnis reflexiv gestaltet werden. An dieser Stelle ist Thorsten Fuchs zu widersprechen, dem zufolge „mit der Sachstruktur empirischer Forschung die Stilllegung der Arbeit an den sie leitenden Kategorien und Begriffen einhergeht" (2011, S. 134). Zwar ist im Zuge unmittelbaren Interpretierens qualitativer Daten tatsächlich die Festlegung (und Feststellung) von Grundbegriffen nötig. Wie ich zeigen werde, werden diese Grundbegriffe auf einer zweiten Reflexionsebene aber – vor allem durch die Empirie – herausgefordert; damit wird zur Arbeit am Begriff beigetragen. Gerade dort, wo empirische Forschung über den Einzelfall hinausgeht, typische Muster aufzeigt und so tendenziell generalisierungsfähig wird, kann sie zum Reflexionshorizont für die Weiterentwicklung von theoretischen Grundbegriffen werden.

Nicht nur dieses Verhältnis von theoretischen Grundbegriffen und empirischer Forschung impliziert eine Reihe von methodologischen Fragen; auch die Verfahren zur Erhebung und Auswertung der Daten selbst sind theoretisch zu reflektieren. Denn Erhebungs- und Auswertungsverfahren nehmen stets nur einen spezifischen Aspekt der Welt in den Blick; diese Aspekthaftigkeit der Empirie aber gilt es, theoretisch zu begründen (vgl. Bohnsack 2014, S. 205 ff.). Zum Beispiel unterliegt dem narrativ-biografischen Interview nicht nur ein Begriff von Biografie, sondern auch eine theoretische Vorstellung davon, wie Individuen und Gesellschaft miteinander verbunden sind (vgl. Schütze 1983); analog wird die Unterrichtsvideografie mit einem Interesse an der Multimodalität von Interaktionen begründet (Asbrand/Martens 2018). Eng hiermit verknüpft sind auch

4 Siehe zur Bedeutung von theoretischen Grundbegriffen für die empirische Forschung ausführlich: Nohl 2016.

die Methodologien der Auswertungsverfahren, die in eigens ausgearbeiteten Theoriegebäuden verankert sind.

Ähnlich wie die Festlegung von Grundbegriffen führt das Ausarbeiten einer methodologischen Begründung für die empirische Analyse zu identifizierendem Denken, das gerne als Verschulung kritisiert wird. Die Alternative hierzu liegt aber nicht in der Ablehnung von Methodisierung, wie sie bisweilen in der Ethnographie oder dort anzutreffen ist, wo die Methodenauswahl (angeblich) aus dem Gegenstand heraus begründet wird (zur Kritik siehe Böhme 2016). Denn das Fehlen einer theoretisch untermauerten Methodisierung minimiert nur die intersubjektive Überprüfbarkeit und verhindert damit Kritik, die ja gerade das, was mit der einen oder anderen methodologischen Perspektive abgeblendet wurde, in den Blick nehmen könnte. Im Unterschied hierzu lässt sich gerade dann, wenn das methodische Vorgehen transparent gemacht wird, der method-(olog-)ische Zugang angesichts von Forschungsproblemen hinterfragen und erweitern, wobei man aber nie der „Paradigmenabhängigkeit der Erkenntnis" (Bohnsack 2014, S. 210) entgehen kann.

Da die Frage, welche Methodologie und Grundbegriffe die Forschenden für ihre empirische Untersuchung heranziehen, auch von ihrem sozialen Hintergrund und ihrem biografischen Werdegang beeinflusst wird, sind sie selbst per se nicht in der Lage, diese Grundbegriffe vollständig infrage zu stellen. Denn eine solche Reflexion bedarf des Zweifels, aber „echter Zweifel" kann – so Charles Sanders Peirce – „nicht durch eine bloße Willensanstrengung geschaffen werden", allzumal die Forschenden zum Teil existenziell – über Karrierewege, die biografische Aufschichtung wissenschaftlicher Sozialisationserfahrung, aber auch über Loyalitätsbeziehungen – an ihre Grundbegriffe und Methodologie gebunden sind. Zweifel, so Peirce, werde allein „durch die Erfahrung zustande gebracht" (Peirce 1970, S. 448). Wie können also die Forschenden, was die Methodologie und Grundbegriffe ihrer empirischen Untersuchung anbelangt, durch Erfahrung zum Zweifeln gebracht werden? Meines Erachtens gibt es hier zwei Möglichkeiten.

Erstens kann der grundbegriffliche Rahmen einer (geplanten) Forschungsarbeit von anderen Wissenschaftler*innen einer Kritik unterzogen werden. Im Unterschied zum Stadium der sogenannten „normalen Wissenschaft" (Kuhn 1973, S. 58 ff.) innerhalb der Naturwissenschaften gibt es in den Sozialwissenschaften eine Fülle fruchtbarer Diskussionen zur Angemessenheit und Systematik von Grundbegriffen. Hierauf werde ich am Ende meines Beitrags noch einmal eingehen.

Eine zweite Möglichkeit bezieht sich unmittelbar auf das Verhältnis theoretischer Grundbegriffe und empirischer Forschung. Wie ich im Folgenden zeigen möchte, können die Ergebnisse empirischer Forschung auf ein Niveau gebracht werden, das quasi auf ‚Augenhöhe' mit den theoretischen Grundbegriffen liegt. Wenn dies sichergestellt ist, lassen sich Grundbegriffe und empirische Forschung in ein reflexives Verhältnis zueinander bringen, in dem nicht nur die Empirie durch grundlagentheoretische Überlegungen strukturiert, sondern Letztere auch durch die empirischen Interpretationen inspiriert und irritiert werden.

2 Mechanismen der reflexiven Verschränkung von empirischer Analyse und theoretischen Grundbegriffen

Im Rahmen vorangehender Untersuchungen habe ich vier Mechanismen rekonstruiert, in denen Grundbegriffe systematisch je verschieden reflektiert, weiterentwickelt oder neu generiert werden. Diese Mechanismen finden sich in methodologisch und grundlagentheoretisch höchst unterschiedlichen Arbeiten, auf die ich hier exemplarisch eingehe.

2.1 Von der gegenstandsbezogenen Kategorie zum theoretischen Grundbegriff

Im ersten Mechanismus wird zunächst aus der empirischen Analyse heraus eine auf einen spezifischen Gegenstand bezogene Kategorie (im Sinne von Glaser/Strauss 1969) entwickelt, die dann – in der komparativen Analyse unterschiedlicher Gegenstandsbereiche – zur formalen Kategorie abstrahiert wird. Erst im Anschluss hieran beginnen die grundlagentheoretische Reflexion und Fundierung des empirischen Phänomens.

Ein solcher allmählicher Theoretisierungsprozess lässt sich im Zusammenhang der Arbeiten von Fritz Schütze und Winfried Marotzki rekonstruieren. Fritz Schütze hatte im Zuge der Entwicklung des narrativen Interviews und bei der Interpretation einer ganzen Reihe von Interviews mit Kommunalpolitikern einige „Prozeßstrukturen des Lebensablaufs" (Schütze 1983) identifiziert, insbesondere jene der „Verlaufskurve", in der die Akteure das Heft des Handelns verlieren und von den ihnen äußerlichen Ereignissen geradezu getrieben werden (vgl. Schütze 1982). Diese nicht-intendierten Ereignisverkettungen können sowohl positiver als auch negativer Art sein: Schütze unterscheidet zwischen „Fallkurven", die den „Möglichkeitsspielraum für Handlungsaktivitäten und Entwicklungen des Biographieträgers" einschränken (ebd., S. 596) und „Steigkurven", die „durch die Setzung neuer sozialer Positionierungen neue Möglichkeitsräume für Handlungsaktivitäten und Identitätsentfaltungen des Biographieträgers" (1983, S. 288) eröffnen.

Als Schütze sein Sample um die Biografien von Migrant*innen, Alkoholiker*innen, Arbeitslosen und anderen Menschen vergrößerte, entdeckte er eine weitere Prozessstruktur, jene der „Wandlung". Hier erfährt der Biografieträger eine „systematische Veränderung seiner Erlebnis- und Handlungsmöglichkeiten", die „überraschend" daherkommt, also nicht das Ergebnis intentionaler Veränderung ist (1984, S. 92). Im Gegensatz zur Verlaufskurve hat der Wandlungsprozess seine Wurzeln in der ‚Innenwelt' bzw., wie Schütze schreibt, in der „Spontaneitäts- und Aktivitätssphäre des Biographieträgers selbst" (ebd., S. 94). Dies wird insbesondere dann deutlich, wenn man sich den Unterschied zwischen Wandlungsprozess und der positiven „Verlaufs-" bzw. „Steigkurve" vergegenwärtigt: Zwar ist beiden die Entfaltung neuer Handlungspotenziale gemeinsam, doch werden diese in der Steigkurve durch äußerliche Konditionen bereitgestellt, während sie in den Wandlungsprozessen ihren Ausgangspunkt bei den Biografieträger*innen selbst haben, ohne aber von diesen intentional in Gang gesetzt worden zu sein.

Diese Prozessstruktur der Wandlung wurde – so ist anzunehmen[5] – zunächst anhand einzelner Biografien empirisch herausgearbeitet und auf diese Weise zu einer gegenstandsbezogenen Kategorie (im Sinne von Glaser/Strauss 1969) gemacht. Erst im Vergleich unterschiedlicher Gegenstandsbereiche – das heißt im Vergleich der Biografien, die von Migration, Krieg, Studium oder anderen Dingen geprägt sind – ließ sich diese Prozessstruktur von den Eigentümlichkeiten eines Gegenstandsbereiches ablösen und zur „formalen Kategorie" (Glaser/Strauss 1969, S. 54) weiterentwickeln, wie sie Schütze hinfort immer wieder verwendet hat (vgl. u. a. Schütze 1991).[6]

Während Schütze weniger an einer grundlagentheoretischen Fundierung dieser Prozessstruktur der Wandlung interessiert war, ist es vor allem Winfried Marotzki gewesen, der Schützes empirisch gegründete formale Kategorie aufgegriffen und als kongeniales Äquivalent dessen verstanden hat, was in Hamburg (von Peukert 1984 und Kokemohr 1989) theoretisch als Bildung herausgearbeitet und vom Lernen differenziert wurde. Die Verbindung zwischen der Wandlungskategorie und bildungstheoretischen Überlegungen schaffte Marotzki, indem er Schützes Modell der Prozessstrukturen des Lebensablaufs nicht faktizistisch auf den Ablauf des Lebens, sondern auf dessen Verknüpfung mit der Sichtweise der Biografieerzähler*innen bezog (vgl. Marotzki 1990, S. 112). Marotzki definierte die Prozessstrukturen daher – durchaus im Einklang mit Schützes Begriff der „Haltung" (Schütze 1984, S. 92) – als „grundlegende Selbst- und Welthaltungen" (Marotzki 1990, S. 108), die im Zuge des Wandlungsprozesses transformiert werden.

Ein formallogisches Modell, um die Übergänge zwischen Selbst- und Welthaltungen in ihrer Beschaffenheit zu differenzieren und auf diese Weise verschiedene Formen des Lernens und der Bildung zu identifizieren, fand Marotzki

5 Trotz einer detaillierten Recherche in Schützes Arbeiten ließen sich hierzu keine klaren Hinweise finden.

6 Glaser und Strauss (1969, S. 32 ff.) unterscheiden zwischen gegenstandsbezogener („substantive") und formaler Theorie, die beide aus der Empirie entwickelt werden und über Kategorien sowie Hypothesen zu den Zusammenhängen zwischen den Kategorien verfügen.

dann in den kulturanthropologischen Schriften Gregory Batesons. Kurz zusammengefasst, definiert Marotzki mit Bateson Wandlung und Bildung als jenen Prozess, in dem der Rahmen, innerhalb dessen gelernt wird, sich transformiert. Diese eher definitorischen Unterscheidungen erweiterte er dann noch dadurch, dass er – vor dem Hintergrund seiner eigenen empirischen Forschung – jenen überraschenden Moment, in dem sich die Handlungspotenziale der Biografieträger*innen plötzlich steigern, mit der mehrwertigen Logik Gotthard Günthers zu fassen versuchte (vgl. Marotzki 1990, S. 193 ff.).

Dieser erste Mechanismus der Reflexion, Weiter- und Neuentwicklung von Grundbegriffen, für den es weitere Beispiele gibt (siehe hierzu Nohl 2016, S. 113 ff.), erschließt sich meist nicht auf der Basis einzelner Arbeiten; denn der Forschungsprozess erstreckt sich von den ersten empirisch rekonstruierten gegenstandsbezogenen Kategorien über die Entwicklung formaler Kategorien bis hin zur Theoretisierung eines Grundbegriffs über einen längeren Zeitraum.

2.2 Sondierung alternativer Grundlagentheorien vor dem Hintergrund empirischer Typiken

Auch der zweite Mechanismus fällt bei der Lektüre wissenschaftlicher Abhandlungen kaum unmittelbar ins Auge, sind diese doch durch den von der quantitativen, hypothesenüberprüfenden Forschung vorgegebenen Duktus geprägt, in dem man zunächst die Theorie, dann die Empirie entfaltet. Ich greife daher auf Beispiele zurück, die mir aus der Forschungspraxis heraus bekannt sind und die einen zirkulären Duktus zwischen Empirie und Theorie verfolgen, auch wenn sich dies nicht im Aufbau der jeweiligen Schrift niederschlägt.

Eine dieser Arbeiten ist Martin Hunolds Untersuchung zur „Erziehung durch Organisationen", in der es um die Frage geht, wie Erwachsene in nahezu totalen Organisationen – Klöstern, Kommunen und sozialpädagogischen Wohngruppen –, in denen man also die meiste Zeit seines Alltags verbringt, erzogen werden. Unter Erziehung wird hier die nachhaltige Zumutung von Orientierungen und Organisationsregeln verstanden (vgl. Hunold 2019, S. 67).

Mittels der dokumentarischen Interpretation von sechs Gruppendiskussionen hat Hunold die Erziehungserfahrungen und -praktiken der Mitglieder dieser Wohnorganisationen rekonstruiert und in mehreren Typiken geordnet. Eine dieser Typiken umfasst unterschiedliche Möglichkeiten der positiven und negativen Sanktion, die den Orientierungszumutungen Nachdruck verleihen. Diese Typik kann unmittelbar an das von Hunold erstellte Netz von Grundbegriffen anknüpfen, in dem er Organisationserziehung vor allem mit der praxeologischen Wissenssoziologie, aber auch mit der frühen Organisations- und Machtsoziologie Luhmanns reflektiert. Organisationen können, Luhmann zufolge, über ihre formalen Regeln Macht über ihre Mitglieder entfalten, indem sie erwartungskonformes Handeln bzw. Abweichungen hiervon positiv bzw. negativ sanktionieren. Wie diese „Sanktionsmacht“ (Luhmann, zit. n. Hunold 2019, S. 85) für Erziehungsprozesse genutzt wird, rekonstruiert Hunold mittels der erwähnten Typik.

Wie es aber überhaupt dazu kommt, dass sich Erwachsene darauf einlassen, in solchen „quasi-totalen Organisationen“ (ebd., S. 155) erzogen zu werden, zeigt Hunold in einer zweiten Typik, in der es um die Zugangsmodalitäten geht. Während die sozialpädagogischen Wohngruppen auf einer – auch von ihren Bewohner*innen selbst verbürgten – „Pathologisierung“ (ebd., S. 181) der Neuankömmlinge bestehen, findet an den Toren zum Kloster und zu den Kommunen erstens ein „Identitätscheck“ (ebd., S. 176) statt, mit dem die Bereitschaft, sich auf die Regeln der jeweiligen Organisation einzulassen, reflexiv überprüft wird (z. B. muss man bereit sein, sein Eigentum der Kommune zu übergeben). Hinzu kommt zweitens noch ein „Habituscheck“ (ebd., S. 169), mit dem die jeweilige Organisation das „Vertrauen (auf der Grundlage von habituellen Homologien) und ein (implizites) Interesse an der Handlungspraxis der Organisation“ überprüft (ebd., S. 189).

Dieser aus der empirischen Analyse heraus gewonnene Begriff des „Habituschecks“ ist von vorneherein theoretisch imprägniert und lässt die paradigmatische Einbettung Hunolds erahnen. Der Forscher sondiert von ihm ausgehend einen – neben Luhmanns Organisations- und Machttheorie – weiteren Machtbegriff, um ihn in seine Untersuchung zu integrieren und damit eine grundlagentheoretische Lücke zu schließen. Anknüpfend an Bourdieus Arbeiten zur „symbolischen Gewalt“ entwickelt er den Begriff der „Sozialisationsmacht“, die bei den (zukünftigen) Organisationsmitgliedern zu Habitusformierungen führt, „die sie befähigen, sich grundsätzlich auf die Modalitäten, Hierarchien oder erzieherischen Zumutungen in den Organisationen einzulassen“ (Hunold 2019, S. 96). Diese habituellen Bereitschaften werden, wie Hunold empirisch zeigt, vornehmlich vor dem endgültigen Eintritt in die Organisation getestet.

Wenn hier vor dem Hintergrund fallübergreifender empirischer Ergebnisse, wie sie in der Dokumentarischen Methode in Form von Typisierungen vorliegen, alternative Grundlagentheorien sondiert werden, so gilt es, diese mit den bisherigen theoretischen Grundbegriffen zu verknüpfen. Der an Bourdieu angelehnte Grundbegriff der „Sozialisationsmacht“, dem Hunolds empirisch inspirierter Zugriff – dies versteht sich von selbst – nur teilweise gerecht wird, darf also nicht unverbunden neben dem Luhmann'schen Konzept der Sanktionsmacht stehen bleiben. Dies führt dann aber nicht zu einer ansatz- oder paradigmenübergreifenden Argumentation. Vielmehr wird die Verknüpfung unterschiedlicher Grundbegriffe (wie auch diese selbst) durch einen spezifischen grundlagentheoretischen Ansatz präformiert. Im Fall von Hunolds Untersuchung ist dies die praxeologische Wissenssoziologie, mit der er quasi eine Brücke zwischen den Bourdieu'schen Begriffen einerseits und den frühen, noch nicht an Autopoiesis und Kommunikation orientierten Arbeiten Luhmanns andererseits baut. Auch wenn hier also keine Argumentation entwickelt werden kann, die mehrere Grundlagentheorien übergreift, so wird in diesem Mechanismus doch der eigene theoretische Ansatz sukzessive erweitert.

2.3 Erweiterung von Grundbegriffen vor dem Hintergrund generalisierungsfähiger Empirie

Anstatt grundbegriffliche Alternativen zu formulieren, können empirische Befunde mit einem gewissen Generalisierungspotenzial aber auch dazu dienen, die Grenzen bisheriger Grundbegriffe aufzuzeigen und sie theoretisch zu erweitern. Ein solcher Grundbegriff ist etwa derjenige des „Kapitals“, wie er in seinen kulturellen, sozialen und ökonomischen Formen von Bourdieu (1983) ausgearbeitet wurde. Dieser Begriff war Ausgangspunkt einer Studie, in der ich zusammen mit Kolleg*innen die Frage untersucht habe, wie Migrant*innen ihr im Herkunftsland erworbenes Wissen und Können auf dem Arbeitsmarkt des Einwanderungslandes verwerten. In der vergleichenden Interpretation von etwa 200 narrativ-biografischen Interviews haben wir die Erfahrungen dieser Bildungsausländer*innen hinsichtlich der Arbeitsmarktintegration, sozialer Beziehungen wie auch möglicher Diskriminierung analysiert und hierzu mehrere aufeinander bezogene Typiken entwickelt. Dabei wurde empirisch deutlich, dass Wissen und Können nicht mit kulturellem Kapital gleichzusetzen sind, lagen doch bei einigen der von uns Befragten das Wissen und Können weitgehend brach, während andere Migrant*innen Mittel und Wege (u.a. vor dem Hintergrund von Diskriminierungserfahrungen, aber auch gestützt auf soziale Beziehungen) gefunden hatten, ihr Wissen und Können zu Kapital zu machen. Vor dem Hintergrund dieser empirischen Ergebnisse, die auf die unterschiedliche Wertigkeit von Qualifikationen im Zuge der Arbeitssuche einerseits und der Arbeitstätigkeit andererseits hinwiesen, haben wir vorgeschlagen, zwischen kulturellen *Ressourcen*, entsprechendem *Kredit* und *Kapital* zu unterscheiden: So waren bei allen von uns befragten Migrant*innen die kulturellen *Ressourcen* (im Sinne von – möglicherweise noch ungenutztem – Wissen und Können) vorhanden. Aber nur ein Teil von ihnen bekam jenen kulturellen *Kredit*, den man für einen noch bevorstehenden Arbeitsertrag (etwa mit einem Arbeitsvertrag) erhält. Und bei einigen wurde deutlich, dass sie für ihr Wissen und Können bereits (vornehmlich, aber nicht nur) finanzielle Anerkennung bekommen, sodass es zu kulturellem *Kapital* geworden ist (Nohl et al. 2014, S. 204ff.). Diese Umwandlung kultureller Ressourcen in Kredit und Kapital basiert nicht auf der individuellen ‚Kraft‘ der Migrant*innen, sondern ist in deren Relation zur Gesellschaft eingebettet: Neben der Frage des Aufenthaltsstatus sind hierfür auch die Mobilisierung sozialer Beziehungen und symbolisches Kapital – welche ebenfalls nach Ressourcen und

Krediten zu differenzieren wären – hilfreich, wie in unserer Typologie evident wird. Basierend auf einer empirischen Untersuchung arbeiten wir mit der Unterscheidung von Ressourcen, Kredit und Kapitel mithin Nuancen des Kapitalbegriffs aus, wie sie auch schon in Bourdieus Werk angelegt sind.

2.4 Die theorieimmanente Erarbeitung von Grundbegriffen als Vorbereitung neuer Forschung(-sperspektiven)

Empirische Forschung ist für die Sondierung, Herausforderung und Erweiterung theoretischer Grundbegriffe sehr hilfreich; sie ist aber keine Bedingung sine qua non. Denn wie die Allgemeine Pädagogik – und insbesondere die Bildungs- und Erziehungsphilosophie – überzeugend gezeigt hat, lassen sich Grundbegriffe auch rein theoretisch erarbeiten. Man könnte hier mit Michelle Moses von „Philosophie *als* pädagogischer Forschung“ (2002, S. 5, Hervorh. i. O.) sprechen. Auch wenn diese Form der Theoriearbeit m. E. nicht notwendiger Weise auf Empirie bezogen sein muss, kann sie – so Moses – „konzeptionelle und theoretische Fundierungen für wichtige empirische Arbeit“ (ebd., S. 8) bereitstellen.

Als Beispiel für die theorieimmanente Erarbeitung von Grundbegriffen möchte ich die Untersuchungen zu der Frage anführen, wie sich in Anerkennungsprozessen Subjekte formieren. Ausgangspunkt dieser von einer größeren Arbeitsgruppe getragenen Theoriearbeit ist eine Kritik des Anerkennungsbegriffs, der u. a. – so Ricken et al. (2017, S. 195 ff.) – zu stark auf eine positive Bestätigung fokussiere und dabei die Unwägbarkeiten des performativen Vollzugs von Anerkennung verkenne. Dies führe dazu, dass der „notwendige Zusammenhang von Bestätigung und Versagung“ (ebd., S. 199) ignoriert werde und subtile Formen der Macht und ihres Unterlaufens ebenso aus dem Blick geraten wie die in die performative Struktur von Anerkennungsprozessen eingeschriebene Möglichkeit, den anderen jeweils zu „verkennen“ (ebd., S. 201).

Um „Subjektivation“ aber gleichwohl als eine sich in „Anerkennungsprozessen“ vollziehende Praxis zu untersuchen, wird daher vorgeschlagen, diese Prozesse als „Adressierung“ (Reh/Ricken 2012, S. 42) zu fassen. Adressierung begreifen Reh und Ricken (2012, S. 42) als „grundsätzliche Struktur in und von Interaktion“. Es geht ihnen dabei um „Adressierungs-Sequenzen“ und mithin um die „Verkettung von Adressierung und Re-Adressierung“ (ebd., S. 44). Indem man dieses „interaktive Zusammenspiel von adressierenden und re-adressierenden Sprechakten“ rekonstruiere, könne man „einen geeigneten empirischen Zugang zu Subjektivationsprozessen“ (Ricken et al. 2017, S. 194 f.) erhalten.

Wie diese Subjektivationsprozesse mit dem Erwerb von Wissen und Können zusammenhängen, lässt sich herausarbeiten, wenn man den Gegenstand des Lehrens und Lernens in die Analyse der reziproken Adressierungsprozesse einbezieht. Es geht hier – so Reh und Rabenstein – um „ein auf das Lernen gerichtetes

Zeigen der Sache als angenommene Adressierung eines Jemand, der sich damit durch einen Anderen als ein spezifischer Jemand erlernt" (Reh/Rabenstein 2013, S. 295). In der sich allmählich aufbauenden „Sequentialität und Relationalität" unterrichtlicher Interaktionen erweise sich – so die Autorinnen weiter – „zum einen, *zu wem ein Schüler wird*, indem er eine Adressierung annimmt, ablehnt oder ignoriert. Zum anderen entscheidet sich aber auch, *zu welcher Sache ein Gegenstand im Zeigen wird*" (Reh/Rabenstein 2013, S. 303, Hervorh. i. O.).

Der Grundbegriff der „Adressierung", dessen theorieimmanente Erarbeitung ich hier nur knapp andeuten konnte, wird dann in einer Reihe von empirischen Studien, etwa zum Unterricht in der Sekundarstufe (vgl. Ricken et al. 2017) oder zu „Autorisierungen des pädagogischen Selbst" im Rahmen der Fortbildung von Kleinkindpädagog*innen (Jergus/Thompson 2017), genutzt und weiterentwickelt.

3 Horizonte der Systematisierung

Welche Implikationen haben meine Überlegungen zu den vier Mechanismen der Reflexion von Grundbegriffen für das laufende, von allen Interessierten getragene Projekt einer Systematisierung der Erziehungswissenschaft? Analytisch lassen sich hier drei Horizonte[7] eines solchen Projektes unterscheiden.

In einem inneren Horizont geht es um die Entwicklung einer spezifischen Verknüpfung von Grundbegriffen, die, wie erwähnt, bei der theoretischen Reflexion einzelner Grundbegriffe ohnehin schon immer virulent ist. Diese Relation von Grundbegriffen bietet kein und hat kein Fundament der Letztbegründung (vgl. Ballauff 1984, S. 427). Angesichts ihrer Bodenlosigkeit bedarf diese Relation aber der „vorgreifend-kontrafaktischen" (Schütze 1980, S. 86) Unterstellung, sie sei systematisch, um überhaupt systematisierend wirken zu können.[8] Auch in dieser Hinsicht zielt Systematisierung auf eine „*operative* Ganzheit", bei der der „Prozess der Erkenntnisgewinnung" zu keinem Ende kommt (Thompson 2011, S. 144, Hervorh. A.-M. N.).

Ein solches Netzwerk von Grundbegriffen darf die Herkunftstheorien, aus denen sie stammen, nicht ignorieren. Es ist, wie ich anhand der Forschungsbeispiele

7 Ich gebrauche hier den Begriff des Horizontes, weil er impliziert, dass einerseits im jeweiligen Moment der Blick durch den Horizont begrenzt wird, andererseits aber Horizonterweiterungen prinzipiell möglich sind. Insofern sind Horizonte *vorläufige* Festlegungen, wobei es nicht vollständig in der Hand der Forschenden – schon gar nicht einzelner Forschender – ist, wie und inwieweit sie festgelegt sind und wie Festlegungen wieder aufgebrochen werden können.

8 Ich nehme hier einen Gedankengang von Habermas (1971, S. 140) zur normativen Grundlage sprachlicher Verständigung auf, der auch für die Interaktionstheorie wichtig ist (vgl. Schütze 1980).

angedeutet habe, durchaus möglich, Grundbegriffe unterschiedlicher Provenienz miteinander zu verknüpfen, doch lassen sich diese nicht einfach addieren, sondern müssen unter Überbrückung ihrer theoretischen Divergenzen miteinander in Beziehung gesetzt werden. Ein Blick auf die einschlägige Literatur zeigt, dass hierbei meist ein oder zwei Grundlagentheorien dominant sind,[9] an die weitere Begrifflichkeiten dann angegliedert werden.

Wo die Phänomene, auf die sich die Grundbegriffe beziehen, auch empirisch erforscht werden, gilt es zudem, die Methodologie dieser empirischen Forschung zu reflektieren. Denn empirische Forschung beruht nicht einfach auf beliebig (etwa ‚gegenstandsadäquat') anwendbaren Erhebungs- und Auswertungsmethoden, sondern wird selbst in ihrer Vorgehensweise durch theoretische Annahmen begründet (vgl. Dörner/Schäffer 2012, S. 17 f.). Wie eng Methodologie und theoretische Grundbegriffe zusammenhängen, hat etwa Brinkmann (2015) anhand seiner phänomenologischen Forschung und der Prominenz wie auch Eigentümlichkeit des Erfahrungsbegriffs gezeigt, der sich z. B. in methodologisch folgenreicher Weise vom Erfahrungsbegriff der Mannheim'schen Wissenssoziologie und des Pragmatismus (vgl. Nohl 2018) unterscheidet.

Wenn ein solches Netzwerk aus theoretischen Grundbegriffen, Methodologie und empirischer Forschung einen ersten, inneren Horizont der Systematisierung ausmacht, so lässt sich hiervon ein zweiter, äußerer Horizont der Systematisierung unterscheiden. In einem äußeren Horizont impliziert dieses Projekt der Systematisierung, unterschiedliche Ansätze innerhalb der Erziehungswissenschaft – selbst wenn sie nicht mit dem Anspruch einer Systematischen Pädagogik auftreten, sondern anderen Teildisziplinen zuzuordnen sind – daraufhin zu beobachten, welche Grundbegriffe in welcher wechselseitigen Verknüpfung sie auf welche (eventuell empirisch erforschten) Phänomene beziehen.[10] In diesem äußeren Horizont wird die Kontingenz und begrenzte Geltungsreichweite des eigenen – im inneren Horizont entwickelten – Ansatzes evident, da er sich nun mit anderen Ansätzen kontrastieren lässt.

Diese unterschiedlichen Ansätze sind in gewisser Hinsicht – wenn man sie wissenschaftssoziologisch betrachtet – paradigmenabhängig (vgl. Kuhn 1973).

---

9 In den Forschungsarbeiten zur Subjektivation und Adressierung von Reh, Ricken und Rose ist dies etwa eine poststrukturalistisch eingefärbte Praxistheorie, in den Arbeiten von Brinkmann die Phänomenologie, in meinen eigenen Arbeiten die Wissenssoziologie Mannheims und Bohnsacks sowie der Pragmatismus.

10 In vielen Dissertationen und Habilitationsschriften, die auf einer rekonstruktiv-empirischen Studie aufbauen, findet sich eine solche Kritik von theoretischen Grundbegriffen und methodologischem Zugriff. Da es in diesen Arbeiten aus paradigmatischen Gründen nicht angemessen wäre, den Forschungsstand (allein) in Bezug auf bisher generierte Gegenstandstheorien zu erörtern und aus diesen Hypothesen zu entwickeln, die es dann in der eigenen (quantitativen) Analyse zu überprüfen gälte, bietet es sich an, die grundlagentheoretischen und method-(olog-)ischen Ansätze der bisher zum Gegenstand angestellten Untersuchungen einer Kritik zu unterziehen.

Sie lassen sich also nicht einfach beurteilen und gegeneinander abwägen; schon gar nicht lässt sich ein prinzipieller Überlegenheitsanspruch eines bestimmten Ansatzes formulieren. Dessen ungeachtet kann man die unterschiedlichen Ansätze durchaus beobachten und kritisieren, und zwar unter folgenden Gesichtspunkten: Erstens, wie gut sind die Grundbegriffe entwickelt (und das heißt, wie theoretisch reflektiert ist ihr Netzwerk); wie stark ist, zweitens, der Bezug der Grundbegriffe auf pädagogisch relevante (empirisch erfasste) Phänomene (und das heißt auch, welche relevanten Phänomene werden nicht – differenziert genug – berücksichtigt); und drittens: Wie gelungen ist die Verknüpfung von Grundlagentheorie und Methodologie empirischer Forschung?

Durch den kontinuierlich zu überarbeitenden Entwurf des inneren Horizontes und durch die Diskussionen innerhalb des äußeren Horizontes, an dem ja potenziell die Gesamtheit aller Erziehungswissenschaftler*innen beteiligt ist, entsteht dann ein virtueller (das heißt existierender, wirksamer, aber nicht durch Publikationen repräsentierter und im doppelten Sinne des Wortes: feststellbarer) dritter Horizont der Systematischen Erziehungswissenschaft. In ihm wird der Möglichkeitshorizont der Pädagogik virulent, in dem die unterschiedlichen Ansätze einerseits (wo sie Gleiches unterschiedlich bezeichnen) hinsichtlich ihrer funktionalen Äquivalenz und andererseits (wo sie Unterschiedliches beleuchten) möglicherweise in ihrer Komplementarität erkennbar werden.

Dieser dritte, virtuelle Horizont wird auf Dauer auch Antworten auf eine große Frage der Systematischen Erziehungswissenschaft geben: Was sind die für die Erziehungswissenschaft zentralen Phänomene und Probleme (vgl. Prange 2001, S. 386)? Wenn man nicht von einem – wie auch immer zu erfassenden – „fundamentum in re" (ebd., S. 386) ausgeht, werden sich Antworten hierauf erst im Kontrast unterschiedlicher Ansätze mit ihren jeweiligen Grundbegriffen ergeben. Im Neben- und Gegeneinander dieser Ansätze, wie es charakteristisch für die Erziehungswissenschaft mit all ihren Teildisziplinen ist, erweist sich dann – nicht als systematischer Entwurf, sondern als nicht intendiertes Resultat der Praxis erziehungswissenschaftlicher Forschung –, welche Desiderata (also noch zu entwickelnden Grundbegriffe) in jedem einzelnen Ansatz noch zu bewältigen sind. Was der eine Ansatz beleuchtet, lässt sich dann als blinder Fleck des anderen Ansatzes erkennen, wie auch jener Ansatz Licht auf Phänomene wirft, die im Schatten des ersten Ansatzes stehen.

4 Zum Schluss

Die Relevanz eines solchen, wie gesagt: von allen Interessierten zu tragenden Projekts einer Systematisierung der Erziehungswissenschaft ergibt sich – darauf hatte ich schon eingangs hingewiesen – nicht mehr von selbst (als ‚Leitdisziplin'), sondern aus ihrem Einsatz in und der Diskussion mit den anderen

Teildisziplinen. Der „Diskurs der Allgemeinen Pädagogik“ darf also nicht „zu einem selbstreferentiellen Kommunikationssystem“ werden, wie dies Rustemeyer (2001, S. 238) befürchtet. Stattdessen die Diskussion mit anderen Teildisziplinen wach zu halten, wird, so meine Überzeugung, gerade dann möglich, wenn man als Systematische*r Erziehungswissenschaftler*in in deren Gegenstandsbereichen (empirisch) forscht. Erst wenn man sich mit den Forschungsfragen und/oder Gegenständen der Medienpädagogik (Jörissen 2015), der Erwachsenenbildung (Wrana 2006), der Frühpädagogik (vgl. Jergus/Thompson 2017) oder der Schulpädagogik (vgl. Ricken et al. 2017) befasst, kann die doppelte Referenz der Grundbegriffe auf den Prüfstand gestellt werden: Können die Grundbegriffe die Forschung zu spezifischen (subdisziplinären) Fragestellungen strukturieren und bestenfalls weiterbringen? Und zugleich: Wie gut sind sie in einer Systematik der Erziehungswissenschaft verankert?

Literatur

Adorno, Theodor W. (2015): Negative Dialektik/Jargon der Eigentlichkeit. Frankfurt/M.: Suhrkamp

Asbrand, Barbara/Martens, Matthias (2018): Dokumentarische Unterrichtsforschung. Wiesbaden: Springer VS

Ballauff, Theodor (1984): Ist systematische Pädagogik heute noch möglich und notwendig? In: Vierteljahrsschrift für wissenschaftliche Pädagogik 60, H. 4, S. 425–441

Bellmann, Johannes (2009): Vermittlungsprobleme der Allgemeinen Erziehungswissenschaft. In: Kubac, Richard/Rabl, Christine/Sattler, Elisabeth (Hrsg.): Weitermachen? Einsätze theoretischer Erziehungswissenschaft. Würzburg: Königshausen & Neumann, S. 31–44

Bellmann, Johannes (2011): Jenseits von Reflexionstheorie und Sozialtechnologie. Forschungsperspektiven Allgemeiner Erziehungswissenschaft. In: Bellmann, Johannes/Müller, Thomas (Hrsg.): Wissen, was wirkt. Wiesbaden: Springer VS, S. 197–214

Benner, Dietrich (1987): Allgemeine Pädagogik. Weinheim/München: Juventa

Benner, Dietrich (1998): Systematische Pädagogik und historische Rekonstruktion. In: Brinkmann, Wilhelm/Petersen, Jörg (Hrsg.): Theorien und Modelle der Allgemeinen Pädagogik. Donauwörth: Auer, S. 117–136

Biesta, Gert/Allan, Julie/Edwards, Richard (2011): The Theory Question in Research Capacity Building in Education. In: British Journal of Educational Studies 59, H. 3, S. 225–39

Böhme, Jeanette (2016): Trends, Mythen und Standards qualitativ-rekonstruktiver Forschung – Plädoyer für ein Comeback des methodologischen Scharfsinns der Methodenschul-Ära. In: Kreitz, Robert/Miethe, Ingrid/Tervooren, Anja (Hrsg.): Theorien in der qualitativen Bildungsforschung – Qualitative Bildungsforschung als Theoriegenerierung. Opladen: Barbara Budrich, S. 123–136

Bohnsack, Ralf (2014): Rekonstruktive Sozialforschung. Opladen: utb

Bourdieu, Pierre (1983): Ökonomisches Kapital, kulturelles Kapital, soziales Kapital. In: Kreckel, Reinhard (Hrsg.): Soziale Ungleichheiten (Soziale Welt Sonderband 2). Göttingen: Schwartz, S. 183–198

Brezinka, Wolfgang (1981): Grundbegriffe der Erziehungswissenschaft – Analyse, Kritik, Vorschläge. 4. Aufl. München: Ernst Reinhardt

Brinkmann, Malte (2015): Pädagogische Empirie – Phänomenologische und methodologische Bemerkungen zum Verhältnis von Theorie, Empirie und Praxis. In: Zeitschrift für Pädagogik 61, H. 4, S. 527–545

Casale, Rita (2011): Über die Aktualität der Bildungsphilosophie. In: Vierteljahrsschrift für wissenschaftliche Pädagogik 87, H. 2, S. 361–371

Cicourel, Aaron V. (1974): Methode und Messung in der Soziologie. Frankfurt/M.: Suhrkamp

Dörner, Olaf/Schäffer, Burkhard (2012): Zum Verhältnis von Gegenstands- und Grundlagentheorien zu Methodologien und Methoden in der Erwachsenen- und Weiterbildungsforschung. In: Schäffer, Burkhard/Dörner, Olaf (Hrsg.): Handbuch Qualitative Erwachsenen- und Weiterbildungsforschung. Opladen: Barbara Budrich, S. 11–22

Fischer, Wolfgang (1984): Erziehungswissenschaft und Systematische Pädagogik. In: Vierteljahrsschrift für wissenschaftliche Pädagogik 60, H. 4, S. 411–424

Flitner, Wilhelm (1983): Pädagogik. Systematische Pädagogik, allgemeine Pädagogik. GS, Bd. 2. Paderborn: Schöningh

Fuchs, Thorsten (2011): Vermitteln, Verknüpfen, Verbinden? Ein Beitrag zur Reformulierung der bildungstheoretisch orientierten Biographieforschung. In: Breinbauer, Ines Maria/Weiß, Gabriele (Hrsg.): Orte des Empirischen in der Bildungstheorie. Einsätze theoretischer Erziehungswissenschaft II. Würzburg: Königshausen & Neumann, S. 124–139

Glaser, Barney G./Strauss, Anselm L. (1967): The Discovery of Grounded Theory: Strategies for Qualitative Research. Chicago: Aldine

Habermas, Jürgen (1971): Vorbereitende Bemerkungen zu einer Theorie der kommunikativen Kompetenz. In: Habermas, Jürgen/Luhmann, Niklas (Hrsg.): Theorie der Gesellschaft oder Sozialtechnologie. Frankfurt/M.: Suhrkamp, S. 101–141

Hunold, Martin (2019): Organisationserziehung und Macht – Eine rekonstruktive Studie zu Erwachsenen in quasi-totalen Wohnorganisationen. Wiesbaden: Springer VS

Jergus, Kerstin/Thompson, Christiane (Hrsg.) (2017): Autorisierungen des pädagogischen Selbst. Studien zu Adressierungen der Bildungskindheit. Wiesbaden: Springer VS

Jörissen, Benjamin (2015): Bildung der Dinge: Design und Subjektivation. In: Jörissen, Benjamin/Meyer, Torsten (Hrsg.): Subjekt Medium Bildung. Wiesbaden: Springer VS, S. 215–233

Kokemohr, Rainer (1989): Bildung als Begegnung? In: Hansmann, Otto/Marotzki, Winfried (Hrsg.): Diskurs Bildungstheorie II. Weinheim: Deutscher Studien Verlag, S. 327–373

Koller, Hans-Christoph (2011): Anders werden. Zur Erforschung transformatorischer Bildungsprozesse. In: Breinbauer, Ines Maria/Weiß, Gabriele (Hrsg.): Orte des Empirischen in der Bildungstheorie. Einsätze theoretischer Erziehungswissenschaft II. Würzburg: Königshausen & Neumann, S. 108–123

Koller, Hans-Christoph/Rieger-Ladich, Markus (Hrsg.) (2005): Grenzgänge: Pädagogische Lektüren zeitgenössischer Romane. Bielefeld: Transcript

Kraft, Volker (2012): Wozu noch Allgemeine Pädagogik? In: Zeitschrift für Pädagogik 58, H. 3, S. 285–301

Kuhn, Thomas S. (1973): Die Struktur wissenschaftlicher Revolutionen. Frankfurt/M.: Suhrkamp

Marotzki, Winfried (1990): Entwurf einer strukturalen Bildungstheorie. Weinheim: Deutscher Studien Verlag

Meyer-Wolters, Hartmut (2001): Überlegungen zur Notwendigkeit und den Möglichkeiten einer systematischen Pädagogik. In: Vierteljahrsschrift für wissenschaftliche Pädagogik 78, H. 1, S. 91–107

Mollenhauer, Klaus (1996): Über Mutmaßungen zum Niedergang der Allgemeinen Pädagogik. In: Vierteljahrsschrift für wissenschaftliche Pädagogik 42, H. 2, S. 277–288

Moses, Michelle S. (2002): The Heart of the Matter: Philosophy and Educational Research. In: Review of Research in Education 26, H. 1, S. 1–21

Nohl, Arnd-Michael (2016): Grundbegriffe und empirische Analysen als wechselseitige Spiegel: Potentiale eines reflexiven Verhältnisses zwischen Grundlagentheorie und rekonstruktiver Empirie. In: Kreitz, Robert/Miethe, Ingrid/Tervooren, Anja (Hrsg.): Theorien in der qualitativen Bildungsforschung – Qualitative Bildungsforschung als Theoriegenerierung. Opladen: Barbara Budrich, S. 105–122

Nohl, Arnd-Michael (2018): Zwischen Spontaneität und Habituierung: Pädagogisch relevante Praktiken mit den Dingen. In: Budde, Jürgen/Bittner, Martin/Bossen, Andrea/Rißler, Georg (Hrsg.): Konturen praxistheoretischer Erziehungswissenschaft. Weinheim/Basel: Beltz Juventa, S. 68–85

Nohl, Arnd-Michael/Schittenhelm, Karin/Schmidtke, Oliver/Weiß, Anja (2014): Work in Transition. Cultural Capital and Highly Skilled Migrants' Passages into the Labour Market. Toronto: University Press

Oelkers, Jürgen (1997): Allgemeine Pädagogik. In: Fatke, Reinhard (Hrsg.): Forschungs- und Handlungsfelder der Pädagogik. Weinheim/München: Juventa, S. 237–267

Peirce, Charles S. (1970): Schriften II: Vom Pragmatismus zum Pragmatizismus. Frankfurt/M.: Suhrkamp

Peukert, Helmut (1984): Über die Zukunft der Bildung. In: Frankfurter Hefte, FH-extra 6, S. 129–134

Prange, Klaus (2001): Fehlanzeige: Pädagogische Systematik. In: Zeitschrift für Pädagogik 47, H. 3, S. 375–387

Reh, Sabine/Rabenstein, Kerstin (2013): Die soziale Konstitution des Unterrichts in pädagogischen Praktiken und die Potentiale qualitativer Unterrichtsforschung: Rekonstruktionen des Zeigens und Adressierens. In: Zeitschrift für Pädagogik 59, H. 3, S. 291–307

Reh, Sabine/Ricken, Norbert (2012): Das Konzept der Adressierung. Zur Methodologie einer qualitativ-empirischen Erforschung von Subjektivation. In: Miethe, Ingrid/Müller, Hans-Rüdiger (Hrsg.): Qualitative Bildungsforschung und Bildungstheorie. Opladen/Farmington Hills: Barbara Budrich, S. 35–56

Ricken, Norbert/Rose, Nadine/Kuhlmann, Nele/Otzen, Anne (2017): Die Sprachlichkeit der Anerkennung. Eine theoretische und methodologische Perspektive auf die Erforschung von „Anerkennung". In: Vierteljahrsschrift für wissenschaftliche Pädagogik 93, H. 2, S. 193–233

Rustemeyer, Dirk (2001): Wie besonders ist das Allgemeine? In: Zeitschrift für Pädagogik 47, H. 2, S. 235–249

Schütze, Fritz (1980): Interaktionspostulate – am Beispiel literarischer Texte (Dostojewski, Kafka, Handke u. a.). In: Hess-Lüttich, Ernest W. B. (Hrsg.): Literatur und Konversation. Sprachsoziologie und Pragmatik in der Literaturwissenschaft. Wiesbaden: Athenaion, S. 72–94

Schütze, Fritz (1982): Narrative Repräsentation kollektiver Schicksalsbetroffenheit. In: Lämmert, Eberhard (Hrsg.): Erzählforschung. Stuttgart: Metzler, S. 568–590

Schütze, Fritz (1983): Biographieforschung und narratives Interview. In: Neue Praxis 3, H. 13, S. 283–293

Schütze, Fritz (1984): Kognitive Figuren des autobiographischen Stegreiferzählens. In: Kohli, Martin/Günther, Robert (Hrsg.): Biographie und soziale Wirklichkeit. Stuttgart: Metzler, S. 78–117

Schütze, Fritz (1991): Biographieanalyse eines Müllerlebens. In: Scholz, Hans-Dieter (Hrsg.): Wasser- und Windmühlen in Kurhessen und Waldeck – Pyrmont. Kaufungen: Axel Eibing, S. 206–227

Thompson, Christiane (2011): Praktiken der Bildungstheorie und Bildungsforschung. In: Breinbauer, Ines Maria/Weiß, Gabriele (Hrsg.): Orte des Empirischen in der Bildungstheorie. Würzburg: Königshausen & Neumann, S. 140–156

Vogel, Peter (1998): Stichwort: Allgemeine Pädagogik. In: Zeitschrift für Erziehungswissenschaft 1, H. 2, S. 157–180

Wrana, Daniel (2006): Das Subjekt schreiben. Reflexive Praktiken und Subjektivierung in der Weiterbildung – eine Diskursanalyse. Baltmannsweiler: Schneider Verlag Hohengehren

Bildungstheorie in the Making

Pädagogische Gegenstandskonstruktionen im Kontext der PISA-Debatte

Daniel Wrana

Es ist nun etwas über 20 Jahre her, dass die Kultusminister*innen der Länder in der Bund-Länder-Kommission beschlossen haben, erstmalig an den großen Schulleistungsvergleichsstudien der OECD teilzunehmen. Wenige Jahre später legte die Forscher*innengruppe des sogenannten „deutschen PISA-Konsortiums" die Ergebnisse der ersten „PISA"-Studien vor. Die vier Buchstaben PISA sind seither zu einer Metapher geworden, die weit mehr evoziert als eine Schulleistungsvergleichsstudie. PISA steht für ein ganzes Bündel von Transformationen, die das pädagogische Feld als Ganzes verändert haben. Zusammen mit ähnlichen Entwicklungen etwa in der Frühpädagogik oder der Erwachsenenbildung wurde auf Kompetenzentwicklung gesetzt. Entlang des Lebenslaufes konnten und sollten Menschen nun anhand ihrer „Kompetenzen" eingeschätzt werden, sich selbst verorten und diese Kompetenzen in Bezug auf die Erweiterung ihrer Handlungsfähigkeit entwickeln.

Der mit PISA propagierte Kompetenzbegriff wurde kontrovers diskutiert, er wurde auch dem Bildungsbegriff gegenübergestellt bzw. betont, inwiefern mit PISA, dem Kompetenzbegriff und einer Ökonomisierung des Bildungswesens wichtige Momente des Bildungsbegriffs verloren gehen. Weniger im Blick ist allerdings, dass es eine Debatte um eine bildungstheoretische Grundlegung der PISA-Studien gegeben hat. Das mag vielleicht daran liegen, dass diese Texte, am politischen Streitfall PISA orientiert, auf der Vorderbühne bisweilen eher als polemische Positionierungen erscheinen. Dennoch vollzieht sich in diesen Texten eine Debatte und diese möchte ich im Folgenden zu rekonstruieren versuchen. Als Debatte wird sie vielleicht erst einem detektivisch suchenden Blick gewahr, der einigen Fußnoten von Dietrich Benner folgt und mit ein wenig soziologischer Phantasie eine Geschichte recherchiert. Liegen auf diese Weise aber erst einmal eine Reihe von Texten zur Analyse auf dem Tisch, rückt der Entdeckungszusammenhang auch wieder in den Hintergrund. Es zeigt sich, dass diese Texte von einem intertextuellen Verweisungszusammenhang geprägt sind, der teils explizit ist, teils aber auch unterhalb der offiziellen Referenzen spielt.

Den Begriff der Debatte benutze ich in einem diskurstheoretisch-konzeptionellen Sinn. Es lässt sich grob ein Korpus abstecken, in dem sich ein paar Dutzend Texte finden, erschienen von 2000 bis 2018, die sich durch das gemeinsame Thema „Bildung" und den Bezug auf „PISA" auszeichnen. Weitere Schlagworte in diesen Artikeln sind: Weltcurriculum, Allgemeinbildung, Menschenbildung, Basiskompetenzen, Standards, Messbarkeit, Humboldt usw. Es geht darin – und das ist auffällig – immer ums Ganze: die Legitimation und Berechtigung von PISA als ein das Bildungssystem als Ganzes betreffendes Moment, die Zukunft unserer Gesellschaften und von Bildung überhaupt, die Existenzberechtigung der Erziehungswissenschaft usw.

Die Artikel verweisen aufeinander durch explizite und implizite Zitate. Sie bilden also Serien und Reihen in der Weise, wie sie aufeinander Bezug nehmen. Dabei fällt auf, dass die Zahl der Namen, mit denen die Artikel gezeichnet sind, deutlich geringer ist als die Zahl der Artikel. Viele Autor*innen waren im gesamten Zeitraum etablierte Erziehungswissenschaftler*innen und haben sich wiederholt zu Wort gemeldet. Sie schreiben die letzten 20 Jahre hindurch immer wieder zu diesem Thema, bringen neue Argumente, revidieren ihre Positionen, erläutern ihre Einsätze, werfen den Fehdehandschuh oder besänftigen die Gemüter. Viele sind inzwischen emeritiert, publizieren aber teils weiter. Sie bilden gewissermaßen eine Art „Generation" oder anders betrachtet: sie haben einander in ihren wissenschaftlichen Lebensläufen begleitet und bilden daher im Feld eine Struktur von Positionen. Alle diese Autor*innen sind – das erstaunt vielleicht wenig – männlich. Man kann sie markieren mit Eigennamen: BAUMERT, BENNER, TENORTH, TERHART, KLIEME, HEID, RUHLOFF, KOCH usw.

Es handelt sich hier aber keinesfalls um eine Kollektivbiografie. Es geht nicht um diese Wissenschaftler*innen und auch nicht darum, einen dieser Einsätze im Feld isoliert zu betrachten oder gar zu bewerten. Es geht vielmehr um die Struktur von Positionen, die ein Feld bilden. Die mit Kapitälchen versehenen Namen markieren dabei nur Aktanten in einem Spiel. Sie sind für die Analyse das, was sie für eine wissenschaftliche Modell-Leser*in (Eco 1998) sind, die nicht in die sozialen und personalen Netzwerke involviert und noch nicht selbst im Feld positioniert ist. Es handelt sich um Markierungen, mit denen die Modell-Leser*in gelernt hat, den Diskurs für sich in ihrem Verstehen zu organisieren und als wissenschaftlichen Diskurs zu erkennen. Die Modell-Leser*in bündelt Texte mit demselben Namen zusammen und betrachtet sie als „Position" und fragt sich, wie sich diese Position zu anderen Positionen verhält. Dasselbe macht – methodisch kontrolliert – auch die Analyse. Die Namen in Kapitälchen als Positionsmarker in dieser Analyse mögen erst mal sehr sonderbar erscheinen, aber ich möchte Sie einladen, sich auf das Spiel der reflexiven Distanzierung zum Gegenstand und seine irritierenden Effekte einzulassen.

Untersucht werden soll also in diesem Sinn, welche Struktur die Positionen und Argumente bilden und gefragt wird nach den diskursiven Konstitutionsbedingungen als Möglichkeitsraum des Denkens. Dass ich dabei – abgesehen von dem bisschen soziologische Phantasie, das die Geschichte in Gang bringt – auf außertextuelle Annahmen verzichte, ist einer konsequenten methodischen Konstruktion des Gegenstands geschuldet und nicht einer ontologischen

Basisannahme. Es geht in diesem Beitrag also darum, die Formen, in denen „Bildung" in diesem Feld von Positionen gedacht worden ist und gedacht werden konnte, zu rekonstruieren. Ich möchte dabei auf den Modus Operandi des hier beobachtbaren bildungstheoretischen Denkens hinaus, der auch dem Thema des Bandes entspricht, es soll um *doing theory* gehen bzw. um „The Making of Bildungstheorie".

1 Die Kontroverse in Hubertusstock

Am Anfang steht ein Text, der mit dem Namen Benner gezeichnet ist. Es handelt sich um einen Aufsatz in der Zeitschrift für Pädagogik von 2002 mit dem Titel „Die Struktur der Allgemeinbildung im Kerncurriculum moderner Bildungssysteme". Dieser, als Vorschlag zur bildungstheoretischen Rahmung von PISA markierte Text, beginnt folgendermaßen.

> „Die folgenden Überlegungen sind im Kontext von Diskussionen entstanden, die Heid, Terhart und Ich [Notation in Kapitälchen D. W.] im Rahmen einer Tagung des PISA-Konsortiums mit Mitgliedern des Beirats und Vertretern der Kultusministerien der Länder angeregt haben. Diese führten zu dem von allen Beteiligten geteilten Ergebnis, dass die Konzeption des von TIMSS und PISA derzeit weltweit verfolgten Ansatzes einer internationalen Schulleistungsvergleichsforschung dringend einer bildungstheoretischen Ergänzung und Rahmung bedarf, welche die pädagogischen Implikationen dieser Forschungsrichtung offen legt und ihre Anschlussprobleme an pädagogische Theorieentwicklung, erziehungswissenschaftliche Forschung und pädagogische Praxisoptimierung reflektiert" (Benner 2002, S. 4).

Es wird erzählt. Von einer Tagung, von Diskussionen, von Kontroversen und einem Konsens. Der Konsens lautet, dass „PISA" einer bildungstheoretischen „Ergänzung und Rahmung" bedürfe. „Rahmung" ist weit stärker als „Ergänzung". Eine Ergänzung ist ein Supplement, bei aller Notwendigkeit doch akzidentiell. Ein Rahmen hingegen bietet erst den Kontext, in dem eine Sache Bedeutsamkeit erlangen kann. Im Zitat werden einige Punkte aufgezählt, in denen sich diese Bedeutungsgebung des Rahmens erweisen soll: Pädagogische Implikationen offenlegen, Anschlüsse an pädagogische Theorieentwicklung bieten, Praxisoptimierung leisten oder erziehungswissenschaftliche Forschung herstellen. Das alles kann die Empirie von PISA offenbar nicht aus sich heraus leisten. Die Aussage lässt sich so lesen: PISA ist aus sich heraus *nicht* pädagogische Theoriebildung, *nicht* erziehungswissenschaftliche Forschung, *nicht* praxisleitend. All das wird PISA erst mit einer bildungstheoretischen Rahmung. Positiv formuliert lautet die Aussage jedoch auch, dass PISA nicht das Gegenteil oder Feindbild von Bildung ist, vielmehr wird versprochen, dass sie einander befördern können. Aus der Perspektive der mit dem Namen

Benner gezeichneten Position hat PISA bildungstheoretisches und erziehungswissenschaftliches Potenzial, das aber erst noch durch etwas eingelöst werden muss, das PISA nicht selbst leistet bzw. leisten kann.

In späteren Aufsätzen von Benner erfahren wir weitere Details der sozialen Szenerie, aus der diese Forderung stammt (zu diesem und dem Folgenden Benner 2006, S. 131 ff.). Demnach war es etwa so: Im Herbst 1999 gab es eine Tagung in Hubertusstock in Brandenburg, einem Tagungshaus unweit von Berlin. Auch Hubertusstock ist zu einem Namen geworden, der als Adresse für Zuschreibungen funktioniert, genauso wie Baumert oder PISA. In Hubertusstock trafen sich Mitglieder des PISA-Konsortiums, Vertreter*innen der Politik sowie der wissenschaftliche Beirat, um erste Ergebnisse der PISA-Forschungen zu diskutieren. Vom Beirat erwähnt werden von Benner in jedem Fall Heid und Terhart, allerdings nur deshalb, weil er sie als seine Position teilend darstellt. Vielleicht sind noch mehr Personen dabei. Behutsam berichtet Benner von einer Kontroverse, die sich damals womöglich schärfer vollzogen hat, als der Bericht ahnen lässt. Am Ende stand, dass „Terhart, Heid und Ich" (Benner 2006, S. 132) vorbrachten, dass man den alten Streit um die Messbarkeit von Bildung nicht wieder aufnehmen wolle. Man akzeptiere also, dass Bildung messbar sei und wolle versuchen, die Verfahren der Interpretation quantitativer Ergebnisse weiterzuentwickeln und damit die Weise, in der Konsequenzen von PISA für Bildungspraxis und Erziehungswissenschaft bestimmt werden, zu verbessern. Um die PISA-Ergebnisse angemessen interpretieren zu können – das ist der Clou der Argumentation –, müsse man PISA bildungstheoretisch einordnen können, ihm also eine bildungstheoretische Rahmung geben. Naheliegend ist, dass die Sprechenden sich selbst die Fähigkeit und Aufgabe zuschreiben, eine solche Rahmung zu leisten.

Nun wurde eine Arbeitsgruppe eingerichtet, die das bewerkstelligen sollte: Baumert, Benner, Heid, Tenorth waren beteiligt. Benner sagt 2006, er habe seinen Text zuerst eingereicht, jener Text, der 2002 als besagter Beitrag in der „Zeitschrift für Pädagogik" erschienen ist. Heid und Tenorth schreiben ebenfalls, reichen Monate später nach, ihre Manuskripte werden aber nicht veröffentlicht – zumindest nicht als solche erkennbar. Von Tenorths Text verrät uns Benner noch das Datum der Zusendung und den Titel. Im Juli 2001 verschickte Tenorth den Text „Allgemeinbildung im schulischen Kontext – oder die Unausweichlichkeit des Kanonproblems" an die Kollegen (Benner 2006, 132). Baumert sollte zuletzt schreiben und auf die Texte Bezug nehmen, so war es vereinbart. Aber Baumert hatte damals viel zu tun – sagt Benner verständnisvoll. Heid und Tenorth hätten ihren bildungstheoretischen Text nicht direkt auf PISA bezogen, Baumert habe gar nicht geschrieben und die Sache verlief – wie Benner sagt – im Sande. Benner fand das schade (Benner 2006, S. 132 f.).

Benner berichtet auch von den nun folgenden Kontroversen und „Rückantworten" (ebd., S. 135) von Tenorth, Tillmann und Baumert auf seinen

Beitrag. Tatsächlich ist 2004 ein Text von Tenorth erschienen – was dieser mit dem Manuskript von 2001 gemeinsam hat, wissen wir nicht –, aber das Thema dieses Textes bespielt der Beitrag von 2004 markant (Tenorth 2004). Auch Baumert hat zum Thema publiziert, aber Benner berichtet vor allem von einer mündlichen Aussage Baumerts, die ihm kolportiert worden ist: „Was Benner von PISA fordert, wird in den Teilprojekten längst geleistet" (Baumert mündlich, zit. n. Benner 2006, S. 136, Kapitälchen D. W.). Das passt zu Benners Lesart des Tenorth-Textes von 2004, den er folgendermaßen zuspitzt: „[D]ie neue ‚Bildungstheorie' werde ‚quasi aus einem theoriegeleiteten Prozess der Bildungsforschung selbst' entstehen" (Benner 2006, S. 135; Binnenzitate Tenorth 2004, S. 175). Aber Benner setzt diese beiden Aussagen dann doch anders ins Verhältnis. Er interpretiert Baumerts Bonmot nicht so, dass PISA die bildungstheoretische Rahmung und Infragestellung niemals nötig gehabt hätte (was nach seiner Lesart Tenorth behauptet), sondern dass Baumert zum Ausdruck bringe, dass der bildungstheoretische Fragehorizont Benners PISA dahingehend herausgefordert habe, diese Fragen einzulösen (Benner 2006, S. 137).

Ich frage mich, ob Benner insgeheim aufgefallen ist, dass die Debatte, die er so schmerzlich vermisst, sich doch eigentlich vollzogen hat. Er schreibt einem 2002 von Baumert (Baumert 2002) erschienenen Text zu, auf seine Fragen zu reagieren, er kommt aber nicht zu dem Schluss, dass Baumert dort so etwas wie eine Bildungstheorie vorgelegt habe. Die These, die ich hier verfolgen möchte ist, dass Baumert nicht nur auf Benners Fragen reagiert, sondern dass er eine bildungstheoretische Position entwickelt, die im Aufbau in vielen Punkten an Benner anschließt bzw. parallel konstruiert ist, sich in der Ausrichtung aber deutlich unterscheidet.

In einer ganzen Reihe von Punkten lässt sich auf diese Weise eine Art Dialog rekonstruieren, ein Dialog, den sich Benner so gewünscht hat und der nach seinem Empfinden nicht zustande gekommen ist. Einige Momente dieses Geistergesprächs möchte ich im Folgenden ausarbeiten.

2 Die Struktur der Allgemeinbildung

Mit dem Titel des Beitrags von 2002, „Die Struktur der Allgemeinbildung im Kerncurriculum moderner Bildungssysteme", liefert Benner bereits eine konkretisierende Übersetzung der Aufgabe einer „bildungstheoretischen Rahmung" von PISA. Dass es dabei um die Allgemeinbildung in modernen Curricula gehen muss, wird nicht begründet, sondern vorausgesetzt (der Titel des Manuskripts von Tenorth weist in dieselbe Richtung eines „Kanonproblems der Allgemeinbildung"). In den Blick rückt also die Frage nach Inhalt und Aufbau der Lehrpläne und nach der Curriculumskonstruktion und -forschung: Warum Schüler*innen in jeweiligem Alter gerade diese Inhalte auf jenem Niveau und in dieser Struktur lernen sollen. Dies scheint der Horizont zu sein, in dem die Frage Sinn gewinnt, warum eine Schulleistungsstudie diese und keine anderen Leistungsbereiche zur Messung auswählt hat.

Benner stellt sich folgende Ausgangsfrage: Wie kommt man zu einem legitimen Curriculum? Es gebe vier Möglichkeiten. Ein Curriculum kann man (1) durch internationale Vergleiche komparativ herausarbeiten, man kann es (2) auch historisch vergleichend und (3) theoretisch begründend herausarbeiten (Benner 2002, S. 69 ff.). Diese drei intellektuellen Projekte kann Benner bei seinen Kollegen der Humboldt-Universität verorten: Für die vergleichende Perspektive steht ihm Schriewer, für die historische Tenorth und für die theoretische er selbst, Benner. Nun komme aber eine vierte Perspektive hinzu: Man könne ein Curriculum eben auch empirisch vergleichend etablieren und das mache PISA (ebd., S. 71). Hier kommt der Berliner Kollege Lehmann ins Spiel, aber auch Baumert.

Problematisiert wird nun, dass in den drei Fällen einer „international-vergleichenden", „historischen" oder „empirischen" Legitimation das Curriculare induktiv aus der gegebenen Bildungsrealität abgeleitet werde. Das Curriculum werde quasi aus der Faktizität kondensiert und erscheine dann als gegebene Tatsache. Dass aus einem Sein kein Sollen abgeleitet werden kann, ist Benner klar. Ihm scheint aber auch klar zu sein, dass die Wissenschaft als sozialer Prozess der Wissenskonstruktion Wirklichkeit nicht abbildet, sondern hervorbringt.

> „Dieser Ansatz [der empirische, D. W.] versucht auf dem Wege empirisch-vergleichender Leistungsmessungen Einfluss auf die Definition dessen zu nehmen, was sich als allgemeinbildendes Kerncurriculum weltweit durchsetzt. Es ist zu erwarten, dass dieser Ansatz, wenn seine Konjunktur lange genug anhält, [...] eigene Antworten auf Fragen geben wird, die in den zunächst genannten Ansätzen" gestellt worden sind, die „Antworten werden [...] die Entstehung eines Weltcurriculums fördern [...]" (Benner 2002, S. 71).

Selbst die objektivierende Empirie ist also tatsächlich performativ, sie bringt die soziale Entwicklung im Zusammenspiel mit und im Horizont von Modernisierungsprozessen, in denen sich globale Curricula herausbilden, hervor.

Daraus, dass Wissenschaft an der Hervorbringung von Wirklichkeit konstitutiv beteiligt ist, folgt für Benner die Notwendigkeit der erziehungswissenschaftlichen Mitgestaltung dieses Prozesses. Dabei soll die Hervorbringung eines Curriculums sich nicht stumm und unreflektiert vollziehen. Da sich mit einem Weltcurriculum Normativität konstituiere, müsse diese explizit und reflexiv begründet und legitimiert werden. Die Wissenschaftspraxis der Bildungsforschung in vergleichender, historischer oder empirischer Perspektive verdecke aber diese Notwendigkeit einer expliziten und rationalen Legitimation von Normativität, denn sie präsentiert ihre „Ergebnisse“ so, als ob diese schon aus sich heraus legitimierend wären. Nach Benner kann die Legitimation aber eben erst von einer „bildungstheoretischen Grundlegung“ geleistet werden, die er selbst beitragen möchte.

> Ein solcher bildungstheoretischer Ansatz arbeite an einer „[...] systematischen Klärung der Struktur der Allgemeinbildung und sucht aus diesen Schlussfolgerungen für die Gestaltung des Unterrichts, eine aufgabenangemessene Didaktik sowie eine auch bildungstheoretisch ausgewiesene Curriculumsentwicklung zu gewinnen. *Er* prüft u. a. die Legitimität der Wirkungserwartungen, die Curricula schulischem Unterricht zuschreiben und die Unterricht bezogen auf Lernprozesse Heranwachsender verfolgt. Er entwirft zugleich Aufgabenstellungen für pädagogisch legitime Richtlinien und Lehrpläne, didaktische Konzepte und unterrichtlich vermittelte Lehr-Lernprozesse“ (Benner 2002, S. 70).

Neben der Legitimation der Normativität der Curricula, hat ein solcher Ansatz also zugleich den Anspruch, ein angemessenes Verständnis des pädagogischen Geschehens im Interaktionszusammenhang zu liefern sowie eine prozessangemessene Gestaltung möglich zu machen. Eine allgemein-erziehungswissenschaftliche Theorie ist also integral auch Sozialtheorie, Schultheorie, Unterrichtstheorie, didaktische Theorie, Lerntheorie. Sie vermag diese Momente zu integrieren und unter Kontrolle zu bringen. Von dieser erfrischenden Zuversicht, dass die Pädagogik ebenso wie ihre Wissenschaft wirksam sein kann und soll, ist Benners Argumentation geprägt.

3 Baumert und das Weltcurriculum

Bevor gezeigt wird, wie Benner einen solchen Zusammenhang herstellt, gilt es, die parallele Argumentation unter dem Namen Baumert zu suchen. Diese findet sich im Hauptbeitrag im Band zur Präsentation der ersten PISA-Studie (Baumert/Stanat/Demmrich 2001). Zwar ist dies ein kollektiv verantworteter Text, aber eine Reihe von Passagen lassen sich als Antworten auf Benners Text lesen. In diesen Passagen wird zwar an keiner Stelle explizit gemacht, aber doch offensichtlich inszeniert, dass die Akteure des PISA-Konsortiums die bildungstheoretische Grundlegung der Studien durchaus zu leisten vermögen.

Zunächst ist zu lesen, dass frühere Schulleistungsstudien sich an den geltenden Curricula orientiert haben und deren Erfüllung messen wollten. PISA mache das nicht mehr! Es gehe vielmehr darum, Basiskompetenzen zu messen, um der Politik zu spiegeln, ob diese erreicht werden. Diese Basiskompetenzen sind gerade nicht aus bestehenden Curricula abgeleitet. Basiskompetenzen sollen nämlich jene sein,

> „[...] die in modernen Gesellschaften für eine befriedigende Lebensführung in persönlicher und wirtschaftlicher Hinsicht sowie für eine aktive Teilnahme am gesellschaftlichen Leben notwendig sind" (Baumert/Stanat/Demmrich 2001, S. 16).

Mit dieser Grundlegung als Ausgangspunkt machen die für PISA konstruierten Fragenbatterien nun die Arbeit der Curriculumsgenerierung gewissermaßen neu. Sie erfolgt jenseits der bestehenden Curricula, auf pragmatischer Grundlage. Zwar bediene sich PISA an den Prüfungsstoffen aus der Sekundarstufe I, aber von dort her legitimiere es sich nicht.

> „Man muss sich darüber im Klaren sein, dass die PISA-Tests mit ihrem Verzicht auf transnationale curriculare Validität [...] und der Konzentration auf die Erfassung von Basiskompetenzen ein didaktisches und bildungstheoretisches Konzept mit sich führen, das normativ ist. Um dieses inhaltliche Benchmarking (Vergleichsnormierung) auch bei der Darstellung und Interpretation der Ergebnisse bewusst zu halten und damit auch die Freiheit zu eröffnen, es nicht oder nur eingeschränkt zu akzeptieren, hat die domänenspezifische Ausformulierung der theoretischen Rahmenkonzeption von PISA weitaus größere Bedeutung als bei anderen internationalen Vergleichsuntersuchungen. Dies ist auch der Grund, weshalb die theoretischen – und im Falle von Mathematik und den Naturwissenschaften – vor allem die bildungstheoretischen Grundlagen der Testkonstruktion in den nachfolgenden Kapiteln ausführlich dargestellt werden" (Baumert/Stanat/Demmrich 2001, S. 21).

Ganz explizit wird hier der Anspruch einer bildungstheoretischen Grundlegung erhoben. In dieser spielt, so lässt die Formulierung vermuten, eine domänenspezifische Ausformulierung in Hinblick auf den Leistungsbereich Mathematik und Naturwissenschaften eine wichtige Rolle. Auch das von Benner aufgeworfene Problem der nicht sich selbst legitimierenden Normativität der PISA-Tests wird aufgegriffen. PISA solle nicht einfach induktiv und blind legitimieren – das war ja Benners Vorwurf –, vielmehr legitimiere PISA mit einer bildungstheoretischen Bestimmung des Bildungsgehalts, der den empirischen Anteil der Legitimation reflektiert. Was hier versprochen wird, ist äquivalent zu dem, was Benner in seinem Text gefordert hat, nur ist die versprochene Einlösung ganz anders angelegt.

Benner und Baumert unterstellen aber beide: Ein Curriculum, wie immer es konstituiert ist (durch einen präskriptiven Lehrplan oder durch eine prüfende Testbatterie), ist nicht durch seine bloße Existenz legitim, es brauche vielmehr eine intellektuelle Durchdringung, eine Gründung auf Gründen. Wenn diese Begründung durch „Theorie" gelingt – so die Unterstellung und Hoffnung beider – dann gewinnt das Curriculum aus sich heraus eine normative Kraft, eine Stärke, die allein aus der Macht der „Theorie" erwächst.

Eine solche intellektuell hervorgebrachte Bedeutung des Curriculums kann sogar und soll zum Gegenhorizont für die empirisch erfasste Wirklichkeit werden und sie fundiert damit die aufgefundene Wirklichkeit bzw. gibt ihr ihren Platz als Wirklichkeit.

> „Man kann gar nicht nachdrücklich genug betonen, dass PISA keineswegs beabsichtigt, den Horizont moderner Allgemeinbildung zu vermessen, oder auch nur die Umrisse eines internationalen Kerncurriculums nachzuzeichnen. Es ist gerade die Stärke von PISA, sich solchen Allmachtsfantasien zu verweigern und sich stattdessen mit der Lesekompetenz und mathematischen Modellierungsfähigkeit auf Basiskompetenzen zu konzentrieren, die nicht die einzigen, aber wichtige Voraussetzungen für die – wie Tenorth (1994) es ausdrückt – Generalisierung universeller Prämissen für die Teilhabe an Kommunikation und damit auch für Lernfähigkeit darstellen" (Baumert/Stanat/Demmrich 2001, S. 21).

Hier kommt offensichtlich eine Abgrenzung gegen Benners These, dass PISA ein Weltcurriculum hervorbringe, aber diese Abgrenzung kommt argumentativ verschachtelt daher. Zunächst erfolgt eine Negation, in der gesagt wird, was PISA nicht macht (den Horizont moderner Allgemeinbildung vermessen, die Umrisse eines internationalen Kerncurriculums nachzeichnen). Negiert wird aber wohlgemerkt nicht, dass eine solche Hervorbringung sich mit PISA vollzieht, sondern nur, dass PISA diesen Vollzug nicht „beabsichtigt", das wäre nämlich, so die Argumentation, eine „Allmachtsfantasie". Demgegenüber beschäftige sich PISA nur mit „Lesekompetenzen und mathematischen Modellierfähigkeiten". Diesem Gegenstand wird offenbar zugeschrieben, weniger umfassend und weitreichend zu sein.

Es handelt sich um eine rhetorische Theoriestrategie, die Benners Argumente aufgreift und auf den Kopf stellt. Wenn Benner sagt: Die von PISA selektierten Kompetenzen erfassen das Ganze von Bildung nicht, sie müssten erweitert und auf die Ebene des Allgemeinen und des Kerns eines Curriculums gehoben werden, dann impliziert dies, dass die Reduktion auf das Partikulare nach Benner ethisch-normativ problematisch ist. Daraus folgert er, dass es eine erweiternde Perspektive braucht. Baumert wiederum wertet diesen Bezug aufs Universelle selbst als ethisch problematisch, indem er ihn als „Allmachtsphantasie" bezeichnet. Die Fokussierung auf mathematische Kompetenzen erscheint also dem einen als unzulässige Reduktion auf einen einzelnen Kompetenzbereich, der andere markiert die Fokussierung als Ausdruck von Bescheidenheit.

Dann aber kommt in Baumerts Argumentation die nächste Volte: Die selektierten Kompetenzen sind „nicht die einzigen, aber wichtige Voraussetzungen für die – wie Tenorth (1994) es ausdrückt – Generalisierung universeller Prämissen für die Teilhabe an Kommunikation und damit auch für Lernfähigkeit" (ebd., S. 21). Die hier genannten „wichtigen Voraussetzungen“ stehen dann Pars pro Toto für die universellen Prämissen der Teilhabe an Kommunikation, die wiederum für Lernfähigkeit stehen, also gewissermaßen für Bildung überhaupt. Die Referenz aufs Allgemeine/Universelle wird also erst ethisch abgewertet, dann aber anders austariert wieder eingeführt. Am Ende geht es auch bei PISA sehr wohl um ein Allgemeines, nämlich die universelle Kommunikations- und Lernfähigkeit, die anhand der Basiskompetenzen in Lesen und Rechnen erfasst werden soll. Dass mit der Äußerung zur „universellen Lernfähigkeit“ eine Referenz auf einen Text von Tenorth (1994) erfolgt, sei hier in die Aufmerksamkeit gerückt, es wird uns im Folgenden noch beschäftigen.

Bei dieser Argumentation spielt auch eine Eigenschaft der am kritischen Rationalismus und logischen Positivismus orientierten Methodologie hinein und zwar in Bezug auf die Dynamik des Wiedereintretens ihrer Ergebnisse in die empirisch beobachtete Welt. Die Testaufgaben von PISA werden als Indikatoren für das Konzept „Bildung“ operationalisiert, wobei das Konzept selbst nicht direkt beobachtbar ist, die Indikatoren aber schon. Dadurch wird das Konzept „Bildung“ indirekt über die Indikatoren beobachtbar. So kommt nun eine umkehrende Performativität ins Spiel: Indem der beobachtbare Indikator für das unbeobachtbare Konzept stehen darf, also eine Repräsentationsbeziehung konstituiert, wird beim Re-Entry der Forschung in die soziale Wirklichkeit, der beobachtbare Indikator zu einer Realität, die das unbeobachtbare Konzept zu repräsentieren und ersetzen vermag. Die partikularen PISA-Indikatoren werden durch die bildungspolitische Funktion, die die OECD den Studien verleiht und durch die öffentlichen Debatten in den beteiligten Ländern eben doch zu einem universellen Weltcurriculum. Die gemessenen Leistungsindikatoren stehen für „Bildung“. Diesen performativen Effekt kann man als Forscher*in kritisch anmahnen oder feldstrategisch auf ihn setzen. Baumerts Texte zeichnen sich dadurch aus, dass in ihnen beides argumentativ miteinander verbunden ist.

Wir stehen jetzt auch in Baumerts Argumentation an derselben Stelle wie in Benners Argumentation. Die Frage ist nun: Mit welchen Strategien wird die bildungstheoretische Grundlegung des Curriculums geleistet?

4 Die Schule in der Moderne und der Wert der Entfremdung

Was wir im 2002er Aufsatz von Benner finden und was von ihm in späteren Aufsätzen weiter ausdifferenziert wird, ist eine Art historische Beschreibung der Genese von Curricula. Diese Beschreibung ist aber nicht eigentlich „historisch“, sie ist mehr eine Art theoriegeleiteter historisierender Erzählung (zur Geburt der Bildungstheorie als historisierender Erzählung vgl. Wrana 2021). Interessanterweise wird sich zeigen, dass sich bei Baumert eine ganz ähnliche historisierende Erzählung findet, die zugleich aber markant anders verläuft.

Benner stellt die historische Strukturierungsleistung der Schule ins Zentrum, wobei er die Schule als Einrichtung des Bürgertums begreift. Die Schule habe Bildung in eine horizontale Stufenordnung (mit aufsteigendem Alter) gebracht, die eine vertikale Strukturierung von Bildung (nach sozialen Gruppen) abgelöst habe. Die vertikale Strukturierung lebe als Dreigliedrigkeit des Schulsystems noch fort, aber.

> „Die Inhalte und Aufgaben, die in der modernen, horizontal differenzierenden Ordnung schulischer Unterweisung gelehrt und gelernt werden, lösen einander nicht nur von Stufe zu Stufe ab, sondern folgen zugleich so aufeinander, dass das auf der vorausgegangenen Stufe Gelernte in den folgenden wirksam bleibt" (Benner 2002, S. 73).

Diese Stufung wird nun für Elementar-, Sekundar- und Gymnasialstufe beschrieben und gezeigt, wie sie sich in Fächer ausdifferenziert. Benner fasst das Wissen der Fächer als „Kunden", was er von „Verkünden" ableitet. Es handelt sich um Wissensordnungen, die Dinge und Praxen der Welt vermitteln. Kunden zeichnen sich dadurch aus, dass sie von der Welt different sind, in ihnen vermittelt sich die Kunde als Kunde (ebd., S. 73). Die Kunden sind gegenüber der unmittelbaren Erfahrung von Welt entfremdet, daher müssen sie – mit fortschreitendem Modernisierungsprozess zunehmend – in einer eigenen gesellschaftlichen Institution, der Schule, explizit vermittelt werden. Jetzt könnte man reformpädagogisch sagen: die Kunden sind ja nur abgeleitetes Wissen gegenüber dem Weltwissen und daher sekundäres Wissen, also eine geringerwertige Wissensform. Die Reformpädagogik zieht einen Großteil ihres polemischen Potenzials aus der Kritik an der Abstraktheit der „Kunden" gegenüber der Welt.

Demgegenüber hält Benner fest, dass sich die moderne Welt dadurch auszeichnet, dass sich die Kunden von der erfahrbaren Welt verselbstständigen. Daraus folgt dann aber, dass die moderne Welt auch nur erfahrbar ist, wenn die Kunden als „Kunden" erfahrbar werden, denn die Selbstständigkeit der Kunden ist ja notwendiger Teil der Verfasstheit modernen Wissens. Die Kunde muss also in der Schule als eine nicht mit der Welt identische erfahrbar gemacht werden. War in früheren Gesellschaften Bildung die unmittelbare Vertrautheit mit den Praxen der Welt, so ist Bildung nun Thematisierungsfähigkeit von Welt und diese herzustellen erfordert die Auseinandersetzung mit und Abarbeitung an szientifisch transformierten Kunden. Deshalb braucht es für jeden individuellen Bildungsprozess die soziale Erfahrung eines „Blickwechsels".

> „Kein Curriculum darf den Lernenden die Erfahrung und die Anstrengung dieses Blickwechsels vorenthalten und die mit seinem Vollzug möglich werdenden Reflexionen ersparen. Wo dies dennoch geschieht, werden Heranwachsende in wesentlichen Aspekten und Sachverhalten unkundig gehalten, deren Aneignung im Sinne des Begriffs einer zeitgemäßen Mündigkeit unverzichtbar ist" (Benner 2002, S. 74).

Das ist offenbar der Kern dessen, worum es Benner geht: Bildung ist die jedem Individuum zugemutete eigene Anstrengung, die Kunden nicht nur zu kennen, sondern sie in ihrer Konstruiertheit reflexiv als Konstituierte zu begreifen.

Während also die Reformpädagogik die unmittelbare Erfahrung von Praxen und Dinge als primäre Erfahrung positiv wertet, die Kunden resp. Wissen als sekundäre Erfahrung negativ, kehrt Benner diese Markierung um, die sekundäre Erfahrung ist die Voraussetzung für eine gelungene Bildung in einer modernen Welt. Folglich ist die Moderne, die diese Situierung herstellt, nicht problematisch (in der Reformpädagogik ist sie immer „Verfallsgeschichte"), sondern gut und wünschenswert, sie ist die Welt, in der wir leben und die „Bildung" von allen erfordert. Das reflexive Potenzial sekundärer Erfahrung ist „Bildung". Daher ist das Vorenthalten dieser sekundären Erfahrung das Unkundig-Halten, mithin die Verweigerung von Mündigkeitspotenzialen.

So gesehen ist gerade die Schule – ist gerade Unterricht bildend und nur durch die Vermittlung von Kunden in der Schule wird Bildung möglich und umgekehrt ist nur ein Unterricht wünschenswert, der dieses Surplus leistet, der also nicht einfach in die Kunde einführt und sie dann wieder abfragt, sondern der die Anstrengung des Blickwechsels von der Praxis zur Kunde von den Lernenden selbst abverlangt. PISA müsste genau das erfassen: nicht ob Schüler*innen etwas über die Dinge wissen, sondern ob sie in ihrem Wissen über die Dinge dieses Wissenkönnen als bildende Erfahrung erfahren haben. Man müsste nicht „Leistung" messen, sondern erworbene Reflexivität (Benner 2002, S. 78 ff.). Diese könne aber wiederum nur im Rückbezug auf die jeweilige gesellschaftliche Einbettung der Differenz Praxis-Kunde sowie auf die didaktische Strukturierung der Vermittlung der Kunde in Bezug auf die Entwicklungslogik des Lernens gefasst werden (ebd., S. 80–87).

Das Problem des Reduktionismus durch die Operationalisierung von reflexiver Bildung in konkreten Kompetenzen wäre also nicht dadurch gelöst, dass man das Modell um beispielsweise künstlerische oder historische Kompetenzen erweitert und auch nicht dadurch, dass man eine eigene, ihrerseits isolierende Kompetenzskala „Reflexions-Kompetenz" einführt. Die PISA-Aufgaben müssten vielmehr so konstruiert sein, dass sie diese Zusammenhänge in ihrer Relationiertheit erfassen, nur dann wäre die Kompetenzstruktur eine bildungstheoretisch grundgelegte. Benner begründet also in seinem Text keineswegs bildungstheoretische Grundlegung der real existierenden PISA-Tests, vielmehr fordert er andere Tests mit einer anderen Logik der Testkonstruktion.

Dieser Zusammenhang von sozialer Praxis, reflexiver Kunde und didaktischer Strukturierung ist nach Benner die „Struktur der Allgemeinbildung im Kerncurriculum moderner Bildungssysteme". Die Erziehungswissenschaft habe dann erstens die Aufgabe, diese Struktur herauszuarbeiten und zweitens, die angemessenen Wege der Vermittlung dieser Allgemeinbildung im Bildungssystem aufzuzeigen. Test- und Lernaufgaben wie bei PISA sind hilfreich, weil sie diesen Anspruch auf Bildungssystemebene realisieren helfen. Aber sie müssten eben auch so sein, dass sie diesen Zusammenhang erfassen und das leisten die PISA-Tests bisher gerade nicht. Benner erweckt allerdings zumindest den Eindruck, dass er daran glaubt, dass sich die real existierenden PISA-Tests in diesem Sinne weiterentwickeln lassen.

Wenn wir nun die parallele Weiterentwicklung der Problematik bei Baumert verfolgen, ist zu vermuten, dass diese nicht darauf hinausläuft, PISA anders anzulegen, sondern darauf, PISA so zu legitimieren, wie es angelegt ist und zwar unter Verwendung der theoretischen Ansätze und Zugänge, von denen PISA her konzipiert ist. Wir hatten gezeigt, wie in dem Text zur Vorstellung der ersten PISA-Studie von Baumert et al. die Idee einer universellen Allgemeinbildung als Allmachtsphantasie zurückgewiesen wurde und wie stattdessen eine andere Universalie gesetzt worden ist, nämlich eine universelle Kommunikations- und Lernfähigkeit. Dass auch diese „in der Moderne" gilt, dass sie also historisch legitimiert wird, war dort schon deutlich. In einem anderen Text führt Baumert diesen Gedanken weiter und rekurriert dabei ebenfalls auf eine Art historische Ursprungserzählung. Dieser theoretisch grundlegende Text ist 2002 in einem Band von einer Tagung der McKinsey-Stiftung erschienen und trägt den Titel: „Deutschland im internationalen Vergleich". Baumert greift das Thema von Benner auf: Die Differenz von alltäglichem Lernen und schulischem Lernen. Die Ausgangsthese ist, dass das Lernen aus dem alltäglichen Lebensvollzug ausdifferenziert und dazu einem „spezialisierten Subsystem" (Baumert 2002, S. 101) übergeben werde, der Schule. Dieser Prozess habe sich zuerst in Preußen vollzogen, Baumert erklärt die historische Ausdifferenzierung des Erziehungssystems mit den besonderen Bedingungen Preußens: Sowohl das Militär als auch der Protestantismus hätten die Lesefähigkeit aller vorausgesetzt (ebd., S. 101).

Als die Schule in Preußen einmal etabliert war, verändert sie das Lernen, es vollzieht sich „nicht mehr im Mitvollzug praktischer Tätigkeiten in anderen Lebensbereichen" (Baumert 2002, S. 101), sondern „mit speziell zum Zwecke des Lernens pädagogisch aufbereiteten Sachverhalten" (ebd.). Damit wird Lernen zwar eine systematische und verlässliche gesellschaftliche Praxis, aber es erscheine ein Grundproblem: „Schule vermittelt grundsätzlich stellvertretende Erfahrungen, die dennoch – sollen Lern- und Bildungsprogramme erfolgreich verlaufen – als persönlich und authentisch wahrgenommen werden müssen" (Baumert 2002, S. 102).

Aus dem grundlegenden Widerspruch des Auseinandertretens von alltäglichem und schulischem Lernen und dem Umstand, dass das jetzt entfremdete Lernen von den Schüler*innen dennoch als das „eigene" Lernen wahrgenommen werden muss, folgt für Baumert: „[M]an kann nicht voraussetzen, dass Schülerinnen und Schüler die Motivation mitbringen, in der Schule etwas lernen zu wollen. Die Schule muss also die für ihre Arbeit notwendigen motivationalen Ressourcen im Prozess selbst erzeugen" (Baumert 2002, S. 102).

An dieser Stelle beginnen die Argumentation BENNERS und BAUMERTS auseinanderzulaufen. Beide gehen von der Beobachtung aus, dass sich das schulische Wissen gegenüber der Welt entfremdet. Beide betrachten dies – anders als die Reformpädagogik – als unumgängliche Eigenschaft der Ausdifferenzierung der Gesellschaft in der Moderne. Nun stellen beide die Frage, was das für die Schüler*innen bedeutet, deren Hingabe an schulisches Lernen ja nun nicht aus der unmittelbaren Einsicht in die alltagspraktische Nützlichkeit schulischen Wissens erfolgen kann. BENNER schließt daran an, indem er die bildende Erfahrung dieser Differenz betont und fordert, dass diese Differenz in der Schule erfahrbar werden muss. Er würde vermutlich anfügen, dass damit auch das Problem subjektiver Sinnzuweisung an schulisches Lernen bearbeitbar ist. BAUMERT setzt genau hier anders an. Dass das entfremdete Wissen im Lernprozess subjektiv als sinnvoll erfahrbar werden kann, schließt er als unrealistisch aus (Baumert 2002, S. 102). Die Motivation für schulisches Lernen vollzieht sich für BAUMERT nicht durch subjektiv als sinnhaft erlebtes Verstehen, sondern über den „subjektiv erlebten Kompetenzzuwachs" (ebd.). Dieser aber sei nicht über Lernen, sondern über das Erfolgreich-geprüft-Werden erfahrbar.

BAUMERT argumentiert, dass wer immer lernherausfordernde Strukturen bereitstelle, diese notwendig nach dem von Luhmann beschriebenen Code besser/schlechter bzw. höher/niedriger codieren muss. „Entkommen kann man der Bewertung nicht" (ebd., S. 103). Der Schule wird damit eine Leistungslogik naturalisierend zugewiesen, die nicht weiter befragt oder diskutiert werden darf und muss, was BAUMERT mit apodiktischen Bemerkungen absichert. Die Schule wird als eine Institution gesetzt, deren endgültiger Zweck eine das Können hierarchisierende Normalisierung von Schüler*innen ist. Sie haben systematisch, langfristig und kumulativ zu lernen und sind in ihrem Lernerfolg einzuschätzen, was wiederum ihre gesellschaftliche Position determiniert. Zwar weisen auch Schultheorien wie die von Helmut Fend (1981) der Schule eine unumgängliche Allokationsfunktion zu, die Schule verteile die gesellschaftlichen Plätze, aber Fend verortet die Schule als Schnittpunkt widerstreitender Funktionen, die Selektionsfunktion mithin als eine der Funktionen im Widerstreit. BAUMERT hingegen radikalisiert die normalisierende Leistungslogik und räumt mögliche weiteren Funktionen oder Faktoren sowie mögliche Widerstreite vom Tisch. Die Selektionsfunktion der Schule sei eine „Abfolge von leistungsthematischen Situationen", in denen „Handeln nach verbindlichen Gütemaßstäben beurteilt wird" (Baumert 2002, S. 103). Die Schule konstituiert also eine individuelle Lerngeschichte, die nichts als eine Geschichte von Prüfungen ist. Nicht dass man irgendetwas Sinnvolles lernt, macht die Schule aus, sondern dass man sich dabei als erfolgreich/nicht-erfolgreich erfährt. Dass Schule nun also über die Formalität der Leistungsbeurteilung funktioniert und nicht Material über das Lernen der Lerngegenstände „[...] lässt sich nur beseitigen, wenn man die Schule wieder abschafft" (Baumert 2002, S. 103).

Baumerts und Benners Argumentationen liegen parallel und sind doch ganz verschieden. Beide nehmen das Problem der Differenz von alltäglichem und schulischem Lernen zum Ausgangspunkt. Für Benner handelt es sich in der Wissensdynamik der Moderne aber um eine Ausdifferenzierung komplexer werdender sozialer Praxen, wobei bei deren Komplexer-Werden die zunehmende Reflexivität gesellschaftlichen Wissens zentral ist. Diese Theorie-Figuration und ihre Funktionsweise könnte man als eine Art praxeologischer Hegelianismus fassen. Die Differenz von primärer und sekundärer Erfahrung wird Benner zwar zum Problem, aber dieses Problem enthält zugleich das Potenzial, zum eigentlichen Moment von Bildung zu werden, indem nämlich den Lernenden dieses Komplexer- und Reflexiver-Werden von Praxen und Wissen nicht vorenthalten wird, sondern sie selbst damit konfrontiert werden, die Abarbeitung des Problematischen als Bildungsprozess leisten zu müssen.

Für Baumert verläuft die Geschichte anders. Auch hier bringt die Moderne diese Differenz hervor, sie erscheint aber systemtheoretisch als Delegation des Lernens an ein Subsystem. Sowohl dass diese Ausdifferenzierung stattfindet als auch dass das Subsystem nach eigenen Codes operiert, die zu den übrigen Codes der Gesellschaft inkommensurabel und nicht überbrückbar sind, erscheint dabei als Setzung, die man vielleicht bedauern kann, die aber die Moderne nun mal so hervorgebracht hat. Wie bei Benner auch, erscheint Lernen durchaus als unumgängliche Zumutung. Der Pragmatiker Baumert sieht in der eigentlichen Leistung dieser gesellschaftlichen Ausdifferenzierung von Wissen aber nicht die Leistungsfähigkeit des ausdifferenzierten Wissens, sondern die Hervorbringung leistungsbereiter Individuen. Er setzt auf die Faktizität der schulischen Selektion und des schulischen Leistungsanspruchs und folgert, dass sich dieser über PISA abbilden und realisieren lässt.

Benner und Baumert, der praxeologische Hegelianer und der pragmatische Systemtheoretiker, sind komplementär radikal. Für den Hegelianer wächst aus dem gefährdenden Widerspruch nicht nur das Rettende, auch der Widerspruch wird geradewegs zum Rettenden schlechthin, es wird zur globalen Antwort auf Sinn und Zweck der Schule. Diese soll in diesem Sinn Bildungsinstitution werden und die Erziehungswissenschaft soll als Schul- und Unterrichtswissenschaft diese Bildung ermöglichen helfen. Für den pragmatischen Systemtheoretiker wird der Widerspruch aufgrund seiner Unausweichlichkeit gerade nicht ins Zentrum gestellt. Er wird ausgeschlossen. Man braucht dem Widerspruch keine Aufmerksamkeit zu schenken, weil man ihm sowieso nicht entgehen kann. Interessant ist, dass der Widerspruch, die Ambivalenz als Widerspruch, in beiden Fällen negiert wird, nur eben mit differenten Theoriestrategien.

5 Treffpunkt HUMBOLDT

Interessant ist, dass sich alle Autor*innen bei HUMBOLDT „treffen“, sie nehmen HUMBOLDT als Referenz, um eine Theoriefigur auszuarbeiten, sie zu legitimieren oder auch, um sich von anderen, die an diese Referenz anschließen, abzugrenzen. Dabei werden sehr verschiedene Lesarten von HUMBOLDT entworfen. Zum Abschluss soll gezeigt werden, wie diese Referenz auf HUMBOLDT das Feld möglicher bildungstheoretischer Positionen differenziert. Dabei wird der Horizont an Texten gegenüber der bisherigen Analyse erweitert. Neu hinzu kommt vor allem der Name TENORTH, mit dem eine ganze Reihe von Texten gezeichnet sind, u. a. jenes unveröffentlichte Manuskript von HUBERTUSSTOCK. Darüber hinaus ein recht alter Text von 1994, eine Monografie, die in jedem Text von BAUMERT referenziert wird. Nur eine kurze Nebenrolle spielt ein Text, der mit dem Namen KOCH gezeichnet ist. Hinzu kommt aber auch ein Text, der von BENNER im Jahr 1990 über HUMBOLDT erschienen ist. Die Beziehung der beiden Texte von TENORTH und BENNER von Anfang der 1990 Jahre macht das Terrain sichtbar, auf dem die Kontroverse um Bildung nach PISA sich überhaupt erst ereignen kann.

BENNER hat schon 1990 ein HUMBOLDT-Buch vorgelegt (Benner 1990). Er liest dort HUMBOLDT als Theoretiker einer schulischen Allgemeinbildung und verortet ihn zunächst als universellen Denker angesichts der anhebenden Modernisierungsprozesse in Europa, mithin in Preußen (Benner 1990, S. 172 ff.). Anders als die Ständegesellschaft, in der Erziehung die Einsozialisation in die gegebene soziale Position leistete und anders als bei den Aufklärungspädagogen mit ihrer Vision einer umfassenden Herstellung erwünschten Verhaltens durch Erziehung, habe HUMBOLDT einen Entwurf für eine Gesellschaft freier Bürger geliefert. Skizziert wird Humboldts Entwurf einer liberalen, kapitalistisch verfassten Gesellschaft mit über rechtliche Legitimation, ökonomischen Austausch und über den durch Bildung erworbenen persönlichen Wert geregelten Beziehungen (ebd., S. 176). Für eine solche Gesellschaftsform sei dabei ein Bildungssystem resp. ein allgemeines, nach Prinzipien konstruiertes Schul- und Hochschulsystem die unerlässliche Voraussetzung. Dabei geht es nicht einfach um die Produktion der dafür nötigen Kompetenzen, sondern um die Ermöglichung der sozialen Positioniertheit bürgerlicher Individuen. Diese müssen in die Lage kommen, in jene freien Austauschbeziehungen mit anderen bürgerlichen Individuen einzutreten, die dem liberalen Kapitalismus zugrundeliegen. Daher habe Humboldt „das der Idee allgemeiner Menschenbildung verpflichtete Ziel, die Heranwachsenden, auf eine selbstverantwortete Mitwirkung an der menschlichen Gesamtpraxis vorzubereiten und zu Partizipienten einer neuen, in Entstehung begriffenen Öffentlichkeit zu bilden“ verfolgt und zwar „ohne sie geburtsständisch oder nach den Erfordernissen des Marktes für vorgegebene Abnahmeerwartungen zu qualifizieren“ (Benner 1990, S. 178). Während sich die preußischen Schulreformen in der Differenz von Volksschul- bzw. Elementarbildung und humanistischem Gymnasium festgebissen hätten, weise Humboldts implizite Theorie der Allgemeinbildung darüber hinaus, sie könne, so BENNER, von bleibender Bedeutung sein. Humboldt begründe nämlich den Schulunterricht in einer Differenzierung von verschiedenen „Erkenntnisdimensionen mathematisch-szientifischen, historisch-gesellschaftlichen und sprachlich-philosophischen Denkens" (ebd., S. 204). Diese Dimensionen würden nämlich auf Grundfragen verweisen, „von denen die Dignität eines allgemeinbildenden Unterrichts abhängt" (ebd.). Die Problemstellung der Debatte um PISA ist hier schon eröffnet.

Der Prozess der Bildung anhand dieser Wissensfelder lasse sich nach Humboldt aber gerade nicht als Übermittlung eines Wissens durch Lehrer*innen verstehen, er könne nur als „freie und rege Wechselwirkung zwischen Mensch und Welt sowie zwischen den Menschen" (ebd., S. 212) funktionieren und daher setze er die Unbestimmtheit der Bildsamkeit jedes Einzelnen voraus. Nur von der Unbestimmtheit her – so konstruiert BENNER seinen HUMBOLDT – wird der Eintritt in das Wissen einer bürgerlichen Gesellschaft möglich und damit wird zugleich überhaupt erst die bürgerliche Gesellschaft als ein Gesamt freier Bürger anvisierbar. Allgemeine Bildung ist damit nichts anderes als der biografische Vollzug bürgerlicher Existenz in einer freien Gesellschaft. Die Schule habe die Aufgabe, diese Möglichkeit grundzulegen, das heißt, alle dazu zu befähigen, mit sich und anderen „freier Wechselwirkungen" eingehen zu können.

Auch TENORTH hat bereits 1994 eine Bestimmung von Allgemeiner Bildung vorgelegt. Im Band „Allen Alles zu Lehren" (Tenorth 1994) wird jedoch eine andere Lesart HUMBOLDTS entworfen. TENORTH beschreibt einen historischen Prozess der institutionellen Durchsetzung eines Kanons schulischer Bildung in der Moderne, mit dem sich in einer Art „stillem Sieg" (Tenorth 1992) die Pädagogik als Hervorbringerin gesellschaftlich notwendigen Wissens erfolgreich etabliert. Zu dieser pragmatisch und utilitaristisch scharf gestellten Entwicklung einer Wissensgesellschaft tritt in TENORTHS Lesart die Tradition eines emphatischen Bildungsdenkens in eklatanten Gegensatz. Nach TENORTH begründet HUMOBOLDT damit eine Denkweise, die Individualität radikal setzt: „In der Bildungsidee wird der Gedanke des Genies und des Schöpfertums, die Idee der Selbstkonstruktion des Menschen, universell gesetzt" (Tenorth 1994, S. 47) HUMBOLDTS Lehrplanreform und Bildungstheorie werden als „Ideen" dargestellt, die die „Wirklichkeit" entweder nie beeinflussen konnten oder im Laufe des 19. Jahrhunderts in eine „Verfallsgeschichte der klassischen Bildungsidee" eintraten (ebd., S. 48).

TENORTHS entscheidender theoretischer Einsatz ist ein Gegenentwurf zum „Bildungsdenken". Schulische Allgemeinbildung und die Legitimation ihres Wissens rekonstruiert TENORTH über eine Analyse der Realentwicklung der Curricula vor dem Hintergrund der sie begründenden Normen und Prinzipien (Tenorth 1994, S. 124). Dabei analysiert er das „Transferproblem" und das

„Kanonproblem" (ebd., S. 103–159) und bestimmt sie als von modernen Gesellschaften zu bearbeitende Aufgaben und Herausforderungen. Entgegen der Auffassung, dass angesichts der Dynamisierung modernen Wissens eine Entkanonisierung zu beobachten sei, hält Tenorth fest, dass „der Kanon bei aller Kontinuität seiner Strukturen in erstaunlicher Weise modernisierungsfähig war und ist, deshalb auch fähig, den Modernisierungsbedarf zu befriedigen und pädagogisch zu organisieren, der heute besteht" (ebd., S. 123). Bildung fasst Tenorth dann mit Hilfe des Literacy-Konzepts (ebd., S. 70 ff.) als Ermöglichung der Teilhabe an den kulturellen Praktiken einer Gesellschaft und gerade nicht (im Sinne Humboldts) als individuellen Prozess der Entfaltung. Das Maß der öffentlich anzustrebenden Allgemeinbildung ist dann auch nicht das Maximum möglicher Bildung als Anspruchshorizont (diese Position schreibt Tenorth den Bildungstheoretikern zu), sondern das Minimum dessen, was zur Teilhabe notwendig ist.

Sowohl Tenorth als auch Benner haben Anfang der 1990er Jahre Entwürfe für ein Verständnis Allgemeiner Bildung vorgelegt. Beide Entwürfe gehen von der Formation moderner Gesellschaften und ihren Bildungsnotwendigkeiten und -bedarfen aus. Der Kern der Unterscheidung liegt in der Rolle, die der Individualität beigemessen wird. Für Tenorth resultiert der Horizont, an dem sich Bildung zu orientieren habe, aus einem unpersönlichen Prozess der Transformation modernen Wissens. Individualität wächst an und in der Orientierung an diesem Wissen, es mag Individualität geben, die darüber hinauswächst, die soll aber offenbar nicht zum Gegenstand der Erziehungswissenschaft werden. Die Aufgabe öffentlicher Bildung ist dann, ein zu bestimmendes Minimum an Literacy für Mitglieder der Gesellschaft zu garantieren und diese gilt es zu bestimmen. Für Benner hingegen ist die Individualität selbst Kern und Motor der Dynamik modernen Wissens. Benner ist weit davon entfernt, Individualität radikal zu setzen, die Bildung des Einzelnen ist immer positioniert in der sozialen Praxis der Community bürgerlicher Individuen und sie ist immer vermittelt über die a-persönlich ausdifferenzierten Kunden. Der Modus der Vermittlung funktioniert allerdings über die reflexive Aktivität der*des Einzelnen, für dessen*deren Bildung die Unbestimmtheit des Werdens immer noch einmal eine Differenz zu den gesellschaftlichen Formationen markiert.

Die Differenz der beiden Konzepte von Bildung artikuliert sich u. a. über die Weise, wie die Lesart der Bildungstheorie von Humboldt angelegt ist. Während diese in Benners Lesart die Grundbedingung der Entwicklungslogik einer modernen Gesellschaft formuliert, vollzieht sich bei Tenorth die pragmatische Systementwicklung diesseits der Bildungstheorie, die stattdessen als uneingelöstes Ideal der Wirklichkeit entgegentritt. Benner liest Humboldt als liberalen Modernisierungstheoretiker und Vordenker eines Konzepts von Bildung, das eine bürgerlich-kapitalistische Ökonomie überhaupt erst möglich macht, Tenorth hingegen liest ihn als humanistischen Träumer, der der Welt der bürgerliche-kapitalistischen Ökonomie entgegen steht.

Tenorths Lesart ist nicht neu, es gibt sehr wohl eine bildungstheoretische Tradition, Humboldt als humanistischen Denker zu lesen und im Zuge der Debatten um die Ökonomisierung des Bildungswesens wurde Humboldt zu einer Referenz für eine Gegenposition (z. B. Schultheis/Cousin/Roca i Escoda 2008). Tenorth teilt diese Lesart, kehrt sie aber um und negiert den dort positiv gewerteten Pol. Er radikalisiert die Differenz Literacy/Bildungswirklichkeit versus Individualität/Bildungstheorie und begegnet allem, was mit den Attributen Individualität, Bildung, Reflexivität oder Kritik erscheint, mit polemischer Skepsis (markant z. B. Tenorth 2008). Dabei setzt er den „Kanon" als bildungstheoretische Theoriefigur zentral, das Problem der Selbstbeziehung verschiebt er auf den Differenzpol „ideal", es wird damit abgeblendet. Benner hingegen setzt das Problem der Selbstbeziehung zentral. Das schulische Wissen in der Moderne ist immer schon nur über die reflexive Selbstbeziehung aller Bürger*innen vermittelt.

Es dürfte mittlerweile deutlich geworden sein, wie sehr Baumert an die Position Tenorths anschließt, die ihm mit dem unveröffentlichten Manuskript von Hubertusstock und mit dem Band von 1994 vorliegt. Anders als Tenorth schließt er in den bildungstheoretischen Aspekten seiner Texte von 2001 und 2002 aber positiv an Humboldt an, das heißt, er integriert den Namen Humboldt in die Position, die Tenorth vorgezeichnet hat. Damit arbeitet er anhand von PISA das Verhältnis von Individualität und gesellschaftlichem Wissen weiter aus, womöglich auch in Reaktion auf Theorieangebote von Benner. Nicht verwundern darf, wenn Baumert diese Theoreme vor dem Hintergrund seiner eigenen Theoriereferenzen und seiner epistemischen Modelle integriert.

In dem kollektiv gezeichneten Text zu PISA von 2001 setzt die Argumentation an der Stelle ein, an der die begründende Bestimmung eines Kerncurriculums erarbeitet wird.

> Diese sei „nicht auf der Ebene von Themen, Fächern oder gar Problemen – mögen es auch Schlüsselprobleme sein – beschreibbar. Kanonbildend wirkt vielmehr der reflexive Zugang zu unterschiedlichen, nicht wechselseitig substituierbaren Modi der Welterfahrung, die Humboldt im königsberger und litauischen Schulplan (1809) linguistisch, historisch, mathematisch und gymnastisch ästhetisch nennt" (Baumert/Stanat/Demmrich 2001, S. 21).

In diesem Text wird nur knapp festgehalten, inwiefern die Fokussierung auf die Mathematikleistungsfähigkeit in den ersten PISA-Studien gerechtfertigt ist. In dem Text von 2002 jedoch führt Baumert diese Figuren weiter aus. Mit der These, dass die Schule im Kern eine Abfolge von Leistungssituationen darstelle, lässt sich nach Baumert nämlich noch nicht die Inhaltlichkeit eines Curriculums begründen. „Auch wenn Lernprozesse unauflöslich in emotionales und motivationales Geschehen eingebettet sind, steht die Schule doch unter dem Primat des

Kognitiven, und zwar mit höherem Alter der Schülerinnen und Schüler zunehmend" (Baumert 2002, S. 105). Schule führe in diese kognitive Dimension der Gesellschaft ein, wobei „kognitiv" weit gefasst werden müsse, da es hier ebenso um „ästhetisch-expressive Begegnung und Gestaltung" (Sprache/Literatur, Musik/Malerei/Bildende Kunst, Physische Expression) sowie „normativ-evaluative Auseinandersetzung mit Wirtschaft und Gesellschaft" (Geschichte, Ökonomie, Politik/Gesellschaft, Recht) und „Probleme konstitutiver Rationalität" (Religion, Philosophie) gehe (Baumert 2002, S. 105, 113). Somit lassen sich verschiedene „Modi der Weltbegegnung" (Baumert 2002, S. 107) unterscheiden, die auf gesellschaftliche etablierten Rationalitätsformen beruhen und an denen sich die Ausdifferenzierung der Fächer orientiert. An dieser Stelle erfolgt der legitimierende Rückgriff auf Humboldt, dem Baumert zuweist, er habe diese Dimensionen in seinen Schulplänen „vorgedacht" (ebd., S. 107). Gleichzeitig wird assoziativ an Humboldts Relationierung von Ich und Welt angeknüpft. Humboldt wird aber nicht von der Dynamik dieser Beziehung des *Ich* zur Mannigfaltigkeit von Welt her gelesen, sondern von der Struktur, die Humboldt der Mannigfaltigkeit in den Schulplänen kanonisierend und didaktisierend zu geben versucht hat.

Nun legt Baumert diese Ausdifferenzierung von Fächern aber quer zu fünf „basalen Kulturwerkzeugen". Es fehlt offensichtlich noch eine diskursive Brücke, denn die „Modi der Weltbegegnung" lassen sich von sich aus nicht an die Struktur des PISA-Fragebogens anschließen (die hat sich nach und nach verändert, für 2000 vgl. OECD 2002). Die „Kulturwerkzeuge" differenziert Baumert nun gemäß der Fragengruppen als (1) „Beherrschung der Verkehrssprache", (2) „mathematische Modellierungsfähigkeit", (3) „zunehmend fremdsprachliche Kompetenz", (4) „IT-Kompetenz" und (5) „Selbstregulation des Wissenserwerbs". Deren Zusammenspiel begründe sich – so wird nun angefügt – über die von Tenorth ins Spiel gebrachte „Generalisierung universeller Prämissen für die Teilhabe an Kommunikation und damit auch für Lernfähigkeit" (Baumert 2002, S. 108). In Anlehnung an die visuellen Praktiken von zwei Jahrhunderten Curriculumskonstruktion bastelt Baumert dann aus dem Schnittfeld von Weltzugängen und Kulturwerkzeugen eine Tabelle (ebd., S. 113). In Baumerts Text hat diese zwar nur eine, die Möglichkeit der Begründung einer „Grundstruktur der Allgemeinbildung und des Kanons" (ebd.) veranschaulichende Funktion. Sie bleibt folgenlos, die von ihr generierten Tabellenfelder sind sogar leer. Man könnte sie aber als Beginn eines Entwurfs für ein Weltcurriculum – abgeleitet aus PISA – lesen.

Die Frage ist nun, welche Beziehung die assoziativ aufgenommenen Entitäten „Ich" und „Welt" in dieser Konstruktion eines zu ermöglichenden Zugangs eingehen. In den PISA-Studien wird die Aktivität des *Ich* als fächerübergreifende Kompetenz (Baumert/Stanat/Demmrich 2001, S. 22) gefasst und operationalisiert über die Erhebung von Merkmalen selbstregulierten Lernens. Dies wird in den grundlegenden Texten nur angedeutet.

„Mit der Ausweitung der Untersuchungsgegenstände auf fachübergreifende Qualifikationen wie selbstreguliertes Lernen oder Kommunikations- und Kooperationsfähigkeit verändert sich auch der in PISA verwendete Kompetenzbegriff. [Ihm liegt] ein kognitiver Kompetenzbegriff zu Grunde, der sich auf prinzipiell erlernbare, mehr oder minder bereichsspezifische Kenntnisse, Fertigkeiten und Strategien bezieht" (ebd.).

Zur Operationalisierung nutzen die PISA-Studien Instrumente zur Messung von Metakognition und Lernstrategien, zu denen Baumert in den 1990er Jahren einige Beiträge geliefert hat (Baumert 1993; Baumert/Köller 1994). In den PISA-Fragebogen wurde eine Kurzfassung des von Baumert entwickelten „Kieler Lernstrategieninventars" (KSI) eingebaut (vgl. zur Analyse dieser Gegenstandskonstruktion Wrana 2017). Die Selbstbezüglichkeit des seine Kräfte entwickelnden Individuums wird bei PISA nämlich explizit einbezogen. Sie wird operationalisiert über das Lernstrategieninventar als Ensemble kognitiver und metakognitiver Strategien der Selbstregulation. Es handelt sich um Kompetenzen der Optimierung des eigenen Lernerfolgs und seiner Geschwindigkeit. Denn das vom Lernstrategieninventar entworfene *Ich* lässt sich durchaus als Motor der Wissensvermittlung denken, allerdings nicht (wie bei Benner) als Moment, das das moderne Wissen verändert und voranbringt, sondern als eines, das die Vermittlung optimiert. Im Zusammenhang von empirischer Leistungs- und Unterrichtsforschung werden ähnliche Skalen zur Messung von Kognition und Metakognition zur Erklärung individueller Unterschiede der Schüler*innenleistung eingesetzt, denn im dort genutzten „Angebots-Nutzungs-Modell" vermittelt die Selbstregulationsfähigkeit zwischen der professionellen Lehrleistung und der Performanz der Schüler*innen (Helmke 2015, S. 69). Das *Ich* erscheint im Licht des KSI als eine Art kleine Lernmaschine, die in ihrer Leistung vermessen werden kann (vgl. Wrana 2017, S. 110).

6 Offene Enden der Debatte

Zwar blieb die Veröffentlichung von Tenorths auf Hubertusstock verabredetem Text aus, dessen von Benner überlieferter Titel „Das Kanonproblem der Allgemeinbildung" legt aber nahe, dass er seine 1994 formulierte Position in der einen oder anderen Weise revidiert oder reformuliert einbrachte. Im Jahr 2004 erschien nun ein Text von Tenorth in der Zeitschrift für Erziehungswissenschaft mit einem grundlegenden bildungstheoretischen Einsatz im Anschluss an PISA (Tenorth 2004). Tenorth reformuliert dort seine Position von 1994. In aller Schärfe kritisiert er dabei Vertreter*innen einer Bildungstheorie, die Bildung von der Selbstbezüglichkeit her denken und zwar, weil diese immer auf elitäre Bildung ausgerichtet sei. Humboldt wird von ihm nun anders eingebettet als

1994, denn nun liest TENORTH ihn als Begründer der Idee einer Vermittlung von Basiskompetenzen für alle Menschen in der Elementarbildung. Dies begründet TENORTH mit HUMBOLDTS Schulplänen und schließt damit an BAUMERTS Strategie an, HUMBOLDT auch für diesen Typus von Bildungstheorie zu reklamieren. Auf diese Weise sogar noch von ihrem selbstgewählten Stammvater abgeschnitten, versinkt die „klassische Bildungstheorie" in der Bedeutungslosigkeit. Die neue „Bildungstheorie entsteht damit quasi aus einem theoriegeleiteten Prozess der Bildungsforschung selbst" (Tenorth 2004, S. 175). Was die aktuelle Bildungstheorie angeht, bleibt TENORTH denn auch bei seiner scharf gestellten Differenz von Bildung/ideal versus Kompetenzen/real: „Statt philosophischer Debatten über ‚Bildung im problematisierenden Vernunftgebrauch'" (Ruhloff 1996, zit. n. Tenorth) oder der Rückerinnerung und Neubelebung der religiösen Wurzeln und holistischer Traditionen des Bildungsdenkens seit COMENIUS (vgl. Ladenthin 2002, zit. n. Tenorth) ist ein Prozess der Veralltäglichung und Empirisierung des Bildungsanspruchs unverkennbar. Eher als normativ aufgeladene Steigerungsbegriffe und weltumspannende Ambitionen regiert die Nüchternheit des Weltzugangs" (Tenorth 2004, S. 176). Sichtbar dürfte auch die Koalition geworden sein, mit der TENORTHS Theorie von Bildung als Allgemeinbildung nun späte Unterstützung bekommt. Die Bildungstheorie von PISA erwächst nicht allein aus der Empirie, sondern aus der Beziehung, die diese Empirie mit einem bestimmten theoretischen Verständnis von Bildung eingeht. Die Position, die TENORTH schon 1994 formuliert hat, hat diesem Verständnis wesentliche Stichworte geliefert.

Zeitgleich erscheint ein Text von KOCH, der als Einzeltext hier mitaufgenommen wird, weil er mit einer Stimme spricht, die das diskursive Terrain in die andere Richtung radikalisiert und sich antipodisch gegen PISA setzt (Koch 2004). Auch KOCH nutzt die bisher vorgebrachten Theoreme, Figuren und Argumente, setzt sie aber anders in Relation. Er hebt zunächst am „Litauischen Schulplan" einen anderen Aspekt hervor. HUMBOLDT habe dort nämlich „als einen Hauptzweck der allgemeinen Bildung bezeichnet, nur auf den Menschen selbst zurückwirkende Fertigkeit zu vermitteln" (Koch 2004, S. 188). Die Rückbezüglichkeit des Lerngegenstandes auf das lernende Subjekt bleibt denn für KOCH das entscheidende Kriterium für die Frage, ob einem Lernverhältnis das Prädikat „Bildung" zugeschrieben werden kann. „Entfällt der Rückbezug des Lernens auf das lernende Subjekt, so entfällt auch die Frage nach den wesentlichen ‚Kräften' des Wissens, Handelns, des ästhetischen Sinnes und welttranszendierender Religiosität" (ebd., S. 189). Die Modi des Weltzugangs funktionieren in dieser Lesart also nur über die Selbstbezüglichkeit. Damit aber würden dann die Gegenstände und Themen beliebig und die Kanonfrage erübrige sich. „Es genügt, ihn [den Lernenden als Mensch] die vorgeschriebenen Anwendungskompetenzen erwerben zu lassen" (ebd.). Daher stellt sich für KOCH die Frage,

> „wie sich aus der Beschäftigung mit banalen Inhalten jene Reflexivität soll entwickeln können, die HERBART als Interesse bezeichnet [...] So kann man als Fazit festhalten: Von einem Bildungskonzept wird beim literacy-Programm wohl kaum die Rede sein können, sondern lediglich von einem allgemeinen Qualifikationskonzept [...]" (ebd.).

An der systematischen Stelle der Bildungstheorie, an der BAUMERT festgestellt hat, dass ein „Interesse" an den Lerngegenständen im Sinne HERBARTs eine Illusion bleiben müsse und sich Schul-Motivation nur formal durch das Beim-Prüfen-Erfolg-Haben herstelle, wendet KOCH ein, dass dies dann eben keine Bildung sei. Die Differenz Qualifikation/Bildung betont er ebenso scharf wie TENORTH die von Bildung/Qualifikation in dem Text von 1994, nur eben in umgekehrter Wertungsrichtung. Während KOCH ebenso wie BENNER das Theorem der Selbstbezüglichkeit im Bildungsprozess stark macht, wendet BENNER dieses Theorem dennoch nicht grundsätzlich gegen PISA, sondern bleibt seiner Lesart von 1990 treu, dass Ökonomie und Bildung keine Gegensätze, sondern ein Bedingungsverhältnis darstellen.

Dass BENNER darauf reagiert und wie er das macht, mag nun nicht mehr erstaunen. Er setzt die beiden von TENORTH und KOCH markierten diametral entgegengesetzten bildungstheoretischen Entwürfe dialektisch in Beziehung (Benner 2006, S. 135). Er macht noch einmal stark, dass die im schulischen Lernen erst erfahrbar werdende reflexive Differenz des Lernens in der Moderne mit der Eigendynamik des lernenden Subjekts und seiner Kräfte ins Verhältnis gesetzt werden müsse und bringt das Konzept „reflexiver Bildungsstandards" in Anschlag (Benner 2006, S. 141).

BENNER führte diese Verhältnissetzung von Bildungsstandards und Reflexivität resp. der Selbstbezüglichkeit in den letzten Jahren weiter, indem er diese in einem theoretisch durchaus eigenwilligen, aber empirisch anschlussfähig konstruierten Entwurf einer Bildungstheorie als Zusammenwirken dreier Kausalitäten bestimmt (Benner 2015; 2018). Das Interessante an diesem Entwurf ist, dass er mit dem Begriff der Kausalität ein anderes Problem der Bildungsforschung miteinwebt, nämlich das Problem, die Wirkung pädagogischen Handelns empirisch zu beobachten. Wenn man ernst nimmt, was LUHMANN der Pädagogik schon früh ins Stammbuch schrieb, dass dies nämlich aus grundlegenden theoretischen Gründen nicht möglich sei (Luhmann/Schorr 1979), was BENNER einmal aufgegriffen und diskutiert hatte (Benner 1979), dann lässt sich eben von einer empirisch beobachteten und gemessenen Qualität einer Lehrhandlung nicht auf die Lernleistung schließen. Dieses Problem adressiert die empirische Bildungsforschung mit der Figur des „Angebot-Nutzungs-Modells", wobei BENNER der Kausalität, die er im Unterschied zu der des „Lehrens" der Bildung zuschreibt und über Selbstbezüglichkeit fasst, eine dynamischere und transformativere Rolle zuschreibt als in diesem Modell. Bildung als Selbstbeziehung ist also zwischen jede pädagogische Handlung mit Wirkungsintention und den beobachtbaren Effekt einer Handlungssituation geschaltet (Benner 2018). Ohne Einbezug des Problems der Selbstbeziehung lässt sich – das bleibt Benners Einsatz – ein Forschungsdesign der Bildungsforschung gar nicht angemessen konzipieren.

7 Schluss

In den hier analysierten Texten der bildungstheoretischen Grundlagendebatte ist das Getöse des Kampfes um Positionen im Feld durchaus zu vernehmen, es war aber nicht Gegenstand der Analyse. In den Fokus gerückt werden sollten vielmehr die Strategien der Konstruktion von Bildungstheorie, die sich in den Texten beobachten lassen. Bei der Streuungsbreite von Lesarten ist dabei weniger entscheidend, welche der Lesarten als die „richtige" zu betrachten ist, sondern welche Problemstruktur der Verweisungszusammenhang von Theoriestrategien erkennen lässt. Offensichtlich kreist die Debatte um das Verhältnis von gesellschaftlichem Wissen und Reflexivität. Die vorgetragenen Varianten, dieses Verhältnis zu fassen, operieren mit den ihnen jeweils zur Verfügung stehenden theoretischen Mitteln, die teils aus der Philosophie, teils aus den Sozialwissenschaften, teils aus der kognitiven Psychologie stammen. Das Schlachtengetöse um PISA hat vielleicht allzu oft verdeckt, dass es sich bei dieser Debatte doch um eine eminent wichtige erziehungswissenschaftliche Grundlagendebatte handelt, für die die angeführten Aktanten einiges geleistet haben. Diese weiterzuführen und die realpolitische Relevanzsetzung von PISA miteinzubeziehen – diese Bemerkung sei mir zum Schluss erlaubt – scheint mir eine wichtige Aufgabe theoretisch operierender Erziehungswissenschaft. Die Analyse mag aber auch gezeigt haben, dass das Potenzial theoretischer Referenzen rund um die Begriffe Wissen oder Gesellschaft noch lange nicht ausgeschöpft ist.

Literatur

Baumert, Jürgen (1993): Lernstrategien, motivationale Orientierungen und Selbstwirksamkeitsüberzeugungen im Kontext schulischen Lernens. In: Unterrichtswissenschaft, 21, H. 4, S. 327–354

Baumert, Jürgen (2002): Deutschland im internationalen Vergleich. In: Killius, Nelson/Kluge, Jürgen/Reisch, Linda (Hrsg.): Die Zukunft der Bildung. Frankfurt/M.: Suhrkamp, S. 100–150

Baumert, Jürgen/Köller, Olaf (1996): Lernstrategien und schulische Leistungen. In: Möller, Jens/Köller, Olaf (Hrsg.): Emotionen, Kognitionen und Schulleistung. Weinheim: PVU, S. 137–154

Baumert, Jürgen/Stanat, Petra/Demmrich, Anke (2001): PISA 2000. Untersuchungsgegenstand, theoretische Grundlagen und Durchführung der Studie. In: Baumert, Jürgen/Klieme, Eckart/Neubrand, Michael/Prenzel, Manfred/Schiefele, Ulrich/Schneider, Wolfgang/Stanat, Petra/Tillmann, Klaus-Jürgen/Weiß, Manfred (Hrsg.): PISA 2000. Basiskompetenzen von Schülerinnen und Schülern im internationalen Vergleich. Opladen: Leske + Budrich, S. 15–68

Benner, Dietrich (1979): Läßt sich das Technologiedefizit durch eine Technologieersatztechnologie lösen? Eine Auseinandersetzung mit den Thesen von N. Luhmann und K.-E. Schorr In: Zeitschrift für Pädagogik 25, H. 3, S. 367–375

Benner, Dietrich (1990): Wilhelm von Humboldts Bildungstheorie: Eine problemgeschichtliche Studie zum Begründungszusammenhang neuzeitlicher Bildungsreform. Weinheim/München: Juventa

Benner, Dietrich (2002): Die Struktur der Allgemeinbildung im Kerncurriculum moderner Bildungssysteme. Ein Vorschlag zur bildungstheoretischen Rahmung von PISA. In: Zeitschrift für Pädagogik 48, H. 1, S. 68–90

Benner, Dietrich (2006): Bildungsforschung und Erziehungswissenschaft. In: Merkens, Hans (Hrsg.): Erziehungswissenschaft und Bildungsforschung. Wiesbaden: Springer VS, S. 129–145

Benner, Dietrich (2018): Der Beitrag der Erziehungswissenschaft zur Bildungsforschung, erörtert aus der Perspektive der Allgemeinen Erziehungswissenschaft und der Erziehungs- und Bildungsphilosophie. In: Erziehungswissenschaft 29, H. 56, S. 9–18

Benner, Dietrich (2018): Über drei Arten von Kausalität in Erziehungs- und Bildungsprozessen und ihre Bedeutung für Didaktik, Unterrichtsforschung und empirische Bildungsforschung. In: Zeitschrift für Pädagogik 64, H. 1, S. 107–121

Eco, Umberto (1998): Lector in fabula. Die Mitarbeit der Interpretation in erzählenden Texten. München: DTV

Killius, Nelson/Kluge, Jürgen/Reisch, Linda (Hrsg.) (2002): Die Zukunft der Bildung. Frankfurt/M.: Suhrkamp

Koch, Lutz (2004): Allgemeinbildung und Grundbildung, Identität oder Alternative? In: Zeitschrift für Erziehungswissenschaft 7, H. 2, S. 183–191

Luhmann, Niklas/Schorr, Karl Eberhard (1979): Das Technologiedefizit der Erziehung und die Pädagogik. In: Zeitschrift für Pädagogik 25, H. 4, S. 345–365

OECD (2002): PISA 2000. Technical Report. Paris: OECD

Schultheis, Franz/Cousin, Paul-Frantz/Roca i Escoda, Marta (Hrsg.) (2008): Humboldts Albtraum. Der Bologna-Prozess und seine Folgen. Konstanz: UVK

Tenorth, Heinz-Elmar (1992): Laute Klage, stiller Sieg. Über die Unaufhaltsamkeit der Pädagogik in der Moderne. In: Benner, Dietrich/Lenzen, Dieter/Otto, Hans-Uwe (Hrsg.): Erziehungswissenschaft zwischen Modernisierung und Modernitätskrise. Beiträge zum 13. Kongreß der Deutschen Gesellschaft für Erziehungswissenschaft vom 16. bis 18. März 1992 in der Freien Universität Berlin. Weinheim/München: Juventa, S. 129–139

Tenorth, Heinz-Elmar (1994): „Alle alles zu lehren". Möglichkeiten und Perspektiven allgemeiner Bildung. Darmstadt: Wissenschaftliche Buchgesellschaft

Tenorth, Heinz-Elmar (2004): Stichwort: „Grundbildung" und „Basiskompetenzen". In: Zeitschrift für Erziehungswissenschaft 7, S. 169–182

Tenorth, Heinz-Elmar (2008): Bildungstheorie angesichts von Basiskompetenzen. Über die Ignoranz gegenüber dem Selbstverständlichen im Prozess des Aufwachsens. In: Zeitschrift für pädagogische Historiographie 14, H. 1, S. 26–31

Wrana, Daniel (2017): Zur Vermessung von Lernstrategien als Leistungsfaktoren. In: Bünger, Carsten/Mayer, Ralf/Schröder, Sabrina/Hoffarth, Britta (Hrsg.): Leistung – Anspruch und Scheitern. Wittenberger Gespräche IV. Halle-Wittenberg: Martin-Luther-Universität, S. 85–126. URL: https://www.pedocs.de/frontdoor.php?source_opus=14562 (Abfrage: 17.06.2020)

Wrana, Daniel (2021): Wusste Achill von sich, dass er frei war? Zur Problematisierung des Selbstwissens in der Kulturgeschichte der Subjektivität. In: Janßen, Sandra/Alkemeyer, Thomas (Hrsg.): Selbstsein als Sich-Wissen? Zur Bedeutung der Wissensgeschichte für die Historisierbarkeit des Subjekts. Tübingen: Mohr Siebeck (Reihe „Historische Wissensforschung"), i. D.

Quid iuris und *quid facti*

Über Formen erziehungswissenschaftlicher Kritik

Thomas Mikhail

Bildungs- und erziehungsphilosophischen Reflexionen scheint das Moment des Kritischen seit jeher eingeschrieben zu sein. Versteht man mit Rahel Jaeggi unter „Kritik" einen „auf Gründen beruhenden Anstoß zur Transformation eines (sozialen) Gebildes, als einen Prozess, in dem die Kritikwürdigkeit des entsprechenden Sachverhalts oder Verhältnisses erkannt, aufgezeigt und eine Veränderung hin zum Besseren angestrebt wird" (2014, S. 134), dann lassen sich kaum Denker*innen ausmachen, die sich nicht mit bildungs- und erziehungsphilosophischen, mithin mit allgemeinpädagogischen und allgemeinerziehungswissenschaftlichen[1] Fragen auseinandergesetzt haben, die in ihrem Nachdenken nicht auch im Wesentlichen kritisch gegenüber dem Bestehenden, anderen Theoriepositionen oder praktischen Konzepten (gewesen) wären. Diesen Umstand nimmt der vorliegende Beitrag zum Anlass, um Formen erziehungswissenschaftlicher Kritik genauer zu analysieren. Statt einer historischen Vorgehensweise, die Fälle von Kritik untersucht, möchte ich versuchen, Typen von Kritik systematisch zu klassifizieren. Als Untersuchungshinsicht bzw. Ordnungsverfahren dient dabei eine ursprünglich juristische Unterscheidung, die sich bei Immanuel Kant lakonisch auf die beiden Fragen „quid iuris?" und „quid facti?" verdichtet hat.

Vor dem Hintergrund dieser Differenzierung wird die These aufgestellt, dass Formen erziehungswissenschaftlicher Kritik *grosso modo* in zwei Klassen differenziert werden können. Dabei ist es der hier gewählten Untersuchungshinsicht geschuldet, dass lediglich zwei Klassen erziehungswissenschaftlicher Kritik gebildet bzw. unterschieden werden, wenngleich z. B. im jüngst erschienenen „Handbuch Bildungs- und Erziehungsphilosophie" eine „Auswahl von drei Denkfiguren der Kritik" dargestellt wird, insofern diese „für zeitgenössische Reflexionen von Erziehung und Bildung als zentrale Referenzpunkte gelten können"

1 Im Folgenden werden die Bezeichnungen „bildungs- und erziehungsphilosophisch", „allgemeinpädagogisch" sowie „allgemeinerziehungswissenschaftlich" der Einfachheit halber dem Terminus „erziehungswissenschaftlich" subsumiert. Diese sprachliche Vereinfachung erfolgt in Rücksicht auf das Thema dieses Bandes bzw. in Anbetracht des Umstands, dass alle Bezeichnungen in diesem Kontext dem zuzurechnen sind, was als „theoretische Erziehungswissenschaft" bezeichnet werden kann. Im Folgenden wird diese Zuordnung – so wenig sie den aktuellen sprachlichen Konventionen innerhalb der Scientific Community entsprechen mag – synonym behandelt.

(Bünger 2020, S. 168). In Philosophie und Soziologie wiederum hat sich eine Pluralität an Kritikformen ausdifferenziert und etabliert (vgl. Jaeggi/Wesche 2013; Ellmers/Hogh 2017), die je und je methodologisch different erscheinen. Wenn hier dennoch entlang der Unterscheidung von *quid iuris* und *quid facti* eine Dichotomisierung erziehungswissenschaftlicher Kritikformen vorgenommen wird, dann spricht dies weder gegen eine trichotome Ausdifferenzierung noch gegen eine weitere Pluralisierung. Vielmehr ist damit die Intention verbunden, unter Zuhilfenahme des Prinzips der Parsimonie, eine hilfreiche Systematisierung vorzuschlagen, die auch disziplingeschichtlich plausibilisiert werden kann.

Die leitenden Fragestellungen lauten: *Welche Formen erziehungswissenschaftlicher Kritik können unterschieden werden und wie sind sie strukturiert?* Ihre Beantwortung erfolgt in vier Schritten: Zunächst wird die Unterscheidung von *quid iuris* und *quid facti* näher erläutert, da sie für die nachfolgenden Ausführungen maßgeblich ist. In einem zweiten Schritt wird diese Unterscheidung an ausgewählten historischen Stationen aufzeigt und so versucht, die dichotome Klassenbildung disziplingeschichtlich zu plausibilisieren. Darauf folgt drittens eine metaperspektivische Präzisierung ihrer Unterschiede, die in einem vierten Schritt weiter entfaltet wird, indem die Möglichkeiten und Grenzen beider Klassen durch eine wechselseitige Kritikskizze markiert werden. Abschließend wird der Grundgedanke dieses Beitrags nochmals zusammengefasst.

1 Zur Differenz von *quid iuris* und *quid facti*

Die Unterscheidung von *quid iuris* und *quid facti* – eigentlich der *quaestio iuris* und der *quaestio facti* – stammt ursprünglich aus der lateinischen Rechtssprache. Die genaue historische Herkunft lässt sich nicht ermitteln, was die Vermutung nahelegt, dass es sich bereits im Römischen Recht um eine geläufige und weitverbreitete Unterscheidung handelte, wie es das „Historische Wörterbuch der Philosophie" verzeichnet (Herberger 1989). So wird beispielsweise in den „Digesten" die Unterscheidung häufig herangezogen und ihr Verständnis „als selbstverständlich vorausgesetzt" (ebd., Sp. 1739).

In klassisch-juristischer Terminologie bezeichnet die *quaestio facti* – übrigens noch heute – die Frage nach den Tatsachen in einem Rechtsfall bzw., „ob eine bestimmte Tat als nachgewiesen angesehen werden kann" (Kollmer 2003, Sp. 573). Im Unterschied dazu wird mit der *quaestio iuris* die Frage nach der Rechtslage gestellt bzw. danach, „wie eine nachgewiesene Tat nach gültigen Rechtsgesetzen zu bewerten ist" (ebd.). Die Faktenfrage geht also auf die Feststellung einer Handlung und ihrer Umstände, die Rechtsfrage dagegen legt die Handlung als feststehend zugrunde und diskutiert ihre rechtliche Beurteilung. So geht es beispielsweise im Eigentumsrecht einerseits um die Rekonstruktion, wie eine Handlung zum Besitz einer Sache geführt hat einschließlich ihrer Umstände (*quid facti*) und andererseits um die Beurteilung der *Rechtmäßigkeit* dieser Erwerbshandlung, die durch den Anspruch auf Eigentum begründet ist.

Eingang in den philosophischen Sprachgebrauch findet das Begriffspaar durch Leibniz, der die Unterscheidung zunächst in seinen Entwürfen zu den „Elementen des Naturrechts" auf das Gebiet der Ethik überträgt (vgl. Leibniz 2003), in der Folge jedoch die Beschränkung auf (Tat-)Handlungen aufhebt und zu einem „in allen Wissenschaften anwendbaren Einteilungsprinzip" (Kollmer 2003, Sp. 573) erhebt.[2] Philosophische Bekanntheit, insbesondere im Vokabular der Wissenschaftstheorie, erlangen die *quaestio facti* und *quaestio iuris* durch Kant. Einleitend zur Deduktion der reinen Verstandesbegriffe in der ersten Kritik – an exponierter Stelle also – nimmt er dabei explizit Bezug auf den ursprünglichen Sprachzusammenhang.

> „Die Rechtslehrer, wenn sie von Befugnissen und Anmaßungen reden, unterscheiden in einem Rechtshandel die Frage über das, was Rechtens ist (quid iuris), von der, die die Tatsache angeht (quid facti), und indem sie von beiden Beweis fordern, so nennen sie den erstern, der die Befugnis, oder auch den Rechtsanspruch dartun soll, die *Deduktion*" (Kant 1974, A 84/B 116).

In Abgrenzung zum logischen Deduktionssinn (als Schluss) wird „Deduktion" hier – wie an etlichen weiteren exponierten Stellen der Kantischen Schriften – analog zur juristischen Bedeutung als transzendentalphilosophisches Beweisverfahren zur „Rechtfertigung und zugleich der Begrenzung jener Ansprüche der Vernunft" verstanden, „die durch synthetische Sätze bzw. Urteile a priori formuliert werden" (Seeberg 2015, S. 349), womit Kant die Deduktion im Sinne eines „rechtlichen Beweises" (ebd.) gleichsam vom axiomatisch-demonstrativen Beweisverfahren der Mathematik unterscheidet. Unter Zugrundelegung der beiden *quaestiones* lässt sich die Deduktion als Beweisverfahren nochmals differenzieren in eine „transzendentale Deduktion" (*quid iuris*) und eine „empirische Deduktion" (*quid facti*). Eine transzendentale Deduktion hat die Funktion, „als rechtlicher Beweis den Ursprung von (synthetischen) Erkenntnisansprüchen a priori im Verstand oder in der Vernunft aufzuweisen und zwar als einen ursprünglichen Erwerbsakt, dessen Rechtmäßigkeit und dessen Geltungsumfang eigens zu prüfen ist" (ebd., S. 352). Dagegen zeigt eine empirische Deduktion an, „wie ein Begriff durch Erfahrung und Reflexion über dieselbe erworben worden" ist; sie betrifft daher „nicht die Rechtmäßigkeit, sondern das Faktum […], wodurch der Besitz entsprungen" ist (Kant 1974, A 85/B 117). Kant engt damit die juristische Bedeutung beider Fragestellungen zwar auf den Bereich der Transzendentalphilosophie ein, indem diese auf den Erwerb apriorischer Erkenntnisansprüche

2 Heute spricht man in Anlehnung an Leibniz auch von der Unterscheidung zwischen Genese (*quid facti*) und Geltung (*quid iuris*).

begrenzt werden. Dennoch bleibt die im ursprünglich juristischen Sprachgebrauch angelegte Differenz erhalten. Das *quid iuris* untersucht die Rechtmäßigkeit von (erfahrungsunabhängigen) Erkenntnisansprüchen, das *quid facti* ihr (erfahrungsmäßiges) Zustandekommen.

Bis heute wird diese Unterscheidung in der Wissenschaftstheorie aufrechterhalten (vgl. Lorenz 2016). Sie hat allerdings einen terminologischen Wandel sowie eine inhaltliche Ausweitung erfahren, was auf Hans Reichenbachs Buch „Experience and Prediction" von 1938 zurückgeht. Bekannt ist das Begriffspaar heute als „Kontextunterscheidung". Seit Reichenbach spricht man nicht mehr von *quid facti* und *quid iuris*, sondern vom „context of discovery" und vom „context of justification", einerseits vom „Entdeckungs- bzw. Entstehungszusammenhang", andererseits vom „Rechtfertigungs- bzw. Begründungszusammenhang" von Erkenntnissen (vgl. Reichenbach 1983, S. 3).[3] Reichenbach beschränkt diese Unterscheidung nicht auf den Legitimationsnachweis apriorischer Erkenntnisansprüche, sondern bezieht sie auf die wissenschaftstheoretische Differenz von einerseits faktischem Zustandekommen und der Ausbreitung wissenschaftlicher Erkenntnisse sowie andererseits ihrer sachlogischen Rechtfertigung insgesamt. In seiner Terminologie ist mit dem Entstehungszusammenhang eine soziologische[4] oder psychologische, mit dem Rechtfertigungszusammenhang eine philosophische Aufgabe der Wissenschaftstheorie angesprochen (Reichenbach spricht noch von „Erkenntnistheorie"). Ihr Unterschied bestehe darin, was man als „innere und äußere Beziehungen" der Erkenntnisansprüche bezeichnen könne. So sei beispielsweise die soziologische Feststellung, „Astronomen seien oft musikalisch oder gehörten meistens der bürgerlichen Klasse an", auf die „äußeren Beziehungen" bezogen (ebd., S. 2). Scheinbar auf die inneren Beziehungen sei die psychologische Perspektive bezogen, indem sie „eine Beschreibung von Denkprozessen" liefere; das sei allerdings „ganz falsch" (ebd.). Es bestehe nämlich ein gravierender Unterschied zwischen dem faktischen Zustandekommen und Ablauf von Denkprozessen und „dem System logischer Verknüpfungen im Denken", da nur letzterer Aspekt wirklich auf die „inneren Beziehungen der Erkenntnis" (ebd.) gerichtet sei. Innere Beziehungen der Erkenntnis seien angesprochen mit

---

3 Zur Verwendung der Kontextunterscheidung in der Wissenschaftstheorie, ihrem historischen Hintergrund und systematischen Problemaspekten, vgl. Hoyningen-Huene (1987).

4 Die ersten Sätze seines Buches lauten: „Jede Erkenntnistheorie muß von der Erkenntnis als einer gegebenen sozialwissenschaftlichen Tatsache ausgehen. Ob es sich um das System der Erkenntnis handelt, wie es von Generationen von Denkern aufgestellt worden ist, um Erkenntnismethoden vergangener Zeiten, um Erkenntnisziele, die sich im wissenschaftlichen Forschungsverfahren widerspiegeln, oder um die Sprache, in welcher wissenschaftliche Erkenntnisse so formuliert werden – alles ist uns in gleicher Weise wie jede andere sozialwissenschaftliche Tatsache gegeben, z. B. Sitten, religiöse Gebräuche oder politische Institutionen. Der Philosoph hat keine andere Basis zur Verfügung als der Soziologe oder der Psychologe" (Reichenbach 1983, S. 1).

Fragen wie „Was bedeuten die Begriffe, die bei der Erkenntnis benutzt werden? Was für Voraussetzungen sind in der wissenschaftlichen Methode enthalten? Wie kann man wissen, ob ein Satz wahr ist, und weiß man es überhaupt?" (ebd.). Um es nochmals mit anderen Worten zu formulieren: Nach Reichenbach umfasst der Entstehungszusammenhang die (externen) empirischen Bedingtheiten, die wissenschaftliche Erkenntnisansprüche beeinflussen oder mit ihnen in Verbindung stehen. Dagegen umfasst der Rechtfertigungszusammenhang die (inneren) sachlogischen Bedingungen, die Erkenntnisansprüche als rechtmäßig begründen.

Diese „Kontextunterscheidung" Reichenbachs war überaus stark politisch motiviert. Als einer der ersten Studenten Albert Einsteins und in der Folge dessen enger Freund akzeptierte er nicht, dass renommierte deutsche Physiker seiner Zeit – allen voran die Nobelpreisträger Johannes Stark und Philipp Lenard – die Allgemeine Relativitätstheorie ablehnten. Stark und Lenard lehnten diese in erster Linie nämlich nicht deswegen ab, weil sie Fehler bei den Berechnungen sahen[5]; auch nicht, weil ihnen damals die empirische Überprüfbarkeit fehlte. Grund der Ablehnung war vornehmlich der Umstand, dass es sich beim Entdecker der Relativitätstheorie um den „wohl reinblütigen Juden A. Einstein" handelte und die Theorie, so Lenard, den „formal-dogmatischen Fremdgeist jüdischer ‚Physik'" atmete. Diese „jüdische Physik" sei „nur ein Trugbild und eine Entartungserscheinung der grundlegenden arischen Physik", weshalb die deutschen Physiker dieser eine „arische Physik oder Physik der nordisch gearteten Menschen" entgegensetzten (Lenard 1936, S. IX f.).[6] Reichenbach nahm diese infamen Angriffe nicht hin und „set out to be Einstein's bulldog" (Gimbel/Walz 2006, S. 3). Unter Berücksichtigung der Kontextunterscheidung trennte er die rassistischen von den physikalischen Attacken, um sie in wissenschaftlichen Fachbeiträgen sowie in populären Zeitungsaufsätzen zurückzuweisen (vgl. Gembel/Walz 2006 sowie Schönbeck 2000), wofür er zum einen sachlogische, zum anderen (berufs-)ethische Kritik an den deutschen Physikern übte.

5 Erwähnt sei hier dennoch, dass vor allem Lenard die beinahe vollständige Mathematisierung der „jüdischen Physik" kritisierte.

6 Erwähnenswert in diesem Zusammenhang ist auch der Beginn des Vorworts zu Lenards „Deutsche Physik in vier Bänden": „‚Die Wissenschaft ist und bleibt international', wird man mir einwenden wollen. Dem liegt aber ein Irrtum zugrunde. In Wirklichkeit ist die Wissenschaft, wie alles, was Menschen hervorbringen, rassisch, blutmäßig bedingt. Ein Anschein von Internationalität kann entstehen, wenn aus der Allgemeingültigkeit der Ergebnisse der Naturwissenschaft zu Unrecht auf allgemeinen Ursprung geschlossen wird oder wenn übersehen wird, daß die Völker verschiedener Länder, die Wissenschaft gleicher oder verwandter Art geliefert haben wie das deutsche Volk, dies nur deshalb und insofern konnten, weil sie ebenfalls vorwiegend nordischer Rassenmischung sind oder waren" (1936, S. IX).

2 Disziplingeschichtliche Stationen

Im zweiten Schritt steht die These im Mittelpunkt, dass Formen erziehungswissenschaftlicher Kritik *grosso modo* durch diese Unterscheidung von *quid iuris* und *quid facti* in zwei Klassen eingeteilt werden können. Übertragen auf Formen erziehungswissenschaftlicher Kritik besagt das: Es gibt einerseits Kritikformen, die erziehungswissenschaftlich relevante Sachverhalte mit Blick auf deren Entdeckungskontext prüfen. Andererseits gibt es Formen der Kritik, welche die sachliche Argumentationslogik bzw. den Rechtfertigungszusammenhangs erziehungswissenschaftlich relevanter Inhalte analysieren. Mit anderen Worten: Die eine Klasse kritisiert das Zustandekommen und/oder die Ausbreitung erziehungswissenschaftlicher Erkenntnisansprüche, die andere deren sachlogische Rechtmäßigkeit bzw. Gültigkeit. Auch Reichenbach unterschied ja die Attacken auf Einstein in solche, welche die Allgemeine Relativitätstheorie wegen ihres Entdeckers als „Judenbetrug" (Lenard 1936, passim) brandmarkten, und in solche, die sie als (personenungebundenen) Erkenntnisanspruch betrafen, um sie je und je zurückzuweisen.

Damit ist an einem extremen Beispiel die Leistung dieser Unterscheidung bestätigt. Es ist zu unterscheiden zwischen der Analyse, wie Erkenntnisse zustande kommen und der Analyse, ob ihre Argumentation, erkenntnistheoretisch betrachtet, in sich stimmig ist. Lässt sich diese Unterscheidung angesichts von Aussagen in einer Naturwissenschaft auch auf erziehungswissenschaftliche Kritikformen übertragen?

Gänzlich neu ist eine solche Differenzierung im Bereich der Erziehungswissenschaft nicht. Als einer der ersten kann Jonas Cohn angeführt werden, der sie, wenngleich implizit, anwandte. In einem Aufsatz von 1928 über „Recht und Sinn eines allgemeingültigen Erziehungszieles" schreibt er einleitend, es gebe in „neuester Zeit" eine Reihe von Denkern, die „sich gegen eine allgemein gültige Zielbestimmung der Erziehung ausgesprochen" hätten (Cohn 1970, S. 132). Da Cohn selbst für ein solch allgemeines Ziel argumentiert, müsse „neben die unbeirrte Darstellung dessen, was man [selbst] für richtig hält", die kritische Auseinandersetzung mit den Gegenpositionen treten. Allerdings sei es „in neuerer Zeit unter dem Einfluß Nietzsches und teilweise auch Freuds üblich geworden, theoretische Äußerungen nicht auf ihre Gründe, sondern auf ihre Motive, auf ihre Entstehung in der Seele des Schriftstellers zurückzuführen und von hier aus zu bekämpfen" (ebd.).

Cohn selbst wolle auf diese neu aufgekommene Form von Kritik „weder eingehen noch sie erwidern". Er konstatiert aber, dass man bei einer solchen „psychologisierend-moralisierenden Beweisführung" mit „etwas Phantasie" mühelos „menschliche, allzumenschliche Untergründe jeder beliebigen Meinung ausfindig machen" könne (ebd.). Und er gesteht auch zu, dass „in geschichtlicher oder charakterologischer Untersuchung" eine solche „Motivforschung an sich berechtigt" sei. Allerdings, so Cohn weiter, habe man es „in der theoretischen Diskussion" mit einem Gegner immer „nur als einem Wahrheitssuchenden zu tun. Sofern wir ihn nicht als solchen ansehen, hat es keinen Sinn, mit ihm zu diskutieren" (ebd., S. 134).

Der von Cohn angesprochene, seinerzeit modisch gewordene „Motivzusammenhang" sei nach seiner Auffassung völlig ungeeignet, eine theoretische Ansicht zu widerlegen. Sein Gegenargument lautet: „Es ist z. B. durchaus nicht ausgeschlossen, daß der von Ressentiment zerfressene Mensch etwas Richtiges erkennt, gerade aus dem Scharfblick des Neides heraus" (ebd.). Daher erhebt er den Vorwurf, man gleite „in eine andere, hier unsachliche Betrachtungsweise ab, wenn man den Gegner nicht als Erkennenwollenden, sondern als Gegenstand charakterologischer oder geschichtlicher Erkenntnis ansieht" (ebd.).

Die Darstellung des Cohn'schen Textes macht deutlich – sieht man von seiner positionalen Verortung ab –, dass hier implizit genau die Unterscheidung ins Spiel gebracht wird, die sich mit dem *quid facti* und *quid iuris* umreißen lässt. Genannt, aber verworfen werden Formen der Kritik, die empirische Bedingtheiten des Zustandekommens von erziehungswissenschaftlichen Erkenntnisansprüchen prüfen, nämlich Motive und Interessen der Gegenseite; votiert wird dagegen für eine Kritikform, welche die rein sachlich-theoretischen Aspekte einer Position bzw. Auffassung problematisieren. Überschaut man Cohns Bemerkungen, finden sich bereits jene zwei Klassen erziehungswissenschaftlicher Kritikformen, die sich dem *quid facti* und dem *quid iuris* zurechnen lassen.

Mehr als 30 Jahre später, im Jahr 1966, erscheint ein Aufsatz von Wolfgang Fischer mit dem Titel „Erneute, die Geschichte der Pädagogik berücksichtigende Erörterung der Frage, ob die Pädagogik eine Wissenschaft sei oder abgebe". Der Schüler des prinzipienwissenschaftlichen Pädagogen Alfred Petzelt zeigt darin Akzente einer erziehungswissenschaftlichen Kritikform, die er später zu einem „skeptisch-transzendentalkritischen Einsatz in der Pädagogik" ausarbeitete (vgl. Fischer 1989 sowie Fischer/Ruhloff 1993). Fischers radikal-skeptischer Einsatz kommt dem Vorgehen Cohns verblüffend nahe. Beide verfahren in einem methodischen Dreischritt: Zunächst erfolgt eine hermeneutische, explizit verstehen wollende Rekonstruktion der Gegenposition. In einem zweiten Schritt wird eine transzendentale Analyse von den in der Gegenposition enthaltenen, unausgesprochenen und meist unreflektierten Präsuppositionen durchgeführt. Im abschließenden dritten Schritt werden durch Abgleich von Aussagen und Voraussetzungen der gegnerischen Position logische oder begriffliche Inkonsistenzen, Insuffizienzen oder Inkonsequenzen ausgewiesen.

Fischer geht es nicht um die Prüfung des Entstehungszusammenhangs gegebener Aussagensysteme oder deren faktische Verbreitung. Sein skeptischer Einsatz verfolgt, wie er in sokratischem Sinne formuliert, vielmehr eine „Katharsis der Seele" (Fischer 1989, S. 76). Diese wird nur dann erreicht, wenn vorgetragene Letztgültigkeitsansprüche, pädagogische Über- und Allmachtsambitionen als theoretisch haltlos offengelegt werden. Zusammengefasst, in Anlehnung an ein Kant-Zitat, das Fischer häufiger heranzieht: Nach dieser Auffassung ist es der „größte und vielleicht einzige Nutzen" erziehungswissenschaftlicher Kritik, „zur Grenzbestimmung" zu dienen „und, anstatt Wahrheit zu entdecken, nur das stille Verdienst" zu haben, „Irrtümer zu verhüten" (Kant 1974, B 823). Fischers Skepsis macht im eigentlichen Sinne, was man im Anschluss an Kant als transzendentale Deduktion in kritischer Absicht bezeichnen kann. Sie kritisiert nicht die Umstände und empirischen Bedingtheiten, unter denen erziehungswissenschaftliche Erkenntnisansprüche erhoben werden, weder ihr Zustandekommen noch ihre Verbreitung. Der skeptische Einsatz ist insofern radikal, als er an die erkenntnistheoretische Wurzel anderer Aussagen geht und deren sachliche Rechtsansprüche prüft.

Anders als Fischer, wenngleich zeitlich parallel auftretend, geht die Kritische Bildungstheorie vor, die in ihren historisch-materialistischen Analysen verborgene und verschleierte Herrschaftsmechanismen und -strukturen entlarvt und ihnen so, mit Marx und Engels gesprochen, den „Schein der Selbständigkeit" nimmt (MEGA 1978, S. 27). So überführt Heydorn – um nur ein Beispiel zu nennen – in einer seiner Analysen die sogenannte „Emanzipatorische Pädagogik", im Bestreben der Abschaffung des elitären humanistischen Gymnasiums ungewollt ein Bündnis mit reaktionären, kapitalistischen Kräften geschlossen zu haben und so ungerechte Herrschaftsstrukturen zu zementieren statt aufzubrechen. „Hier eben sind sich, und dies gibt zu denken, pragmatische Großindustrielle und deklamierende Linkspädagogen absolut einig" (Heydorn 2004, Bd. 4, S. 22). Da den emanzipatorischen Reformbestrebungen die nötige Einsicht in die technokratische Logik der „Weltmarkthegemonie" fehle, werde sie selbst „zum Moment eines geplanten Kapitalverwertungsinteresses" (ebd., Bd. 7, S. 387) und somit letztlich inhuman.

Es liegt auf der Hand, wie berechtigt Heydorns Kritik erscheint. Es liegt aber ebenso auf der Hand, dass es sich um eine Kritikform handelt, die sich der von Cohn so bezeichneten „Motivforschung" zurechnen lässt. Es ging der Kritischen Bildungstheorie sensu Heydorn (oder Gamm) insbesondere um die Offenlegung eines – kühn formuliert – pseudopädagogischen Entstehungszusammenhangs der Gegenpositionen. In expliziter Annahme des Marx'schen Diktums, dass Vernunft „nicht als vor- bzw. außergesellschaftliches Vermögen" aufgefasst werden könne, das „als überhistorischer ‚Gerichtshof' die Kritik fundieren könnte" (Bünger 2020, S. 165), steht die für die ideologiekritische Pädagogik Heydorns paradigmatische Aussage, dass die „industriekapitalistische Reform ihren Absolutheitsanspruch" ausschließlich als „geschichtslose Theorie", also „[i]ndem sie sich als geschichtslos setzt" (Heydorn 2004, Bd. 4, S. 96), aufrechterhalten könne. Im Kreuzfeuer der Kritik steht somit nicht die Frage, ob oder inwiefern die Geltungsansprüche der Gegenseite inhaltlich konsistent, nicht ob sie begrifflich präzise oder gar denknotwendig seien. Kritisiert wird vielmehr, was sich an

„menschlich Abgründigem“ (Cohn) in der Auffassung der Gegenseite zeigt. Dies betrifft die bürgerliche Gesellschaft im Allgemeinen wie den „geschichtslosen industriekapitalistischen Positivismus“ (ebd., Bd. 3, S. 8) im Besonderen, die je und je Emanzipation verhindern.

Damit wird der kurze historische Streifzug beendet und zur präziseren Differenzierung der beiden Klassen erziehungswissenschaftlicher Kritikformen übergegangen.

3 Regeln erkenntnistheoretischer und erkenntnispolitischer Formen erziehungswissenschaftlicher Kritik

Bereits 2003 hat Jörg Ruhloff in einem Beitrag zur „Problematisierung von Kritik in der Pädagogik“ ebenfalls zwei erziehungswissenschaftliche Kritikformen klassifiziert. Terminologisch unterscheidet er zwischen einer „Kritik mit bildungspolitischem Bedeutungsindex“ und einer „Kritik mit bildungstheoretischem Bedeutungsindex“ (2003, S. 117). Kritik mit bildungspolitischem Bedeutungsindex ziele, so Ruhloff mit den Worten Foucaults, darauf ab, „nicht auf diese Weise und um diesen Preis regiert zu werden“ (Foucault 1992, S. 12).[7] Dagegen sei Kritik mit bildungstheoretischem Bedeutungsindex bestimmt durch das Ziel, „keinem Wahrheitsanspruch ohne Prüfung folgen zu müssen“ (Ruhloff 2003, S. 117). Mit diesen Bezeichnungen ist in anderer Terminologie die Differenz von *quid facti* und *quid iuris* angesprochen, was Ruhloff aus Anlass des kritischen Potenzials bei Foucault und dem Neukantianer Paul Natorp zu illustrieren sucht.

Um sowohl Ruhloffs Terminologie als auch den aktuellen erziehungswissenschaftlichen Sprachgebrauch[8] zu berücksichtigen und auf die bisherigen Ausführungen zu übertragen, soll im Folgenden von *erkenntnispolitischen* und *erkenntnistheoretischen* Formen erziehungswissenschaftlicher Kritik die Rede sein. In diesem Sinne lassen sich erkenntnis*politische* Formen erziehungswissenschaftlicher Kritik näher charakterisieren als solche, die erziehungswissenschaftlich relevante Aussagen und Auffassungen mit Blick auf deren faktisches Zustandekommen, deren (politische) Durchsetzung und Verbreitung analysieren. Kritisiert werden also empirische Bedingtheiten wie Herrschafts- oder Machtstrukturen,

7 Ergänzend sei angemerkt, dass Foucault in der kurzen Schrift „Was ist Kritik?“, die eigentlich ein Vortragsmanuskript darstellt, seine Definitionsformel von Kritik in mehrfacher Abwandlung gebraucht, so z. B. in „allgemeiner Charakterisierung“ als „Kunst nicht dermaßen regiert zu werden“ (1992, S. 12) oder „nicht derartig, im Namen dieser Prinzipien da, zu solchen Zwecken und mit solchen Verfahren regiert“ zu werden (ebd., S. 11 f.).

8 Explizit gemeint ist hier der von Walter Seitter (1985) mit Bezug auf Foucault geprägte Terminus „Erkenntnispolitik“, der sich in der deutschsprachigen Bildungs- und Erziehungsphilosophie mittlerweile fest etabliert hat, wie auch der DGfE-Kommissionsband von 2011 belegt (vgl. Reichenbach/Ricken/Koller 2011).

unter denen erziehungswissenschaftliche Erkenntnisansprüche erhoben und durchgesetzt werden. Erkenntnis*theoretische* Kritikformen dagegen können bestimmt werden als solche, die den rein sachlichen Rechtfertigungszusammenhang erziehungswissenschaftlich relevanter Inhalte prüfen. Kritisiert werden die theoretische Konsistenz von Aussagen sowie die denk- und begriffslogischen Bedingungen, unter denen bzw. angesichts derer erziehungswissenschaftliche Geltungsansprüche als sachlich zutreffend und rechtmäßig, mithin als gültig angesehen werden können.

Im Folgenden sollen die Voraussetzungen analysiert werden, unter denen diese beiden Klassen stehen. In den Blick kommen dabei nicht konkrete Einzelfälle kritischer Formen, sondern die Regeln, denen die einzelnen Fälle beider Klassen im Kritisieren folgen. Drei Voraussetzungsdimensionen können dabei unterschieden werden.[9] Sie werden hier ausgewiesen als a) Opponentenbild, b) Teleologie der Kritik und c) methodologische Kritikdimension.

a) Unter dem ‚Opponentenbild' soll das Bild der Gegenposition im Sinne des Adressaten der Kritik verstanden werden, von dem die beiden Klassen ausgehen, noch bevor die konkrete Kritik ausbuchstabiert wird. Es spielt dabei keine Rolle, ob die Gegnerposition tatsächlich so „ist", wie aus Perspektive der jeweiligen Klasse vorgestellt, sondern dass die jeweilige Klasse erziehungswissenschaftlicher Kritik von diesem Opponentenbild ausgehen muss, damit ihre Kritik überhaupt erst möglich ist.[10]

Erkenntnis*theoretische* Formen erziehungswissenschaftlicher Kritik haben, um die Worte Cohns aufzunehmen, stets das Bild ihres Gegners als von dem eines „Wahrheitssuchenden" oder „Erkennenwollenden". Um den Begründungskontext eines Aussagensystems zu kritisieren, muss man davon ausgehen, dass die Gegenseite auch zu sachlich richtigen, den Sachverhalt treffenden Aussagen kommen will. Kurz: Erkenntnistheoretische Formen erziehungswissenschaftlicher Kritik gehen davon aus, dass der Gegner Geltungsansprüche erhebt, die richtig sein wollen. Nur unter Voraussetzung dieses Opponentenbilds macht es überhaupt Sinn, der Gegenseite inhaltliche, denk- oder begriffslogische Inkonsistenzen, Insuffizienzen oder Inkonsequenzen nachzuweisen.

Erkenntnis*politische* Formen gehen von einem Bild ihres Gegners aus, das immer schon dessen Herrschafts- oder Machtambitionen unterstellt und so den erziehungswissenschaftlichen Diskurs insgesamt „als Kampf von Macht und

---

9 Diese dreifache Ausdifferenzierung ist angelehnt an Jaeggis Feststellung, dass jegliche Kritik „einen *Adressaten*, die wenigstens prinzipielle Möglichkeit ihrer *Umsetzung* und einen *Maßstab* braucht" (2014, S. 134, Hervorh. i. O.).

10 Zur Rechtfertigung eines solchen Analyseverfahrens kann auf die Überlegungen Wolfgang Kuhlmanns verwiesen werden, der es zur Aufdeckung der epistemologischen Regeln des kritischen Rationalismus gegen Einwände Hans Alberts verteidigte (Kuhlmann 1985, S. 68 ff.).

Gegenmacht bzw. Widerstand" versteht, in den „Kausalitäts- und Intentionalitätsunterstellungen eingebettet werden müssen" (Ricken 2004, S. 125 f.). Ausgang findet diese Klasse von Kritikformen in der Annahme, dass die Gegenseite mit dem Sprechen über erziehungswissenschaftlich relevante Sachverhalte Herrschafts- oder Machtansprüche stellt, bzw. dass hinter ihrem Sprechen Motive oder Strategien der Herrschaft oder Bemächtigung stehen und diese mittels diskursiver Praktiken durchgesetzt werden wollen.

> „Begriffe, Konzepte, Hypothesen, Theorien oder Methoden erscheinen vor diesem Hintergrund nicht als um Objektivität streitende Parteien der Scientific Community vor einem universellen Schiedsgericht einer verbürgten Wahrheit der Vernunft, sondern vielmehr als taktische bzw. strategische Züge oder Einsätze" (Kubac 2015, S. 46 f.).

Nur unter Voraussetzung dieses Opponentenbilds erscheint es erst sinnvoll, Machtstrategien, Herrschaftsverhältnisse oder (Sprecher-)Positionen im Diskursfeld aufzudecken.

b) Mit der Dimension der Teleologie der Kritik ist das Ziel oder genauer: die Zielperspektive gemeint, die beiden Klassen je und je inhärent ist.

Ziel erkenntnis*theoretischer* Formen erziehungswissenschaftlicher Kritik ist die Einsicht der Gegenseite in die Falschheit bzw. Ungültigkeit ihrer bisher vertretenen Position und folglich das Verwerfen ihrer bisher für wahr gehaltenen Aussagen oder ihres Aussagensystems. Erkenntnistheoretische Formen der Kritik zielen darauf ab, dass die Vertreter*innen der Gegenseite aus Anlass der Kritik ihre bisherigen Geltungsansprüche aufgeben. Und wenn auch nicht die Proponent*innen der Gegenseite zur besseren Einsicht durch die Kritik veranlasst werden, so zielen diese Kritikformen zumindest auf die Einsicht des verständigen (erziehungswissenschaftlichen) Publikums.

Zielperspektive erkenntnis*politischer* Kritikformen ist der konkurrierende Einsatz gegenmächtiger Strategien oder unspezifischer: Ziel ist Widerstand. Teleologisch eingeschrieben ist dieser Klasse von erziehungswissenschaftlichen Kritikformen, sich den Herrschaftsansprüchen oder Machtstrategien der Gegenseite zu widersetzen bzw., um es nochmals mit Foucault zu formulieren, sich nicht dermaßen und nicht von denen regieren zu lassen[11]. Zielgruppe ist entsprechend nicht die kritisierte Gegenseite, sondern vielmehr ausschließlich die

11 Die Klasse erkenntnispolitischer Formen der Kritik wäre mit Foucault insbesondere zu verstehen als „die Bewegung, in welcher sich das Subjekt herausnimmt, die Wahrheit auf ihre Machteffekte hin zu befragen und die Macht auf ihre Wahrheitsdiskurse hin. Dann ist die Kritik die Kunst der freiwilligen Unknechtschaft, der reflektierten Unfügsamkeit. In dem Spiel, das man die Politik der Wahrheit nennen könnte, hätte die Kritik die Funktion der Entunterwerfung" (1992, S. 15). Eine detaillierte Analyse des Foucault'schen Verständnis-

durch die kritische Analyse informierte Gruppe derer, die bisher fremder Herrschaft unterworfen oder Machverhältnissen ausgeliefert waren.

c) Mit der methodologischen Kritikdimension sind diejenigen (Umsetzungs-) Regeln gemeint, denen die zwei Klassen der Kritikformen folgen, wenn sie kritisieren. Es geht demnach nicht um konkrete Verfahren der Kritik, sondern um die (Verfahrens-)Regeln, die erst den konkreten Verfahren die Richtung weisen, damit man sich unter ihrer Befolgung nicht ‚verfährt'.

Regel für die Umsetzung erkenntnis*theoretischer* Formen erziehungswissenschaftlicher Kritik ist (theoretische) Geltung. Vorausgesetzt ist eine innere Logik der Aussagen, das heißt eine (angenommene) Unabhängigkeit von jedweden empirischen Faktoren der Entstehungsbedingungen des Diskurses wie Autor, Motive oder Positionierung im politisch-sozialen Feld usw. All diese Bedingtheiten bleiben in erkenntnistheoretischen Formen erziehungswissenschaftlicher Kritik unberücksichtigt. Ohne diese Voraussetzung aber wären die Suche nach Geltungsgründen und Einsicht in die Ungültigkeit der bisherigen Auffassung nicht möglich.

Erkenntnis*politische* Formen erziehungswissenschaftlicher Kritik stehen dagegen unter der Regel, dass Sprache und (gesellschaftliche) Wirkmächtigkeit in einem unaufhebbaren, quasi isomorphen Zusammenhang stehen. Sprache wird als omnipräsent wie omnipotent angenommen; und in dieser Omnipräsenz wie Omnipotenz „macht" Sprache alles, was „ist". Nur unter Voraussetzung eines reziproken, unaufhebbaren Zusammenhangs von Sprache und Wirkmächtigkeit kann Kritik an der Gegenseite mit ihren verdeckten Machtambitionen zum Zweck des Widerstands einsetzen.

Diese vergleichende Betrachtung legt den Schluss von in weiten Teilen unüberbrückbaren Gegensätzen der Regelstruktur beider Klassen nahe.

4 Erkenntnistheoretische versus erkenntnispolitische Kritikformen

Im Folgenden soll diese Differenz noch etwas deutlicher, beinahe zuspitzend herausgestellt werden, indem beide Klassen erziehungswissenschaftlicher Kritikformen in ein wechselseitiges Kritikverhältnis gesetzt werden. Dabei wird diese gegenseitige Kritik auf jeweils drei Punkte beschränkt, wobei diese lediglich kurz bzw. skizzenhaft angedeutet werden. Weder ist damit ein Anspruch von Vollständigkeit noch derjenige einer Bewertung des Kritikpotenzials einer der beiden Klassen verbunden. Vielmehr geht es darum, das jeweilige kritische Potenzial

ses von „Kritik als Entunterwerfung", das dem hier explizierten Aspekt des Erkenntnispolitischen entspricht, hat Michael Schefczyk vorgelegt (2013).

anzudeuten, das nur von der einen oder der anderen Klasse in Bezug auf alle möglichen erziehungswissenschaftlich relevanten Inhalte entfaltet werden kann.

4.1 Erkenntnistheoretische Kritik an erkenntnispolitischen Formen erziehungswissenschaftlicher Kritik

- Es wäre zu prüfen, inwiefern erkenntnispolitische Formen erziehungswissenschaftlicher Kritik implizit von „richtigen" Begriffen, wie Bildung oder „wahren" Vorstellungen von Normalität, Heterogenität oder Differenz ausgehen bzw. vielmehr ausgehen müssen. Inwiefern erscheinen erkenntnispolitische Kritikformen legitim, wenn diese in ihren Analysen zu dem Ergebnis kommen, die Gegenseite bediene sich z.B. postfordistisch-neokapitalistischer, patriarchaler oder kolonialistischer Ideen, ohne dabei unausgesprochen eine richtige, genuin erziehungswissenschaftliche Vorstellung vorauszusetzen bzw. in der Hinterhand zu haben?
- Ein weiterer Kritikpunkt könnte die immanente Schieflage aufzeigen, dass erkenntnispolitische Kritikformen zwar Wahrheit als universale Möglichkeitsbedingung von Aussagen problematisieren bzw. Wahrheit als ein Produkt von (empirischen) Machtkonstellationen betrachten, zugleich aber in ihren und für ihre kritischen Analysen sachliche Richtigkeit, also die Wahrheit ihrer eigenen Kritik reklamieren müssen. Als Frage formuliert: Kann man Kritische Erziehungswissenschaft überhaupt betreiben, die selbst nicht beansprucht, wahr zu sein?
- Drittens könnte an erkenntnispolitischen Formen kritisiert werden, dass sie sich aufgrund ihrer eigenen Voraussetzungsstruktur unmöglich kritisch zu sich selbst ins Verhältnis setzen können. So können beispielsweise ideologiekritische oder machtanalytische Kritikformen keine Ideologiekritik oder Machtanalyse des eigenen methodischen Einsatzes betreiben, ohne sich in massive (transzendentallogische und performative) Widersprüchlichkeiten zu verstricken.

4.2 Erkenntnispolitische Kritik an erkenntnistheoretischen Formen erziehungswissenschaftlicher Kritik

- Gegen erkenntnistheoretische Formen erziehungswissenschaftlicher Kritik könnte der (beinahe repristinative) Grundzug des Nur-Rationalen bzw. die Universalisierung von Geltung eingewandt werden. Nicht nur, dass die moderne Wissenschaftsgeschichte Gegenteiliges nahelegt, sondern dass sich dieser Grundzug als lediglich semi-säkulare Weiterführung eines monotheistischen Weltbildes nachzeichnen lässt und damit ganz andere Weltdeutungen ausblendet. Historisch könnte der Aufweis erbracht werden, dass die Denkformation des (vermeintlich) rein Sachlichen lediglich eine neben anderen Denkformationen war (und ist), der aber vergleichsweise kein Erkenntnisfortschritt zu bescheinigen sei.

- Ein weiterer Kritikpunkt könnte auf die mehr oder weniger offensichtliche Immunisierung erkenntnistheoretischer Kritikformen gegen jedwede Einschlussfähigkeit in einen gesellschaftlichen bzw. gesellschaftskritischen Gesamtdiskurs gehen. Offenbar, so ließe sich zeigen, verkennen erkenntnistheoretische Kritiker*innen, dass sie als Wissenschaftler*innen in einen machtförmigen Zusammenhang eingelassen sind. Deshalb nimmt sich beispielsweise die (noch) strikt aufrechterhaltene Differenz von theoretischer und praktischer Vernunft lediglich aus wie ein Relikt aus vormodernen Zeiten, in denen das sozialwissenschaftliche Reflexionsniveau wesentlich tiefer angesiedelt war als heute (vgl. Wrana 2006, S. 113).
- Drittens könnte an erkenntnistheoretischen Kritikformen kritisiert werden, dass die Instrumente der traditionellen Begriffslogik und transzendentalen Analysis sowie die Methoden immanenter Kritik eine durch Machtkämpfe geprägte Geschichte haben. Ihr vermeintlicher Erfolg, so könnte nachgewiesen werden, sei lediglich durch Herrschaft einer spezifischen wissenschaftlichen (Produktions-)Logik bzw. durch Machtmechanismen und -strategien entschieden und nicht, weil sie „an sich" richtig seien. Erkenntnispolitische Kritikformen demonstrieren ja selbst eine auf Sprache gerichtete und dennoch völlig anders operierende Alternative als erkenntnistheoretische Kritik.

Eine systematisch aufbereitete und detailliert ausgearbeitete Gegenüberstellung beider Klassen von erziehungswissenschaftlichen Kritikformen steht freilich noch aus. Sie kann, und darauf mag diese knappe Skizzierung hingewiesen haben, als Desiderat erziehungswissenschaftlicher (Kritik-)Forschung betrachtet werden.

5 Ausblick

Auch wenn die eingangs herangezogenen Bezeichnungen *quid iuris* und *quid facti* gewechselt haben, darf ein durchgängiger Aspekt abschließend nochmals herausgestellt werden: Im übertragenen Sinne wird mit der *quaestio facti* die Tatsachenfrage, mit der *quaestio iuris* die Rechtsfrage bezeichnet. Beide Klassen beziehen sich auf differente Aspekte erziehungswissenschaftlicher Erkenntnisgenerierung und Wissensproduktion: auf das faktische Fürwahrgehaltene und auf das mögliche Wahrsein. Dass beide Klassen erziehungswissenschaftlicher Kritikformen den Gegenstand der Kritik der „anderen Seite" infrage stellen, problematisieren bzw. kritisieren, verweist letztlich bloß auf die „Produktivität des Kritikbegriffs"

(Bünger 2020, S. 161) in der Erziehungswissenschaft, der die Kritik – unabhängig von wissenssoziologischen oder gar epistemologischen Systematisierungen – im Lichte einer nicht zu entbehrenden Instanz der gesamten Disziplin erscheinen lässt. Um nochmals das Kritikverständnis Rahel Jaeggis heranzuziehen, ließe sich formulieren: Wo keine Kritik ist, vergibt man die Chance auf eine „Veränderung hin zum Besseren" (Jaeggi 2014, S. 134). In diesem Sinne kann sich die hier vorgenommene Differenzierung nichts mehr wünschen als Kritik.

Literatur

Bünger, Carsten (2020): Kritik. In: Weiß, Gabriele/Zirfas, Jörg (Hrsg.): Handbuch Bildungs- und Erziehungsphilosophie. Wiesbaden: Springer VS, S. 161–173

Cohn, Jonas (1928/1970): Recht und Sinn eines allgemeingültigen Erziehungszieles. In: ders.: Vom Sinn der Erziehung. Ausgewählte Aufsätze. Besorgt von Dieter-Jürgen Löwisch. Paderborn: Schöningh, S. 131–148

Ellmers, Sven/Hogh, Philip (Hrsg.) (2017): Warum Kritik? Begründungsformen kritischer Theorien? Weilerswist: Velbrück Wissenschaft

Fischer, Wolfgang (1989): Unterwegs zu einer skeptisch-transzendentalkritischen Pädagogik. Ausgewählte Aufsätze 1979–1988. Sankt Augustin: Academia

Fischer, Wolfgang/Ruhloff, Jörg (1993): Skepsis und Widerstreit. Neue Beiträge zur skeptisch-transzendentalkritischen Pädagogik. Sankt Augustin: Academia

Foucault, Michel (1992): Was ist Kritik? Berlin: Merve

Herberger, Maximilian (1986): [Art.] Quaestio iuris/quaestio facti. In: Ritter, Joachim/Gründer, Karlfried (Hrsg.): Historisches Wörterbuch der Philosophie, Bd. 7: P–Q. Basel: Schwabe, Sp. 1739–1743

Heydorn, Heinz-Joachim (2004–2006): Werke in 9 Bänden. Herausgegeben von Irmgard Heydorn, Hartmut Kappner, Gernot Koneffke und Edgar Weick. Wetzlar: Büchse der Pandora

Hoyningen-Huene, Paul (1987): Context of Discovery and Context of Justification. In: Studies in History and Philosophy of Science 18, S. 501–515

Jaeggi, Rahel (2014): Kritik der Lebensformen. Berlin: Suhrkamp

Jaeggi, Rahel/Wesche, Tilo (Hrsg.) (2013): Was ist Kritik? Frankfurt/M.: Suhrkamp

Kant, Immanuel (1974): Kritik der reinen Vernunft. In: ders. (Hrsg.): Werkausgabe. Herausgegeben von Wilhelm Weischedel, Bd. 3/4. Frankfurt/M.: Suhrkamp

Kollmer, Petra (2003): [Art.] quid facti – quid iuris. In: Rehfus, Wulff D. (Hrsg.): Handwörterbuch Philosophie. Weinheim/München: Juventa, Sp. 573–574

Kubac, Richard (2015): Normativitätsbalancen und Positionierungslücken. Zur Tradierung des ungelösten Normproblems aus erkenntnispolitischer Sicht. In: Krause, Sabine/Breinbauer, Ines Maria (Hrsg.): Im Raum der Gründe. Einsätze theoretischer Erziehungswissenschaft IV. Würzburg: Königshausen & Neumann, S. 39–49

Kuhlmann, Wolfgang (1985): Reflexive Letztbegründung. Untersuchungen zur Transzendentalpragmatik. Freiburg/München: Karl Alber

Leibniz, Gottfried Wilhelm (2003): Entwürfe zu den Elementen des Naturrechts. In: ders.: Frühe Schriften zum Naturrecht. Lateinisch – deutsch. Hamburg: Meiner, S. 91–322

Lenard, Philipp (1936): Deutsche Physik in vier Bänden. Erster Band: Einleitung und Mechanik. München: Lehmanns

Lorenz, Kuno (2016): [Art.] quid facti/quid iuris. In: Mittelstraß, Jürgen (Hrsg.): Enzyklopädie Philosophie und Wissenschaftstheorie, Bd. 6: O–Ra. 2. Aufl. Stuttgart: Metzler, Sp. 553–554

Marx, Karl/Engels, Friedrich (1978): Die deutsche Ideologie. Kritik der neuesten deutschen Philosophie in ihren Repräsentanten Feuerbach, B. Bauer und Stirner, und des deutschen Sozialismus in seinen verschiedenen Propheten. In: dies. (Hrsg.): Werke (MEGA), Bd. 3. Berlin: Dietz, S. 9–530

Reichenbach, Hans (1938/1983): Erfahrung und Prognose. Eine Analyse der Grundlagen und der Struktur der Erkenntnis. In: ders.: Gesammelte Werke in 9 Bänden, Bd. 4. Braunschweig/Wiesbaden: Vieweg & Sohn

Reichenbach, Roland/Ricken, Norbert/Koller, Hans-Christoph (Hrsg.) (2011): Erkenntnispolitik und die Konstruktion pädagogischer Wirklichkeiten. Paderborn: Schöningh

Ricken, Norbert (2004): Die Macht der Macht – Rückfragen an Michel Foucault. In: Rieger-Ladich, Markus/Ricken, Norbert (Hrsg.): Michel Foucault. Pädagogische Lektüren. Wiesbaden: Springer VS, S. 119–143

Ruhloff, Jörg (2003): Problematisierung von Kritik in der Pädagogik. In: Benner, Dietrich/Borrelli, Michele/Heyting, Frieda/Winch, Christopher (Hrsg.): Kritik in der Pädagogik. Versuche über das Kritische in Erziehung und Erziehungswissenschaft. 46. Beiheft der Zeitschrift für Pädagogik. Weinheim/München: Juventa, S. 111–123

Schefczyk, Michael (2013): Kritik als Entunterwerfung. Anmerkungen zu Foucaults Aufsatz „Was ist Kritik?" In: Andermann, Kerstin/Jürgens, Andreas (Hrsg.): Mythos – Geist – Kultur. Paderborn: Fink, S. 237–252

Schönbeck, Charlotte (2000): Albert Einstein und Philipp Lenard. Antipoden im Spannungsfeld von Physik und Zeitgeschichte. Berlin/Heidelberg/New York: Springer

Seeberg, Ulrich (2015): Deduktion. In: Willaschek, Marcus/Stolzenberg, Jürgen/Mohr, Georg/Bacin, Stefano (Hrsg.): Kant-Lexikon. Bd. 1. Berlin/Boston: de Gruyter, Sp. 348–353

Seitter, Walter (1985): Menschenfassungen. Studien zur Erkenntnispolitikwissenschaft. München: Boer

Wrana, Daniel (2006): Das Subjekt schreiben. Reflexive Praktiken und Subjektivierung in der Weiterbildung – eine Diskursanalyse. Baltmannsweiler: Schneider

V (Bildungs-)Philosophische Perspektiven auf „Methode“: Haltung, Grenze, Exploration

Die Macht der Methode

Ruth Sonderegger

1 Zur Situierung

Ich bin der Einladung zur Tagung, der sich die folgenden Überlegungen verdanken sowie der Anfrage, über Methodenfragen zu sprechen, sehr gerne gefolgt, weil ich mich umgeben – geradezu umstellt – sehe von Theorie- im Sinne von Methoden-Problemen. Was die spezifische Situation von Methoden in der Bildungstheorie betrifft, so verlasse ich mich auf die Problemskizze im Positionspapier zur Tagung,[1] das ich ausgesprochen hilfreich fand. Meines Erachtens enthält es Fragen, Vermutungen und Diagnosen, die weit über die Grenzen der Bildungstheorie hinaus relevant sind. Vor diesem Hintergrund entwickle ich im Folgenden Kommentare zu drei neuralgischen, im Positionspapier benannten Punkten. Am Ende wird der Versuch eines Fazits in Gestalt eines Plädoyers stehen.

2 Übermächtige oder ermächtigende Methoden?

Unmittelbar angesprochen hat mich im Positionspapier die Frage – ich habe sie als suggestive, ja rhetorische gelesen –, ob die Erziehungswissenschaft im posttheoretischen Zeitalter angekommen ist. Also die in Frageform verpackte These, wonach es ein Theorie-Defizit oder zumindest einen Mangel an Aufmerksamkeit für theoretische Fragestellungen in der Erziehungswissenschaft gibt. Angesprochen hat mich diese Fragethese vor allem in der Kombination mit der zeitdiagnostischen Feststellung, dass bestimmte philosophische Autor*innen oder sozialwissenschaftliche Methodenprogramme in der Erziehungswissenschaft – aber ich denke, dass diese Diagnose weit über die Erziehungswissenschaft hinaus große Relevanz besitzt – quasi-paradigmatischen Status erhalten haben.

Die Kombination dieser Feststellungen bzw. Diagnosen scheint ein Paradox zum Ausdruck zu bringen, nämlich folgendes: Theoretische Überlegungen spielen keine große Rolle mehr – „die Allgemeine Pädagogik [macht] nicht mehr die Mitte der erziehungswissenschaftlichen Disziplin aus", heißt es dazu etwa im Positionspapier. Gleichwohl spielen bestimmte Philosophien und/oder

1 Das Positionspapier, das zugleich als Call für die Tagung fungierte, ist in den Einleitungsbeitrag des vorliegenden Bandes eingeflossen.

sozialwissenschaftliche Methoden eine geradezu übermächtige Rolle, was man zunächst einmal wohl so verstehen muss, dass sie allgegenwärtig, ja geradezu unhinterfragt wichtig geworden sind. Angesichts dieses Spagats, ja Widerspruchs ist man geneigt zu fragen: Spielen theoretische und methodische Systematisierungen (in der Erziehungswissenschaft) gegenwärtig nun wirklich eine große Rolle oder gerade nicht? Ist gerade die Allgegenwärtigkeit mancher theoretischer Stichwortgeber*innen Ausdruck der Verabschiedung theoretischen Denkens?

Statt ihn vorschnell aufzulösen zu versuchen, will ich diesen Widerspruch ernst nehmen. Mir selbst ist er auch in einer etwas anderen Form sehr vertraut: „Angaben zur Methode" (manchmal sogar auch „Methodenreflexionen" oder „theoretischer Zugang" genannt) sind im Wissenschaftsbetrieb zu einer allgegenwärtigen Forderung geworden. Dies erfolgt so sehr und auf eine solche Weise, dass man durchaus von einem Disziplinierungsinstrument sprechen kann: kein noch so kleiner Forschungsantrag oder Antrag auf Bewilligung von Konferenzgeldern ohne die verpflichtende Rubrik „Forschungsmethode(n)" o. Ä. Dasselbe gilt mit Bezug auf Exposés von wissenschaftlichen Qualifikationsarbeiten auf allen Stufen, um innerhalb von universitären Settings zum Abschluss der jeweiligen Qualifizierungsphase zugelassen zu werden. Dies gilt erst recht, wenn solche Exposés mit dem Antrag auf finanzielle Förderung nach außen adressiert werden. Hinzu kommt, dass Universitäten und externe Fördergeber*innen seit einigen Jahren Unmengen von Formularen und Leitfäden für solche Anträge produzieren und mit ihnen häufig festlegen, wo und wie Theorie und Methoden angesprochen werden sollen. Es wird nämlich fast immer gefordert, dass man zur Methodenfrage getrennt von Forschungsvorhaben Stellung nehmen bzw. die gewählte Methode begründen soll. Darüber hinaus wird mit Überschriften wie eben „gewählte Methoden" suggeriert, man könne aus einem vorhandenen *Pool* eine oder mehrere auswählen. Das erzeugt bei den Formular-Ausfüller*innen nicht nur den Druck, mit dem gesamten *Pool* vertraut zu sein, um dann die richtige Wahl treffen zu können. Die Möglichkeit, dass eine Methode erst im Lauf der Forschung selbst entwickelt werden muss und vollkommen unablösbar vom Verlauf des nie gänzlich antizipierbaren Forschungsprozesses ist, rückt in den Bereich des Undenkbaren oder zumindest Unprofessionellen.

Vor diesem Hintergrund müsste die (rhetorische) Frage, ob wir in einem posttheoretischen Zeitalter angekommen sind, eigentlich verwundern. Gleichwohl hat sie mich keineswegs überrascht, im Gegenteil. Denn: Ich teile den Eindruck, dass die genannten Rubriken zur Methode dazu einladen, mit (einem Mix aus) kanonisch gewordenen oder quasi-paradigmatischen Methoden-Stichworten bzw. Namen von den entsprechenden Stichwortgeber*innen gefüllt zu werden, was auf denkbar anti-theoretische Verhaltensweisen hindeutet. Sie lassen daran zweifeln, ob die jeweiligen Forschenden sich phänomenspezifisch genug oder überhaupt mit dem methodischen Zugang, dem wörtlichen „Weg" befasst haben, auf dem sie die jeweiligen Forschungsfragen zu beantworten hoffen.[2]

Hinzufügen möchte ich noch die Erfahrung als Lehrende, dass Studierende und Promovierende häufig gerade an den genannten Methodenrubriken scheitern oder sich von ihnen zumindest massiv verunsichert fühlen. Das drückt sich einerseits in einer merkwürdigen Mystifizierung methodischer Überlegungen als etwas besonders Schwierigem oder Philosophischem, aber auch darin aus, dass die Rubrik „Methode" in Antragsformularen meist als letzte ausgefüllt wird bzw. hier am meisten Unterstützung gefragt ist. Andererseits aber führt der Formular-Charakter, mit dem die Methodenbegründung gefordert wird, auch zu einer Art Selbst-Entmündigung, ja Unterwürfigkeit in Bezug auf paradigmatische Methoden bzw. als paradigmatisch geltende Methoden. Es scheint gerade so, als könnten die in Rede stehenden (Nachwuchs-)Forscher*innen nicht in eigenen Worten sagen, wie sie bei der Auseinandersetzung mit ihren Forschungsfragen vorgehen wollen. Der Imperativ zur Methodenreflexion scheint gegenwärtig, so zumindest meine Erfahrung in der Betreuung von Diplomarbeiten, MA-Arbeiten und Dissertationen, also etwas zu bewirken, was das Gegenteil des selbstreflexiven und erst recht selbstkritischen Denkens ist. Oder noch einmal anders gesagt: Das Methodenstichwort scheint eine merkwürdige Macht, ja zur Herrschaft verdichteten Macht über insbesondere jüngere Wissenschaftler*innen auszuüben und somit geradezu für das Gegenteil von Analyse, (Selbst-)Reflexion oder Kritik, aber auch für das Gegenteil des neugierig suchenden Erfindens von Wegen der Forschung zu stehen und damit letztlich auch für das Gegenteil von Theorie.

Mindestens zwei Konsequenzen gilt es m. E. im Licht dieser Diagnose zu ziehen, wenn sie denn stimmt: Zunächst einmal geht es um die Ermächtigung von Studierenden und Promovierenden in Sachen Methoden, weil nur auf diesem Weg der Mythologisierung von Methodenfragen als schwierig, ja als Inbegriff oder Höhepunkt des wissenschaftlichen Vorgehens entgegengearbeitet werden kann. Das ist nicht zuletzt deshalb nötig, weil die genannte Mythologisierung die Abtrennbarkeit der Methode vom Rest der forschenden Praxis suggeriert und sich in vielen Antragsformularen auch schwarz auf weiß vollzieht. Auf der einen Seite kommt solches Ermächtigen zur Methode nicht umhin, mehr oder weniger grobe Überblicke zu geben. Auf der anderen Seite kommt es aber wohl noch mehr darauf an, das Abstrakte und Kanonisierende von Einführungen in einzelne Methoden, die zunächst ja immer in Bezug auf konkrete Forschungsherausforderungen

---

2 Im Herkunftswörterbuch des Duden heißt es dazu: „Methode w. ‚Untersuchungs-, Forschungsverfahren; planmäßiges Vorgehen'. Das in dieser Form seit dem 17. Jh. bezeugte FW (= Fremdwort, R. S.) beruht auf einer gelehrten Entlehnung aus gr.-spätlat. *méthodos* ‚Weg oder Gang einer Untersuchung, nach festen Regeln oder Grundsätzen geordnetes Verfahren'. Das gr. Wort bedeutet wörtlich etwa ‚das Nachgehen: der Weg zu etwas hin'" (Duden 1963, S. 438).

entwickelt wurden, zum Thema zu machen. Foucault etwa hatte sicher nie das Ziel, das zu entwickeln, was später als Diskursanalyse in der Methodenschublade gelandet ist und heute in jeder zweiten kulturwissenschaftlichen Qualifikationsarbeit als methodisch relevant genannt wird. Vielmehr ist dieser Forschungsweg im Zusammenhang bestimmter Fragen und Foucaults Mut, ihn zu gehen, entstanden. Oder anders gesagt: So hilfreich es unbezweifelbar ist, verschiedene Zugangsweisen zu bestimmten Fragestellungen – und sei es auch nur oberflächlich – zu kennen, so wenig kann es darum gehen, zwischen bekannten (kanonisierten) Zugangsweisen einfach die passende zu wählen und die naheliegendste dann einfach „anzuwenden". Ein solches Wahl-und-Anwendungs-Verständnis von Methode wirkt, wie gesagt, nicht zuletzt dadurch überwältigend, dass es suggeriert, man müsse erst alle Methoden kennen, um dann aus einer riesigen Werkzeugkiste das richtige *Tool* herausfischen zu können, welches sich klügere Menschen ausgedacht haben.

Demystifizierender, zugleich aber auch ermächtigender, ist es meiner Erfahrung nach, in Bezug auf möglichst spezifische Forschungsfragen gemeinsam nachzudenken, auf welchen Wegen man sich ihnen nähern könnte und was man damit jeweils (voraussichtlich) beantworten kann bzw. außen vor lässt. Spricht man statt von Methode schlicht von einer Reflexion und dem immer wieder neu notwendigen Erfinden des Wegs des Forschens und Denkens (die zusammen vielleicht sogar den Kern des Philosophierens ausmachen), so klingt das zunächst einmal gänzlich unkompliziert und ermächtigender, wenngleich dieser Weg letztlich viel anspruchsvoller ist, als aus einem fixen bzw. fix gewordenen oder fix gemachten Set von Optionen die richtige auszusuchen. Oder anders gesagt: Gegen falsch vereinfachende Methoden-Überblicke hilft in meinen Augen nur, die Einführung in kanonisch gewordenen Forschungswege bis zu jenem Punkt zu treiben, wo deutlich wird, dass sie Resultat einer jeweils singulären und besonders intensiven und das heißt phänomengenauen Auseinandersetzung mit Forschungsfragen in einem – sowohl historisch, geopolitisch, institutionell als auch thematisch – jeweils spezifischen Kontext sind. Denn damit wird eben auch aufgezeigt, dass man bewährte (kanonisierte) Methoden kaum je einfach anwenden kann.

Ausgerechnet Descartes, der zum Inbegriff eines versteinert strengen rationalistischen Methoden-Verständnisses geworden ist, schreibt in seinem „Discours de la méthode":

> „Allein, ich werde in diesem Bericht gern aufzeigen, welches die Wege sind, denen ich gefolgt bin, und so mein Leben wie auf einem Gemälde darstellen, damit jeder darüber urteilen kann; erfahre ich dann aus den Stimmen, die in der Öffentlichkeit darüber laut werden, was man davon denkt, so soll mir dies zu einem neuen Mittel werden, mich zu unterrichten, das ich denen hinzufügen will, deren ich mich für gewöhnlich bediene. […]. Es ist also nicht meine Absicht, hier die Methode zu lehren, die jeder

befolgen muß, um seinen Verstand richtig zu leiten, sondern nur aufzuzeigen, wie ich versucht habe, den meinen zu leiten. Jemand, der es auf sich nimmt, Vorschriften zu geben, muß sich für fähiger halten als die, denen er sie gibt […]. Da ich aber diese Schrift nur als einen Bericht vorlege oder – wenn Sie lieber wollen – als eine Fabel, worin unter manchen nachahmenswerten Beispielen sich vielleicht auch einige andere finden werden, denen man mit gutem Grund folgt, so hoffe ich, sie werden einigen nützlich sein […]" (Descartes 1637/1997, S. 7).

Interessanter – ja bezeichnenderweise werde ich auf den Begriff der Fabel, den Descartes im Zusammenhang seines Methodenberichts benutzt, später im Zusammenhang mit Donna Haraway zurückkommen.

Aus der eingangs als paradoxal beschriebenen Situation gilt es über die Ermächtigung zur Methodenreflexion hinaus noch eine weitere Konsequenz zu ziehen. Denn wenn man sich dem *Status quo* – der Allgegenwart der Methodenforderung bei gleichzeitiger Theorieferne – nicht einfach ausliefern möchte, wird man um Machtkritik, Institutionskritik und eine von Foucault inspirierte Genealogie des gegenwärtigen akademischen *framings* von Methodenfragen nicht herumkommen. Dazu kann ich hier lediglich eine Vermutung anstellen bzw. eine These in den Raum stellen: Die Ausbreitung des kognitiven Kapitalismus (vgl. Boltanski/Chiapello 2003; Lorey/Neundlinger 2012; Negri/Lazzarato/Virno 1998; Peters/Bulut 2011), das heißt die zunehmende Vermarktlichung von Wissen hat in den letzten 40 Jahren zu einer drastischen Ausweitung des tertiären Sektors geführt, aber auch zu einer größeren Disziplinierung des als verkäuflich geltenden Wissens, zumal die finanziellen Ressourcen – insbesondere in der Gestalt von Lehrenden und Betreuenden – während eines längeren, komplexeren und von zunehmend mehr Menschen in Anspruch genommenen Studiums an Fachhochschulen und Universitäten nie bereitgestellt wurden. Vielmehr scheint die Devise zu sein, ein möglichst großes Heer von idealerweise universitär zertifizierten Prekären zu möglichst geringen Kosten bereitzustellen, damit Elemente dieses Heers bei temporärem Bedarf – kurzfristig und meist ohne Sozialleistungen – angestellt werden können (vgl. beispielhaft Bünger/Jergus/Schenk 2017).

Von der erwähnten Devise her dürfte sich auch die Nachfrage in Bezug auf Einführungen in wissenschaftliche Methoden erklären oder die Tatsache, dass immer mehr Universitäten Zusammenfassungen der wichtigsten Methoden online zur Verfügung stellen – oft geradezu in absurder Weise nach Studienabschlüssen differenziert. Dabei, und das sei noch einmal ausdrücklich betont, sind auch mäßige Einführungen (und erst recht die überzeugenderen) zumindest dahingehend ermächtigend, als sie pluralisieren. Gewaltvoll werden sie aber dann, wenn sie die Beschränktheit des Sets der behandelten Zugänge nicht thematisieren oder allenfalls im Sinn von: Es gäbe noch viel mehr, wofür hier aber der Platz fehlt. Derartige Bemerkungen werden die Ohnmacht von uneingeweihten Leser*innen, die sich einen Überblick verschaffen wollen, nur noch größer machen.

Denn ihnen wird im Grunde gesagt: Hier sind die *Basics* und mehr würde dich ohnehin überfordern.

3 Neue Unübersichtlichkeiten. Relativismus oder reflektierte Annahme der Herausforderungen einer globalisierten Post-Humanities-Welt für die Wissensproduktion?

Das eingangs schon erwähnte Positionspapier konstatiert eine Einführungskultur, die „weniger von einer theoretischen Systematik als vielmehr von einer plural verfassten Disziplin" ausgeht. Auch diese Diagnose teile ich. Ein solcher Pluralismus ist nicht weniger ambivalent als der im vorigen Abschnitt angesprochene Zustand des Posttheoretischen, der sich aber das Theoriemäntelchen des methodischen Vorgehens umlegt. Denn: Ein Theorie- bzw. Methoden-Pluralismus kann auf einen schlichten Relativismus hinauslaufen, auf eine beliebige Aufzählung, die sich um die Anstrengungen der Systematisierung und der Positionierung drückt. Er kann aber auch Ausdruck einer offen eingestandenen Verunsicherung, im besten Fall einer reflektierten Unübersichtlichkeit oder einer offen eingestandenen Überforderung sein. Gründe für den Eindruck einer nicht oder kaum systematisierbaren Unübersichtlichkeit gibt es umso mehr, als mittlerweile auch in den Universitäten des eurozentrischen Westens angekommen ist, dass wir in einer global vernetzten Welt leben; eine Einsicht, die durchaus das Gegenteil von Relativismus bewirken kann, wie neulich in einem Artikel des *Guardian* in der Rubrik „The Long Read" zur vergleichenden Philosophie zu lesen war: „By gaining greater knowledge of how others think, we can become less certain of the knowledge we think we have, which is always the first step to greater understanding" (Baggini 2018).

Auch Wissenschaftler*innen, die sich nie mit Wissen-(schaft-)sgeschichten außerhalb des Westens befasst haben, ist heute häufig bewusst, dass der sogenannte große Rest der Welt wohl noch mehr an Wissenszugängen bereithält, als in der westlichen *Academia* bekannt sind. Zudem wird man auch schon durch diverse Forschungsfragen bzw. -objekte unweigerlich auf das Faktum der Globalisierung gestoßen. Es ist schwerer geworden, „einfach" *die* Marx- oder *die* Bourdieu-Rezeption zu untersuchen, ohne dies auf bestimmte Regionen, Publica etc. zu beschränken; oder von *der* Kunst oder *der* Philosophie im kollektiven Singular zu sprechen, zumal in den letzten 30 Jahren exzellente Studien zur Frage entstanden sind, wie sehr etwa das politische, aber auch intellektuelle Geschehen in den europäischen Kolonien die Theorieproduktion in Europa mitgeprägt hat. Mit Bezug auf die Philosophie sei an dieser Stelle nur an Susan Buck-Morss' bahnbrechende Studie „Hegel, Haiti und die Universalgeschichtsschreibung"; an Charles Mills mannigfaltige Arbeiten über die Kategorie „Rasse" in Kants Denken oder an Katja Diefenbachs Ausführungen über die Rolle der holländischen Kolonien des 17. Jahrhunderts für das Werk Spinozas erinnert (vgl. Buck-Morss 2009; Mills 2014; Diefenbach 2018). Und was den Kollektivsingular „die Philosophie" betrifft, so zeigt die hitzige Debatte anlässlich eines Artikels von Jay L. Garfield und Bryan W. Van Norden mit dem Titel „If Philosophy Won't Diversify, Let's Call It What it Really Is" in der „New York Times", dass selbst den Engstirnigsten dämmert, es kann nicht alles bei der alten Geschichte von Plato über Kant und Hegel bis zu Wittgenstein und Heidegger bleiben (vgl. Garfield/Van Norden 2016; vgl. auch Van Norden 2018; zum Prozess der Kanonisierung westlicher Philosophie als *der* Philosophie schlechthin vgl. Park 2013). Anders gesagt: So gut wie alle großen Was-ist-Fragen – die typischen Wesensfragen der Philosophie – haben nicht mehr nur einen historischen, sondern mindestens auch einen geopolitischen Index bekommen, welchen zu ignorieren im besten Fall naiv und im schlechteren und realistischeren gewaltvoll ausgrenzend ist. Damit werden scheinbar begrenzte Fragestellungen auf kaum mehr zu bewältigende Art unübersichtlich oder zumindest zu groß, um von einer einzigen Forscherin behandelt zu werden. Dies gilt umso mehr, als methodische Wissensproduktion den Anspruch auf Machtreflexivität erhebt und also Ausgrenzungstendenzen der jeweiligen Forschung in klassistischer, rassialisierender, abelistischer, sexistischer, ethnischer und anderer Hinsicht reflexiv aufgedeckt und bekämpft werden sollen.

Nicht umsonst hat im Angesicht genau dieser Unübersichtlichkeit Frederic Jameson in Auseinandersetzung mit dem Wissen unter den Bedingungen der Postmoderne das *cognitive mapping* als Methode der Humanities, aber auch der Sozialwissenschaften ins Spiel gebracht (vgl. Jameson 1984; Jameson 1991) und zwar im Sinn eines methodisch reflektierten Umgangs mit einer unübersichtlich gewordenen Welt. Ich möchte auf diese Methode und ihre weitere Entwicklung kurz eingehen, weil sie sich zunächst einmal anhört wie die im Positionspapier problematisierten (einführenden) Übersichten ohne Systematisierung, in meinen Augen aber gleichwohl Keime für einen reflektierten Umgang mit unübersichtlichen Wissensbeständen, aber auch neuen Forschungsfragen birgt.

Als Theoretiker der Hegel-Marx-Tradition geht es gerade Jameson unter dem Stichwort *mapping* zweifelsohne um mehr als ein positivistisches Ansammeln. Auch wenn er das *mapping* als Methode bezeichnete Vorgehen nicht wirklich ausgearbeitet hat, so ist zumindest der Anspruch, aber auch die mit diesem Anspruch verbundene Zeitdiagnose klar: Jameson verfolgt damit das systematische Ziel, die wesentlichen Züge einer unübersichtlich gewordenen Postmoderne gegenwartsdiagnostisch, aber nicht länger in der Totalen zu fassen und zu systematisieren. Zugleich sind seine Überlegungen von linker Melancholie durchsetzt – dem Nachtrauern der alten Übersichtlichkeit – und verbunden mit unnötigen Seitenhieben auf postmoderne und poststrukturalistische Ansätze.[3] Seit Jameson

3 Zur Kritik an den kulturpessimistischen und eurozentrischen Zügen von Jameson vgl. Sandoval 2000, insbesondere S. 15–31.

ist in Sachen *mapping* viel passiert: von ästhetisch glatten (visuellen) Darstellungstechniken über Kritiken am *mapping* als einer imperialen, kolonialen oder polizeilichen Unterwerfungstechnik, die die Weltkarte stets aus der Warte des Westens gezeichnet hat, bis hin zu *mapping* als kritischer Aneignungspraxis von (nicht nur) Stadtraum und als partizipative Forschungspraktik in den Bereichen von Bildung und sozialer Arbeit. Schließlich werden auch das Netzwerkdenken bzw. unterschiedliche Akteur-Netzwerk-Theorien mit dem *mapping* in Zusammenhang gebracht (vgl. Kinkle/Toscano 2015).

Methodologisch ausgereiftere und zugleich die gegenwärtigen, gleich mehrfach überfordernden Bedingungen der Wissensproduktion selbstkritisch reflektierende Formen von *mapping* finden sich m. E. in den neuen Monografien der Wissenschaftshistorikerinnen und -theoretikerinnen Donna Haraway und Anna Lowenhaupt Tsing. Ich meine Haraways Monografie „Staying with the Trouble. Making Kin in the Chthulucene" (Haraway 2016) und Tsings Buch „The Mushroom at the End of the World. On the Possibility of Life in Capitalist Ruins" (Tsing 2017). Ich sehe ihre methodischen Ansätze als Versuche, die tendenziell positivistische und machtblinde *Actor-Network Theory* mit Foucaults Programm einer herrschaftskritischen Genealogie der Gegenwart zusammen zu denken. Und zwar unter heutigen Bedingungen und darüber hinaus so, dass globale alte und neo-koloniale Verhältnisse, welche bei Latour genauso wenig vorkommen wie bei Foucault, nicht länger ausgeblendet werden.

Dabei ist hervorzuheben, dass beide Forscherinnen auf eine jeweils dezidiert anti-positivistische Form des *mapping* zurückgreifen oder genauer: eine solche unter den bzw. für die Bedingungen der Gegenwart entwickeln. Dies erfolgt zwar einerseits als nicht-relativistische Antwort auf eine eingestandenermaßen unübersichtliche, globalisierte Wissenswelt; andererseits ist damit eine (selbst-)kritische Reaktion auf jenes westliche, atomisierende Wissenschaftsverständnis verbunden, das Forschung, ja Denken überhaupt auf handhabbare Pakete reduzieren will, anstatt sich der Überforderung zu stellen. Eben eine solche verfälschende Komplexitätsreduktion auf das Handhabbare ist ja häufig genau das, was in der Rezeption von Descartes' vier Regeln der Methode einzig übrigbleibt, wobei diesbezüglich vor allem die zweite und die dritte Regel von großer Relevanz sind. So fordert Descartes in der zweiten Regel: „[…] jedes Problem, das ich untersuchen würde, in so viele Teile zu teilen, wie es angeht und wie es nötig ist, um es leichter zu lösen". Und in der dritten schlägt er vor,

> „in der gehörigen Ordnung zu denken, d. h. mit den einfachsten und am leichtesten zu durchschauenden Dingen zu beginnen, um so nach und nach, gleichsam über Stufen, bis zur Erkenntnis der zusammengesetztesten aufzusteigen, ja selbst in Dinge Ordnung zu bringen, die natürlicherweise nicht aufeinander folgen" (Descartes 1637/1997, S. 31; zur Kritik daran vgl. z. B. Horkheimer 1970/1986, S. 13 ff.; Horkheimer/Adorno 1944/1986, S. 88).

Gegen das Dogma des übersichtlich Handhabbaren fragen Haraway und Tsing bewusst, welche ordnenden, aber auch unordentlichen Wege Denken heute gehen muss, wenn diese Gegenwart eine der strukturellen Überforderung und notwendigen Unübersichtlichkeit ist.

Anna Lowenhaupt Tsing ist es im genannten Buch darum zu tun, durch eine zunächst positivistisch anmutende, *mappende* Aneinanderreihung der weltumspannenden Praktiken, in welcher der Matsutake-Pilz produziert, verkauft und verarbeitet wird, heutige Formen der kapitalistischen Zerstörung, aber auch Potenziale von kollaborativen Überlebensmöglichkeiten in einer ökologisch und politisch zerstörten Welt zu rekonstruieren; und zwar Überlebensmöglichkeiten, die Menschen, Tiere und Pflanzen umgreifen.[4] Mit anderen Worten: Sie will – vermittelt über einen gewissen nicht-wertenden Positivismus in Bezug auf die industrielle Verwertungskette des Matsutakepilzes – neue Machtphänomene ebenso analysieren wie Alternativen zum Lauf der Welt erforschen, also durchaus von Alternativen eines kollektiven Zusammen-Überlebens inmitten von kapitalistischer Zerstörung sprechen. Nicht ohne Grund beginnt ihre Geschichte damit, dass der unglaublich teure Matsutakepilz am besten in industriezerstörtem Brachland gedeiht.

In Haraways „Staying with the Trouble. Making Kin in the Chthulucene" wird die globale Geschichte menschlicher und pflanzlicher Akteure, wie sie Tsing rekonstruiert, gewissermaßen unterirdisch ausgeweitet. Denn Haraway insistiert mit dem Begriff des Chthuluzän[5] – *chthulu* verweist in der griechischen Wortbedeutung von *khtonisch* auf die Erde, die Unterwelt, das Unterirdische – darauf, dass das Humane vom Humus her zu verstehen sei, zu dem in ihren Augen Menschen, Tiere, Pflanzen, aber auch die anorganische Natur gleichermaßen gehören. Sie schlägt diesen Begriff vor, weil ihr auch im Terminus „Posthumanismus" noch zu viel Humanismus mitgeschleppt wird – ein Humanismus, den sie mit der bescheideneren Erdigkeit von *chthulukthonic* hinter sich lassen will.

Haraways Methode des *mapping* – sie selbst spricht allerdings meist von *tracking* (vgl. Haraway 2016, S. 16) – ist eine durchaus andere als diejenige von

---

4 Dieser Ansatz weist eine ziemlich große Nähe zur Foucault'schen (Methode der) Archäologie auf, wie er sie in *Was ist Kritik?* (Foucault 1992, S. 34ff.) zusammenfasst. Zugleich aber wird im Licht der Überlegungen von Tsing und Haraway auch klar, was schon Spivak (2008) hervorgehoben hatte, nämlich dass Foucaults Kritik stets nur eine an Strukturen und Institutionen des Westens war, der somit in den Rang des einzig Kritisierenswerten erhoben wird (vgl. auch Sonderegger 2019); einmal ganz abgesehen von der Abwesenheit ökologischer Herausforderungen im Werk Foucaults.

5 Das griechische Wort *chthonic* (/ θɒnɪk / kθɒnɪk /) bezieht sich auf das, was in oder unter der Erde ist. „Chthonic ones are beings of the earth, both ancient and up-to-the-minute. [...] Chthonic ones romp in multicritter humus and have no truck with sky-gazing Homo. Chthonic ones are monsters in the best sense: they demonstrate and perform the material meaningfulness of earth processes and critters. [...] Chthonic ones are not safe [...] They make and unmake; they are made and unmade. They are who are" (Haraway 2016, S. 2).

Tsing, wenngleich es beiden darum geht, durch eine Kartografie der politisch-sozialen wie auch ökologischen Zerstörung unserer Lebensbedingungen Möglichkeiten des bewussten Umgangs mit der Unübersichtlichkeit gegenwärtigen Nachdenkens und Forschens ebenso zu eröffnen, wie den Menschen, Tieren und Pflanzen umgreifende con-viviale Überlebensmöglichkeiten. Im Unterschied zu Tsing, die minutiös eine möglichst lückenlose Kette von Waren und zu ihnen gehörige Praktiken rekonstruiert, um von hier aus ein neues Licht auf den zeitgenössischen Kapitalismus wie auf Alternativen zu seinen Gesetzen zu werfen, geht es Haraway vielmehr um das fährtenlesende Aufspüren von exemplarischen Geschichten, die nur äußerst lose aufeinander verweisen. Sowohl die realisierten als auch erfundenen – spekulativ fabulierten, wie sie sagen würde – Geschichten, die Haraway lose miteinander verknüpft, handeln davon, wie menschliche und nichtmenschliche Wesen (*critters*), zu denen auch Anorganisches gehört, unter den heutigen Bedingungen einer ökologisch wie politisch nachhaltig beschädigten, ja zerstörten Welt ein (unromantisches) kollaboratives Auskommen miteinander finden. Sie bezeichnet die Geschichten, die sie versammelt – oder vielmehr: *trackt* – als multiple SF und erläutert das näher als: „science fiction, speculative fabulations, string figures, speculative feminism, science fact, so far“ (Haraway 2016, S. 2).

Meinen zweiten Punkt zusammenfassend möchte ich festhalten: Es kommt heute darauf an, einen reflektierten und verantwortlichen Umgang mit einer in der Totalen wohl nicht mehr systematisierbaren Unübersichtlichkeit zu finden, wie das Tsing und Haraway exemplarisch gelingt. Beide entwickeln in der Transformation von Methoden des (*cognitive*) *mapping* Forschungswege, um unübersichtliche, weil weltumspannende, ja den Kosmos umspannende Verhältnisse zu begreifen, ohne sich dem Relativismus zu überlassen. Denn, wie Haraway immer wieder – Marilyn Strathern zitierend – betont: „It matters what ideas we use to think other ideas“ (Haraway 2016, S. 34). Darüber hinaus zeigen Tsing und Haraway auch *Gründe* der Unübersichtlichkeit mit auf. Diese Gründe kommen insbesondere dann in den Blick, wenn wissenschaftliche Ansätze, die – wie etwa jene von Tsing und Haraway – die Augen vor der neo-kolonialen Globalisierung und der Multidirektionalität von Herrschaft, die heute meist unter dem Stichwort „Intersektionalität“ verhandelt wird, nicht länger verschließen und die zudem den Menschen als Maß aller Dinge nicht mehr akzeptieren.

4 Die Tücken der Integration von (visuellen) Artefakten und Kunstwerken

Der dritte von mir als neuralgisch bezeichnete Punkt im Positionspapier ist die dort konstatierte Zunahme von (bildungstheoretischen) Studien, „die mit Literatur und Film, aber auch mit anderen kulturellen und künstlerischen Werken arbeiten". Auch dieser Beobachtung kann ich nur zustimmen. Noch wichtiger scheint mir allerdings, es nicht bei der Beobachtung bewenden zu lassen, sondern eine genealogische Analyse dieses Zustands zumindest anzudeuten, um die Ambivalenz der beobachteten Zunahme der durchaus auch methodischen Bedeutung von kulturellen und künstlerischen Werken nicht aus dem Auge zu verlieren.

Zunächst einmal spricht sicher vieles, ja alles, dafür, nicht nur diskursives Wissen als Wissen gelten zu lassen; oder – noch stärker formuliert –, von nichtdiskursivem, sondern etwa visuell oder akustisch artikulierten Wissensformen her das diskursive einer kritischen Reflexion zu unterziehen. Nicht zuletzt könnte, ja müsste das m. E. aber zu einer Auseinandersetzung mit der europäischen – und bis heute hegemonialen, kantisch geprägten – philosophischen Ästhetik und ihrem Kunstbegriff führen. Denn erst auf diese Kunstauffassung geht ein Wissensbegriff zurück, welcher der Kunst jeden Bezug zum Wissen abspricht, wie Kant schon im ersten Paragrafen der „Kritik der Urteilskraft" überdeutlich macht. Seit der „Kritik der Urteilskraft" gelten Kulturen des Denkens, die Kunst nicht strikt von der Erkenntnis trennen, im Gegenzug als undifferenziert, un-ausdifferenziert, als vormodern, ja als primitiv (vgl. Sonderegger 2018). Genau diese Trennung hat dann auch zu einer merkwürdigen Mystifizierung und durchaus auch zur Auslagerung bestimmter philosophischer Probleme in die Kunst geführt. Deshalb ist der bloße, neuerliche Einbezug künstlerischer oder kultureller Artefakte nicht ohne ein „Aber" zu begrüßen.

Die andere Seite der angedeuteten Genealogie des gegenwärtigen Einbezugs – genauer gesagt: neuerlichen Einbezugs, denn vor Kant gab es diesen ja durchaus und vielfältig – von kulturellen und künstlerischen Artefakten in die Wissensproduktion müsste in einer Auseinandersetzung mit der seit den 1980er Jahren boomenden Kreativindustrie bzw. dem Kreativitätskapitalismus bestehen (vgl. Raunig/Wuggenig 2016). Diesem nämlich verdankt sich die derzeitige Akzeptanz, ja Feier von sogenannten künstlerischer Forschung weit mehr als einer selbstkritischen Auseinandersetzung mit der problematischen Ausgrenzungsgeschichte der europäischen Ästhetik. Nicht umsonst war Tony Blair einer der ersten Verteidiger und Verklärer von Forschung durch und mit Kunst bzw. Design. Er wollte Großbritannien auf dem Weg einer massiv von oben durchgesetzten Kreativitätsindustrie wieder zur Weltmacht machen (vgl. McRobbie 1999, S. 4 f.).

Man sollte in diesem Zusammenhang auch nicht vergessen darauf hinzuweisen, dass gerade in der Welt der Naturwissenschaften, die ihre Forschungsergebnisse häufig in der Form von Postern präsentiert, Künstler*innen und Designer*innen schon seit Längerem hoch im Kurs stehen. Sie werden allerdings nicht als eigenständige Forscher*innen betrachtet, sondern zu Zwecken der visuellen Aufbereitung einer von ihnen unabhängig entwickelten Forschung eingebunden. Die alte, aber immer wieder aktiv vergessene Einsicht, dass jede Darstellung auf das Dargestellte übergreift, bleibt so gänzlich unreflektiert. Vor diesem Hintergrund ist es im Übrigen kein Wunder, dass der Boom im Bereich des Designs und der Kreativitätsindustrie von den Künstler*innen selbst eher als Problem bzw. als Disziplinierung erfahren worden ist, wenngleich er als Geldversprechen auch umarmt wird.

Das bringt mich noch einmal zu Haraways „Staying With the Trouble" zurück. Denn sie nimmt künstlerische Experimente auf eine im besten Sinn nonchalante Weise ernst. Künstlerische Praktiken sind nicht die tieferen Wahrheitstempel oder Orakel unsagbarer Weisheiten, sondern werden mit Aufsätzen, Büchern oder auch Statistiken gleichbehandelt. Und zumindest implizit leistet dieses Buch insofern auch einen Beitrag zur Genealogie westlicher erkenntnisfeindlicher Kunstbegriffe, als Haraway immer wieder auf nicht-westliche Geschichten und Artefakte zurückgreift, denen die kantische Trennung zwischen Kunst und Erkenntnis derart egal ist, dass sie sie noch nicht einmal negieren. Dabei ist Haraways Begriff von *SF* nicht nur eine harsche Kritik an der kantischen Trennungswut, sondern auch eine Kritik an Praktiken der Behübschung von Wissenschaft durch Kunst.

5 Thesenhaftes, von Tsing und Haraway inspiriertes Fazit und zugleich ein Plädoyer für die Ausweitung der Methodenfrage auf die Frage der Relevanz

Methodisches Denken, das heißt Denken, das über den eigenen Weg Rechenschaft ablegt und auf dem Weg dieser Rechenschaftslegung häufig auch neue Methoden entwickelt, ja entwickeln muss, darf nicht dabei stehen bleiben, für eine bestimmte Fragestellung die richtige oder zumindest eine plausible Vorgehensweise gefunden zu haben. Es muss zugleich stets auch um die Frage der Relevanz der Fragestellung und ihres Wegs der Bearbeitung gehen. So sehr mir diesbezüglich die in der Philosophie nicht spärlichen Ansätze einleuchten, die Erkenntnis grundsätzlich in den Horizont, ja Dienst eines guten Lebens stellen, so abstrakt und allenfalls halbrichtig bleiben sie, wenn sie das nicht auf der Höhe ihrer Zeit und ihrer jeweiligen geopolitischen Situierung tun und – darüber hinaus – mit einer permanenten Aufmerksamkeit für Fragen von Macht und Herrschaft. Eine in diesem Sinn selbst- und gegenwartsreflexive Haltung scheint mir intrinsischer Teil verantwortungsvoll methodischen Denkens. Denn, um es etwas abgewandelt mit Kant zu sagen: Methoden ohne Relevanz der jeweiligen Forschung sind leer. Relevante Fragestellungen ohne Methodenüberlegung sind blind.

Und gerade auch in dieser Hinsicht scheint mir „Staying With the Trouble" vorbildlich. Denn das Buch ist von der Frage umgetrieben, welches Wissen und welches Denken wir in einer von multipler Zerstörung geprägten Gegenwart für ein speziesübergreifendes, halbwegs gutes Lebens brauchen. Haraways Meinung nach benötigen wir dafür gerade nicht die perfekteste aller Theorien, sondern in dem Sinn pragmatische, die uns hier und jetzt helfen, dem Zynismus des Es-ist-ohnehin-zu-spät-für-das-Ernstnehmen-der-Klimakatastrophe ebenso zu widerstehen wie dem wissenschaftsgläubigen Versprechen, es werde – dank der perfektesten Theorie – dafür eines Tages den richtigen *technological fix* geben und bis dahin könne man weiterwursteln wie bisher. Dagegen will Haraway mit ihrem im besten Sinn methodischen und methodenreflexiven Denken in und mit der Katastrophe keineswegs gänzlich utopische Alternativen aufspüren. Und sie will diese Alternativen als Fabeln oder Geschichten – als *big enough stories* (vgl. Haraway 2016, S. 50) – präsentieren.

Damit vermag sie durch die Form ihrer exemplarischen Darstellung den Beitrag zu leisten, dass

> „a muscle critical for caring about flourishing gets some aerobic exercise. Such exercise enhances collective thinking and movement in complexity. Each time I trace a tangle and add a few threads that at first seemed whimsical but turned out to be essential to the fabric, I get a bit straighter that staying with the trouble of complex worlding is the name of the game of living and dying well together on terra, in Terrapolis" (Haraway 2016, S. 29).

Deshalb spricht Haraway nicht zuletzt auch vom *story telling* als einer Methode. Aber das wäre wieder eine andere Geschichte.

Literatur

Baggini, Julian (2018): About time: Why Western Philosophy Can only Teach us so much. In: The Guardian, 25.09.2018. URL: https://www.theguardian.com/news/2018/sep/25/about-time-why-western-philosophy-can-only-teach-us-so-much (Abfrage: 13.09.2019)

Boltanski, Luc/Chiapello, Eve (2003): Der neue Geist des Kapitalismus. Konstanz: Universitätsverlag

Buck-Morss, Susan (2009): Hegel, Haiti, and Universal History. Pittsburgh: University of Pittsburgh Press

Bünger, Carsten/Jergus, Kerstin/Schenk, Sabrina (2017): Politiken des akademischen Mittelbaus. Einsatzpunkte einer Kritik im Medium der Wissenschaft. In: Berliner Debatte Initial 28, H. 1, S. 100–109

Descartes, René (1637/1997): Discours de la méthode. Französisch – Deutsch. Übersetzt und herausgegeben von Lüder Gräbe. Hamburg: Meiner

Diefenbach, Katja (2018): Spekulativer Materialismus. Spinoza in der Postmarxistischen Philosophie, Wien/Berlin: Turia + Kant

Duden, Konrad (1963): Etymologie. Herkunftswörterbuch der deutschen Sprache. Bearbeitet von Günther Drosdowski, Paul Grebe und weiteren Mitarbeitern der Dudenredaktion. Mannheim/Wien/Zürich: Dudenverlag

Foucault, Michel (1992): Was ist Kritik? Berlin: Merve

Garfield, Jay L./Van Norden, Bryan W. (2016): If Philosophy Won't Diversify, Let's Call It What it Really Is. In: The New York Times, 05.11.2016. URL: https://www.nytimes.com/2016/05/11/opinion/if-philosophy-wont-diversify-lets-call-it-what-it-really-is.html (Abfrage: 13.09.2019)

Haraway, Donna J. (2016): Staying with the Trouble. Making Kin in the Chthulucene. Durham/London: Duke University Press

Horkheimer, Max (1970/1986): Traditionelle und kritische Theorie. In: ders.: Traditionelle und kritische Theorie. Vier Aufsätze. Frankfurt/M.: Fischer, S. 12–64

Horkheimer, Max/Adorno, Theodor W. (1944/1986): Dialektik der Aufklärung. Philosophische Fragmente. Frankfurt/M.: Fischer

Jameson, Frederic (1984): Postmodernism, or the Cultural Logic of Late Capitalism. In: New Left Review H. 146, S. 53–92

Jameson, Frederic (1991): Postmodernism, Or the Cultural Logic of Late Capitalism. Durham: Duke University Press

Kinkle, Jeff/Toscano, Alberto (2015): Cartographies of the Absolute. Aresford: Zero Books.

Lorey, Isabell/Neundlinger, Klaus (2012): Kognitiver Kapitalismus. Wien und Berlin: Turia + Kant

McRobbie, Angela (1999): In the Culture Society. Art, Fashion and Popular Music. London/New York: Routledge

Mills, Charles (2014): Kant and Race, Redux. In: Graduate Faculty Philosophy Journal 35, H. 1/2, S. 125–157

Negri, Toni/Lazzarato, Maurizio/Virno, Paolo (1998): Umherschweifende Produzenten. Immaterielle Arbeit und Subversion, mit einem Vorwort von Yann Moulier Boutang, herausgegeben von Thomas Atzert. Berlin: ID-Verlag

Park, Peter K. J. (2013): Africa, Asia, And the History of Philosophy. Racism in the Formation of the Philosophical Canon 1780–1830. Albany: State University of New York Press (SUNY)

Peters, Michael A./Bulut, Ergin (Hrsg.) (2011): Cognitive Capitalism, Education and Digital Labor. New York u. a.: Peter Lang

Raunig, Gerald/Wuggenig, Wulf (Hrsg.) (2016): Kritik der Kreativität. Wien: transversal texts

Sandoval, Chela (2000): Methodology of the Oppressed. Minneapolis/London: University of Minnesota Press

Sonderegger, Ruth (2018): Kants Ästhetik im Kontext des kolonial gestützten Kapitalismus. Ein Fragment zur Entstehung der philosophischen Ästhetik als Sensibilisierungsprojekt. In: Liebsch, Burkhard (Hrsg.): Sensibilität der Gegenwart. Wahrnehmung, Ethik und politische Sensibilisierung im Kontext westlicher Gewaltgeschichte. Sonderheft 17 der Zeitschrift für Ästhetik und Allgemeine Kunstwissenschaft. Hamburg: Meiner, S. 109–125

Sonderegger, Ruth (2019): Vom Leben der Kritik. Kritische Praktiken – und die Notwendigkeit ihrer geopolitischen Situierung. Wien: Zaglossus

Spivak, Gayatri Chakravorty (2008): Can the Subaltern Speak? Postkolonialität und subalterne Artikulation. Mit einer Einleitung von Hito Steyerl. Wien: Turia + Kant

Tsing, Anna Lowenhaupt (2015). The Mushroom at the End of the World. On the Possibility of Life in Capitalist Ruins. Princeton/Oxford: Princeton University Press

Van Norden, Bryan W. (2018): Taking Back Philosophy: A Multi-Cultural Manifesto. New York/Chichester: Columbia University Press

Doing theory entlang disziplinärer Grenzen

Arbeiten mit Fotografien

Sabine Krause

1 Einleitend

Im Call for Papers für die Kommissionstagung 2018 wurde die Frage formuliert: „In welcher Weise vollzieht sich […] das, was Paul Rabinow einmal ‚Wissensarbeitsforschung' genannt hat?" Ziel der Tagung wäre es, so weiter, vielfältige Formen der „Wissensarbeitsforschung oder eines ‚doing theory' deutlicher hervortreten zu lassen". Zu der bereits im Call sowie in der Einleitung dieses Bandes skizzierten Vielfalt steuert dieser Beitrag Überlegungen zur Verknüpfung von Weitergabe und Aneignung theoretischer Konzepte innerhalb eines Seminars in der Bildungswissenschaft bei, in dem Praktiken des Zeigens und Erzählens in/mit Visualisierungen im Zentrum standen. Die leitende Frage des Seminars war, ob sich über Fotografien/Bilder bzw. das eigene Fotografieren ein Zugang zum Denken und ein Umgang mit Theorie gestalten lässt, der andere Formen der Aneignung, des Umgehens mit einem bzw. einen anderen Raum fürs Bewegen von Theorien eröffnet, als es textbasierte Formate tun.

‚Fremde' Herangehensweisen an diese Vermittlungsarbeit wie visuelle Ansätze, die in aktuellen erziehungswissenschaftlichen Forschungen beobachtet werden können, können als Versuch gelesen werden, die Grenzen des eigenen Denkens zu erweitern, den facheigenen Denkstil zu problematisieren und durch andere Bezüge und Wege des Erkennens Neues zum eigenen Feld beizutragen. Zu den fremden Bezugnahmen und daran anschließenden Importen gehören auch Aneignungen wissensgenerierender Praktiken, die neue Erkenntnisse über bereits beforschte Felder versprechen. Sie werden zunehmend reflexiv auf das eigene Tun gewendet, um neue Blicke auf das (un-)bekannte Eigene zu ermöglichen. Solche Formen des Befremdens des eigenen Feldes ermöglichen zwei Fragekomplexe: Erstens jenen nach den in den eigenen, tradierten Denkstil bereits eingeschriebenen Annahmen (vgl. u. a. Popkewitz 1997; Peters 2007). Die Blicke von außen – markiert als fremde Bezüge – tragen erstens dazu bei, in den Diskurs eingewobene und damit nicht greifbare oder reflektierte Annahmen aufzuspüren und frag-würdig zu machen oder zuvor Abseitiges ins Zentrum zu stellen. Geraten im Blick ‚von außen' nun zweitens andere Möglichkeiten des Erkennens, der begrifflichen Fassung oder theoretisierenden Bestimmung in den Blick, stellt sich die Frage, ob und wie diese mit Bestehendem in Verbindung gebracht werden können oder sollten.

Doings verweisen auf die performativen Aspekte des Herstellens von Verbindungen, wobei sie, folgt man Schatzki (1996), aufgrund eines spezifischen Kontexts und vor dem Hintergrund eines (impliziten) Vorverständnisses des Tuns entstehen. Praktiken eines *doing theory* sind entsprechend Tätigkeiten bzw. Äußerungen, die aufgrund von Vorstellungen darüber, was unter *doing theory* zu verstehen ist, vollzogen werden. Oder bezogen auf die Arbeit im Seminar, die ich später darstellen werde: Die Vorstellung davon, was im Umgehen mit Theorien und im Zeigen durch Bilder innerhalb eines Seminars geschehen wird, leitet das Geschehen. Dies ist insofern wesentlich, als deutlich wird, dass alle Beteiligten dieses Seminars dazu beitragen werden, was sich schließlich als Ergebnis des Versuchs zeigen wird. Mit anderen Worten: Ob ein *doing theory* entlang disziplinärer Grenzen bzw. durch ‚fremde' Herangehensweisen gelingen kann, hängt davon ab, inwiefern die Beteiligten unter den gegebenen Umständen mit den zur Verfügung stehenden Materialitäten miteinander etwas hervorbringen werden.

Meine Forschung zu Narrationen in und mit Fotografien beschreibend und reflektierend, nähere ich mich Antworten auf die aufgeworfenen Fragen an. Dazu werde ich in einem ersten Schritt auf ‚theoretische Forschung' und deren Praktiken schauen und diese zweitens durch soziale Aspekte des Erkenntnisgewinns ergänzen. In einem dritten Schritt skizziere ich Möglichkeiten eines Zeigens mit Fotografie und gewähre Einblick in ein Seminar, in dem Studierende Fotografien und Visualisierungen nutzten, um sich bildungswissenschaftlichen Konzepten anzunähern. Eine knappe Auswertung und der Rückbezug auf Praktiken des Forschens deuten schließlich Möglichkeiten eines *doing theory* mit Fotografien an.

2 *Doing theory*: Zur Wissensproduktion in und mit Theorien

Wenn hier von *doing theory* gesprochen wird, geht es um den performativen Umgang[1] (*doing*) mit Theorien und damit um die Frage, wo und wie Theorien in Erscheinung treten, ohne dass sie systematisch handelnd aufgegriffen werden.

1 Christiane Thompson machte auf die Schwierigkeit dieses Begriffes aufmerksam, da er zwischen dem Subjekt, das mit etwas umgeht, und einem Vollzug von Praktiken zwischen Ereignishaftigkeit und Situativität changiere. Damit hat sie sehr genau umrissen, was ich zu zeigen versuche: nämlich, dass mit dem Blick auf *doings* das Streben danach, sich in einem akademischen Diskurs zu positionieren und aus dieser Position heraus zu argumentieren, abgelöst wird durch performatives Hervorbringen von Wissen. Die Herausforderung des Zugangs zeigt sich im seminaristischen Setting: Hier wird die Vermittlung von Denkfiguren und Zugängen zugunsten des gemeinsamen Hervorbringens zurückgestellt und stellt damit zugleich die Positionen der Beteiligten zur Disposition. Es bleibt in diesem Tun jedoch dabei, dass die Beteiligten Praktiken vollziehen, in denen sie sich auf ihr bestehendes Wissen (implizit oder explizit) berufen. Dies fasse ich unter „performativem Umgang" zusammen.

Es geht also nicht nur um die Praktiken des Theoretisierens, sondern auch darum, dass Theorien häufig unerkannt in wissenschaftliche Praktiken eingewoben sind und theoriebezogenes Arbeiten sehr häufig verdeckt stattfindet, wie Lynn Fendler (2012) herausarbeitete. Dabei erfüllen Theorien unterschiedliche Aufgaben: Sie helfen sich in klärenden Begrifflichkeiten auszudrücken und Daten oder Komplexitäten zu destillieren, also in dem Sinne zu klären, dass etwas Essenzielles hervorgebracht wird. Im Falle Kritischer Theorie seien das beispielsweise Formulierungen, die erst Folgendes ermöglichen: „to put perceptions and intuitions into language. When we put perceptions into language, then it becomes possible to debate, critique, and deconstruct those intuitions" (Fendler 2012, S. 318). Auch können Theorien als neue, ungewohnte Orte des Anschauens einer Sache bzw. des Denkens, zu einen *reframing* von Annahmen, Zugriffen auf ein Feld oder Wissensbestände führen: „[R]eframing allows us to recognize various modalities of teaching, and to appreciate the potential relationship of modeling to the teaching of dispositions" (ebd., S. 319 f.).

Fendlers m. E. interessantester Hinweis dazu, was Theorien in der Forschung ‚tun', ist „lurking"[2], beispielsweise im methodischen Zugriff auf einen Gegenstand oder Sachverhalt, wobei die zugrundeliegenden theoretischen Annahmen nicht geklärt werden. Das heißt: Die Gestalt eines Forschungsgegenstandes bzw. die konzeptionelle Auffassung einer Sache oder Situation tragen theoretische Grundannahmen in sich, die im Vorfeld mögliche forschende Annäherungen eingrenzen, aber nicht expliziert werden (können). Solche theoretischen Grundannahmen beeinflussen also wesentlich die bedachten Tätigkeiten von Forscher*innen auf dem Weg zur Erkenntnis – ein Umstand, der auf alle Forschungsvorhaben zutreffe. Auch in theoretischen Arbeiten bzw. im „conceptual research" (ebd., S. 316) müsse man sich seines Vorgehens entsprechend zunehmend versichern und dieses auch aufzeigen, explizit beispielsweise in Forschungsanträgen oder bei Konferenzbeiträgen. Das Potenzial dieser Forderungen nach Transparenz im Vollziehen des Forschungsprozesses liegt gerade im Aufdecken der Praktiken der Forschung und des performativen Umgangs mit Wissen, der zu Theorien, Sichtweisen, Daten usw. führt bzw. auf diese aufbaut.

Wodurch zeichnet sich Wissensarbeit in der Erziehungswissenschaft aus? Zur Beantwortung dieser Fragen greifen Fachvertreter*innen in der Regel auf

---

2 *Lurking* bedeutet übersetzt etwa lauernd, schlummernd oder schleichend. Umgangssprachlich wird es auch für die Beschreibung von Menschen gebraucht, die in Diskussionen mithören oder mitlesen, sich aber nicht selbst zu Wort melden. Es ist diese Form des Dabei-Seins und damit Einfluss-Nehmens, ohne offen in Erscheinung zu treten, auf die Fendler aufmerksam macht. Epistemologisch ist das Einschleichen von Theorien durch die Methodenwahl oder die Wahl von Referenzen bedeutsam, weil damit unbedacht bzw. nicht explizit ein Deutungsrahmen sowie eine Bedingung für Erkenntnis bzw. eine Voraussetzung für Verstehen vorenthalten werden, die für den Nachvollzug der Argumentation und (weiteres) Theoretisieren jedoch grundlegend sind.

die bestehende Forschung und einen tradierten Kanon zurück und erkennen – insbesondere im Bereich der Allgemeinen Erziehungswissenschaft – spezifisches theoretisches und theoretisierendes Denken als wesentlichen Teil der eigenen Tradition an, das mit philosophischen Positionierungen verbunden und als besondere Form rationalisierend-ordnenden Denkens auch auf Kant und die Aufklärung zurückgeführt wird. Dass mit einer solchen philosophischen Positionierung die Frage nach den *philosophischen* Methoden der Produktion von Erkenntnis nicht hinreichend beantwortet ist, darauf wies Christiane Thompson bereits im Jahr 2012 hin. Die philosophische Methode sei allerdings „about an openness that even transforms the grounds on which we start to engage with the known or with what we wish to know" (Thompson 2012, S. 240; vgl. weitergehend Thompson 2011).

Die Offenheit gegenüber dem Forschungsfeld ist es schließlich, die erlaubt, Forschungsfeld und Forschungsgegenstand auf ihre Grundlegung hin zu befragen und andere als bisher gewählte Wege zu gehen. Dabei sei es dann auch möglich, neue und stärker demokratische Wege der Wissensgenese zu beschreiten (Fendler 2012, S. 325). Ein Aspekt der Offenheit ist m. E. das (noch) unbestimmte Affiziert-Sein von einer Sache, ein Nachklang, der (noch) nicht in Worte zu fassen, näher auszuführen oder zu ordnen ist. Dieses Moment der ahnenden Unbestimmtheit birgt das Potenzial, die scheinbar fixierte theoretische Fassung zu erschüttern und – sensibilisiert für die Macht vorgängiger Bestimmungen – danach zu fragen, welche Vorverständnisse einsetzen können, vorhanden sind oder denkbar wären. Achtsamkeit für solche Momente könnte dafür genutzt werden, die Wege der Wissensgenese als dynamische und gestaltete Wege der Erkenntnisproduktion aufzufassen, die auch in seminaristischen Settings zu finden sind: „Vibration reframes the issue of pedagogy so that teaching is no longer envisioned as a process of unidirectional delivery of authoritative information, but rather of dynamic, democratic, and experiential connections" (Fendler 2012, S. 326).

3 Soziale Formen der Wissensgenese

In der Beschäftigung mit der Entstehung von Wissen wird immer wieder auch auf die sozialen Aspekte der Entstehung und Zirkulation wissenschaftlichen Wissens verwiesen. Ludwik Fleck zeigte bereits in seinen Studien in den 1930er Jahren auf, dass der Weg zur Teilnahme an einem disziplinären Diskurs sozial geprägt ist (vgl. Fleck 1935/1980; 1936/1983). Fleck verknüpft das „Problem einer Theorie des Erkennens" (Fleck 1936/1983) mit den sozialen Umständen der Forscher*innen und geht damit auf Abstand zu einer Vorstellung eines allgemeinen, unveränderlichen „symbolischen epistemologischen Subjekt[s]" (ebd., S. 84). In seinem Beitrag arbeitet er erstens die spezifischen Denkstile von Denkkollektiven heraus, die eine Verständigung innerhalb der Disziplin ermöglichen. Zweitens verdeutlicht er mit der Popularisierung, Information und Legitimierung dreierlei Strategien der Umgestaltung von Gedanken, die mit der Verständigung über sie – auch bei der Weitergabe – einhergehen. Drittens entspricht die Entwicklung des Denkens nach Fleck nicht einer einfach logischen Entfaltung oder einem linearen Anwachsen von Einzelerkenntnissen. Das Einbeziehen der sozialen und kulturellen Dimension, so lässt sich mit Fleck resümierend festhalten, vermittelt die Einsicht, dass (wissenschaftliche) Erkenntnisbemühungen immer von einer sozialen Prozessualität bestimmt sind und dies die weitere Wissensarbeit beeinflusst.

> „Der Satz: ‚jemand erkennt etwas' verlangt analog einen Zusatz z. B.: ‚auf Grund des bestimmten Erkenntnisbestandes' oder besser ‚als Mitglied eines bestimmten Kulturmilieus' oder am besten ‚in einem bestimmten Denkstil, in einem bestimmten Denkkollektiv'. Definieren wir ‚Denkkollektiv' als *Gemeinschaft der Menschen, die im Gedankenaustausch oder in gedanklicher Wechselwirkung stehen, so besitzen wir in ihm den Träger geschichtlicher Entwicklung eines Denkgebietes, eines bestimmten Wissensbestandes und Kulturstandes, also eines besonderen Denkstiles.* Hiermit gibt das Denkkollektiv das fehlende Glied der gesuchten Beziehung" (Fleck 1935/1980, S. 54 f., Hervorh. i. O.).

Auch wenn Fleck vor allem darauf fokussierte, die Veränderung des Wissens in der sozialen Weitergabe innerhalb einer Disziplin zu beleuchten, so ist seine Arbeit hier jedoch von großer Bedeutung: Mit Fleck lässt sich der Versuch des Einübens einer gemeinsamen Haltung der Disziplin, in diesem Falle der Erziehungswissenschaft, beschreiben, bei dem auch Praktiken des disziplinären Tuns sowie des Erkennens von Gestalten (vgl. auch Fleck 1947/1983) angeeignet werden.

Wissenschaftliches Arbeiten entsteht in Praktiken und Handlungen, die als allgemeine angenommen werden, denen zugleich aber das spezifisch Soziale eingeschrieben ist. Das rationalisierend-ordnende Denken in Bezug auf gleiche Gegenstände bildet auch für disziplinäre Bestrebungen in der Erziehungswissenschaft den Ausgangspunkt, die ‚wir' Erziehungswissenschaftler*innen zu einem Teil ‚unserer' Tradition machen (vgl. dazu auch den Sammelband von Rieger-Ladich/Rohstock/Amos 2019). Studierende der Erziehungswissenschaft werden in Lehrveranstaltungen in diesen Kreis hineinsozialisiert und weisen schließlich durch beglaubigte Kenntnisse ihre Zugehörigkeit aus. Die Formulierungen von ‚wir' und ‚uns', die in der akademischen Lehre immer wieder neu geschaffen werden, sollen auf eben den Umstand verweisen, dass in der Phase der Sozialisierung im Fach ein Streben um nähere Bestimmung der Gegenstände in methodisch geleiteter respektive disziplinierter Form stattfindet, in der ordnend Aspekte hervorgehoben und gestärkt werden, während andere nicht in den Blick geraten (können).

In der Bezugnahme auf ordnendes Denken, Theorien und Gegenstandsbestimmungen wird an (Denk-)Traditionen im Sinne eines „grip of the past" (Shils 1971; Shils 1981) angeknüpft. Der „grip of the past" findet sich im Schreiben einer Disziplin- und Denkgeschichte – als Geschichte von Begründungs- und Entdeckungszusammenhängen –, in der Einigung auf einen geordneten, angeleiteten und kontrollierten Zugang zur Wissensproduktion sowie als eine Verständigung auf eine geteilte oder zumindest als Bezugsgröße dienende Narration wieder (vgl. Krause 2015). Wer diese Narration teilt oder sich in Differenzierungen an ihr abarbeitet – sie also doch zumindest als bedenkens- und streitwürdig anerkennt –, verhält sich wenigstens so, *als ob* die geformte Narration gemeinsamer Anlass und Gegenstand für Wissensarbeit einer Gruppe sein kann. Es wird hier insofern von Narrationen gesprochen, als in den Wissensproduktionen zumindest für diesen Anlass geltende Erzählungen von einem Erzähler (Wissenschaftler*in, Lehrende) unter Rücksichtnahme auf ein Publikum (andere Wissenschaftler*innen, Studierende) generiert wird, in der es eine Einführung, einen Hauptteil und einen Schluss gibt. Es wird auf Gründungsfiguren, tradierte Problemstellungen und Entwicklungen Bezug genommen, das disziplinär Eigene herausgestellt, zu einem Abschluss gebracht bzw. interdisziplinär verknüpft. Die Form des Erzählens und die Arten der Verknüpfung sind es, die der Zuhörerschaft dabei helfen, Vorstellungen zu bilden und auf deren Grundlage in weitere Auseinandersetzungen einzutreten. Eine solche vermittelnde Einführung sollte aber zugleich insofern offengehalten sein, als zukünftig Verschiebungen, Umdeutungen, Erweiterungen oder Verwerfen möglich bleiben.

Die Einführung in die Narrationen dient in der universitären Lehre der Versicherung und Zuordnung eines disziplinierten Denkens; zugleich werden durch das Einführen künftig am Diskurs Beteiligte in diesen eingeweiht und auf seine Weiterführung vorbereitet. Mit Simons et al. (2005) sei auf die Folge dieser Fassung von sozialer Disziplinarität verwiesen: „What is shared is not universal knowledge, but a disposition directed at universal agreement and open to the force of the argument. Moreover, this rational community that incorporated the idea of the university is in a position of moral superiority towards the rest of society" (Simons/Masschelein/Quaghebeur 2005, S. 825). Der „critical educational reseracher" (und hier zu ergänzen: Lehrende) garantiert, dass künftige Generationen die „practice of abstraction" (ebd.) erlernen und durch Teilnahme am Diskurs eine Positionierung erlangen werden. Das Aufnehmen narrativ-ästhetischer Produkte wie Fotografien erweitert Flecks Ausführungen, indem Sinnverstehen prominenter gesetzt und sozio-kulturell geprägtes Sinnerzeugen in die Überlegungen aufgenommen wird. In den Produkten, hier Fotografien, schlummern Auffassungen und spezifische Verständnisse, die geteilt und angenommen werden oder Betrachter*innen irritieren und die auf spezifische Kollektive verweisen. Fotografien als erzählende und ästhetische Hervorbringungen dürfen im Sinne eines fremden Zugangs zum *doing theory* jedoch nicht nur intuitiv verstanden werden. Das geahnte oder gefühlte Verstehen wird nun für andere in Worte gefasst, geordnet und damit (für Kritik) zugänglich gemacht (vgl. Fendler 2012). Das vormals unveränderliche epistemologische Subjekt wird nicht nur mit Fleck in seiner sozialen Verwobenheit gedacht. Es wird als hervorbringendes aufgefasst, das medialen Kollektivierungsprozessen ausgesetzt ist und diese mitgestaltet. Dies gilt auch für wissenschaftliches (disziplinäres) Arbeiten.

4 Fotografie als Zugang zur Welt und als partizipatives Medium

In der Arbeit mit Fotografien werden noch allzu oft bestimmte Verständnisse perpetuiert: Bilder zeigen die Welt und Fotografien ermöglichen ein Abbild der Welt, das heißt sozialer und kultureller Gegebenheiten. Sie sind intuitiv verständlich und lesbar. Und dennoch ist da ein ‚Mehr' in ihnen, denn sie zeigen gleichzeitig anders, als Sprache es vermag. Sie sind zeitlich und räumlich flexibel anzusehen. Und auch wenn die Frage danach bleibt, inwiefern sich jemand ‚in Pose wirft' und damit für die Aufnahme ein anderer wird (vgl. Barthes 1989), so wird doch eindeutig gezeigt und Wirklichkeit abgebildet. Es ist nötig, all diese Zuschreibungen aufzubrechen, wenn mit Fotografien gearbeitet wird. Es gilt methodisches Vorgehen zu bedenken und ggf. zu erweitern: Während im Umgang mit Geschriebenem das interpretative Verstehen und die notwendigen methodischen Schritte zunehmend in den Hintergrund zu treten scheinen, so wird Visualisierungen – wenn sie über Illustrationen hinaus gehen – noch zugestanden, dass ihr Verstehen einer methodisch geleiteten Vorgehensweise bedarf. Die Auffassung eines Bildes als Dokument legt es allerdings allzu oft nahe, dass mit den entsprechenden Methoden *eine* Deutung offengelegt werden kann.

Das Anliegen, Fotografien als einen Zugang zur Reflexion der eigenen Positionierung und zum In-der-Welt-sein zu nutzen, entwickelte sich aus dem Bemühen um das Zeigen der eigenen Position in einem sozialen und kulturellen Zusammenhang. Dieses Positionieren scheint dem denkenden und strukturierenden Ich zugänglich und damit verbal – mehr oder weniger eindeutig – mitteilbar. Im denkenden Zugang sind, wie bereits festgestellt wurde, allerdings Voraussetzungen und Vorannahmen eingeschrieben, die dieses Denken überhaupt erst ermöglichen. Das Nutzen von Fotografien, die die Studierenden zu den Themen der Lehrveranstaltung erstellten oder auswählten, folgte der Idee des ‚fremden' Blicks durch eine andere Herangehensweise, wobei insbesondere auf die Offenheit fotografischer Praxis gesetzt wurde (vgl. Krause 2020). Auch wenn damit einige tradierte Wege der Einführung in und Auseinandersetzung mit Regeln des Erkennens in der Erziehungswissenschaft erweitert und akademische Freiheiten genutzt werden, so geschieht es vor dem Hintergrund divergierender Regeln und

Herangehensweisen, die noch immer wissenschaftlichen Kriterien der Wissensarbeit gehorchen (vgl. Shils 1995).

Die Befremdung durch fotografische Praktiken statt verbaler und die zeitgleiche Versicherung des eigenen Involviert-Seins in den entstandenen Fotografien werden als Möglichkeiten gesehen, Wissen und Haltung zu einem Bereich oder Gegenstand hervorzubringen und sichtbar zu machen. Die Praktiken der Sichtbarmachung implizieren ein zweifaches Verhältnis von Bild und Tat.

> „[Der Begriff der Sichtbarmachung] bezeichnet zugleich den Prozess der Visualisierung und als Ergebnis dessen bestimmte Sichtbarkeiten. Als solcher eröffnet er die Möglichkeit, das Bild nicht nur als fertiges Produkt zu untersuchen, sondern eben jene Tätigkeiten zu analysieren, die zu seiner Genese geführt haben" (Heumann/Hüntelmann 2013, S. 284).

Visualisierungen werden für bestimmte Publika produziert und vermitteln zugleich zwischen verschiedenen Öffentlichkeiten. Diese Brücke zwischen den verschiedenen Bereichen ist es, die helfen soll, vermeintlich sicheres disziplinäres Arbeiten zu erschüttern und zu öffnen. In den Praktiken des Hervorbringens von Visualisierungen und des Re-Evaluierens der gedachten Position liegt das Potenzial der Irritation des als bekannt Vorausgesetzten und damit des Findens einer eigenen Positionierung. Die Konfrontation mit der eigenen Erfahrung und der Verweis auf ihre Grenzen und über diese hinaus bergen eine „transformierende Kraft" für die Beteiligten in sich (vgl. Thompson 2012, S. 242).

Vorsicht ist hier insofern geboten, als man „[a]uf der Suche nach dem ‚wirklich' Abseitigen schnell in die erkenntnistheoretische Falle [tappt], ‚andere' als die üblichen Formate der Wissensproduktion und -repräsentation als besser, zugänglicher und aussagekräftiger zu deklarieren" (Chakkalakal/Amelang 2015, S. 12). In den letzten Jahren hat sich insbesondere partizipatives Arbeiten in Forschungszusammenhängen als ein solches ‚anderes' Format mit dem Versprechen platziert, diverse Stimmen ‚von unten' zu hören und anzuerkennen. Partizipation versprach, Positionen zugänglicher zu machen und damit bessere Ergebnisse, passendere Aussagen im Bereich sozialwissenschaftlicher Forschung zu erzeugen. Auch wenn inzwischen diese naive Position weitgehend kritisch eingeordnet und auf problematische Momente verwiesen wird (vgl. Masschelein/Quaghebeur 2006; Krause et al. 2019), so wird in der Arbeit mit Fotografien doch – mit aller Vorsicht – häufig partizipativ vorgegangen.

Visualisierungen inkorporieren Praktiken, Haltungen und Positionierungen und können daher als Wissensform und potenziell kritischer Zugang zu Subjektivität und Reflexivität aufgefasst werden. Bilder bedienen sich zugleich kollektiver Sichtweisen, das heißt, in ihnen wird auf kollektive Verständnisse von Sehen und Zeigen zurückgegriffen, die das hervorbringende Subjekt zugleich in einem sozialen und kulturellen Raum verorten (vgl. Pink 2003; Pink 2011). Die

Praktiken des Fotografierens sind Sichtbarmachungen von Positionierungen, in denen ein allgemeines Verstehen des Abgebildeten angenommen wird. Seitens der Betrachter*innen wird diese Annahme bestätigt und verstärkt, indem Sinnverstehen im kollektiven Rahmen angestrebt wird. Forschungen, die sich der Praktiken der Sichtbarmachung ihrer Ko-Produzenten bedienen, ermöglichen einen Zugriff auf die spezifischen sozialen und kulturellen Räume und ermöglichen mit den Produkten, den entstandenen Fotografien, einen selbstreflexiven sowie externen und vergleichenden Blick. Positionierungen werden im Sichtbarmachen und im Zeigen des Produkts nicht als gegeben oder erreicht aufgefasst, sondern in gemeinsamen Praktiken immer wieder hervorgebracht. Visualisierungen verbleiben dabei vieldeutig und fordern identifizierendes Sehen und Denken heraus, indem sie eine Unterbrechung sicherer Lesarten und Verständnisse einfordern. Im folgenden Beispiel aus meiner Lehrpraxis wird an die Praktiken des Sichtbarmachens, Zeigens und Verstehens angeschlossen. Über diese hinaus wird nach Praktiken gesucht, die als wissenschaftliche Praktiken eines *doing theory* gelten können.

5 Einblicke in die Lehrpraxis

Innerhalb eines Seminars mit 22 Studierenden des Masterstudiengangs *Bildungswissenschaft* an der Universität Wien wurde der Versuch unternommen, sich theoretischen Konzepten in Bildern und durch Bilder anzunähern.[3] Das Wahlseminar im zweiten Jahr des Masterstudiums ist in der modularen Ordnung des Studiums mit „Bildung – Alterität – Kultur(alität)“ überschrieben und hat u. a. das Ziel, dass Studierende „vertiefte theoretische Kenntnisse“ sowie „Kompetenzen zur Identifizierung, Analyse und Beurteilung“ von kultureller Diversität und Alterität erwerben (Curriculum Bildungswissenschaft 2011). Im konkreten Seminarplan wurde zudem spezifiziert: „Schwerpunkt der empirischen Arbeit im Seminar sind Bilder und (selbst angefertigte) Fotografien. Die Studierenden sind hier aufgefordert, Bilder als (Re-)Präsentationsmedium für ‚Selbst‘ und ‚Andere(s)‘ zu nutzen und im Bild zu erzählen“ (Seminarplan SoSe 2018).

Neben einer Lektüre bestehender theoretischer Konzeptionen waren die Studierenden aufgefordert, Fotografien als Ausdrucksmittel für ihre Beiträge zu

3 Ich danke allen Studierenden des Seminars für ihr Vertrauen innerhalb des Seminars, die offene und rücksichtsvolle Zusammenarbeit und das Sich-Einlassen auf ein Seminar, dessen Gestalt nur bedingt vorhersehbar war. Die entstandenen Arbeiten und Diskussionen zeigen die unglaubliche Vielfalt und das große Engagement aller Beteiligten auf der Suche nach Antworten zu entstandenen Fragen.

den Themen „Alltag“ und „Ich * Nicht-Ich * Andere(s)“ zu nutzen. Das Thema „Alltag“ wurde als erster Zugang zum Fotografieren gewählt, weil sich in diesem Thema sehr gut Irritationen zeigen lassen: Während wir davon ausgehen, einen Alltag zu haben und diesen zu leben, wird mit der Aufforderung, Alltag zu fotografieren, die Selbstverständlichkeit plötzlich aufgehoben: Was ist Alltag? Ein Blick in die Forschungstagebücher der Teilnehmer*innen zeigt, dass die Teilnehmer*innen sich darauf einlassen und ihre Irritation in einer fragenden Haltung in Worte fassen.

> „Meint Alltag einfach Routinen? Mein Alltag Tagesablauf? [...] Banale Tätigkeiten: Jeder Tag beginnt mit aufwachen (hierzu hat sich schlussendlich ein Foto ergeben) [...] Länger andauernde Tätigkeiten, die meinen Tag strukturieren [...] Lernen- Lesen- Schreiben (hieraus hat sich ein Foto ergeben)“ (Forschungstagebuch Student*in A, S. 2).

In einer Zeit, in der die meisten Menschen nahezu täglich Bilder produzieren und sich mit Bildern austauschen, wurde mit dem Arbeitsauftrag das kollektive Verständnis auf die Probe gestellt und die Frage nach der Signifikanz des Tuns für die Darstellung von Alltag neu aufgeworfen. Was ist es wert, gezeigt zu werden? Welche Handlungen gelten als alltäglich und können abgebildet werden? Der zweite Arbeitsauftrag trieb die Fragen noch weiter.

> „Was ist Ich? [...] Und vor allem: Wie stelle ich das dar? Kann ich mich selber als Ich überhaupt darstellen, wenn davon ausgegangen wird, dass ein Foto immer nur ein Ausschnitt ist? [...] Das Sichtbarmachen, dass Fotos nicht mein Ich repräsentieren, sondern nur einen Ausschnitt, wenn überhaupt. Oder doch, das sicherlich, weil wir ebenfalls davon ausgehen, dass sogar ein Ausschnitt des Fotografen, also des Ichs des Fotografen in jenen Bildern vorhanden ist, die er geschossen hat, ohne dass er überhaupt auf dem Foto zu sehen ist [...]“ (Forschungstagebuch Student*in A, S. 7).

In dieser Verschriftlichung wird die eigene Verunsicherung angezeigt, indem auf durchaus verschiedene Auffassungen von ‚Ich‘ rekurriert wird und diese vergleichend abgewägt werden: die*der Teilnehmer*in fragt sich, ob sie*er sich *als Ich* darstellen kann und schließt das Ausschnitthafte und Momenthafte von Fotografien an. Die Idee, dass ein Mensch in einem Bild gezeigt werden kann, schwingt in „mein Ich“ noch mit, wird jedoch gleich verworfen, indem formuliert wird, das es „nicht repräsentiert“ werden kann. Die Leerstelle ist markiert und bleibt bestehen. In der Verschriftlichung der eigenen Gedanken wird nun weiter gegangen und aufgezeigt, dass im Hervorbringen von Fotografien auch etwas vom Fotografen einfließt, das heißt in den Handlungen ein

‚Ich' zum Ausdruck kommt. In diesem kurzen Ausschnitt kommen also verschiedene theoretische Fassungen zur Sprache, die durch die Verschriftlichung zugänglich und diskutabel werden. Zugleich wird aufgezeigt, welches Abwägen zu den Fotografien führte, die schließlich im Seminar als Ergebnis gezeigt wurden.

Schnell wurden der Prozess des Fotografierens für das Seminar, die Praktiken des Sichtbarmachens und die Handlungen bis zum Einbringen der eigenen Bilder ins Seminar als Herausforderung beschrieben: Hier ging es um die Vielfalt von Ideen und Möglichkeiten, (fehlende) Prozesse des Arrangierens und Inszenierens von Fotografien, ums Abwägen von visuellen Mitteln und um entscheidende Momente fürs Drücken des Auslösers. Darüber hinaus ging es aber auch, wie sich zum Ende des Seminars zeigte, darum, sich zu fragen, welche Handlungen und Haltungen *nicht* sichtbar gemacht bzw. im Seminar gezeigt werden sollten oder wollten. Das heißt, die Studierenden haben intuitive und wohl überlegte Entscheidungen darüber getroffen, welche Fotografien in einem universitären Setting angemessen sind oder der Aufgabenstellung am besten entsprechen. In der Auswahl zeigt sich also, was Studierende als Teil der Wissensarbeit im Seminar auffassen.

Die entstandenen und ausgewählten Bilder wurden in gemeinsamen Seminareinheiten in Kleingruppen analysiert und ihr Entstehungsprozess reflektiert. Fotografien, zunächst „mediated quasi-interaction" (J. Thompson 2005, S. 33), wurden in den Seminareinheiten von eindirektionalem Zeigen befreit und in vieldeutige Interpretative verwandelt. Die Studierenden haben dazu in Gruppen die eigenen Bilder betrachtet und sich darüber zunächst assoziierend ausgetauscht. Dieser Austausch erfolgte in großer Achtsamkeit und nach Regeln, die aus seminaristischen Settings bekannt sind und auch für dieses Seminar als passend angenommen wurden: So wurde kein (ästhetisches) Urteil gefällt und mitgeteilt, vielmehr wurden Eindrücke in Worte gefasst sowie zur Ergänzung und Diskussion gestellt; getätigte Aussagen bedurften eines nachvollziehbaren Beleges am Bild. Der seminaristische Rahmen stellte zugleich einen interpretativen Rahmen dar, in dem die Teilnehmer*innen als *Studierende* Gemeinsamkeiten in den Bildern und in deren Verständnis sowohl implizit voraussetzten als auch ergebnisoffen finden wollten.

Auch die Gruppenarbeiten wurden in Fotografien und Tonaufnahmen festgehalten, um durch Rückblicke auf das gemeinsame Arbeiten gegebenenfalls Vorannahmen und Kollektivierungen aufzuspüren und auch dadurch der Frage nachgehen zu können, „ob und in welcher Form Erzählungen allein durch visuelle Medien möglich sind und welche Anforderungen an Produzent*innen, visuelle Medien und Betrachter*innen gestellt werden" (Seminarplan SoSe 2018). Von den vielfältigen vollzogenen Arbeitsschritten mit den Bildern wird hier nur auf das Ordnen/Sortieren und das Positionieren der Bilder im Rahmen der Interpretation näher eingegangen.

Abbildung 1: Fotografie aus dem Seminar zum Thema „Alltag"[4]

Abbildung 1 zeigt die Ordnung der Bilder zum Thema „Alltag" einer Arbeitsgruppe des Seminars. Die drei Studierenden dieser Gruppe haben die Bilder der Gruppenmitglieder zunächst einzeln besprochen und dann versucht, die Bilder in eine Ordnung zu bringen. Die hier von der Gruppe hergestellte Ordnung soll einen Tagesablauf nachzeichnen: links der Tagesbeginn, hier mit einem Bild vom Bett, einer Zahnbürste, dem Kaffee am Morgen dargestellt. Es geht nach rechts weiter mit Einblicken in sportliche Aktivitäten, in der Stadt zurückgelegte Wege, Gebäudeansichten (der Universität) und in den Arbeitsalltag, gezeigt mit einem Bild, auf dem Ausdrucke und Computer angeordnet sind, und schließlich in ein Bücherregal. Auf der rechten Seite endet der Tag mit einem Film am Abend. Die Studierenden haben in ihrer Ordnung also eine tageszeitliche Reihung vorgenommen und jeweils für sie typische Arbeiten einsortiert. In der vertikalen Anordnung entstehen drei Bereiche – morgens, tagsüber, abends –, die jeweils durch Bilder von Treppen miteinander verbunden sind. Die horizontale Anordnung der Bilder auf dem Tisch ist dadurch gekennzeichnet, dass Bilder des Morgens unterhalb einer gedachten Mittellinie, Bilder des Abends oberhalb dieser liegen. In der mittleren Bildgruppe liegt ein Bild zentral, dass die Perspektive einer Radfahrerin zeigt, wobei dieses Bild über ein weiteres mit einem Weg mit den Bildern zu Arbeit

4 Abbildungen 1 und 2 mit freundlicher Genehmigung der Studierenden aus dem Seminar.

verbunden ist. Die insgesamt 24 Bilder der Gruppe wurden hier so gelegt, dass sie sich aufeinander beziehen und eine Tageserzählung entstand.

Mit dieser Ordnung der Bilder werden verschiedene kulturelle Üblichkeiten auch im Ordnen reproduziert: Der Tag dauert von Sonnenaufgang bis Sonnenuntergang, er beginnt mit dem Aufstehen und endet mit einem Film. Bei der Wahl der Bildmittel, beispielsweise Bett, Treppen und Wege, Texte oder Universitätsgebäude, greifen die Studierenden auf bekannte Ausdrucksmittel zurück, deren Interpretation als gesichert angesehen werden kann. Die Bilder reproduzieren darüber hinaus die Trennungen von Arbeit und Freizeit sowie öffentlichem und privatem Auftreten. Selbst, wenn diese vielleicht nicht eindeutig räumlich gegeben sind bzw. sich soziale Gruppen überschneiden, so erscheinen sie in der vorgenommenen Ordnung doch getrennt. Die Studierenden dieser Gruppe generieren mit der Ordnung der Bilder eine Darstellung des Themas „Alltag", die sie mit Hilfe aller Bilder der Gruppe zeigen. Sie schaffen gleichzeitig einen interpretativen und würdigenden Rahmen für die einzelnen Bilder der Gruppenteilnehmer*innen. Sie schaffen in ihrer Ordnung eine Erzählung, in der sich alle Gruppenmitglieder wiederfinden und deren genauere Interpretation die in der Ordnung schlummernden Konzepte aufzeigt.

Die Anordnung des Tisches, auf dem die Bilder liegen, war laut Aussage der Studierenden im Raum gegeben, warum sie diesen Tisch wählten, konnten sie nicht sagen. Die Dokumentation ihrer Bildordnung mit dem auffälligen Erste-Hilfe-Kasten oben im Bild kann (psychologisierend) so gedeutet werden, dass hier eine erste Hilfe in Deutung und Umgang mit Bildern vollzogen wurde. Das Fazit, das ein Gruppenmitglied zur Arbeit zieht, lautet wie folgt.

> „Ja aber, was ich noch sagen wollte, ich finde das auch voll cool, also wir kenn uns auch alle noch nicht soo gut, aber trotzdem war da se- also, es ist eigentlich eben nichts gewesen, wo ich gesagt hätte: Nö das stimmt überhaupt nicht. […] Also so, dass find ich schon irgendwie echt spannend, dass man des so an Fotos erkennen kann, trotz dessen, dass man sich eben nicht kennt. Also-" (Transkript AL–C, Zeile 327 ff.)

Abbildung 2 zeigt eine Momentaufnahme der Arbeit einer weiteren Studierendengruppe. Die räumliche Situation wurde in dieser Gruppe explizit in die Arbeit mit den Bildern einbezogen: Die Gruppe hat zwei Tische zusammengestellt, um eine ausreichend große Fläche zu haben. Der Spalt zwischen den Tischen wurde dann zu einem Teil der Darstellung der eigenen Bilder: Die Gruppenteilnehmer*in ordnete ihre Bilder zum Thema Alltag auf und neben dem Spalt an, die fünf Bilder liegen zudem in ungleichmäßigen Winkeln zueinander. Inhaltlich treffen wir auf bekannte Motive, auch hier werden das Universitätsgebäude (Innenansichten), Frühstück und Sport gezeigt, das Bild der Haltestelle verweist auf Fortbewegung in der Stadt. Die Anordnung widersetzt sich hier jedoch einer tageszeitlichen Ordnung sowie einer eindeutigen Bezugnahme der

Abbildung 2: Momentaufnahme in einer Arbeitsphase von Studierenden

Bilder aufeinander. Lediglich die beiden rechten Bilder beziehen sich inhaltlich und in ihrer Ordnungsrelation aufeinander. Hier wird keine durchgängige Erzählung von Alltag gestaltet, die sich an einer kollektiven Ordnung (Tagesablauf) orientiert; die Bilder stellen vielmehr Schlaglichter dar, die die verschiedenen Facetten dieses Lebens hervorheben, die der Lage folgend in einem unregelmäßigen Verhältnis zueinander stehen. Durch die Anordnung auf den Tischen wird die Interpretation der Bildserie noch erweitert: Der Spalt zwischen den Tischen wurde in der Gruppe immer wieder als Diskontinuität oder Bruch aufgegriffen, der durch das Legen der Bilder überbrückt werden kann. Mit dieser Aussage bekommen die beiden Bilder rechts eine neue Bedeutung: Hier ist ein Teil des Treppenhauses und eines Seminarraumes in der Bildungswissenschaft zu sehen. Während die Treppe auf den Spalt oder Bruch hinführt, „überbrückt" das Bild des Seminarraumes diesen. In der Bildkomposition dieses dokumentarischen Bildes der Arbeitsphase werden die zu deutenden Bilder durch Notizblöcke und den Arbeitsauftrag gerahmt. Der Ausschnitt ist so gewählt, dass nicht mehr ersichtlich ist, dass es sich um die Fläche auf einem Tisch handelt. Der Spalt zwischen den Tischen kann sich in beide Richtungen auch unendlich fortsetzen, ihm scheint keine Begrenzung gegeben.

Die Fotografien in diesem zweiten Beispiel widersetzen sich in ihrer Anordnung kollektiv geteilten Vorstellungen des Themas. Durch den Einbezug des

Spalts wird dieses Moment in der Präsentation nochmals verstärkt; denn Diskontinuität und Brüche lösen das wiederkehrende Alltägliche ab. Jede Fotografie für sich genommen zeigt ästhetisch eine Facette des Subjekts; durch das Aufgreifen der räumlichen Gegebenheiten schreiten die Studierenden über die ästhetische Ebene der Bilder hinaus und bringen in der gemeinsamen Deutung neue Rahmungen für Interpretationen der Fotografien hervor und greifen (zumindest begrifflich) bildungswissenschaftlich bedeutsame Konzepte auf, die zuvor in den Bildern verborgen blieben. Insbesondere dieses Beispiel verweist auf folgenden Gesichtspunkt von Bildlichkeit: „[I]mages are not only signifiers or pointers to some reality [...], but also act as aesthetic materials in their own right, and as relational objects that participate along with other human and non-human actors to constitute complex [...] enactments" (Fendler 2017, S. 755).

Neben Lektüren und dem Machen von Fotos waren alle Teilnehmer*innen aufgefordert, in Forschungstagebüchern, deren Gestaltung offengelassen wurde, den eigenen Prozess der Auseinandersetzung mit den Themen des Seminars festzuhalten. Die Forschungstagebücher dienten auch dazu, den „Erlebnisstrom" (Dippel 2015) festzuhalten, den das Seminar und die Arbeit dafür hervorriefen, „die Zeitlichkeit der Erkenntnis sichtbar [zu] machen und die Geschichtlichkeit sowohl des Feldes als auch der Beobachter_in und der Arbeit zur Schau zu stellen" (Dippel 2015, S. 77). Auch wenn sich Zeitlichkeit und Geschichtlichkeit mit einem sich immer wieder neu in seinen Beziehungen interpretierenden Subjekt schwerlich fügen, so werden mit der Dokumentation des Erlebnisstroms doch auch Technologien des Selbst, beispielsweise diszipliniertes Denken und Schreiben oder die Selbstreflexion und deren enge Verbindung mit materiell Hervorgebrachtem, also den Fotografien, den Ordnungen der Fotografien unter Einbezug von Gegebenheiten, den Dokumentationen von Diskussionen usw., kurz die performativen Akte der Wissensarbeit (vgl. Niewöhner/Kontopodis 2010) sichtbar. Die Forschungstagebücher sind folglich nicht nur Dokumentationen des eigenen Denkens oder der eigenen Arbeitsschritte, in ihnen werden Relationen aller Akteure und „complex enactments" (Fendler 2017, S. 755) festgehalten.

Wie schon die Arbeit mit den Bildern vor Ort zeigte, wurden diese zueinander und im Raum platziert, es wurden also Verhältnisse zueinander und Verortungen geschaffen, die in die Lesart der Bilder einbezogen wurde. Die Schwierigkeit des Sich-zum-Ausdruck-Bringens in Fotografien wurde durch das Arbeiten mit dem materiellen Dokument nochmals komplexer. Die Sichtung der Dokumentationen der Vorgehensweisen im Seminar zeigt, dass die Studierenden sich durchaus als Handelnde erfahren, die im Rahmen ihrer sozialen und kulturellen Zugehörigkeit auch verstehbare Zeichen (Bilder) hervorbringen; sie erfahren sich aber zugleich als suspendierte Stimmen, wenn es um die genaue Deutung geht. Trotz der vertrauensvollen Arbeitsatmosphäre im Seminar und dem wiederkehrenden Austausch zu den Vorgehensweisen in den Gruppenarbeiten zeigen individuelle Aufzeichnungen auch Vorbehalte und Verletzungen.

> „Das Gefühl [,] die eigenen Bilder verteidigen zu müssen oder in einen gewissen Kontext stellen zu können, wurde sowohl von mir als auch von meinen Kolleginnen empfunden. Vor allem wenn ein Bild sehr hohe Relevanz für jemanden hat. In diesem Fall war es bei mir Abbildung 2, welche gezielt im Gruppenprozess verteidigt wurde und nach abdecken meiner Kollegin wieder zum Vorschein gebracht wurde" (Forschungstagebuch Student*in B, S. 11).

In diesem Spalt zwischen handelndem Hervorbringen und suspendierter Stimme wird die Souveränität des Subjektes (in Teilen) riskiert (vgl. Sattler 2009), was für bildende Re-Positionierungen erwünscht, forschungsethisch jedoch besonders herausfordernd ist.

6 Offenes Ende

> „[…] ein Bild symbolisiert etwas, und anhand der unterschiedlichen Interpretationen über die Botschaft des Bildes […]. Der Diskurs über dieses Bildes [sic] gibt es nur aufgrund der unterschiedlichen Auffassungen […] aufgrund dieser Emotionen [,] welche das Bild hervorruft – Irritationen, Entfremdungen [,] welche Bilder aufgrund ihrer Offenheit auslösen können [,] werden Bildungsprozesse in Gang gesetzt" (Forschungstagebuch Student*in B, S. 11; der Absatz beginnt mit Auslassungszeichen).

Die Erfahrungen, die alle Beteiligten im Rahmen des Seminars machten, wendeten Vorstellungen von Wissensarbeit: In den gemeinsamen Arbeiten mit den Bildern und der individuellen (theoretisch orientierten) Vor- und Nachbereitung sowie dem Sichtbarmachen und Reflektieren des Forschungsprozesses in Forschungstagebüchern waren die Studierenden aufgefordert, ihre konsumierende und wiedergebende Haltung zu diszipliniertem Wissen aufzugeben. Stattdessen wurden sprachliches Hervorbringen von (impliziten) Annahmen, das über bestehendes Wissen und Denken hinausgehende, also erweiternde Hervorbringen von Wissen und dadurch Generieren von Positionen sowie das Setzen von Auffassungen, Ideen und theoretischem Wissen in neue Bezüge (vgl. *lurking, exceeding, generating* und *reframing* bei Fendler 2012) gefordert. Die Einführung in scheinbar fixierte Wissensarchitekturen wurde somit durch Praktiken des Hervorbringens von Wissen abgelöst. Als Lehrende hat mich die Arbeit im Seminar darauf verwiesen, dass Lehren und der Versuch der Vermittlung immer mit der interpretierenden Arbeit der Studierenden einhergeht (vgl. Biesta 2007).

In diesem Seminar bestand die Herausforderung für alle auch darin, Vorstellungen zu suspendieren und sich auf ein seminaristisches Setting einzulassen, im dem durch einen anderen Zugang Praktiken der Wissensarbeit anders gestaltet waren. Als Lehrende war ich nur noch bedingt in der Position der Wissenden, die ihr Wissen vermittelt; die Studierenden haben mit ihren Arbeiten im Verlauf des Seminars Produkte erzeugt, in denen sich wissenschaftliche Praktiken nach und nach zeigten. So standen nicht Textlektüren im Zentrum, in denen sich die Studierenden zum Text in ein Verhältnis setzen und sich so (angeleitet) Theorien oder Konzepte erschließen (vgl. Thompson 2011). Ihre Verhältnisse zu Konzepten und identifizierendes Denken zeigten sich in den fotografischen Arbeiten, den gemeinsamen Interpretationen und dem Weiterarbeiten sowie den Reflexionen zu verschiedenen Zeitpunkten.

Die Arbeit der Studierenden zeigte auch auf, dass die Selbstverständlichkeit im Herstellen von Bildern und im Umgang mit ihnen so pauschal nicht gegeben ist. Die aus der gefühlten Wirklichkeit abgeleitete Annahme, dass die verbreitete Nutzung von Bildern in sozialen Netzwerken und Zusammenhängen deutungssicher geschehe, war für das Seminar insofern nicht relevant, als mit dem Setting „Seminar an der Universität" andere Umgänge mit Fotografien und andere Deutungen antizipiert wurden: Es wurde angenommen, dass es einer gewissen Anstrengung bedarf, etwas in visuelle Sprache zu übersetzen. Ähnlich der Verbalsprache sind Anordnung und verknüpfende Nähe in Fotografien gefragt, die in Prozessen des Ordnens der Fotografien selbst nochmals vollzogen werden. Um eine subjektiv überzeugende Bildkomposition zu schaffen, ist eine vorab denkende, entwerfende und ordnende Tätigkeit notwendig, in der ausgewählt wird, was wie gezeigt werden soll und in der die Bildelemente so zu Zusammenhängen codiert werden, dass sie von Betrachter*innen erkannt und verstanden werden können. Es kommen also Imaginationen einer Sache, Vorstellungen vom Wissen und Verstehen anderer und Fertigkeiten in der Herstellung von Fotografien zusammen, auf die in der späteren Arbeit mit Bildern rekurriert wird. Auf diese Weise ergibt sich eine Verbindung von Fotografieren und Theoretisieren, die man nach Masschelein als eine Übung des Denkens beschreiben kann.

> „[An] ‚exercise of thought' (i. e. philosophy in this sense) is an exercise that is not oriented towards (or based on, or about) knowledge in the first place, but concerns the issue of how to act and relate to the present [...]. In that sense the exercise of thought is not a jumping out of that present, but on the contrary ‚remains bound to and is rooted in the present'" (Masschelein 2012, S. 357, hier unter Bezug auf Hannah Arendt).

Die denkende Arbeit beispielsweise an der Frage nach dem Selbst zeigt sich in den Bildern, die Vorstellungen sichtbar machen und hervorbringen: Es ist auch ein Prozess des Sich-Aussetzens und Sich-anderen-in-den-eigenen-Bildern-Zeigens. Die Macht über die eigene Deutung und des monodirektionalen Zeigens wird hier aufgegeben. In diesem Prozess wird den Beteiligten die eigene Vulnerabilität zugänglich – sie riskieren in gewisser Weise ihre Souveränität. Forschungsethische bzw. ‚wissensarbeitsethische' Fragen haben ensprechend den letzten Seminartermin abgerundet, indem insbesondere die machtvollen Positionen der Fotograf*innen und Interpret*innen diskutiert und Gefühle der Ohnmacht thematisiert wurden.

Noch zu Beginn des Seminars ist auf die Fremdheit epistemologischer Macht verwiesen worden: die Förderung oder Unterdrückung von Positionen und Interpretationen wurde in der Einführung in die Narrationen der Bildungswissenschaft als Disziplin gar nicht wahrgenommen. Insofern hat der Prozess des Erzählens einerseits gut funktioniert, andererseits kamen „reframing", „exceeding" und „vibrating" (Fendler 2012) gar nicht in den Blick. Und auch „generating" wurde vor allem als Nachlesen eines abgeschlossenen Erzählprozesses erfahren.

Das Resümee der Wissensarbeit im Seminar weist zugleich über diese eine Veranstaltung hinaus: Die ‚fremde' Herangehensweise hat dabei geholfen, tradierte Gründungsfiguren und Problemstellungen zu suspendieren, ohne sich dem fremden Zugang einfach zu ergeben. Im Herstellen der Fotografien finden sich, wie gezeigt wurde, sowohl *reframing, exceeding* als auch *generating* wieder. Es kommen explizite Vorstellungen zum Ausdruck; zugleich werden jedoch *tacit knowledges* genutzt, die anschließen oder über Bestehendes hinausweisen können. Die sprachliche Fassung von (ästhetischen) Eindrücken kann aufgrund der vorsichtigen, tastenden Annäherung an das Gezeigte dabei helfen, jenseits von formelhaftem Anwenden von Konzepten – im Versuch zu verstehen – nach den eingeschriebenen Theorien (*lurking theories*) zu fahnden und somit Wissensarbeit vertiefen, indem Grenzen expliziert und überschritten werden. Die Grenze zwischen künstlerischem Ausdruck und diszipliniertem Wissen verwischt dabei: Die Arbeit mit Fotografien und die Erfahrungen im Umgang mit den eigenen Fotografien ermöglichen über den Umweg kritische Positionierungen auch innerhalb des theoretischen Diskurses. Die forschungsethischen Aspekte verweisen zudem auf die disziplinierenden Momente in performativen Akten der Wissensarbeit und die daran anschließende Zurichtung des Subjektes in der (gemeinsamen) Arbeit. Die sichtbar werdende epistemische Macht weist zudem über die bildungswissenschaftliche Ebene hinaus auf kolonisierte und kolonisierende akademische Diskurse (vgl. Stein 2019), die nach und nach systematisch in den Blick geraten. Technische Bedingungen und kulturelle Normen des Fotografierens, die die Möglichkeiten des Sichtbarmachens mitbestimmen, wären in einer Fortführung des Zugangs ebenso in ihrer machtvollen Struktur reflexiv einzubeziehen. Der ‚fremde' Zugang weist damit Potenzial für die Weiterentwicklung eines *doing theory* auf: Auch in den Praktiken des Sichtbarmachens wird erstens mit Abstraktionen und Theorien umgegangen, zweitens werden ihre Eigenschaften genutzt, um mit der Visualisierung eine affektive oder reflexive Reaktion hervorzulocken und drittens entstehen in ihnen andere Übersetzungen von Vorstellungen, die weiteren Personenkreisen zugänglich sein können. Der Fokus auf Praktiken der Wissensarbeit, die in ihrer Vielfältigkeit Disziplinen überschreiten, ermöglicht zudem, im Hervorbringen von Wissen und Positionen Wirkung und Reichweite zu reflektieren, auf ihre Grenzen hinzuweisen und damit über disziplinäres Denken hinauszuweisen.

Literatur

Barthes, Roland (1989): Die helle Kammer. Bemerkungen zur Photographie. Frankfurt/M.: Suhrkamp

Biesta, Gert (2007): Bridging the Gap Between Educational Research and Educational Practice: The need for critical distance. In: Educational Research and Evaluation 13, H. 3, S. 295–301

Chakkalakal, Silvy/Amelang, Karin (2015): Kühne Wanderer auf Abwegen. Kulturwissenschaftliche Überlegungen zum Abseitigen. In: Berliner Blätter, H. 68, S. 7–16

Dippel, Anne (2015): Der Erlebnisstrom | Ein Werkzeug ethnografischen Schreibens. In: Berliner Blätter, H. 68, S. 72–83

Fendler, Lynn (2012): Lurking, Distilling, Exceeding, Vibrating. In: Studies in Philosophy of Education 31, H. 3, S. 315–326

Fendler, Lynn (2017): Apertures of Documentation: reading images in educational history. In: Paedagogica Historica 53, H. 6, S. 751–762

Fleck, Ludwik (1935/1980): Entstehung und Entwicklung einer wissenschaftlichen Tatsache. Einführung in die Lehre vom Denkstil und Denkkollektiv. Herausgegeben von Lothar Schäfer und Thomas Schnelle. Frankfurt/M.: Suhrkamp

Fleck, Ludwik (1936/1983): Das Problem einer Theorie des Erkennens. In: ders.: Erfahrung und Tatsache. Gesammelte Aufsätze. Mit einer Einleitung herausgegeben von Lothar Schäfer und Thomas Schnelle. Frankfurt/M.: Suhrkamp, S. 84–127

Fleck, Ludwik (1947/1983): Schauen, Sehen, Wissen. In: ders.: Erfahrung und Tatsache. Gesammelte Aufsätze. Mit einer Einleitung herausgegeben von Lothar Schäfer und Thomas Schnelle. Frankfurt/M.: Suhrkamp, S. 147–174

Heumann, Ina/Hüntelmann, Axel C. (2013): Einleitung: Bildtatsachen. Visuelle Praktiken der Wissenschaften. In: Berichte zur Wissenschaftsgeschichte 36, H. 4, S. 283–293

Krause, Sabine (2015): Unreflektierte Traditionen – verborgene Normen. Beobachtungen einer femme flaneur. In: Krause, Sabine/Breinbauer, Ines Maria (Hrsg.): Im Raum der Gründe. Einsätze theoretischer Erziehungswissenschaft IV. Würzburg: Königshausen & Neumann, S. 141–159

Krause, Sabine (2020): Photography, Taking Pictures and Critique – Brief Considerations. In: Ostkreuzschule für Fotografie (Hrsg.): New York Edited – In Limbo. München: kopaed, S. 34–35

Krause, Sabine/Kremsner, Gertraud/Proyer, Michelle/Zahnd, Raphael (2019): Doing Participatory Stories Research – Detoxing Narratives. In: Hoveid, Marit Honerød/Ciolan, Lucian/Paseka, Angelika/Silva, Sofia Marques da (Hrsg.): Doing Educational Research: Overcoming Challenges in Practice. London: SAGE Publications Limited, S. 114–131

Masschelein, Jan (2012): Inciting an Attentive Experimental Ethos and Creating a Laboratory Setting. Philosophy of Education and the Transformation of Educational Institutions. In: Zeitschrift für Pädagogik 58, H. 3, S. 354–370

Masschelein, Jan/Quaghebeur, Kerlijn (2006): Participation Making a Difference? Critical Analysis of the Participatory Claims of Change, Reversal, and Empowerment. In: Interchange 37, H. 4, S. 309–331

Niewöhner, Jörg/Kontopodis, Michalis (2010): Technologien des Selbst im Alltag. Eine Einführung in relational-materielle Perspektiven. In: Kontopodis, Michalis/Niewöhner, Jörg (Hrsg.): Das Selbst als Netzwerk: Zum Einsatz von Körpern und Dingen im Alltag. Bielefeld: Transcript, S. 9–24

Peters, Michael A. (2007): Kinds of Thinking, Styles of Reasoning. In: Educational Philosophy & Theory 39, H. 4, S. 350–363

Pink, Sarah (2003): Interdisciplinary Agendas in Visual Research: Re-situating Visual Anthropology. In: Visual Studies 18, H. 2, S. 179–192

Pink, Sarah (2011): Amateur Photographic Practice, Collective Representation and the Constitution of Place. In: Visual Studies 26, H. 2, S. 92–101

Popkewitz, Thomas S. (1997): A Changing Terrain of Knowledge and Power: A Social Epistemology of Educational Research. In: Educational Researcher 26, H. 9, S. 18–29

Rieger-Ladich, Markus/Rohstock, Anne/Amos, Karin (Hrsg.) (2019): Erinnern, Umschreiben, Vergessen. Die Stiftung des disziplinären Gedächtnisses als soziale Praxis. Weilerswist: Velbrück Wissenschaft

Sattler, Elisabeth (2009): Die riskierte Souveränität: Erziehungswissenschaftliche Studien zur modernen Subjektivität. Bielefeld: transcript

Schatzki, Theodore R. (1996): Social Practices. A Wittgensteinian Approach to Human Activity and the Social. Cambridge: Cambridge University Press
Shils, Edward (1971): Tradition. In: Comparative Studies in Society and History 13, H. 2, S. 122–159
Shils, Edward (1981): Tradition. Chicago: University of Chicago Press
Shils, Edward (1995): Academic Freedom and Permanent Tenure. In: Minerva 33, H. 1, S. 5–17.
Simons, Maarten/Masschelein, Jan/Quaghebeur, Kerlijn (2005): The ethos of critical research and the idea of a coming research community. In: Educational Philosophy and Theory 37, H. 6, S. 817–832
Stein, Sharon (2019): Beyond Higher Education as We Know it: Gesturing towards Decolonial Horizons of Possibility. In: Studies in Philosophy and Education 38, H. 2, S. 143–161
Thompson, Christiane (2011): Exercising Theory: A Perspective on its Practice. In: Studies in Philosophy and Education 30, H. 5, S. 449–454
Thompson, Christiane (2012): Theorizing Education and Educational Research. In: Studies in Philosophy of Education 31, H. 3, S. 239–250
Thompson, John B. (2005): The New Visibility. In: Theory, Culture & Society 22, H. 6, S. 31–51

Weitere Quellen

Curriculum für das Masterstudium Bildungswissenschaft. Universität Wien. Stand Oktober 2011. Veröffentlicht im Mitteilungsblatt UG 2002 20.06.2007, 29. Stück, Nummer 147; hier in der Fassung Mitteilungsblatt UG 2002 vom 29.09.2011, 34. Stück, Nummer 282. URL: https://senat.univie.ac.at/fileadmin/user_upload/s_senat/konsolidierte_Masterstudien/MA_Bildungswissenschaft.pdf (Abfrage: 05.05.2020)
Forschungstagebücher von Student*innen A und B
Seminarplan zum Seminar 2018 S 190086-1 WM12 Bildung – Alterität – Kultur(alität)
Transkript AL-C

Methode als Haltung: Der doppelte hermeneutische Respekt

Tatjana Schönwälder-Kuntze[1]

1 Anlass und Rahmen des Beitrags[2]

Der Beitrag geht zurück auf eine Tagung mit dem Titel „Zu Praktiken und Formen der Theorie. Perspektiven der Bildungsphilosophie". Jedes der titelgebenden Worte könnte für sich in Anspruch nehmen, aufgrund seiner immanenten semantischen Vielfalt einen eigenen Beitrag wert zu sein – was umso mehr für deren konstatierten Zusammenhang gilt: Was unterscheidet *Praxis* von *Form* – oder gar von der Form einer *Theorie*? Praxis (πρᾶξις) meint das Tun, die Tat, die Verrichtung, die Handlung; Form ist dem lateinischen *forma* entlehnt, das wiederum als Übersetzung für Idee (ἰδέα) fungiert hat und die Erscheinung, das Aussehen, bei Platon das Urbild bezeichnet. Theorie ist der Substantivierung des Verbes theoreîn (θεωρεῖν) entlehnt, dessen deutsche Übersetzung Beobachten, Anschauen, Betrachten lautet. Was also unterscheidet die drei Nomen, wenn sie überhaupt etwas unterscheidet? Ist nicht Theorie schon ein bestimmtes In-Erscheinung-Treten von Beobachtung? Sodass die drei Wörter eigentlich auf ein und denselben Prozess hinweisen könnten?[3] Der allerdings immer ein *bestimmter* Prozess ist, weil es eben um eine bestimmte Art von Handlung geht, für die das Wort „Theorie" steht? Das heißt auch: Theorie gäbe der Praxis, *dieser* Praxis ihre spezifische Form. Dann wäre diese Praxis diejenige Handlung, die beobachtend, anschauend, betrachtend aussieht, als solche erscheint.

---

1 Ich danke Gloria Freitag, Heinz Jiranek und Stephan Packard für wertvolle Hinweise und Gespräche sowie den vielen anderen, die mir in meinen Seminaren durch ihre Bereitschaft, sich offen auf die Texte, auf sich und die anderen einzulassen, gezeigt haben, was möglich ist.

2 Dieser Beitrag reflektiert als dritter philosophische Methoden – aus einer die Haltung betreffenden Perspektive. Die anderen beiden richten den Blick auf ihren Zweck, d. h. Aufklärung und Kritik i. w. S. (Schönwälder-Kuntze 2020, 175–189), sowie auf ihre Grenzen (Schönwälder-Kuntze 2021).

3 Hier ließe sich beispielsweise mit Kant antworten, der Theorie u. a. so definiert: Sie sei der „Inbegriff [...] praktische[r] Regeln [...], wenn [sie] als Prinzipien in einer gewissen Allgemeinheit gedacht werden, und dabei von einer Menge Bedingungen abstrahiert wird, die doch auf ihre Ausübung notwendig Einfluß haben" (Kant 1793, S. 273). Im Gegensatz dazu versteht er unter Praxis: „Umgekehrt heißt nicht jede Hantierung, sondern nur diejenige Bewirkung eines Zwecks Praxis, welche als Befolgung gewisser im allgemeinen vorgestellter Prinzipien des Verfahrens gedacht wird" (ebd.).

Erweiterte man den Blick noch auf den Untertitel, ließe sich fragen, worin die Differenz zu den dort genannten Perspektiven besteht? Betrachten sie den Zusammenhang zwischen Praxis, Form und Theorie in einem reflexiven Sinne? Oder *sind* die Perspektiven nicht nur Beobachtungspraxen, sondern bereits verschiedene Theorieformen? Beim Untertitel verweilend schlösse sich sogleich die Frage an, was diese Praxen oder reflexiven Perspektiven, „Bildung" und „Philosophie" miteinander zu tun haben? Und schließlich: Lässt sich hier ein Zusammenhang mit philosophischen Methoden herstellen und wenn ja, welcher? In welches Verhältnis lassen sich philosophische Methoden und Praxen, Theorieformen, Perspektiven und Bildung setzen? – Ich will es vorerst dabei belassen, weil die gestellten Fragen hoffentlich ausreichend zeigen, dass schon der Titel einer Veranstaltung in keinem Fall eindeutig ist in dem Sinne, dass seine Prämissen und das, was die Syntax suggeriert, sich von selbst verstehen.

Von Sokrates bis Judith Butler besteht die genuine Praxis der Philosophie darin, Fragen zu stellen und zwar vor allem dort Fragen zu stellen, wo sich die gemeine Selbstverständlichkeit – im wahrsten Sinne des Wortes – breitgemacht hat. Nun ist es aber nicht so, dass das Fragen-Stellen selbst keine Variationen zuließe, denn es gibt verschiedene Weisen zu fragen, wie etwa: „Was ist etwas?"; „Wie ist es beschaffen, entstanden, wird es gedacht und zu welchem Zweck?"; „Wozu oder warum ist etwas so und so, wird es auf diese Weise aufgefasst?" Auch gibt es verschiedene Aspekte, auf die sich die Fragen beziehen können: auf Sinn, Bedeutung und Extension von Wörtern, auf Zusammenhänge/Relationen zwischen Wörtern, auf die (Denk-)Voraussetzungen ihres sinnvollen Gebrauchs oder Missbrauchs, auf ihre Kon- und Kotexte, auf ihre formgebenden, eröffnenden oder verletzenden Effekte, auf die Bedingungen ihrer Möglichkeit etc.

Solche und viele weitere Fragen werden in der kontinentalen Theorietradition des kritischen Reflektierens und Dekonstruierens, der ich mich verpflichtet fühle, gestellt. „Kritik" meint hier ein unablässiges Hinterfragen der Prämissen, die bestimmte theoretische Überzeugungen plausibel, aber eben nicht voraussetzungslos notwendig machen. Es handelt sich mit Foucault um die Suche nach den Grenzen unseres Denkens, Problematisierens, Sehens, Konzeptualisierens. Diese Grenzen sind aufzusuchen, „um der Ungeduld der Freiheit Gestalt zu geben" (Foucault 1984/2005, S. 707), um sie in transformativer Absicht zu überschreiten. Im Anschluss an Derrida und Butler kann man sagen, dass die Grenzen durch das Überschreiten nicht nur sichtbar gemacht, sondern allererst auch *als* Grenzen virulent werden, da es jetzt ein Jenseits dessen gibt, was vorher das Denkbare bestimmt hat (vgl. Derrida 2003, S. 16, 24; Butler 2011; Schönwälder-Kuntze 2018b). Die Objekte solcher Suche sind spätestens seit Kant – aber eigentlich auch schon bei Sokrates oder Thomas von Aquin – philosophische, theologische oder sonstige Diskurse, deren Merkmal es ist, sich in einem Raum des Denkbaren zu bewegen, der aus einer ideologiekritischen Perspektive legitim oder erlaubt genannt werden kann. Denn diese Diskurse nehmen nicht nur die gewohnten Denkmuster, sondern gleichfalls (nur) die bislang anerkannten Regeln der Wissensproduktion in Anspruch. So reproduzieren sie (lediglich) bereits bekannte Prämissen oder Denkwege – mithin Methoden –, ohne tatsächlich Neues denkbar zu machen. Laut oder leise, explizit oder implizit, intendiert oder ungewusst. Kritisches Denken postuliert hingegen für sich, solche Denkgrenzen zu überschreiten, womit neue Denkweisen ermöglicht und andere Sichtweisen denkbar werden.

2 Bedeutungen der Bezeichnung „philosophische Methode"

Was also sind aus dieser Perspektive „philosophische Methoden"? Etymologisch bedeutet „Methode" einen Nach-Gang oder -Weg (μέτα ~ nach; ὁδός ~ Weg), der mit dem Prädikat verbunden wird, das der „Liebe zur Weisheit" (φιλία ~ Freundschaft; σοφία ~ Weisheit) entlehnt ist. Es handelt sich folglich um einen Weg zu einer Art Wissen, das Weisheitsstatus verspricht. Und es handelt sich um einen Weg, der bzw. dem *nach*gegangen werden kann: Er ist also schon da und erneut beschreitbar. Die Bezeichnung „philosophische Methode" hat mehrere unterscheidbare Bedeutungen. In der Philosophie haben wir es m. E. mit wenigstens drei zu tun: Methode verstanden als erkennende Denkweise oder -tätigkeit i. w. S., die auf einen materiellen oder intelligiblen Gegenstand bezogen ist. Methode als intersubjektive Praxis, die etwas mit einer lehrenden/lernenden Praxis zu tun hat, also im weitesten Sinne mit Pädagogik. Als solche wird sie als Ethos bzw. Haltung, Umgangsweise anderen gegenüber aufgefasst. Diese Auffassung findet sich in jüngster Zeit etwa bei Rancière, aber auch bei Foucault, Derrida oder Spivak – aber auch schon in der Antike bei Platons Sokrates. Die dritte Auffassung schreibt philosophischen Methoden eine wissenschafts- oder metatheoretische Bedeutung zu, weil sie reflexiv Aussagen darüber machen, wie geforscht wird und was das möglicherweise für den Gegenstand bedeutet, der beforscht wird. Hier geht es also um unterschiedliche Wissenschaftspraktiken – Wissen schaffende Praktiken –, um *doing theory*, manchmal gefolgt von Überlegungen, die auch in Anlehnung an Austin dem *doing things* gewidmet sind.

Keine der drei Bedeutungen schließt die anderen zwei vollkommen aus, sodass nur eine Geltung beanspruchen dürfte. Die unterscheidende Abgrenzung bleibt folglich unscharf und muss es auch bleiben. Sie stehen daher auch nicht einfach einander ergänzend nebeneinander, weil sich die drei Felder, auf die sie sich beziehen, teilweise überlappen. So hat z. B. die Wahrnehmung der Anderen unmittelbar etwas mit der Haltung zu tun, die man ihnen gegenüber einnimmt. Insofern die dritte, wissenschaftstheoretische, Auffassung die erste, erkenntnistheoretische, iteriert, sollte auch eine gewisse Konsistenz zwischen ihnen gegeben sein. Das gilt vor allem für die Wahl der zugrundeliegenden Prämissen. Eine Theorie etwa, deren erkenntnistheoretischer Standpunkt mit Kant davon ausgeht, dass unsere Beobachtungsweise konstitutiv ist für die Gegenstände der Wahrnehmung, wird entsprechend auf der wissenschaftstheoretischen Ebene die

Auffassung vertreten, dass Wissenschaften ihre Gegenstände konstituieren durch die Art und Weise, *wie* sie beobachten. Trotz unterschiedlicher Anwendungsfelder gibt es folglich strukturelle oder formale Übereinstimmungen bzw. sollte es sie aus Kohärenzgründen und zum Zwecke der Konsistenz geben.

Quer zu den unterschiedlichen Anwendungsfeldern besteht eine weitere Unterscheidung darin, dass alle drei Bedeutungen je nach Perspektive sowohl Inhalt oder Gegenstand des reflektierenden Denkens als auch den prozessualen Vollzug, die Form einer Denktätigkeit bzw. Praxis *in concreto, in actu, en situation* bezeichnen. Das macht die Sache komplex und verführt um der Vereinfachung willen zu schnellen Schlüssen. Das wiederum trägt nicht zur Klärung dessen bei, was infrage steht. Kurz: Wenn es um philosophische Methoden geht, haben wir es häufig insofern mit dem *Ganzen* zu tun, als es um erkenntnistheoretische, aber auch relationale Grundbedingungen geht: Wie nehmen wir überhaupt wahr? Und welche Wirkungen hat das auf die wahrgenommenen Gegenstände? Welche Haltung nehmen wir in pädagogischer Absicht anderen gegenüber ein? Was lässt uns wissen, dass unsere Art, zur Weisheit oder wenigstens zu Erkenntnissen zu gelangen, angemessen ist? Und was meint Weisheit bzw. Erkenntnis überhaupt?

Solche Fragen können hier nur berührt, aber nicht beantwortet werden. Sie werden auf der ganzen Welt seit Jahrtausenden immer wieder auf unterschiedliche Weise mit unterschiedlichen Ergebnissen gestellt. In der abendländischen Philosophie haben sie zu einer Ausdifferenzierung der Disziplinen geführt, deren Fragestellungen erkenntnistheoretischer, ontologischer bis ethischer Natur sind. All das lässt sich nicht abschließend und schon gar nicht in einem Aufsatz beantworten. Eine Darstellung unterschiedlicher moderner Reflexionen auf Methoden als Denkweise bzw. -tätigkeit im Anschluss an Kants „Kritik der reinen Vernunft“ habe ich an anderer Stelle versucht (vgl. Schönwälder-Kuntze 2020).[4] Sechs der sieben dort skizzierten Methoden verstehen sich als Verfahren zur Wissensgenerierung, also immer auch als Anleitungen für die Wissenschaft(en); die ersten vier haben zudem den Anspruch, konkrete Beschreibungen dessen zu sein, *wie* wir denken. Daher kommt dem Ausdruck „Methode“ bei einigen Theoretiker*innen neben der erkenntnistheoretischen Bedeutung auch eine ontologische Bedeutung zu.[5] Dann geht es um die Funktionsweisen des bewussten, denkenden (Da-)Seins.

---

4 Im Einzelnen werden sieben philosophische Methoden skizziert, die ich transzendentales Begründen, dialektisches Rekonstruieren, phänomenologisches Einklammern, hermeneutisches Verstehen, analytisches Verdeutlichen, diskursives Ordnen und dekonstruktives Fragen genannt habe.

5 So etwa bei Descartes, Kant, Fichte und Hegel bis Husserl, Heidegger und Sartre. Descartes etwa spricht von der *res cogitans* – was ihm bis heute den Vorwurf einbringt, er denke hier an eine Substanz in einem materiellen Sinne. Dabei handelt es sich um Sammelbegriffe (*summa genera*), die Descartes wählt, um die beiden Modi Materialität und Denken als von Gott geschaffene auszuzeichnen: „Unter Substanz können wir nur ein Ding verstehen, das so existiert, daß es zu seiner Existenz keines anderen Dinges bedarf [...] Gott. Dagegen

Fragt man in einer erneuten Abstraktionsbewegung, wie die allen gemeinsamen, genuinen Denktätigkeiten aussehen, ließen sich drei sehr basale Denkbewegungen oder -prozesse unterscheiden: Analyse, Synthese, Kritik. Freilich können auch diese noch einmal spezifiziert werden, je nach Gegenstand, der analysiert wird oder Anspruch, der erhoben wird. So ist beispielsweise die Analyse oder das Auseinanderlegen eines Begriffs eine andere Art der Differenzierung als das Unterscheiden der Spezifika einer Epoche; ebenso wie Synthese als Identifikation etwas anderes meint als bloßes Zusammenfügen. Kritik wiederum scheint etwas aus dem zu machen, was gegeben bzw. geworden ist oder bislang gedacht wird, weil sie es intendiertermaßen verändert. Denn sie will neue Denkräume eröffnen für neue Auffassungen oder Sichtweisen, sodass mit ihr *immer* auch eine Überschreitung des aktuell Gegebenen, wie z. B. aktuelle Problemauffassungen, einhergeht. Zusammengefasst und im Anschluss an die Moderne prägende Denker*innen wie Kant, Hegel und Sartre (unter anderen), besteht das genuine Tun, das wir Denken nennen, aus Synthetisierungen (Kant), Differenzierungen (Hegel) und damit ganz grundlegend aus unaufhörlichen Überschreitungen des Gegebenen, Verschiebungen der Bedeutungen und (damit) des faktisch/normativ Festgeschriebenen (Sartre, Derrida und Butler – beispielsweise).

All diese Felder werden beschritten bzw. könnten beschritten werden, wenn es um philosophische Methoden geht. Und noch einige mehr, wie etwa die Frage nach logischen Schlüssen oder Schlussformen wie Deduktion, Induktion und Abduktion.[6] Eine weitere Bedeutung liegt in der Frage nach der richtigen Haltung, durch die gelehrt und gelernt wird und zwar auf beiden Seiten. Das ist das Thema der folgenden Ausführungen: die Bedeutung, nach der Methode als Haltung/Praxis anderem bzw. anderen gegenüber aufgefasst wird. Ich nenne sie die „Haltung des doppelten hermeneutischen Respekts" (vgl. Schönwälder-Kuntze 2016).

---

kann man die körperliche Substanz und den Geist oder die denkende Substanz, als geschaffen, unter einem gemeinsamen Begriff fassen, weil sie Dinge sind, die bloß Gottes Beistand zu ihrem Dasein bedürfen. … und das Denken macht die Natur der denkenden Substanz aus" (Descartes 1647/1965, S. 16 ff.).

Zu Kant und Fichte vgl. etwa Siemek 1984; zu Kant vgl. Esser 2019; Schönwälder-Kuntze 2010; und zu Sartre vgl. Schönwälder-Kuntze 2001/2021.

6 Der Ausdruck „Abduktion" wurde von C. S. Peirce geprägt. Abduktion bezeichnet neben dem sicheren Schluss von einem Fall nach einer bekannten Regel auf ein Resultat (Deduktion) und dem unsicheren Schluss von mehreren besonderen Fällen und Resultaten auf eine allgemeine Regel (Induktion) den Vorgang, bei dem ein überraschendes, nicht vorhergesehenes Resultat auf eine Regel zurückgeführt wird, die dieses Resultat als *möglichen* Fall enthält: „Deduction proves that something *must* be; Induction shows that something *actually is* operative; Abduction merely suggests that something *may be*. Its only justification is that from its suggestion deduction can draw a prediction which can be tested by induction, and that, if we are ever to learn anything or to understand phenomena at all, it must be by abduction that this is to be brought about. No reason whatsoever can be given for it, as far as I can discover; and it needs no reason, since it merely offers suggestions" (Peirce 1903/1965, S. 171). Siehe auch Baggini/Fosl 2010, S. 42 ff.

3 Die Haltung des doppelten hermeneutischen Respekts

Es mag – heutzutage – vielleicht ungewöhnlich erscheinen, die lehrende und lernende *Haltung* anderen und anderem gegenüber als *philosophische* Methode auszuzeichnen, handelt es sich doch um eine Frage der Pädagogik. Hinzu kommt die Frage, ob Verstehen überhaupt noch *en vogue* ist, wenn Kommunikation, wie Luhmann sagt, höchst unwahrscheinlich ist und Verständnis im Sinne eines Einverständnisses über den Inhalt einer Botschaft dafür gar nicht vorausgesetzt werden muss, weil Kommunikation insbesondere durch gelingende Anschlüsse erfolgt, gleichgültig, ob sie verstehend sind oder nicht. Erscheint dann nicht eine Haltung, die sich u. a. als hermeneutisch qualifiziert, als anachronistisch? Denn wenn Luhmann zuzustimmen wäre, was könnte dann noch mit welchem Anspruch gelehrt und gelernt werden? Wissen? Wahrheit? Und was sollte und könnte dann noch verstanden werden? Vor welchem Hintergrund? Vielleicht geht es aber gerade nicht *nur* um die Inhalte, sondern in besonderem Maße um die Form, die *Art und Weise*, in der etwas aufgefasst und dann vermittelt wird, in der gewissermaßen der Kontakt mit dem oder den anderen aufgenommen, wie er gestaltet wird und was er möglich machen soll? Damit ginge es gerade um (weitere) Anschlussfähigkeit, die anstelle eines Kontaktabbruchs durch Unverständnis oder Missverständnisse die Kommunikation aufrechterhält, auch im Sinne Luhmanns?

Aus dieser Perspektive kann der doppelte hermeneutische Respekt als eine Haltung verstanden werden, die Veränderung des Denkens durch Verständnis für andere Sichtweisen und Auffassungen ermöglicht. Lernen wird so als ein Prozess verstanden, der auf zweierlei Arten Veränderung impliziert: Erstens eine erweiternde Veränderung des je eigenen Standpunktes durch das Kennenlernen anderer Perspektiven und Auffassungen. Wobei Veränderung hier *nicht* bedeutet, in jedem Fall die eigenen Grundüberzeugungen bzw. Prämissen ad acta zu legen, sondern erst einmal darin, überhaupt *andere, neue* Perspektiven kennenzulernen. Das setzt wenigstens die Bereitschaft voraus, eine bestimmte, *Verstehen wollende* Haltung einzunehmen. Im Lehrkontext zeigt sich die Haltung des doppelten hermeneutischen Respekts zunächst im Umgang mit Inhalten von Texten oder Redebeiträgen, insofern sie mit einem wohlwollenden Vorurteil das Präsentierte zu verstehen sucht. Dafür gilt es sowohl *Kohärenz* als auch *Konsistenz* vorauszusetzen im Sinne von „wohlwollend annehmen" und danach zu suchen. Das heißt mit Blaise Pascal (schon 1670), solange nach dem Sinn zu suchen, bis man eine Interpretation gefunden hat, die alle Widersprüche auflöst.

> „Contradiction. […] pour entendre le sens d'un auteur il faut accorder tous les passages contraires. Ainsi pour entendre l'Écriture il faut avoir un sens dans lequel tous les passages contraires s'accordent; il ne suffit pas d'en avoir un qui convienne à plusieurs passages accordants, mais d'en avoir un qui accorde les passages même contraires.

Tout auteur a un sens auquel tous les passages contraires s'accordent ou il n'a point de sens du tout. [...] Il faut donc en chercher un qui accorde toutes les contrariétés" (Pascal 1670).[7]

Damit ist nicht unbedingt eine dem Popper'schen Ideal der Falsifikation entgegengesetzte Auffassung gemeint,[8] da man die beiden Hinsichten auch konsekutiv verstehen kann: Bevor etwa nach *immanenten Widersprüchen* gesucht werden kann, ist es sinnvoll, den immanenten Bereich erst einmal abzustecken und als widerspruchsfrei anzunehmen. Es macht nämlich einen Unterschied, ob sich die Widersprüche immanent ergeben – in der Sprache der Logik, ob der Kalkül nicht korrekt ist –[9] oder ob Widersprüche dadurch erzeugt werden, dass man von außen *andere* Maßstäbe oder Prämissen hineinträgt; gleichsam mit einer Brille schaut, die das Vorgetragene erst gar nicht verstehen lässt.

Für Kant sind solche „Einwürfe [...] also nichts als Missverständnisse [...], deren Möglichkeit befremden müsste, wenn nicht der menschliche Hang, seinem einmal gewohnten Gedankengange auch in der Beurteilung fremder Gedanken zu folgen und so jenen [gewohnten Gedankengang] in diese hineinzutragen, ein solches Phänomen hinreichend erklärte" (Kant 1793, S. 281).

Es geht also erstens darum, das Dargebotene vor dessen je *eigenem* Hintergrund, den eigenen Prämissen als sinnvoll verstehen zu wollen. Und das bedeutet eben zunächst, nach Kohärenz oder Sinn zu suchen, das heißt nach dem, was die einzelnen Sätze, Absätze und Inhalte im Ganzen in einen Zusammenhang bringt, ihm mithin seine spezifische Bedeutung verleiht.[10] Dabei spielen auch Kontext,

7 Auf Deutsch: „Widerspruch: [...] um die Bedeutung/den Sinn eines Autors zu verstehen, müssen alle widersprüchlichen Stellen versöhnt werden. Denn um den Text zu verstehen, muss man eine Bedeutung kennen, die alle widersprüchlichen Passagen versöhnt; es reicht nicht aus, eine Bedeutung zu finden, die zu den meisten miteinander im Einklang stehenden Stellen passt, sondern man muss eine haben, die auch die widersprüchlichen Passagen in Einklang bringt. Jeder Autor hat einen Sinn, unter dem sich alle Widersprüche auflösen oder er hat gar keinen. Demnach gilt es, diesen Sinn, diese Bedeutung zu suchen, unter der sich alle Widersprüche auflösen" (eigene Übersetzung).

8 Natürlich ist Poppers Falsifikationsgewähr die Empirie, also ein Widerspruch zwischen empirischen Daten und theoretischen Hypothesen. Dennoch ist es passend, die hier vertretene Suche nach Kohärenz und Konsistenz Poppers Falsifikationsideal gegenüberzustellen, weil häufig die *eigenen* Prämissen unerkannt so wirken wie Poppers empirische Falsifikation.

9 Die Korrektheit eines logischen Kalküls zeigt sich darin, dass aus seinen Prämissen keine zu den Prämissen oder zueinander im Widerspruch stehenden Sätze abgeleitet werden können.

10 Um einem möglichen Missverständnis in Bezug auf die Rede vom *Sinn* eines Textes vorzubeugen, ist Folgendes zu beachten: Es geht nicht um einen überzeitlichen Sinn, wie ihn etwa Gadamer zu finden hofft. *Sinn* ist hier vielmehr so zu verstehen, wie beispielsweise Luhmann

Kotext und Prämissen eine entscheidende Rolle. Dies gilt im Übrigen für alle Beitrage im Diskurs – seien es Texte, Bilder oder aktuelle Redebeiträge in einer Gesprächssituation.

Diese Haltung wurde erstmals 1974 von Donald Davidson „*principle of charity*"[11] oder auch „*principle of rational accommodation*" genannt: „We make maximum sense of the words and thoughts of others when we interpret in a way that optimizes agreement. This includes room [...] for explicable errors, i. e. differences of opinion" (Davidson 1984, S. 197).[12] Will man tatsächlich etwas über eine oder aus einer anderen Perspektive lernen, gilt es folglich erstens, solch eine wohlwollende Haltung dem Präsentierten gegenüber einzunehmen – was im Übrigen auch für jede andere Gesprächssituation gelten könnte.

Zweitens lässt einen diese Haltung nicht nur etwas von anderen lernen, sondern auch etwas über sich selbst. Denn gerade das Unbehagen an anderen Inhalten lässt die eigene Perspektive samt Grundüberzeugungen, die einem selbst bis dahin vielleicht noch gar nicht so klar waren, erst sichtbar werden. Das wird dann möglich, wenn man sich an den Stellen, an denen einem etwas „falsch" oder eben „widersprüchlich" erscheint, nicht sofort abwendet, sondern sich fragt, an welchen eigenen, vielleicht bis dato impliziten Prämissen oder Denkgewohnheiten das Unverständnis liegen könnte. Das Unbehagen an dem, was andere sagen,

---

von einer Problemstellung oder dem Problem spricht, auf das der Text antworten will. Das positive Vorurteil besteht so betrachtet darin, dem Text eine konsistente Antwort auf ein (historisch variables) Problem zu unterstellen, ohne deshalb die vorgetragene Lösung akzeptieren zu müssen. „Der Text bleibt aktuell, solange seine Problemstellung kontinuierbar ist. Er bleibt maßgebend in einem ambivalenten Sinne: Man kann an ihm ablesen, was zu leisten wäre, aber nicht mehr: wie es zu leisten ist" (Luhmann 1992/2008, S. 8).

11 Der Name „*principle of charity*" stammt wohl von Neil L. Wilson. Er verwendet ihn in dem Aufsatz „Substances without Substrata" (vgl. Wilson 1959) im Zusammenhang mit Fragen nach Wahrheitsbedingungen. Hier erörtert er u. a., unter welchen Bedingungen welches Individuum am zutreffendsten mit welchem Namen bezeichnet werden kann. Die höchste Trefferwahrscheinlichkeit spricht er demjenigen Individuum zu, das die meisten der bekannten Sätze/Prädikate, die einem Namen zugeschrieben werden, erfüllt: „And so we act on what might be called the Principle of Charity. We select as designatum that individual which will make the largest possible number of Charles' statements true. In this case it is the individual, Julius Caesar. We might say the designatum is that individual which satisfies more of the asserted matrices containing the word ‚Caesar' than does any other individual" (ebd., S. 532). Auch wenn sich Davidsons „*agreement*" auf die Bedeutungen der Sätze untereinander bezieht und folglich um eine Pascal'sche Interpretation, schließt er mit seinem Gebrauch insofern an Wilson an, als er wohlwollend nach deren größtmöglichen Übereinstimmungen sucht.

12 1991 hat Davidson das Prinzip weiter differenziert in ein „*principle of coherence*", ein „*principle of correspondence*", das nach Merkmalen sucht, auf die *alle Menschen* unter gleichen Umständen reagieren würden sowie ein „*humanity principle*", das davon ausgeht, dass *alle* unter gleichen Umständen das gleiche annehmen würden (vgl. Davidson 1991, S. 158). Diese letzten beiden Auffassungen sind hier *nicht* gemeint – vielmehr ist nur das Vorurteil der widerspruchsfreien Kohärenz bzw. Konsistenz gemeint.

lässt sich also als Gelegenheit auffassen, *sich* in die Reflexion zu zwingen und dabei herauszufinden, von welchen scheinbar unumstößlichen sicheren Gewissheiten ausgehend man selbst glaubt, urteilen zu können, ohne sich dessen immer schon wissend bewusst zu sein. Kurz: Diese Haltung scheint mir ausgesprochen gewinnbringend, weil sie hilft, das eigene Denken nicht nur erweiternd, sondern möglicherweise auch korrigierend zu verändern. So heißt es beim jungen Hegel über das Studieren, das man mit dem Lernen gleichsetzen kann: „Studieren heißt, das als wahr anzusehen zu bekommen, was andere gedacht haben. Aber [wenn man damit] zuerst als mit einem Falschen gleich fertig [zu] sein meint, kennt man die Dinge nicht" (Hegel 1801–1807/1986, S. 558).

Lernen heißt dann nicht, das, was man immer schon wusste, immer und immer wieder bestätigt zu bekommen, sondern gerade, durch andere Perspektiven kennen- und so vielleicht kurzzeitig die Welt mit etwas anderen Augen sehen zu lernen. Auf diese Weise dient diese Haltung auch zum Schutz vor eigenen falschen, abwertenden Vorurteilen, weil sie einen im Zweifel auf das eigene Unbehagen reflektieren lässt unter der Frage, ob es sich um einen immanenten oder einen von außen provozierten Widerspruch handelt. Martin Heidegger beschreibt mit ähnlicher Intention eine solch wohlwollende Haltung Texten gegenüber als „Gespräch mit der Geschichte" (Heidegger 1957/2002, S. 39), das einen „Schritt-zurück" (ebd., S. 42) in einem zweifachen Sinne impliziert. Zum einen ist damit ein zeitlicher Schritt zurück *in* die Geschichte gemeint. Dabei geht es um ein möglichst adäquates Aufdecken und Verstehen der jeweils ordnenden Denkmuster oder Prämissen. Zum anderen meint „einen Schritt zurücktreten" aber auch den Versuch, die je eigenen kategorialen Denkmuster oder Prämissen durch das Zurücktreten reflexiv in den Blick zu nehmen.

Das Unbehagen mit dem präsentierten Inhalt wird folglich nicht unmittelbar dem Inhalt, sondern vielmehr dem eigenen Unverständnis zugeschrieben und zwingt damit in die Reflexion auf die Prämissen, Semantiken, Denkmuster, Kon- und Kotexte der je eigenen Überzeugungen.[13] Mit Hannah Arendt in Bezug auf kritisches Hinterfragen formuliert:

---

13 Auch das Sokratische Fragen ließe sich als ein ‚In-die-Reflexion-Zwingen' verstehen: Wenn Sokrates seine meist der sophistischen Rhetorik zugeneigten Gesprächspartner immer wieder ihrer sicher geglaubten Überzeugungen beraubt, verwirrt er sie in der Regel so sehr, dass sie wenigstens einsehen, in Bezug auf das je spezifische Thema nicht mehr zu wissen. Mit Hannah Arendt: „Nach all dem, was wir von Sokrates' Wirkung wissen, ist es offensichtlich, dass viele seiner Zuhörer nicht mit einer wahrhaftigeren Meinung nach Hause gegangen sind, sondern mit gar keiner […]: alle Meinungen sind zerstört, aber keine Wahrheit tritt an ihre Stelle" (Arendt 1954/2016, S. 64). Vgl. etwa exemplarisch Platons Dialog „Menon" (vgl. Platon 1984), in dem Sokrates seinem Gesprächspartner Menon am Beispiel eines Sklaven vorführt, was er zugleich mit Menon selbst macht: ihm seine eigene Unwissenheit aufzeigen und das heißt, ihn zur Reflexion auf seine (Un-)Kenntnis zwingen.

„Kritisches Denken bezieht sich nicht nur auf Lehren und Vorstellungen, die man von anderen erhält, nicht nur auf Vorurteile und Traditionen, die man ererbt; vielmehr erst in der Anwendung kritischer Maßstäbe auf sein eigenes Denken erlernt man die Kunst kritischen Denkens" (Arendt 1970/2012, S. 67).

Wir haben es also mit einem doppelten Gewinn zu tun, der aus der Erweiterung der Perspektive um die von anderen und der Explikation der eigenen Perspektive besteht. Man könnte von einem horizontalen und einem vertikalen Gewinn sprechen. So verspricht die vorgestellte Haltung ebenso Einsichten in das fremde wie reflexiv in das eigene Denken. Durch das Wohlwollen dem Dargebotenen gegenüber ist sie gleichzeitig respektvoll, weil sie *sieht* und *sehen will*, was präsentiert wird, ohne mit ihm gleich als mit einem Falschen fertig zu sein.

Warum lässt sich diese Haltung eine Haltung des *Respekts* nennen? Respekt ist eine Ableitung von respectare[14], das ursprünglich ein ganzes Bündel von Bedeutungen umfasst, die alle eines gemeinsam haben: Das Verb bedeutet mehr als nur „etwas anblicken" oder „beachten"; es bedeutet auch „sich umdrehen", „hinter sich etwas bemerken" und trägt somit das reflexive Moment schon in sich. Zudem weist das „re-" auf ein iteratives Moment hin, das impliziert, dass das Etwas nicht einfach sichtbar oder da ist, sondern eines erneuten, wiederholten Blickes bedarf, re-spektiert werden muss. In diesem Sinne steht „Respekt" dafür, dass es um eine Haltung geht, die auf einer *konstitutiven Ignoranz* des Dargebotenen beruht, weil sie eben nicht schon von vornherein weiß, worum es dem anderen geht. Sie bedarf daher eines prinzipiell nicht endenden, wiederholten und erneuten Blickes, um zu verstehen – wenigstens vorübergehend, situativ, immer wieder.

Zusammengefasst ist die vorgestellte Haltung geprägt von einer prinzipiellen Offenheit gegenüber der Veränderung des eigenen Denkens, die in jedem Fall *passiert*, allein schon aufgrund der Tatsache, Anderes kennenzulernen. Der Gewinn verdoppelt sich, wenn mögliches eigenes Unbehagen als Hinweis aufgefasst wird, sich seiner eigenen, meist impliziten Denkmuster und Prämissen bewusst zu werden, sie gleichsam aus der Latenz zu heben und dabei etwas über sich zu lernen.[15] Respekt ist dabei die unerlässliche Voraussetzung des Kontakts mit dem anderen; er impliziert dem Präsentierten gegenüber das wohlwollende Vorurteil oder den vorläufigen Kredit, dass es in seinem Zusammenhang sinnvoll ist. Ein Effekt dieser Haltung besteht darin, einen Raum zu eröffnen, in dem sich durch die gemeinsame Arbeit am Text bzw. an den Beiträgen etwas entwickeln

14 „*Respectare*": anblicken, sich umblicken, hinter sich erblicken, hinter sich bemerken, berücksichtigen, beachten etc.

15 Nach Marx und Engels heben beispielsweise Horkheimer in seinem Aufsatz zur traditionellen und kritischen Theorie oder Judith Butler in ihrer Auseinandersetzung mit Vertreterinnen der Kritischen Theorie erneut die politische Dimension der Selbstreflexion der eigenen (Denk-)Position hervor, um deren ideologischen Gehalt aufzuspüren; vgl. hierzu Schönwälder-Kuntze 2018a.

kann – eventuell etwas, das die Ungeduld der Freiheit des Denkens zu zeigen vermag. Das jedenfalls zeigt die Erfahrung und bleibt die Hoffnung. Zum Abschluss bleibt noch zu versuchen, ein paar mögliche Missverständnisse bereits im Vorfeld zu klären. Sie könnten auf häufig anzutreffenden verkürzenden Identifikationen beruhen: Eine erste geht davon aus, dass etwas verstehen, Zustimmung bzw. Affirmation bedeutet oder gar, es auch gut und richtig zu finden; eine zweite identifiziert Erklärung mit Begründung oder Rechtfertigung. Beide Identifizierungen können, müssen aber nicht zutreffen.

4 Verstehen heißt nicht Zustimmen – Erklären heißt nicht Begründen

„Verstehen" bedeutet zunächst nichts weiter, als eine Aussage in dem Kontext oder vor dem Hintergrund, vor dem sie gedacht wird, kohärent und konsistent denkbar zu machen. Das bedeutet jedoch mitnichten, dass diese Haltung implizieren würde, dass den Prämissen bzw. den Inhalten zuzustimmen ist. Denn *dass* sie gefolgert werden können, also korrekte Schlüsse aus den Prämissen darstellen, bedeutet keinesfalls, auch ihren Inhalten zuzustimmen. Eine korrekte Syntax samt möglicher Folgerbarkeit ist keinesfalls äquivalent mit einer plausiblen oder zustimmungsfähigen Semantik, weder in Bezug auf die Prämissen noch auf die Schlüsse. Um daher möglichen weiteren Missverständnissen vorzubeugen, gilt es, explizit auf zweierlei hinzuweisen: Erstens heißt Verstehen *nicht unbedingt* und *nicht notwendig* Affirmieren, sondern in der Sprache der Logik einer Aussage ihre Korrektheit zu bescheinigen. Das bedeutet – um es noch einmal zu betonen – weder, den Prämissen zuzustimmen noch den Aussagen, die aus ihnen gefolgert werden können. Vielmehr bedeutet es, aufgrund *dieser Prämissen* die Folgerung, wenn möglich, als korrekt auszuweisen und damit die Aussage in ihrem Zusammenhang zu erklären.

Der genannte Unterschied zwischen „Verstehen" und „Zustimmen" zeigt sich im Deutschen in der Differenz zwischen Verständnis und Einverständnis, also *ein* Verständnis haben. Es handelt sich also nur um *eine* Art des Verstehens – und das impliziert Zustimmung, Einstimmung, Gleichklang. Demgegenüber soll „Verständnis" hier zunächst nichts anderes bedeuten, als das Vorgetragene in dessen Kontext als sinnvoll zu verstehen – und bereits auf diese Weise wenigstens ein gegenseitiges Wohlwollen zu etablieren. Ob das notwendig zu einem Ein-Verständnis führt oder nicht und aufgrund welcher Vorbehalte oder auch nicht zustimmungsfähiger Prämissen, ist eine andere Fragestellung. Jedenfalls kann man nicht einfach von einem ursprünglichen Einverständnis ausgehen, noch ein solches als Zielgerade voraussetzen.[16] Vielmehr muss das – vermutlich

16 Gadamer sieht in *Wahrheit und Methode* die Differenz zwischen Verständnis und Einverständnis, setzt sie aber einem Offenbarungseid gleich, da für ihn nur das Ziel, zu *einem*

und zunächst – offenbleiben können und sollte folglich nicht als Zielsetzung die Haltung von vorneherein mitkonstituieren.[17]

Die zweite Identifizierung besteht darin anzunehmen, einen Sachverhalt auf diese oder jene Weise zu erklären, bedeute, ihn mit den Erklärungen in einem absoluten Sinne zu legitimieren, zu begründen oder zu rechtfertigen. Auch das trifft nicht zu, denn Erklären bedeutet lediglich, die Aussage bezogen auf eine bestimmte Art zu denken, also etwa unter der Perspektive eines bestimmten methodischen Zugriffs zu rekonstruieren. Wenn etwa Hegel das Werden dialektisch rekonstruiert, dann erklärt er Ereignisse oder Phänomene eben auf diese Weise. Das bedeutet aber nicht, dass diese Erklärung in einem absoluten Sinne das, was sich ereignet, begründen oder legitimieren könnte – schon aus Gründen der Kontingenz nicht. Wiederum lohnt sich ein Blick auf das deutsche Wort „Rechtfertigung"[18], denn die retrospektive Erklärung für ein Ereignis oder auch Phänomen fertigt nicht notwendig ein Recht, eine Regel, ein Gesetz. Mit Foucault:

> „Zu zeigen, wie [etwas] möglich war, bedeutet nicht, […] zu zeigen, daß [es] notwendig gewesen wäre […]. Sagen wir einfach, daß das, was es erlaubt, das Wirkliche verständlich zu machen, einfach in dem Nachweis besteht, daß es möglich war" (Foucault 2006, S. 58).

Rekonstruktionen, die einem bestimmten Schema folgen, rechtfertigen weder das Schema noch die Konstrukte – sie werfen vielmehr ein bestimmtes Licht auf

---

gemeinsamen Verständnis zu kommen, zulässig ist. So wendet er gegen Schleiermachers Hermeneutik-Auffassung ein, dass dieser vollkommen übersehen habe, was das Problem der Hermeneutik eigentlich beherrsche: Dass „Verständnis […] zunächst Einverständnis [ist]. So verstehen die Menschen einander zumeist unmittelbar, bzw. sie verständigen sich bis zur Erzielung des Einverständnisses. Verständigung ist also immer Verständigung über etwas. Sich verstehen ist Sichverstehen in etwas" (Gadamer 1960/2010, S. 183 ff.). Erst wenn diese Selbstverständlichkeit und der Versuch, sie argumentativ wiederherzustellen, gestört sei, käme der zweite Schritt, der darin bestünde, „auf die Individualität des Du aufmerksam [zu] werden und seine *Eigenheit* in Betracht zu ziehen. […] Das eigentliche Problem des Verstehens bricht offenbar auf, wenn sich bei der Bemühung um inhaltliches Verständnis die Reflexions-Frage erhebt: Wie kommt er zu seiner Meinung? *Denn es ist klar, daß eine solche Fragestellung eine Fremdheit ganz anderer Art bekundet und letztlich einen Verzicht auf gemeinsamen Sinn bedeutet*" (ebd., S. 184, Hervorh. T. S.-K.).

17 Dazu sehr passend Søren Kierkegaard: „[A]ller ‚wirklichen Uneinigkeit' liegt ein Verständnis zugrunde; die Grundlosigkeit des ‚Mißverständnisses' besteht darin, daß jenes vorläufige Verständnis fehlt, ohne daß sowohl Einigkeit wie Uneinigkeit ein Mißverständnis ist. Daher kann das Mißverständnis behoben und zu Einigkeit und Verständnis werden, kann aber auch behoben und zu wirklicher Uneinigkeit werden; denn daß zwei Menschen wirklich uneinig sind, ist kein Mißverständnis: sie sind genau deshalb uneinig, weil sie sich verstehen" (Kierkegaard 1847/1990, S. 23).

18 Das ist gleichermaßen im Englischen und Französischen möglich: „*justification*" aus dem lateinischen „ius" und „facere".

ein Ereignis und problematisieren es *so* – und nicht anders. So würde der Systemtheoretiker Luhmann seiner Rekonstruktion unterschiedlichster Gegenstände des Werdens mit dem System-Umwelt-Schema einen erklärenden, aber keinesfalls begründenden oder legitimierenden Status zuerkennen. Gleichermaßen rekonstruiert der Wirtschaftsethiker Homann Interaktionssituationen mit dem Modell des Gefangenendilemmas, um bestimmte Lösungsmöglichkeiten in Patt-Situationen sichtbar zu machen bzw. zu generieren, aber nicht, um Ereignisse als notwendig zu begründen oder zu legitimieren.[19] Das Erklärungspotenzial von Aussagen hängt folglich mit der gewählten Methode, dem gewählten ‚Zugriffs-Modell' zusammen, damit, *wie* Kategorien einen Sachverhalt formen oder ein Problem(-bewusstsein) auf bestimmte Weise strukturieren.[20] Es ist das Resultat einer bestimmten, perspektivischen Konstruktion für bestimmte, in der Regel vorher festgelegte Zwecke. Verständnis impliziert also nicht Zustimmung und Erklären heißt nicht Legitimieren.

Das ist freilich unbefriedigend, wenn es um Entscheidungen geht, die aufgrund von Aussagen getroffen werden sollen bzw. müssen *und alle* betreffen, weshalb sie (scheinbar) Konsens und damit auch ein gemeinsames Verständnis voraussetzen. So ließe sich gegen die vorgestellte Haltung Folgendes einwenden: Es ist notwendig, zu gemeinsamen Überzeugungen zu kommen, weil auf ihnen Entscheidungen beruhen, die alle betreffen. Daher kann es nicht bei einem gleichwertigen Nebeneinander unterschiedlicher Überzeugungen bleiben. Wir müssen nicht nur innerhalb eines Kalküls oder Modells entscheiden können, was richtig und was falsch ist, sondern in einem absoluten oder wenigstens universellen Sinn. Bekanntermaßen bestand die vor-moderne Lösung hier darin, sich auf eine transzendente Größe zu berufen, an der kein Zweifel erlaubt war – auf welcher legitimierenden Grundlage auch immer. Die Kantische gleichsam transzendentale Lösung besteht darin, eine nicht-empirische, gemeinsame freie Vernunft vorauszusetzen, die *als* Rechtsgrundsatz bzw. allgemeines Rechtsprinzip garantiert, dass die Entscheidungen prinzipiell allen im Sinne der Freiheit zugutekommen und daher auch für alle zustimmungsfähig sind (vgl. Kant 1797, S. 230). Vorausgesetzt wird hier freilich, dass *alle* Menschen der freien Vernunft gegenüber nicht abgeneigt sind und einsehen, dass sie auch ihre willkürliche, empirische Freiheit

19 In diesem Sinne kommt den Dilemmastrukturen als Beobachtungsschema eine heuristische Funktion zu und die auf ihm beruhende Erklärung hat den Zweck entsprechend zu gestalten: *Wenn* das Problem auf diese Weise modelliert wird, *dann* können jene Gestaltungsvorschläge gemacht werden (vgl. Homann/Suchanek 2005).

20 Prominent sei hier auf Michel Foucault oder Lorrain Daston verwiesen, die beide gezeigt haben, dass und wie sich in den modernen Wissenschaften Fragestellungen bzw. „Problematisierungen" (Foucault 1989, S. 19) immer wieder verschieben bzw. wie neue entstehen, weil sich die Perspektiven und Praktiken ändern (vgl. *beispielhaft* auch Daston/Galison 2007).

nur dann maximal ausleben können, wenn sie es anderen gleichfalls erlauben.[21] Eine Person, die sich auf den Rechtsgrundsatz beriefe, um ihn außer Kraft zu setzen, würde sich eines Selbstwiderspruchs schuldig machen – mit Kant: Unrecht begehen.

Eine nach-kantisch kritische Lösung besteht etwa mit Hannah Arendt darin, zunächst und zuerst einmal alle Perspektiven zu sehen bzw. zu hören. Übertrüge man die Figur des Kantischen Rechtsgrundsatzes auf die Haltung des Respekts, hieße das, den Respekt vor der Pluralität zur Prämisse zu machen, sodass Positionen, die Pluralität leugnen oder verbieten wollten, analog zum Selbstwiderspruch führte. Dies wiederum würde die Berufung auf den Respekt vor der Pluralität durch ihn verleugnende Positionen wenigstens in einem logischen Sinne als unmöglich erweisen. Zudem geht es aber auch um den Respekt gegenüber Neuem, das heißt um Offenheit gegenüber neuen Positionen – im Sinne *aller*. Und das heißt nicht Entweder-Oder, sondern eher Sowohl-als-auch und Darüber-hinaus. Das bedeutet nicht, sich von der Prämisse der Pluralität im Sinne des Kantischen Rechtsgrundsatzes abzuwenden oder ihn für obsolet zu erklären. Vielmehr bedeutet es, möglicherweise über ihn hinausgehen zu können und zu müssen bzw. ihn zu öffnen, ohne bereits im Voraus zu wissen, wie das Darüberhinaus aussehen wird. Aber dies sind Fragen, die weit über das hier Verhandelte hinausgreifen, wenngleich die vorgeschlagene Haltung des doppelten hermeneutischen Respekts in ihre Richtung deutet (vgl. hierzu Schönwälder-Kuntze 2021).

Weil Schulen oder die Universität immer noch Orte sind, an denen es auch um Bildung durch das gemeinsame Denken oder die gemeinsame Erfahrung geht, gilt es diese Orte so zu gestalten, dass eine solche Haltung möglich ist.[22] Das bedeutet, Lehrveranstaltungen explizit zu einem Raum zu machen, in dem durch ein wohlwollendes Klima gegenseitigen Respekts ein wiederholtes, offenes, mit Überraschungen rechnendes Hinsehen oder Hinhören möglich wird. Das fordert von allen Beteiligten eine vierfache Offenheit: für die Fragestellung des konkreten, verhandelten Textes bzw. dessen Position, für die Perspektiven der Anderen und für eine mögliche Transformation des mitgebrachten eigenen Standpunktes, um viertens offen für das kommende Neue zu sein. Um in

21 Zum Zusammenhang zwischen Kants transzendentaler Rechtsauffassung, dem Verhältnis der Philosophie zu anderen universitären Disziplinen und Pädagogik vgl. Derrida (1984/2004) sowie Derrida (1990/2003).

22 Aktuell bescheinigt der Soziologe A. Nassehi in der FAZ den Universitäten wenigstens noch zu einem Teil einen Bildungsauftrag, der sich allerdings mit dem Forschungsauftrag nicht vertrage, weil es sich um zwei grundsätzlich unterschiedliche, nicht kompatible Funktionen handle: „Wissenschaftliche Forschung zielt auf die Generierung von kommunizierbarem Wissen. […] [In der Lehre] geht es um Personenveränderung. […] Das Problem aller Erziehung und Bildung besteht darin, dass ihre Adressaten selbst tun müssen, was man an ihnen versucht" (Nassehi 2019, S. 8). Ich meine demgegenüber, dass die beschriebene Haltung Forschungsräume durch offene Lehrräume öffnen kann.

diesem Sinne noch einmal Heidegger zu bemühen: „Erst wenn wir uns denkend dem schon Gedachten zuwenden, werden wir verwendet für das noch zu Denkende" (Heidegger 1957/2002, S. 30); oder Derrida, dem ich unterstelle, dass er auch ein endgültiges Verstehen vielleicht als ein (un-)mögliches Ereignis betrachten würde.

> „[D]as Ereignis als solches, als absolute Überraschung [muss] über mich hereinbrechen. [...] Das Ereignis als Ankömmling ist das, was über mich hereinbricht, ohne dass ich es kommen sehen kann: Bevor es sich ereignet, kann das Ereignis mir nur als unmöglich erscheinen. Das heißt aber nicht, dass es nicht stattfinden kann, [...] es heißt nur, dass ich es weder auf theoretische Weise aussagen noch es vorhersagen kann. All das, was die Erfindung, die Ankunft, das Ereignis betrifft, legt nahe, dass das Sprechen [...] angesichts der stets einzigartigen, außerordentlichen und unvorhersehbaren Ankunft des Anderen [...] absolut macht- und hilflos bleibt und bleiben muss: Ich muss absolut machtlos bleiben. Und dennoch sind diese Machtlosigkeit, diese Verletzlichkeit und diese Ausgesetztheit niemals rein oder absolut. Ich habe vorhin gesagt [...], dass das Sprechen immer die Möglichkeit in sich trägt, etwas noch einmal zu sagen. Man kann ein Wort nur verstehen, weil es wiederholt werden kann; sobald ich spreche, bediene ich mich wiederholbarer Worte" (Derrida 2003, S. 35 f.).

Dies ist der Grund, weshalb das Verstehen zugleich möglich und unmöglich erscheint. Das heißt, auch wenn wir zuweilen Prämissen ausgesetzt sind, die wir keinesfalls teilen wollen und sollten, und auch wenn es weder Garantien für Verständigung gibt noch ein Wissen, wie sie ohne geteilte Pluralitätsprämisse möglich ist, sollte das nicht daran hindern, es immer wieder zu versuchen.

Literatur

Arendt, Hannah (1954/2016): Sokrates. Apologie der Pluralität. Berlin: Matthes & Seitz

Arendt, Hannah (1970/2012): Das Urteilen. München: Piper

Baggini, Julian/Fosl, Peter S. (2010): The Philosopher's Toolkit. A Compendium of Philosophical Concepts and Methods. Oxford UK: Wiley-Blackwell

Butler, Judith (2011): Kritik Dissens Disziplinarität. Zürich: diaphanes

Daston, Lorrain/Galison, Peter (2007): Objektivität. Berlin: Suhrkamp

Davidson, Donald (1984): On the Very Idea of a Conceptual Scheme. In: ders.: Inquiries into Truth and Interpretation. New York: Oxford UP, S. 183–198

Davidson, Donald (1991): Three Varieties of Knowledge. In: Royal Institute of Philosophy Supplements 30, S. 153–166

Derrida, Jacques (2003): Eine gewisse unmögliche Möglichkeit vom Ereignis zu sprechen. Berlin: Merve

Derrida, Jacques (1984/2004). ‚Mochlos oder der Streit der Fakultäten' in: Ders. Mochlos oder Das Auge der Universität. Vom Recht auf Philosophie II. Wien: Passagen, S. 11–58

Derrida, Jacques (1990/2003). Privileg. Vom Recht auf Philosophie I. Wien: Passagen

Descartes, René (1647/1965): Die Prinzipien der Philosophie. Hamburg: Meiner

Esser, Andrea (2019): Eine Ethik für Endliche. Kants Tugendlehre in der Gegenwart. Stuttgart: frommann-holzboog

Foucault, Michel (1984/2005): Was ist Aufklärung? In: ders.: Dits et Écrits. Schriften. Bd. IV. Frankfurt/M.: Suhrkamp, S. 687–707
Foucault, Michel (1989): Der Gebrauch der Lüste. Sexualität und Wahrheit 2. Frankfurt/M.: Suhrkamp
Foucault, Michel (2006): Geschichte der Gouvernementalität II. Die Geburt der Biopolitik. Frankfurt/M.: Suhrkamp
Gadamer, Hans-Georg (1960/2010): Wahrheit und Methode. Grundzüge einer philosophischen Hermeneutik. Freiburg/Br.: Mohr Siebeck
Haas, Annika/Hock, Jonas/Leyrer, Arno/Ungelenk, Johannes (Hrsg.) (2018): Widerständige Theorie. Kritisches Lesen und Schreiben. Berlin: Neofelis
Hegel, Georg Wilhelm Friedrich (1801–1807/1986): Jenaer Schriften. Werke 2. Frankfurt/M.: Suhrkamp
Heidegger, Martin (1957/2002): Identität und Differenz. Stuttgart: Klett Cotta
Homann, Karl/Suchanek, Andreas (2005): Ökonomik. Eine Einführung. Freiburg/Br.: Mohr Siebeck
Kant, Immanuel (1793): Über den Gemeinspruch: Das mag in der Theorie richtig sein, taugt aber nicht in der Praxis. Zitiert nach der Akademie Ausgabe Berlin 1911 f., Bd. 8, S. 273–313
Kant, Immanuel (1797): Metaphysik der Sitten. Zitiert nach der Akademie Ausgabe Berlin 1911 f., Bd. 6, S. 205–491
Kierkegaard, Søren (1847/1990): Ein Wort über die Beziehung meiner schriftstellerischen Tätigkeit zu „dem Einzelnen". In: ders.: Der Einzelne. Frankfurt/M.: Hain, S. 23–37
Luhmann, Niklas (1992/2008): Die Moral der Gesellschaft. Frankfurt/M.: Suhrkamp
Nassehi, Armin (2019): Zwischen Schattendasein und Achtungsappell. In: FAZ, 2.10.2019
Pascal, Blaise (1670): La loi figurative. In: ders.: Pensées sur la religion et sur quelques autres sujets XIX, S. 245–647. Franz. Text als pdf auf: https://www.wikipedia.org/wiki/Pens%C3%A9es#Weblinks
Peirce, Charles S. (1903/1965): Pragmatism and Pragmaticism. In: ders.: Collected Papers Vol. V, S. 14–212. URL: https://www.textlog.de/peirce_pragmatism.html (Abfrage: 17.06.2020)
Platon (1986): Menon. Sämtliche Werke, Bd. 2, übers. von F. Schleiermacher und hrsg. von E. Grassi et al. Reinbek: Rowohlt, S. 7–42
Posselt, Gerald/Seitz, Sergej/Schönwälder-Kuntze, Tatjana (Hrsg.) (2018): Judith Butlers Philosophie des Politischen. Kritische Lektüren. Bielefeld: Transcript
Schönwälder-Kuntze, Tatjana (2001/2021): Authentische Freiheit. Zur Begründung einer Ethik nach Sartre. Frankfurt/M.: Campus
Schönwälder-Kuntze, Tatjana (2010): Freiheit als Norm? Moderne Theoriebildung und der Effekt Kantischer Moralphilosophie. Bielefeld: Transcript
Schönwälder-Kuntze, Tatjana (2016): Respekt und Reflexionsbereitschaft. Wider den „Frost" (bzw. „Frust") in Veranstaltungen der Philosophie. In: Mitteilungen der Deutschen Gesellschaft für Philosophie 34, S. 3–7
Schönwälder-Kuntze, Tatjana (2018a): Haben philosophische Methoden politisches Gewicht? In: Posselt, Gerald/Seitz, Sergej/Schönwälder-Kuntze, Tatjana (Hrsg.): Judith Butlers Philosophie des Politischen. Kritische Lektüren. Bielefeld: Transcript, S. 23–43
Schönwälder-Kuntze, Tatjana (2018b): Judith Butlers begrenzend-öffnende Kritik. In: Haas, Annika/Hock, Jonas/Leyrer, Arno/Ungelenk, Johannes (Hrsg.): Widerständige Theorie. Kritisches Lesen und Schreiben. Berlin: Neofelis, S. 253–260
Schönwälder-Kuntze, Tatjana (2021): Nachdenken über Möglichkeiten und Grenzen der Methodisierung philosophischer Forschung. In: Grouls, Niklas/Martena, Laura (Hrsg.): Anspruch und Methode der Philosophie. Reihe: Schriften zur Phänomenologie und Anthropologie. Darmstadt: wbg (im Erscheinen)
Schönwälder-Kuntze, Tatjana (2020): Philosophische Methoden zur Einführung. Hamburg: Junius
Siemek, Marek J. (1984): Die Idee des Transzendentalismus bei Fichte und Kant. Hamburg: Meiner
Wilson, Neil L. (1959): Substances without Substrata. In: The Review of Metaphysics 12, H. 4, S. 521–539

VI Zur Frage der Methode in der Bildungs- und Erziehungsphilosophie

Statements zur Frage der Methode in der Bildungs- und Erziehungsphilosophie

Auf der Hamburger Herbsttagung fand eine Podiumsdiskussion zum Thema „Zur Problemstellung der Methode aus bildungsphilosophischer Sicht“ statt. Ausgehend von der widersprüchlichen Erfahrung, dass es derzeit kaum Drittmittelförderung von bildungs- und erziehungsphilosophischen Projekten gibt, zugleich aber die systematisch-kategorialen Arbeiten der Kommissionsmitglieder in anderen Bereichen sehr anschlussfähig und produktiv sind, diskutierte die Kommission die Frage, inwiefern Methoden und Methodenreflexion in der Bildungs- und Erziehungsphilosophie eine größere Bedeutung einzuräumen seien. In der Diskussion wurde deutlich, dass mit der Frage Konsequenzen für Fördermöglichkeiten, für Studium und Lehre im Bereich pädagogischer Theoriebildung, aber auch für die Kommunikation innerhalb der Teildisziplin verbunden sind. Die Mitwirkenden des Podiums und der Sprecher*innenkreis schätzten den in Hamburg begonnenen Austausch als wichtig ein und entschieden, diesen in Form von kurzen Statements in diesem Band festzuhalten bzw. weiterzuführen.

Aus den Reihen der Kommission wurden Mitglieder aus verschiedenen Theorietraditionen und an unterschiedlichen Stellen ihrer wissenschaftlichen Laufbahn um ein solches Statement gebeten, das sich an den folgenden Fragen orientieren sollte: Wie lässt sich das Verhältnis von Theoriebildung bzw. Theorieforschung und „Methoden“ fassen? Können methodische Regeln oder Leitgesichtspunkte die Weiterentwicklung der erziehungswissenschaftlichen Theoriebildung, einschließlich ihrer finanziellen Förderung, sichern bzw. unterstützen? Was muss sich an den gegenwärtigen Bedingungen der Forschung für Wissenschaftler*innen in den unterschiedlichen Phasen ihres Werdegangs ändern, um Forschungsvorhaben in Bereich der Philosophie und Theorie von Erziehung und Bildung zu befördern?

Die hier versammelten Statements könnten zukünftig die Grundlage für die weitere Kommissionsarbeit und den Austausch in der Fachgesellschaft bilden. Sie könnten überdies an den universitären Standorten die Diskussion um ‚Theoriemethoden‘ in ihrer Bedeutung für das erziehungswissenschaftliche Studium und die Postgraduiertenphase voranbringen.

Verwissenschaftlichung der Theoriebildung

Rita Casale

Die Bedeutung, die der Methodologisierung der Theoriebildung gegenwärtig zugeschrieben wird, kann auf die institutionellen Bedingungen der Wissensproduktion zurückgeführt werden, das heißt auf die Finanzierung der Forschung in den Universitäten und Forschungseinrichtungen, die fast ausschließlich über Drittmittel erfolgt. Man kann aber auch versuchen, sie immanent, das heißt anhand einer Analyse der Veränderung des Theorieverständnisses selbst zu erläutern. Sowohl der *externalistische* als auch der *internalistische* Zugang haben ihre Berechtigung. Beide ermöglichen, einige Elemente des Phänomens sichtbar zu machen bzw. zu begreifen. Wiederum ist eine solche Unterscheidung nicht als eine strikte Trennung zu betrachten, insofern die Bedingungen der Wissensproduktion das Theorieverständnis nicht unberührt lassen und umgekehrt. Die Differenzierung sollte aber analytisch aufrechterhalten werden, um die unterschiedlichen Ebenen der Problematik nicht gleichzusetzen oder in ein zu enges Korrelationsverhältnis zu setzen.

Beide Zugänge haben m. E. ihren konkreten Ausgangspunkt innerhalb der Universität oder im Kontext von Forschungseinrichtungen, das heißt an Orten nicht nur der Wissens- sondern auch und vor allem der Wissenschaftsproduktion. Nur in dem Moment, in dem die Theoriebildung einen wissenschaftlichen Charakter für sich beansprucht oder umgekehrt in dem die Bedeutung von Theorie mit ihrem wissenschaftlichen Charakter gleichgesetzt wird, erhält die Frage nach Methode oder Methodologie der Theoriebildung ihre Relevanz.

Daraus folgen zwei Konsequenzen. Die erste betrifft die *Verengung der Theoriebildung auf ein wissenschaftliches Verfahren*, das logisch strukturiert ist und dessen Schritte beschrieben und nachvollzogen werden können und im Idealfall zum Zweck ihrer Überprüfung wiederholt werden können. Das schließt zuerst Modi der Theoriebildung unmittelbar aus, die auch intuitiv, assoziativ verfahren oder die in der höchst individuellen Form eines Essays ihren Ausdruck finden. Die zweite Konsequenz impliziert eine enge *Verknüpfung von Wissenschaft und Forschung*, die mit dem experimentellen Charakter neuzeitlicher Wissenschaft verknüpft ist. Es ist erst ab dem Zeitpunkt sinnvoll, von Methoden zu reden, an dem Wissenschaft als methodisch und methodologisch gestützter Erkenntnisgewinn (das heißt als Forschung) gedacht wird. Die Theoriebildung, die darauf ausgerichtet ist, neue Erkenntnisse wissenschaftlich zu gewinnen, muss methodisch und methodologisch gesichert sein.

Hinsichtlich der externen Bedingungen der Wissensproduktion im Allgemeinen und der Theoriebildung innerhalb eines spezifischen disziplinären Feldes im

Besonderen sind aus der Perspektive meiner Überlegungen sowohl die Veränderung der epistemologischen Matrix der Pädagogik als auch der hohe Druck zum Erwerb von Drittmitteln zu berücksichtigen. Die Wandlung der Pädagogik von einer geisteswissenschaftlichen Disziplin zu einer sozialwissenschaftlich ausgerichteten Erziehungswissenschaft ist nicht nur wissenschaftsgeschichtlich auf eine Krise transzendentaler Begründung pädagogischer Theorie und Praxis zurückzuführen. Sie ist seit den Sechzigerjahren des letzten Jahrhunderts auch mit einer stärkeren Institutionalisierung der Ausbildung zu pädagogischen Berufen und mit der daraus entstandenen Expansion und Differenzierung des Profils des Faches in Verbindung zu bringen. Der gegenwärtige Druck der Erziehungswissenschaft, sich im wissenschaftlichen Kontext als forschungsstarkes Fach zu profilieren, hat einerseits die Aufmerksamkeit auf die Methodenbildung massiv erhöht, die als Türöffner zur Forschung, das heißt zum Erwerb von Drittmitteln betrachtet wird. Anderseits hat ein solcher Druck dazu geführt, die Verteidigung der Bedingungen anderer Formen von Wissensproduktion und Theoriebildung zu vernachlässigen, die, obwohl sie in einem engen Verhältnis zur methodisch gestützten Forschung stehen, nicht mit ihr gleichzusetzen sind.

Den immanenten Prozess der Methodologisierung der Theoriebildung würde ich auf der Ebene der phänomenologischen Beschreibung der Problematik als einen Prozess der Soziologisierung des Theorieverständnisses innerhalb der Erziehungswissenschaft charakterisieren, demzufolge Theorie als Verallgemeinerung empirischer Daten oder in Luhmanns Sinne als Beobachtung zweiter Ordnung begriffen wird. Theorie wird dann zur Beschreibung der Bedingungen der Wissensproduktion oder der angeblichen immanenten Logik bestimmter Felder. Die Hegemonie einer solchen Auffassung von Theorie innerhalb der Erziehungswissenschaft, die, wie gesagt, eng mit der sozialwissenschaftlichen Ausrichtung des Faches verbunden ist, entsteht aber erkenntnistheoretisch aus einer radikalen Krise der philosophischen Theorie als Form transzendentaler Begründung. Die Bedeutung einer solchen Krise für das Theorieverständnis innerhalb der Erziehungswissenschaft im Allgemeinen und der Kommission Erziehungs- und Bildungsphilosophie im Besonderen kann kaum unterschätzt werden, obwohl sie selten zum Gegenstand der Analyse gemacht wird oder als Ausgangspunkt der Debatte um die Methodologisierung der Theoriebildung betrachtet wird.

Innerhalb des Fachs Philosophie wiederum sind die Reaktionen auf diese Krise unterschiedlich gewesen. Man hat weiterhin trotz der wachsenden Spezialisierung der Naturwissenschaften und ihrer epistemischen Emanzipation aus der Philosophie als *scientia prima* ihren transzendentalen Charakter verteidigt (exemplarisch K.-O. Apel) bzw. sprachanalytisch ausformuliert. Man hat Versuche unternommen, die philosophische Theorie ausgehend von der Ästhetik (exemplarisch Th. W. Adorno, G. Deleuze, H. Schlüpmann, Ch. Menke), von einer historischen Epistemologie (exemplarisch G. Bachelard, G. Canguillem, M. Foucault) oder als politische Theorie (exemplarisch H. Arendt) weiterzudenken.

Um die Diskussion innerhalb der Kommission Bildungs- und Erziehungsphilosophie über die Bedeutung von Methoden für die *philosophische Theoriebildung* innerhalb der Erziehungswissenschaft weiterzuführen, plädiere ich dafür, sie mit einer Analyse der Transformation der Philosophie seit Beginn des 20. Jahrhunderts und deren Konsequenzen für die philosophische Begründung pädagogischer Theorie und pädagogischen Handelns zu verbinden. Das würde der Kommission nicht die Möglichkeit nehmen, öffentliche Forschungsgelder zu beantragen; es würde ihr überdies erlauben, die Diskussion über die Bedeutung von Methoden selbst zum Gegenstand der Forschung zu machen.

„Methoden“ in der Allgemeinen Pädagogik und der „Philosophy of Education“

Kai Wortmann

Dieses Kurzstatement soll erkunden, welche Anregungen der innerhalb der internationalen „Philosophy of Education“ charakteristische Umgang mit Methoden für die deutschsprachige Bildungs- und Erziehungsphilosophie bieten kann. Dabei komme ich leider nicht umhin, generalisierende Aussagen zu treffen und damit die Differenziertheit der jeweiligen Diskurse letztlich nicht angemessen abbilden zu können. Nichtsdestotrotz scheinen mir insbesondere im Kontrast zu dem, was ich einerseits als „Philosophy of Education“ und andererseits als „Bildungs- und Erziehungsphilosophie“ bezeichne, bestimmte Tendenzen deutlich erkennbar. Mit Ersterem beziehe ich mich dabei insbesondere auf den englischsprachigen Diskurs innerhalb Europas, mit Zweitem auf den deutschsprachigen Diskurs.

Zunächst einmal ist festzustellen, dass in den benannten englischsprachigen Kontexten stärker als in Deutschland auch Philosophers of Education dazu aufgefordert werden, über ihre Methoden Auskunft zu geben. Bei der Einreichung von Beiträgen zu Konferenzen, in Journals etc. wird als Ausweis von Wissenschaftlichkeit angesehen, wenn über die Methoden einer Untersuchung Auskunft gegeben werden kann – das gilt häufig ohne Ausnahme und damit eben auch für theoretische Forschung. Über viele Subdisziplinen der europäischen Erziehungswissenschaft hinweg scheint es demgemäß Konsens zu sein, *dass* eine Methode *notwendigerweise* zum Standard wissenschaftlichen Arbeitens gehört.

Doch *wie* diesem Standard *hinreichend* nachgekommen werden kann und soll, ist umkämpft: Was genau wird gefordert, wenn die Angabe einer „Methode“ verlangt wird? Und an welchen Kriterien wird die Qualität ihrer Beschreibung gemessen? Diese Fragen verweisen auf die Gefahr einer Engführung – dann nämlich, wenn unter dem Deckmantel der Forderung einer Methode und einer damit einhergehenden Auffassung ihrer Qualitätskriterien einzig eine *bestimmte* Form der Theoriebildung als legitim ausgewiesen wird. In dieser Weise lässt sich besonders im englischsprachigen Diskussionsraum die Tendenz erkennen, mit ihrer *Methodisierung* – dem aktiven Befolgen sowie Explizieren einer Methode – im Grunde die *Standardisierung* bildungsphilosophischer Forschung zu betreiben. Die Vorabfestlegung von einheitlichen Ansprüchen an die Form sämtlicher Untersuchungen, die unabhängig von ihrem spezifischen Inhalt Gültigkeit beanspruchen, ist m. E. das größte Risiko der Forderung nach Methoden in der Bildungsphilosophie.

Soweit ich sehen kann, ist die deutschsprachige Bildungs- und Erziehungsphilosophie ausgesprochen sensibel gegenüber dieser Gefahr der Standardisierung. Dies mag dazu beitragen, dass eine Teilung in zwei große „Schulen" – wie etwa im englischsprachigen Diskurs in „analytische" und „kontinentale" Philosophy of Education, die sich sogar in jeweils eigenen Journals materialisieren – hierzulande nicht auszumachen ist. Es lässt sich also *einerseits* sagen, dass in Deutschland glücklicherweise keine Spaltung der Subdisziplin aufgrund unterschiedlicher Auffassungen über philosophische Methoden besteht.

Andererseits ließe sich jedoch auch kritisieren, dass in Deutschland vergleichsweise wenig subdisziplinäre Selbstverständigung über sowohl die eigenen Methoden im Besonderen als auch die Methoden der gesamten Disziplin im Allgemeinen stattfindet. Damit ist innerhalb der Disziplin ein Einsatz in der Auseinandersetzung um das *Wie* von Methoden – welche Methoden wozu in der Lage sind und wie die Güte ihrer Umsetzung zu bewerten ist – weniger stark erkennbar.

Dabei scheint mir die deutsche Tradition der Allgemeinen Pädagogik – die es ja in dieser Art in den angelsächsischen Disziplintraditionen nicht gibt – in besonderer Weise geeignet, um zu Methodenfragen der gesamten Disziplin zu arbeiten und zwar sowohl hinsichtlich methodischer Regeln oder Leitgesichtspunkte für die Weiterentwicklung erziehungswissenschaftlicher Forschung als auch der Frage, welchen Status solche „Methoden" und die Kriterien ihrer Qualität überhaupt haben. In diesem Sinn könnten *Methoden als Allgemeines der Disziplin* verstanden werden, die in gleicher Weise sowohl für theoretische als auch empirische Forschung Relevanz beanspruchen.

Eine solche Strategie, für die insbesondere in den phänomenologischen und pragmatistischen Traditionen theoretisch anspruchsvolle Anknüpfungspunkte vorliegen, scheint mir in wissenschaftstheoretischer und auch disziplinpolitischer Hinsicht vielversprechender, als etwa die Forderung nach Methoden für theoretische Forschung in toto zurückzuweisen. Mit einem solchen synthetisierenden Verständnis der Methoden von Empirie und Theorie würde zudem der Gefahr entgegengewirkt werden, die Kriterien für empirische umstandslos auf theoretische Forschung zu übertragen. Nicht zuletzt könnte damit ein echter Beitrag zu internationalen Debatten geleistet werden, die m. E. dazu tendieren, hinsichtlich der Methodenfrage streng zwischen empirischer und theoretischer Forschung zu unterscheiden: Philosophy of Education scheint meist entweder über die eigenen theoretischen Methoden zu diskutieren oder – etwa als „Philosophy of Educational Research" – sich nur mit den Methoden empirischer Forschung zu beschäftigen. Bei Letzterem läuft sie dann zudem Gefahr, sich selbst entweder auf eine bloße Zuarbeiterin für empirische Forschung oder notwendigerweise externe Kritikerin derselben zu reduzieren.

Zusammengefasst möchte ich für eine Auseinandersetzung mit Methoden in der Allgemeinen Pädagogik plädieren, die keine Unterscheidung zwischen empirischen und theoretischen Methoden voraussetzt. Hierzu scheint sie mir aufgrund ihrer im internationalen Vergleich spezifischen Verfasstheit in besonderer Weise in der Lage. Diese besteht darin, keine auf philosophische Arbeit beschränkte Subdisziplin zu sein, wohl aber philosophische Fragestellungen bearbeiten zu können. Damit könnte sie konkrete Arbeit an Methoden mit Methodologie verbinden, also die Erarbeitung von Leitlinien wissenschaftlicher Arbeit mit der Befragung ihres epistemologischen Status.

Methodisierung als Antwort?!

Erkenntnispolitische Rückfragen zur Methode in der Bildungs- und Erziehungsphilosophie

Kerstin Jergus

Methodische Vergewisserungen verheißen Klarheit, vermögen die ihnen eigenen Ambivalenzen und Zwänge jedoch kaum zu verdecken. Im neuzeitlichen Wissenschaftsverständnis kommt Methoden der Stellenwert der Sicherung und Verankerung von Erkenntnis zu. Sie bürgen nicht nur für die Geltung wissenschaftlichen Wissens und bilden den Ausgangspunkt für die Revidierbarkeit von Erkenntnis, sie stellen auch den Einsatzpunkt einer diskursiven Verständigung dar, an der sich die *communitas* der Universität konstituieren kann. In der aktuellen Lage scheinen jedoch weniger solche oder andere systematische Fragehorizonte für das Aufkommen der Frage nach der Methodisierung von Theoriebildung anlässlich zu sein. Das Bemühen um verstärkte Methodisierung findet vielmehr in einer spezifischen wissenschafts- und erkenntnispolitischen Konstellation statt, die zu reflektieren unerlässlich ist und in weiten Teilen aussteht.

Zunächst hängt die Methodenfrage mit einer (aus unterschiedlichen Quellen sich speisenden) Entwicklung zusammen, die sich anfänglich als *Erweiterung* eines stark dichotomen, statt relational aufeinander bezogenen Theorie-Empirie-Verhältnisses zeigte. Exemplarisch für diese disziplinäre Verschiebung kann auf die Aktualisierungen der Bildungstheorie verwiesen werden, die durch die Verknüpfung mit methodologischen Prämissen der Biografieforschung die vormals stärker getrennt gedachten Sphären der Theorie und der Empirie in eine produktive Verbindung zu bringen vermochte (vgl. exemplarisch Koller/Marotzki/Sanders 2007).

Es mag angesichts der gegenwärtigen Unumgänglichkeit empirischer Forschung kaum noch vorstellbar sein, dass es die im Feld der Bildungstheorie und Erziehungsphilosophie eher marginalisierte Empirie war, die im Zuge dieser durchaus kontroversen Auseinandersetzungen als gewinnbringend für theoretische Bemühungen eingeschätzt wurde. Diese innerdisziplinäre Bewegung eröffnete einen Zugang zu theoretischen Fragestellungen, der empirische Analyse und kategoriale Reflexion in ein produktives Verhältnis brachte. Dies veränderte sicher den Status von Theorie(n) der Bildung und Erziehung, eine Entwicklung, die überdies durch interdisziplinär anschlussfähige Konzepte wie Macht, Sprache, Subjektivierung eine stärkere kulturwissenschaftliche Ausrichtung der Erziehungswissenschaft vorantrieb und disziplinäre Entwicklungen wie die der

Versozialwissenschaftlichung oder der Infragestellung des Allgemeinen in der Erziehungswissenschaft weiterführte.

Zu dieser – weitaus differenzierter vorzunehmenden wissenschafts*theoretischen* Betrachtung – ist jedoch überdies eine wissenschafts*politische* Perspektivierung hinzuzuziehen. Denn erst durch die Berücksichtigung auch dieser Ebene wird deutlich, dass die erkenntnistheoretische Reflexion auf das Verhältnis von Theorie und Empirie durch strukturelle, auf der Ebene der Wissenschafts- und Hochschulpolitik angesiedelte Entwicklungen begleitet und perpetuiert wurde: Die jahrelange Unterfinanzierung der Universitäten und die hinzutretende Umstellung auf die Rationalität der Outputsteuerung in der managerialen Hochschule trugen zur nunmehr selbstverständlich erscheinenden Notwendigkeit der Drittmitteleinwerbung und *en passant* zur Unverzichtbarkeit von Empirie bei. Die aus dieser Mittelknappheit resultierende fortwährende Wettbewerbs- und Bewährungsdynamik führte ferner durch Stellenbefristungen, Zielvereinbarungen und Budgetierungen zu Dynamiken, die auf den Stellenwert von Theorie zurückwirkten: War vormals Wissenschaft nahezu gleichbedeutend mit Theoriebildung, scheint es nunmehr zunehmend begründungsbedürftig, wenn Abschlussarbeiten, Qualifikationsarbeiten oder Forschungsprojekte ohne Empiriebezug durchgeführt werden.

Die Marginalisierung der Theorie zeigt sich nicht zuletzt auch im Feld der akademischen Lehre: Spätestens im Zuge der Bologna-Reformen gerieten theoretische, systematische, kategoriale und auch historische Themenstellungen der Erziehungswissenschaft in die modulare Rangordnung der „Grundbegriffe" und „Grundlagen" – mit teils kaum reflektierten Konsequenzen für die Theoriebildung. Neben einer Reduktion der hierfür zur Verfügung gestellten Professuren, Mitarbeiter*innenstellen und Ausstattungen bei gleichzeitig erhöhter Prüfungslast in der Studieneingangsphase mit den entsprechenden Entlastungsstrategien, wie beispielsweise Multiple-Choice-Klausuren, hatte dies zur Folge, dass im Rahmen des Studiums die Theorie der Erziehungswissenschaft in einer hypostasierenden Form der *Basics* erstarren muss. Es wird der Theoriebildung in der Praxis des Studiums und der Lehre somit kaum zugestanden, Gegenstand von Befragung, Disput oder Forschung sein zu können.

All diese Aspekte legen es nahe, der Methodisierung von Theorie einen systematischen Ort zu geben, nicht allein um ihre Position zu stärken und zur akademischen Relevanz von Theorie beizutragen. Vielmehr scheint es neben diesen disziplinpolitischen Erwägungen dringlich, die systematischen Gesichtspunkte einer Methodisierung von Theoriebildung erkenntnispolitisch, kategorial sowie historisch auszuleuchten und zu diskutieren – mit anderen Worten: zu einem gemeinsamen Gegenstand der Theoriebildung zu machen.

Vorstellbar ist auch, dass eine stärkere Sichtbarkeit und Bedeutsamkeit von Theoriebildung dadurch erwirkt werden könnte, dass diese in Form von Summerschools und Graduiertenschulen als Teil wissenschaftlicher Erkenntnisproduktion und der akademischen Ausbildung ausgewiesen wird. Auch hierzu wären eigene systematische und theoriepolitische Diskussionen zu forcieren, etwa zu den Grenzen der „Lehrbarkeit" von Theorie, die mit zu bedenken hätte, ob möglicherweise ein eigentümliches Konkurrenz- oder Alternativverhältnis entstehen würde, wenn Theorie neben anderen, in solchen didaktischen Formaten vermittelbaren, Forschungsmethoden erschiene.

Es wäre überdies an Überlegungen zur Tradierungsproblematik als erziehungswissenschaftlichem Theoriehorizont anzuknüpfen, die in Verbindung mit Fragen des akademischen Werdegangs und der wissenschaftlichen Qualifikation die erkenntnis- und theoriepolitischen Problemstellungen der Bewährung und der Zugehörigkeit zum Gegenstand machen (vgl. Bünger/Jergus/Schenk 2016 wie auch bereits Masschelein/Ricken 2002). Denn es sind die geschilderten Bewährungsdynamiken der ressourcenarm gehaltenen Bildungs- und Forschungsstätte Universität, die auf die Qualifikation als Wissenschaftler*in in besonderem Maße Auswirkungen haben: Geht es doch für diese Gruppe nicht nur um Claiming, um Strategien im Kampf um Bedeutung von Instituten, Professuren und Forschungsbereichen, sondern schlicht um den Zugang zu diesen Arenen des Streits und der kämpfenden Auseinandersetzung (vgl. Bünger/Jergus/Schenk 2017; Jergus 2019).

Es lässt sich jedoch nicht darüber hinwegtäuschen, dass all diese – systematisch wichtigen, theoretisch spannenden und kategorial herausfordernden – Diskussionen ihren Anlass in der prekären Lage der Theorie im Allgemeinen und damit einhergehend der Allgemeinen Erziehungswissenschaft im Besonderen haben. Es ist diese Lage, die spezifische Prekarisierungen der sich in diesem Feld qualifizierenden Wissenschaftler*innen mit sich bringt und zugleich die Frage nach der Zukunft der Theoriebildung aufwirft. Auch sollte nicht aus dem Blick geraten, dass die disziplinären Problemstellungen ihrerseits mit den kompetitiven Bedingungen des gegenwärtigen Wissenschaftsbetriebs zusammenhängen, durch diese verschärft werden und infolge der jahrelangen Unterfinanzierung nur bedingt dem unbedingten Anspruch auf theoretische Klärung folgen können. Mit anderen Worten: Den Stellenwert von Theoriebildung zu stärken, verlangt eine (theorie- und disziplin-)politische Auseinandersetzung, von der sowohl das kategorial-systematische Nachdenken über die Methodizität von Theoriebildung profitieren könnte wie auch die Situation der sich hierin qualifizierenden und bewährenden Wissenschaftler*innen gestärkt würde.

Literatur

Bünger, Carsten/Jergus, Kerstin/Schenk, Sabrina (2016): Prekäre Pädagogisierung. Zur paradoxen Positionierung des erziehungswissenschaftlichen „Nachwuchses". In: Hamsterrad (Erziehungs-) Wissenschaft: prekär und beschleunigt? Mitteilungen der Deutschen Gesellschaft Erziehungswissenschaft 27, H. 53, S. 9–19

Bünger, Carsten/Jergus, Kerstin/Schenk, Sabrina (Hrsg.) (2017): Politiken des akademischen Mittelbaus. Themenschwerpunkt der Berliner Debatte Initial 28, H. 1, S. 100–154

Jergus, Kerstin (2019): Bedingte Zugehörigkeiten in der unbedingten Universität? Zur Bildung des wissenschaftlichen Nachwuchses im Lichte von Subjektvierungen im Feld der Wissenschaft. In: Ricken, Norbert/Casale, Rita/Thompson, Christiane (Hrsg.): Subjektivierung. Erziehungswissenschaftliche Perspektiven. Weinheim/Basel: Beltz Juventa

Koller, Hans-Christoph/Marotzki, Winfried/Sanders, Olaf (Hrsg.) (2007): Bildungsprozesse und Fremdheitserfahrung. Beiträge zu einer Theorie transformatorischer Bildungsprozesse. Bielefeld: Transcript

Masschelein, Jan/Ricken, Norbert (2002): Regulierung von Pluralität – Skizzen vom „Außen". Erziehungsphilosophische Überlegungen zu Funktion und Aufgabe einer Allgemeinen Erziehungswissenschaft. In: Wigger, Lothar/Cloer, Ernst/Ruhloff, Jörg/Vogel, Peter/Wulf, Christoph (Hrsg.): Forschungsfelder der Allgemeinen Erziehungswissenschaft. 1. Beiheft der Zeitschrift für Erziehungswissenschaft. Opladen: Leske + Budrich, S. 93–108

Wozu Methoden pädagogischer Theoriebildung?

Hanno Su

Theorie – so zitiert Erich Weniger in seiner Antrittsvorlesung aus Friedrich Schleiermachers knapp einhundert Jahre zuvor gehaltenen Vorlesung – muss sich Raum verschaffen. Dies gilt sicherlich zuallererst begrifflich, das heißt im Sinne eines Denkspielraums insbesondere durch raffinierten Unterscheidungsgebrauch. Aber auch institutionell – etwa als Differenzierung von pädagogischer Theorie und Praxis – verschafft sich Theoriebildung ihren Handlungsspielraum. In der heutigen Forschungslandschaft ist neben die Unterscheidung von Theorie und Praxis längst die Unterscheidung von Theorie und Empirie als entscheidendes Organisationsprinzip getreten. Und von jener empirischen Forschung, die sich in methodisch ausgearbeiteten Projekten (Zeit-)Räume verschafft, erreicht nun den Prozess der pädagogischen Theoriebildung selbst auch der Anspruch der Methodisierung.

Auch wenn dieser Anspruch auf den ersten Blick überraschen mag, verwundert es eigentlich sogar, dass zwar zuweilen die Überprüfung von Theorien, nicht aber ihre Entwicklung schon längst in umfassender Weise methodisierend eingefangen wurde – vor allem als unweigerliches Moment empirischer Forschung und dort, wo man den Eindruck gewinnen könnte, dass je dichter und lückenloser das methodische Vorgehen desto besser. Es wird gewissermaßen methodisierend über Heuristiken, Kategorisierungen, Datenerhebungen, Transkriptionen und Interpretationen geredet, aber wie genau schreitet eigentlich der Vorgang der Theoriebildung methodisch voran?

Vor dem Hintergrund unseres unterschwellig fungierenden wissenschaftlichen Selbstverständnisses scheinen die Vorteile einer Methodisierung der Forschung im Allgemeinen auf der Hand zu liegen. Dabei geht es erstens um wissenschaftliche Systematizität und Transparenz des Vorgehens, zweitens um das Orientieren an einer gründlichen Forschungsweise und drittens – möglicherweise etwas weniger augenscheinlich – um die Ermöglichung von Lehrbarkeit erziehungswissenschaftlicher Forschung. Und in allen drei Hinsichten handelt es sich bei einer solchen Reflexion der Verfahrensweisen sowohl um eine rückblickende Explizierung dessen, was getan wurde als auch um eine vorausschauende Projektierung dessen, was getan werden soll.

Sich auf diese Weise dem Regime einer Methodisierung nach dem Modell empirischer Forschung zu unterwerfen, ließe die pädagogische Theoriebildung sicherlich eine bewusstere werden und es würde unmittelbar zu einer Aufwertung von Theoriearbeit auf dem heutigen Markt der Fördermittel führen. Dennoch lohnt es sich etwas zögerlich zu bleiben. Möglicherweise – so der Anstoß, der hier gesetzt werden soll – liegt diese Zurückhaltung in einer Ambivalenz im Theorieverständnis begründet. In anderen Worten kann die Forderung nach einer Methodisierung der Theoriebildung auf zwei Verständnisse von Theorie bezogen werden.

Im *ersten* Fall, in dem wir Theorien als Konstrukte verstehen, die am Anfang und am Ende von Forschungsprozessen stehen, scheint eine umfassende Methodisierung nicht nur der Theorieprüfung, sondern auch der Theoriebildung beinahe trivialerweise nötig für die transparente und systematische Gestaltung von Forschungs- und Erkenntnisprozessen. Die Frage wäre in diesem Fall also nicht, ob wir pädagogische Theoriebildung insgesamt methodisch einhegen wollen bzw. können, sondern *lediglich*, warum eine sich explizit als erziehungs*wissenschaftlich* verstehende Forschung nicht schon längst ihre Theoriebildung durch umfassende methodische Überlegungen systematisiert hat. Und genau in diesem Sinne ist es so verwunderlich, dass die Methodisierung pädagogischer Theoriebildung in Forschungsprojekten aller Art nicht schon umfassender betrieben wird.

Zweitens können wir Theorie in performativer Hinsicht als kontinuierlichen Prozess des Theoretisierens verstehen, das heißt etwa als Versuche, etwas zur Sprache zu bringen, was noch nicht zur Sprache gebracht wurde. In diesem Fall rekurrieren wir auf einen Theoriebegriff, der sich gegen eine Methodisierung und vielleicht auch überhaupt gegen eine Verwissenschaftlichung zu sperren scheint. Insofern die Methodisierung von Forschung mit ihren stringenten Vorgehensweisen und der Erzeugung von Standards aus dem Anliegen der (experimentellen) Kontrolle bzw. Beherrschung der Natur erwächst, bekommt sie – so könnte man sich die Einengung erklären – einen Beigeschmack der vorauseilenden Einhegung, der offenen Theoriebildungsprozessen zu widerstreben scheint.

Aber auch hier könnte eine Methodisierung der Theoriebildung nichtsdestotrotz zu interessanten Entwicklungen führen, wenn man den Begriff der Methode von seinem präskriptiven und konformistischen Beigeschmack der Orientierung einer richtigen Art von Wissenschaft befreien würde. Das Bemühen um eine Methodisierung könnte auch als eine besondere, ja in wissenschaftlichen Kontexten ausgezeichnete Form der Selbstvergewisserung verstanden werden, die etwa ebenso das Theoretisieren – gewissermaßen in statu nascendi – reflektiert, um seine Flüchtigkeit begreifbar zu machen. Insbesondere steckt im Anliegen der Methodisierung der Theoriebildung in diesem Verständnis dann eine Betonung ihres *Verfahrens* gegenüber möglichen Forschungs*ergebnissen.*

Die Reflexion, wie die Theoriebildung sich vollzieht, könnte dann – um hier zur Veranschaulichung nur ein kleines Beispiel zu nennen – die Form annehmen, Zitate und Paraphrasierungen als komplexe Kontextualisierungspraktiken pädagogischer Theoriebildung in den Blick zu nehmen. So müssten dann auch

Studienelemente zur Einführung ins wissenschaftliche Zitieren nicht bloß auf Fragen einer korrekten Technik beschränkt bleiben, sondern könnten in Anlehnung an methodische Reflexionen die Rolle von Zitaten in der Entfaltung von Argumentationsräumen etwa in der Form von Dekontextualisierung und Rekontextualisierung beleuchten. Hier systematisierende Beobachtungen weiterzuentwickeln und methodische Perspektivierungen aufzubauen wäre sicherlich lohnenswert.

Gleichwohl zeigt sich gerade im Hinblick auf die Lehre methodischer Theoriebildung in zugespitzter Form die oben schon genannte Grundschwierigkeit der Methodisierung von Theoriebildungsprozessen: als Bevorzugung einer normierten und schematischen Befolgung bestimmter Methoden zu erscheinen. Es wäre sicherlich wenig geholfen, wenn die Methodisierung der Theoriebildung zur Folge hätte, dass Projekte der Theoriebildung sich verstärkt bestimmten standardisierten Methoden in dem Sinne verschreiben, dass Theoriebildung nach Methode XYZ betrieben wird. Anstatt also den Blick auf die Entwicklung und Anempfehlung methodischer Standards der Theoriebildung zu wenden, müsste sich vielmehr eine Praxis etablieren, die zur Sprache bringt, wie genau pädagogisches Theoretisieren sich mit je spezifischen Verfahren seinen Raum verschafft.

Verzögerung als Methode

Martina Lütke-Harmann

Die Frage nach der Methode gehört zum selbstverständlichen Repertoire erziehungswissenschaftlicher und bildungsphilosophischer Selbstvergewisserung. Im Kontext von Drittmittelorientierung, der Zusammenschließung zu größeren Forschungsnetzwerken sowie der zunehmenden Zahl interdisziplinärer Arbeitszusammenhänge erfährt die Methodenorientierung jedoch eine gewisse Zuspitzung. Die Wahl der ‚richtigen' Methode soll nicht nur Wahrheitsbezug, Objektivität und interpersonalen Austausch garantieren, sondern auch eine effiziente Organisation von Forschung ermöglichen. Methoden wird die Eigenschaft zugesprochen, Entscheidungen und Entscheidungswege zu entindividualisieren, systematisch-funktional zu strukturieren und Erkenntnisprozesse in Teams und größeren Forschungszusammenhängen zu beschleunigen. Wenn gegenwärtig über Methodenfragen debattiert wird, geht es also um weitaus mehr als um den kontrollierten Wahrheitsbezug wissenschaftlichen Arbeitens (vgl. Kroeger 2012, S. 1). Der Wille zur Methode findet sich überall dort, wo Einzelentscheidungen koordiniert und in kurzer Zeit aufeinander abgestimmt werden müssen. „Unter dem Diktat einer knappen und fliehenden Zeit" (Vogl 2014, S. 138) sichern Methoden eine exponierte Position im *run* auf Ressourcen, sie sind ein wichtiges Pfand im Kampf um Deutungshoheit über zentrale Bereiche erziehungswissenschaftlicher Forschung.

Hält man diese kursorischen Überlegungen für plausibel, dann scheint die Forderung nach einer verstärkten Methodenorientierung der Bildungsphilosophie zu einem nicht unerheblichen Teil funktional intendiert. Was aber wäre, wenn die geforderte Methodisierung den Forschungsprozess nicht verkürzt, sondern verlängert (vgl. Kroeger 2012, S. 1), wenn der Abstand zwischen Forschungsfrage und Ergebnissicherung nicht reduziert, sondern vervielfältigt wird? Ein Argument für eine solche Sichtweise findet sich in der Diskussion, die im Kontext hermeneutischer Forschung und Kritischer Theorie bereits in den 1950er und 60er Jahren geführt wurde. Folgt man den Debattenbeiträgen, dann sind die methodischen und methodologischen Bemühungen nach 1945 durch eine Unterbrechung charakterisiert; sie stellen keine kontinuierliche und systematische Fortführung oder Weiterentwicklung der Tradition dar, sondern stehen in einem gebrochenen Verhältnis zu dieser. Im Kontext (bildungs-)philosophischer Forschung zeigt sich der Bruch mit der Tradition vor allem in einem veränderten Verhältnis zum Begriff und zur begrifflichen Arbeit.

„Die naive Unschuld ist verloren gegangen, mit der man die Begriffe der Tradition den eigenen Gedanken dienstbar machte. Seither ist für die Wissenschaft ihr Verhältnis zu solchen Begriffen von seltsamer Unverbindlichkeit geworden, ob nun im Umgang mit diesen Begriffen von der Art der gelehrten um nicht zu sagen archaisierenden Aufnahme, oder von der Art einer technischen Handhabung sei, die sich die Begriffe zu Werkzeigen zurechtmacht" (Gadamer 2010, S. 4).

Mit dieser geschichtlichen Unterbrechung der methodischen Vergewisserung ist der Weg für die Verzögerung vorgezeichnet. Im gleichzeitigen Bruch mit der Tradition und im Versuch, an ihr festzuhalten, steht sich die methodologische und methodische Reflexion selbst im Weg. Der historische Zusammenhang wird unförmig, verfestigt sich nicht mehr zum System, sondern erscheint vielmehr als Labyrinth (vgl. Vogl 2014, S. 95 f.).

Statt diese Verzögerung als lästige Begleiterscheinung abzutun und als äußeres Problem der Methodenbildung oder gar als „Technologiedefizit" aufzufassen, möchte ich im Folgenden vorschlagen, die methodische Verzögerung der (Bildungs-)Philosophie selbst methodisch werden zu lassen, das heißt, die Grenzen der Methodisierbarkeit einzugestehen und das Zögern als besonderen Modus des bildungsphilosophischen Denkens und Erkennens aufzufassen (vgl. Vogl 2014, u. a. S. 73 f. und 91). Dabei wird schnell evident, dass die Methodisierung und Methodologisierung der Verzögerung keine neue, ja nicht einmal eine Erfindung des 20. Jahrhunderts ist, sie wurde und wird im Rahmen bildungsphilosophischer Arbeiten bereits vielfach thematisiert (vgl. u. a. in pragmatischer Dimension: Rousseau 1762; Dörpinghaus 2005; in historischer Dimension: Heydorn 2004; Casale 2015; Bünger/Schenk 2019). Ich kann diese breite Debatte im Folgenden nicht aufnehmen. Stattdessen will ich meine Aufmerksamkeit auf einen oft übersehenen Aspekt der Verzögerung richten. Wie sich in Anlehnung an Josef Vogl (2014, S. 52) festhalten lässt, umfasst die Verzögerung nämlich nicht nur eine pragmatische und eine historische, sondern auch eine ästhetische Dimension. Aber was genau ist unter der ästhetischen Dimension der Verzögerung zu verstehen, in welchem Verhältnis steht sie zurzeit und wie lässt sie sich methodisch bestimmen? Um diese Fragen zu beantworten, ist es instruktiv, auf das Werk Walter Benjamins zu verweisen. Benjamins erkenntnistheoretische Grundannahme, „Methode ist Umweg" (GS I/1, S. 208), steht exemplarisch für das hier interessierende Zusammenspiel von Ästhetik, Geschichtsphilosophie und Erkenntnistheorie (Menke 2001, S. 11). Die Form, in die Benjamin sein Plädoyer für die Methode als Umweg gegossen hat, zeigt sich am besten an der Bedeutung, die (dialektischen) Bildern im Rahmen seiner Studien beigemessen wird. Eine der zentralen Annahmen Benjamins seit den 1920er Jahren ist, dass die Kontinuität der Geschichte zerbrochen ist. In diesem Zusammenhang hat auch die Sprache ihre signifizierende Kraft verloren. Der Zusammenhang von Signifikat,

Signifikant und Referent wurde durchtrennt und kann auch geschichtlich nicht mehr eingeholt werden (vgl. Eagleton 1994, S. 337). Bemerkenswerterweise zerfällt die Geschichte bei Benjamin jedoch „nicht in Geschichten", sondern in Bilder (Weigel 1997, S. 226). Allein im Bild oder wie Benjamin 1925 schreibt, in der „anschaulichen Vergegenwärtigung von Bildern" (GS I/1, S. 217), ist an dem Wahrheitsanspruch geschichtlicher Forschung festzuhalten (vgl. Palmier 2009, S. 638).

Wenngleich Benjamins Bildbegriff nicht ohne die Erfahrung der Kunst – man denke etwa an die Bedeutung von Klees „Angelus Novus" in den Thesen „Über den Begriff der Geschichte" – zu denken ist, wäre dieser völlig missverstanden, würde man ein materielles Bild mit ihm assoziieren. Auch handelt es sich nicht um intellektuelle Anschauungen, die frei von Materialität gedacht werden (vgl. Weigel 1997, S. 52). Benjamins (dialektischer) Bildbegriff ist vielmehr durch die Grundannahme geprägt, dass die zersplitterte Materialität der Geschichte im Bild zur Anschauung gebracht werden und damit vor dem Vergessen bewahrt werden kann. „Nur als Bild, das auf Nimmerwiedersehen im Augenblick seiner Erkennbarkeit eben aufblitzt, ist die Vergangenheit festzuhalten" (GS I/2, S. 695). Umweg und Verzögerung kommt in Benjamins Konzeption des dialektischen Bildes gleich zweifach zum Tragen: zum einen weil die Konstruktion dialektischer Bilder notwendige Bedingung für die Erfassung einer aus dem „Jetzt der Erkennbarkeit" nur blitzhaft aufscheinenden, konstitutiv flüchtigen Wahrheit ist; zum anderen, weil die Verzögerung dem Erkenntnisprozess selbst immanent ist: „Zum Denken", so Benjamin, „gehört nicht nur die Bewegung der Gedanken, sondern ebenso ihre Stillstellung" (GS I/2, S. 702 f.). Bedingung der Erkenntnis, wie Benjamin sie vorstellt, ist die Unterbrechung des Denkens durch sich selbst (vgl. Zumbusch 2004, S. 117 und 123). Diese Unterbrechung erteilt der Denkbewegung einen „Chock" und erlaubt es so, ein Verhältnis zur Wahrheit zu gewinnen, das zwar nicht begriffslos ist, aber den Verlockungen einer abschließenden Bestimmung widersteht. Das dialektische Bild leistet dies, indem es die „Kräfte seiner eigenen Dekonstruktion" in das symbolische System einträgt (vgl. Eagleton 1994, S. 330). Die Verbildlichung der Erkenntnis ist durch eine anhaltende Dynamik von Setzung und Entsetzung geprägt, die jede vorgenommene Bestimmung durchkreuzt und so eine Verzögerung in Permanenz in den Erkenntnisprozess einträgt.

Obwohl die methodische Verzögerung „philosophische[r] Erkenntnis bei Benjamin Energien sich zueignet, die gemeinhin der Kunst vorbehalten bleiben" (Tiedemann 2020, S. 1), handelt es sich nicht um eine Ästhetisierung der Erkenntnistheorie. Benjamins Bilder, ich folge hier einem Argument Sigrid Weigels (1997, S. 53, 60), sind vielmehr als Drittes zwischen Literatur bzw. Kunst und Philosophie zu verstehen. Mit seiner Methode als Umweg hat Benjamin eine Form der Erkenntnis entwickelt, die der Geschichte ihre Potenzialität zurückgibt, anstatt sie in Narrationen zu übersetzen oder dem Vergessen preiszugeben. Konzipiert als ein Drittes zwischen Begriff und Metapher eröffnen die dialektischen Bilder eine Verzögerung in der Denkbewegung, durch die ein „anderes Wissen“ möglich wird (vgl. ebd.). Geschichte in dialektischen Bildern zu denken, impliziert, das zur Erkenntnis zu bringen, was Narrationen und Begriffe gleichermaßen verbergen: Abwegiges, Diskontinuierliches und Vergessenes. Die Potenzialität einer solchen Öffnung der Erkenntnistheorie für die Ästhetik ist mit Bettine Menke darin zu sehen, dass sie „in der Umwegstruktur, aber auch allein in ihr die Transzendentalität der Philosophie, Sprache [… und] der Geschichte fest[hält]“ (Menke 2001, S. 12). Für die gegenwärtige Diskussion und die immer noch schwelende Moderne/Postmoderne-Debatte könnte eben diese Konzeption einer in der Verzögerung bewahrten (negativen) Transzendentalität von Bedeutung sein, allerdings nicht im Sinne einer schlichten Aktualisierung Benjamins, die den Nutzen seiner Philosophie für die Gegenwart erweist, sondern verstanden als Aktualität, die als Unterbrechung in den historischen Zusammenhang selbst hineinwirkt (vgl. Zumbusch 2004, S. 120). Auf diese Weise ermöglichte sie es vielleicht, dem gegenwartsseligen Diskurs erziehungswissenschaftlicher Forschung einen ‚Chock‘ beizubringen, der den Raum für die Frage nach dem Möglichkeitspotenzial der Geschichte erneut eröffnet.

Literatur

Benjamin, Walter (1928/2015): Ursprung des Deutschen Trauerspiels. In ders.: Gesammelte Schriften, Bd. I/1. Frankfurt/M.: Suhrkamp, S. 203–409

Benjamin, Walter (1942/2015): Über den Begriff der Geschichte. In ders.: Gesammelte Schriften, Bd. I/2. Frankfurt/M.: Suhrkamp, S. 691–706

Bünger, Carsten/Schenk, Sabrina (2019): Tradieren als Übersetzen. In: Amos, Karin/Rieger-Ladich, Markus/Rohstock, Anne (Hrsg.): Erinnern, Umschreiben, Vergessen. Die Stiftung des disziplinären Gedächtnisses als soziale Praxis. Weilerswist: Velbrück Wissenschaft, S. 235–253

Casale, Rita (2015): Der begriffsgeschichtliche Unterschied von Bildung und Differenz. In: Kluchert, Gerhard/Groppe, Carola/Matthes, Eva (Hrsg.): Bildung und Differenz. Historische Analysen zu einem aktuellen Problem. Wiesbaden: Springer VS, S. 21–38

Dörpinghaus, Andreas (2005): Bildung als Verzögerung. Über Zeitstrukturen von Bildungs- und Professionalisierungsprozessen. In: Pädagogische Rundschau, S. 563–574

Eagleton, Terry (1994): Ästhetik: Die Geschichte ihrer Ideologie. Stuttgart: Metzler

Gadamer, Hans-Georg (2010/1960): Wahrheit und Methode. Grundzüge einer philosophischen Hermeneutik. Tübingen: J. C. B. Mohr (Paul Siebeck)

Heydorn, Heinz-Joachim (2004): Über den Widerspruch von Bildung und Herrschaft. In ders.: Werke, Bd. 3. Wetzlar: Büchse der Pandora

Kröger, Michael (2012): Methode, Kritik, Ausstellung. Skizze zu einer Ideengeschichte des Kuratierens. URL: https://www.uni-marburg.de/de/fb03/politikwissenschaft/fachgebiete/politische-theorie-und-ideengeschichte/portal-ideengeschichte-1/kritik-vortraege-nip/kuratieren_ideengeschichte_kroeger.pdf (Abfrage: 01.10.20)

Menke, Bettine (2001): Sprachfiguren. Name – Allegorie – Bild nach Walter Benjamin. Weimar: Verlag und Datenbank für Geisteswissenschaften

Palmier, Jean-Michel (2009): Walter Benjamin. Leben und Werk. Frankfurt/M.: Suhrkamp

Rousseau, Jean-Jacques (2019/1762): Emile oder Über die Erziehung. Ditzingen: Reclam

Tiedemann, Rolf (2020): Dialektisches Bild. In: Ritter, Joachim/Gründer, Karlfried/Gabriel, Gottfried (Hrsg.): Historisches Wörterbuch der Philosophie online. Schwabe (Abfrage: 01.10.20)

Vogl, Joseph (2014): Über das Zaudern. Zürich/Berlin: diaphanes

Weigel, Sigrid (1997): Entstellte Ähnlichkeit. Walter Benjamins theoretische Schreibweise. Frankfurt/M.: Fischer

Zumbusch, Cornelia (2004): Wissenschaft in Bildern. Symbol und dialektisches Bild in Aby Warburgs Mnemosyne-Atlas und Walter Benjamins Passagen-Werk. Berlin: Akademie

Die Responsivität der Theoriebildung

Andreas Gelhard

Wenn ich die Forderung nach Methodisierung der Erziehungswissenschaft höre, weckt sie in mir Hoffnungen und Befürchtungen. Die Befürchtungen liegen nahe: Wenn man Methodisierung nicht geradewegs mit der hegemonialen Stellung einer bestimmten Methode verbindet, droht eine Bürokratisierung der Theoriebildung, die für jeden ihrer Schritte schon die passende Kategorie parat hat. Es droht ein methodischer Setzkasten, der in Form von Handbüchern verwaltet wird, während die Verwender der Methoden sich stillschweigend darauf verlassen, dass Impulse der Theoriebildung schon irgendwie aus der Umwelt des Setzkastens kommen. Methodisierung kann aber natürlich auch als Theoriebildung verstanden und mit einer engen Bindung an spezifische Gegenstände betrieben werden. In dieser Form eröffnete sie die Möglichkeit, eine Form des Setzkasten-Denkens einzudämmen, die ohne methodische Leitung auskommt und sich deshalb großer Beliebtheit erfreut: den Eklektizismus. Ich habe als Verlagslektor und als Universitätsdozent zahllose Manuskripte und Hausarbeiten gelesen, deren größte Schwäche in der Idee bestand, man könne in der philosophischen Theoriebildung irgendwie alles mit allem kombinieren. Wer Methoden ernst nimmt, kann das nicht. Er kann Versatzstücke aus unterschiedlichen philosophischen Traditionen verwenden, aber er kann ihnen nicht allen denselben Rang zuweisen. Ein transzendentalphilosophisches Argument sieht anders aus als ein dialektisches und ein phänomenologisches anders als ein pragmatistisches. Man kann diese Attribute alle zur Bezeichnung philosophischer „Schulen" verwenden, die sich aus schwer feststellbaren Gründen streiten. Man kann sie aber auch als Charakterisierungen philosophischer Praktiken ernst nehmen, die aus gutem Grund unterschiedliche Vokabulare, unterschiedliche Strategien der Theoriebildung und unterschiedliche Methoden ausgebildet haben. Aus dieser Perspektive bedeutete Methodisierung dann eine stärkere Verpflichtung zur spezifischen Theoriebildung, die nicht einfach alle verwertbaren Theorieangebote ein-, sondern auch bestimmte theoretische Optionen begründet ausschließt. Das wäre die Hoffnung.

Die Charakterisierung spezifischer Methodentypen muss natürlich nicht notwendig Attribute verwenden, die sich philosophischen Schulen zuordnen lassen. Ich möchte die Aufmerksamkeit daher kurz auf einen Typ von theoretischer Methode lenken, den man dynamisch nennen kann, weil er sich bewusst in einem Feld von Kräften und Mächten situiert. Die besondere Qualität dieser Art von Methode besteht nicht in der Situationsunabhängigkeit ihrer propositionalen Struktur, sondern darin, dass sie den – responsiven, polemischen und mitunter kämpferischen – Bezug zu einer bestimmten historischen Situation in ihrer internen Struktur reproduzieren. Damit dokumentieren sie die Responsivität der Theoriebildung, die Quentin Skinner, James Tully und andere Vertreter einer theoriegeleiteten Ideengeschichte auf dem Feld der politischen Philosophie hervorgehoben haben. Was Hobbes oder Locke über die Einrichtung eines guten Gemeinwesens schreiben, ist mit klaren politischen Zielvorstellungen und in Auseinandersetzungen mit politischen Gegnern entstanden. Diese Auseinandersetzungen kann man nicht als bloß äußere Umstände von der eigentlichen Theorie abziehen, wenn man deren innere Struktur nicht zerstören will. Der responsive Bezug auf den Kontext der Theoriebildung geht in die Architektur der Theorie selbst ein. Je nach theoretischem Programm bedeutet das eine Verlegenheit, die möglichst minimiert oder eine Stärke, die bewusst bejaht wird. Dynamische Methoden minimieren den Bezug zum Kontext nicht, sondern öffnen die Theorie auf eine nachvollziehbare Art und Weise für ihren Kontext. Sie reflektieren die Responsivität der Theoriebildung.

Das sei hier nur an einem Beispiel verdeutlicht, das aus der Philosophie stammt, aber auch von großer Bedeutung für die Entwicklung der Erziehungswissenschaft war. Kants praktische Philosophie ist in Opposition zu einer pietistischen Pädagogik entstanden, die die Fiktion, man könne Gefühle gebieten, als Mittel der Menschenleitung einsetzt. Kants berüchtigter Rationalismus ist also als Antwort auf die autoritäre Gefühlsfrömmigkeit zu verstehen, die seine eigene Schulzeit bestimmte. Wer das nicht zur Kenntnis nimmt und unter dem Eindruck steht, Kant habe wohl ein Problem mit Gefühlen gehabt, hat nicht ein Detail aus Kants Biografie übersehen, sondern seine Theorie nicht verstanden. Das Missverständnis wird aber von Kants Theorie selbst nahegelegt, weil sie darauf angelegt ist, kontextunabhängige Aussagen über die Struktur von Subjektivität zu machen. Für Kant stellte die Responsivität der Theoriebildung eine Verlegenheit dar. Er platzierte seine kritische Philosophie zwar mit polemischer Verve im Zeitalter der Aufklärung, ist aber zugleich der Überzeugung, dass sich zeitlose Strukturen von Subjektivität angeben lassen, die unabhängig von allen empirischen Bedingungen bestehen. Die Frage, wie sich Kants Antwort auf eine bestimmte historische Situation zu den Aussagen seiner Erkenntnistheorie und Ethik verhält, bleibt daher im Rahmen der kantischen Philosophie selbst offen.

Hegel versuchte dieses Problem zu lösen, indem er eine dialektische Methode entwickelte, die es erlaubt, den responsiven Bezug der philosophischen Theorie auf ihren historischen Kontext in die Struktur der Theorie selbst eingehen zu lassen. Für Kants Transzendentalphilosophie blieb die historische Selbstsituierung im Zeitalter der Aufklärung eine äußerliche Geste, die den Bezug zu einem theorieexternen Kontext herstellt. Für Hegels Dialektik wird sie in die Entwicklung der philosophischen Begriffe selbst hineingezogen und avanciert – im Prozessbegriff der Bildung – zu einem Motor der philosophischen Theoriebildung. Das ist ein Grundzug der dialektischen Methode, an dem noch Adorno – bei aller

Kritik an Hegels spekulativem Idealismus – festhält. Nicht der Versuch, eine philosophische Methode zu schaffen, die der Responsivität der Theoriebildung gerecht wird, verfällt Adornos Kritik, sondern Hegels Neigung, die Spannung zwischen der theoretischen Arbeit und ihrem historischen Kontext zu minimieren. Adorno betont daher die Heterogenität des Nichtbegrifflichen, auf das sich die begriffliche Arbeit des Denkens bezieht. „Der Gegensatz des Denkens zu seinem Heterogenen" – so heißt es in der „Negativen Dialektik" – „reproduziert sich im Denken selbst als dessen immanenter Widerspruch".

Verwendet man den Begriff der dynamischen Methode als Suchraster auf dem Feld der Erziehungswissenschaft, wird man häufig Bezüge zur Dialektik, aber selten ein Bekenntnis zur dialektischen Methode finden. Das gilt z. B. – auf sehr unterschiedliche Art und Weise – für Siegfried Bernfeld und John Dewey. Bernfeld operiert auf der Grenze zwischen Marx' Dialektik und Freuds Psychoanalyse. Er kombiniert also zwei Methodentypen, die man ohne Abstriche als dynamisch bezeichnen kann. Dem entspricht in der Kommunikation seiner theoretischen Erkenntnisse eine offen polemische Rhetorik, die den pädagogischen und politischen Gegner frontal attackiert (daher der Verfremdungseffekt, wenn man sich in der Rezeption Bernfelds auf die lobende Erwähnung seiner nüchternen Definition von Erziehung beschränkt). Dewey liest Hegel – grob gesagt – komplementär zu Adorno. Er naturalisiert Hegels idealistische Begrifflichkeit, übernimmt aber den monistischen Grundriss der Theorie und den Zug zur Aufhebung von Widersprüchen. Das führt zu einer etwas schulmeisterlichen Rhetorik, die allen prominenten Theorieentwürfen der Vorgänger nachweist, dass ihre Leitunterscheidungen nur Scheinwidersprüche sind. Darin steckt mehr Anspruch auf einen theoretischen Hochsitz als Bernfeld je erheben würde. Dennoch kann man gerade Deweys Philosophie der Erziehung als Musterbeispiel einer Theorieform anführen, die der Responsivität der Theoriebildung gerecht zu werden sucht. Denn Dewey fasst Denken – ausdrücklich – als eine responsive Tätigkeit, die ihren Grundcharakter auch dann nicht verliert, wenn sie wissenschaftlich formalisiert und institutionalisiert wird.

Das derzeit prominenteste philosophische Konzept der Responsivität stammt aus der Phänomenologie. Bernhard Waldenfels hat es über Jahrzehnte im Rahmen seiner Phänomenologie des Fremden entwickelt. Ich habe das Konzept hier in einen philosophischen Kontext versetzt, der Waldenfels eher fernliegt. Warum das gewaltlos möglich ist, bedürfte einer ausführlicheren Begründung. Adornos Auseinandersetzung mit Husserl würde darin eine wichtige Rolle spielen. Für mein kurzes Plädoyer ist hier nur wichtig, dass die phänomenologischen und die dialektischen Strategien, mit der Responsivität der Theoriebildung umzugehen, klare Unterschiede aufweisen, die sich heuristisch zur Erforschung dynamischer Methoden nutzen lassen. Das betrifft z. B. ihren Umgang mit dem Problem des Heterogenen (des Anderen, Fremden, Inkommensurablen). Dialektische Theorien kehren den Konfliktcharakter dieses Verhältnisses hervor und reproduzieren die Konflikte theorieintern als begriffliche Widersprüche. In der Phänomenologie begegnet dagegen häufiger das Motiv eines Überschusses über gegebene Ordnungen, der die Möglichkeit von Neuem, Unvorhersehbarem offenhält. Aus einem dialektischen Blickwinkel wird daher eher der polemische, aus einem phänomenologischen Blickwinker eher der kreative Charakter der Theoriebildung in den Vordergrund rücken. Trotz derartiger Differenzen bleibt aber eine Gemeinsamkeit, die es rechtfertigt, mit Blick auf beide theoretischen Traditionen von dynamischen Methoden zu sprechen. Beide begreifen den responsiven Zug der Theoriebildung nicht als ein irrationales Moment der theoretischen Arbeit, das sich der Methodisierung entzieht. Die in beiden theoretischen Traditionen entwickelten Methoden bezeugen, dass Rationalität nicht durch die Reduktion von Responsivität gesichert werden muss, sie bezeugen, mit Waldenfels gesprochen, die responsive Rationalität der Theoriebildung.

Kontexte einer Methodisierung der theoretischen Forschung in der Erziehungswissenschaft

Norbert Ricken

Die Forderung, die theoretische Forschung im Kontext allgemein-erziehungswissenschaftlicher Diskurse zu methodisieren, muss zunächst irritieren: Zum einen allein schon deshalb, weil es vielleicht kaum ein anderes (erziehungs-)wissenschaftliches Feld gibt, das sich durchgängig – und zwar ebenso umfänglich wie bereits seit langer Zeit – mit methodologischen Fragen beschäftigt. Die Unterscheidung verschiedener wissenschaftstheoretischer Paradigmen – insbesondere die Gruppierung geisteswissenschaftlicher, kritischer und empirischer Ansätze – gehört seit langen Jahren zum Kanon erziehungswissenschaftlicher Theoriediskurse und wird nicht nur bis heute fortgeschrieben, sondern auch aktualisiert und differenziert (vgl. exemplarisch Wulf 1992[5] und Krüger 2012[6]); aber auch die Zuordnung zu Wissenschaftsparadigmen und -schulen, zu jeweiligen epistemologischen Traditionen – seien es nun systemtheoretische oder poststrukturalistische, phänomenologische oder auch postkoloniale Positionen – ist ein wichtiger Bestandteil theoretischer Auseinandersetzung, der an Wichtigkeit gewinnt, je mehr die Inkompatibilitäten zwischen den Positionen und theoretischen Perspektiven betont und kategorial ausgewiesen werden. Der Forderung der Methodisierung könnte man daher mit guten Gründen ruhig entgegentreten und diesen Diskurs entgegenhalten. Zum anderen aber muss man doch dann auch einräumen, dass die Frage nach (konkreten) Methoden theoretischer Forschung sich recht schnell verläuft; auch wenn es zu einzelnen methodischen Analyseverfahren durchaus sowohl spezialisierte wie auch breiter ansetzende Arbeiten – hier bloß exemplarisch genannt: zur Diskursanalyse (vgl. exemplarisch Langer/Wrana 2018), zur Argumentationsanalyse (vgl. Wigger 2018) oder zu einer breiter aufgestellten hermeneutischen Methodik (vgl. Rittelmeyer 2018) – gibt, so wird man aber doch weder Übersichten – sei es in Form von Handbüchern oder Lehrbüchern (vgl. jüngst Weiß/Zirfas 2020) – noch Arbeitsbücher zu den Methoden theoretischer Forschung finden.

Das aber hat durchaus Gründe, die wenigstens zu sichten dringlich ist; nur exemplarisch seien hier drei kurz genannt: Da ist zunächst die – bereits genannte – Üblichkeit, sich in theoretischen Zusammenhängen überwiegend an epistemologischen Schulen und Traditionen zu orientieren und sich über Zugehörigkeit zu verorten; aber auch eine gehörige Skepsis gegenüber der Methodisierbarkeit von theoretischer Forschung, von Theorierekonstruktion und -konstruktion, lässt sich kaum von der Hand weisen – insbesondere dann, wenn man mitdenkt, dass die Notwendigkeit der Methodisierung der eigenen Forschungen auch mit der Durchsetzung bestimmter Wissenschaftsparadigmen und -stile einhergeht (vgl. z. B. Casale 2020). Schließlich sind aber auch die dann aufbrechenden Fragen – was denn eigentlich Theorie und Theoriebildung sei, ob diese bloß einfach gegebene „Gegenstände" seien, denen man sich dann selbst theoretisch abstinent und bloß methodisch reflektiert zuwenden könne und wie denn Theoriekonstruktion und -bildung zusammenhängen würden – Grund genug, vor zu einfachen Lösungen zu zögern (vgl. dazu auch den Themenschwerpunkt im Heft 6 der Zeitschrift für Pädagogik; einführend Bellmann/Ricken 2020 sowie insbesondere Bellmann 2020).

Umgekehrt gibt es aber auch einige gute Gründe, diese Frage weiterzuverfolgen und Methoden der theoretischen Forschung (auch in der Erziehungswissenschaft) zu identifizieren, zu systematisieren und in einen methodologischen Zusammenhang zu bringen – schon allein deshalb, weil es längst zahlreiche Elemente einer stark methodisch reflektierten Theorieforschung gibt, die sich – auch wenn dies oft behauptet wird – gerade nicht ausschließen, sondern sich entlang von unterschiedlich dimensionierten Forschungsfragen und -interessen wechselseitig zu ergänzen vermögen (vgl. Ricken 2020). Auch hier seien drei Kontexte kurz skizziert, in die man die Frage der Methodisierung der theoretischen Forschung stellen muss.

(a) Angesichts veränderter *wissenschaftspolitischer* Rahmenstrukturen, die wissenschaftliche Forschungen zunehmend auch in einer Projektlogik situieren und auf die Einwerbung sogenannten Drittmittel verpflichten, ist es erforderlich, Forschungsvorhaben insgesamt formalisiert(er) auszuweisen und sowohl den Gegenstand hinsichtlich des Forschungsstands und der Fragestellung als auch die Methodik und die angezielten Ergebnisse der Untersuchung eigens darzulegen. Das hat dann – auch aus Begutachtungsgründen innerhalb der Forschungsförderung – für viele Bereiche der Forschungen zu einer Standardisierung von Qualitätskriterien für Forschungsvorhaben geführt, in denen neben Fragen der Relevanz und der Güte der jeweiligen Forschung insbesondere auch Fragen der Nachvollziehbarkeit und methodischen Bearbeitung eines Gegenstands zentral sind (für die quantitative Forschung vgl. Stanat 2015 sowie allgemein Rost 2013; für die qualitative Forschung vgl. Helsper/Kelle/Koller 2016). Auch wenn diese Logik zunächst weitgehend im Kontext empirischer Forschung verbreitet ist, weil es dort eher möglich oder üblich zu sein scheint, gegenstandsbezogene Fragestellungen und methodenbezogene Bearbeitungsweisen (mehr oder weniger) getrennt voneinander zu diskutieren, so weitet sie sich doch längst über die Grenzen empirischer Forschung aus und drängt neben der historischen Forschung auch die theoretische Forschung dazu, die jeweilige methodische

Bearbeitung einer Fragestellung eigens auszuweisen und zu plausibilisieren. Das aber gelingt gegenwärtig zunehmend weniger durch den Rekurs auf eingewöhnte epistemologische Denktraditionen und deren bloße Rekonstruktion.

(b) Dass dies alles andere als neu und nicht bloß wissenschaftspolitisch motiviert ist, wird auch mit Blick auf *wissenschaftstheoretische* Entwicklungen deutlich. Es gehört zu den disziplinären (und teildisziplinären) Selbstverständlichkeiten einer jeden Wissenschaft, das „Was" der Untersuchung (Forschungsgegenstand) sowohl methodisch, also auf das „Wie" hin (Forschungsmethoden) als auch perspektivisch, auf das „Woraufhin" der Forschung (Forschungsperspektive), auszuweisen und dadurch die Wissenschaftlichkeit der jeweiligen Forschung nachzuweisen. Überwiegend methodologisch situierte Reflexionen im Kontext etablierter epistemologischer Traditionen sind weiterhin unverzichtbar, können aber diese Plausibilisierungen nicht ersetzen – und verlangen m. E. danach, Methoden auch der theoretischen Forschung konkret zu benennen und aus ihren traditionellen ‚Schul'-Verankerungen zu lösen.

(c) Diese Forderung ist aber auch längst zu einer *wissenschaftsdidaktischen* Anforderung geworden, sehen sich doch alle sozial- und kulturwissenschaftlichen Disziplinen vor die nicht einfache Frage gestellt, wie sie denn die jüngere Generation in die jeweiligen Forschungstypen einführen und auch Studierende entsprechend ausbilden wollen. Wenn es richtig ist, dass Forschungswerkstätten dafür geeignete Orte darstellen können, dann ist es nur zu verständlich, neben (quantitativen und qualitativen) Empirie- und Geschichtswerkstätten auch Theoriewerkstätten – wie dies bereits gelegentlich geschieht – anzubieten, in denen eine Vielzahl entsprechender Forschungsmethoden erlernt und genutzt werden soll. Das aber stellt einen kaum zu überschätzenden Bruch mit den nicht ganz seltenen disziplinären Gepflogenheiten dar, jeweilige Theoriezugehörigkeiten und -zuordnungen gewissermaßen sozialisatorisch qua ‚Meisterlehre' und ‚Einübung in den Jargon' zu erlernen und immer wieder neu herzustellen.

Vor diesem Hintergrund fällt dann zudem auf, dass es sowohl interdisziplinär als auch international einige Arbeiten gibt, den besonderen Charakter und die Eigenlogik der theoretischen Forschung herauszuarbeiten und durch Überlegungen zur Methodik zu profilieren (vgl. exemplarisch für die Soziologie Moebius/Ploder 2017; für die Philosophie Schönwälder-Kuntze 2015 sowie Cappelen/Gendler/Hawthorne 2016 und D'Oro/Overgaard 2017). Für die Erziehungswissenschaft mag dies zunächst noch als Neuland erscheinen (vgl. aber bereits Ruitenberg 2010); lässt man sich aber auf die Fragerichtung ein, dann wird schnell deutlich, dass man nicht alles neu erfinden muss, auch wenn man nur bedingt auf Altbewährtes zurückgreifen kann.

Literatur

Bellmann, Johannes (2020): Theoretische Forschung – Unterscheidung und Bezeichnung eines spezifischen Modus der Wissensproduktion. In: Zeitschrift für Pädagogik 66, H. 6, S. 788–806

Bellmann, Johannes/Ricken, Norbert (2020): Theoretische Forschung in der Erziehungswissenschaft. Beiträge zur Konturierung eines Forschungsfelds. In: Zeitschrift für Pädagogik 66, H. 6, S. 783–787

Cappelen, Herman/Gendler, Tamar Szabó/Hawthorne, John (Hrsg.) (2016): The Oxford Handbook of Philosophical Methodology. Oxford: Oxford University Press

Casale, Rita (2020): Die Durchsetzung eines spezifischen Paradigmas von „Forschung" in der Erziehungswissenschaft aus der Perspektive einer historischen Epistemologie. In: Zeitschrift für Pädagogik 66, H. 6, S. 807–822

D'Oro, Giuseppina/Overgaard, Søren (Hrsg.) (2017): The Cambridge companion to philosophical methodology. Cambridge: Cambridge University Press

Helsper, Werner/Kelle, Helga/Koller, Hans-Christoph (2016): Qualitätskriterien der Begutachtung qualitativer Forschungsvorhaben in der Erziehungswissenschaft. Ergebnisse eines Roundtable. In: Zeitschrift für Pädagogik 62, H. 5, S. 738–748

Krüger, Heinz-Hermann (2012): Einführung in Theorien und Methoden der Erziehungswissenschaft. 6., durchges. Aufl. Opladen u. a.: Leske + Budrich

Langer, Antje/Wrana, Daniel (2018): Diskursforschung und Diskursanalyse. In: Friebertshäuser, Barbara/Langer, Antje/Prengel, Annedore (Hrsg.): Handbuch Qualitative Forschungsmethoden in der Erziehungswissenschaft. 4. vollst. überarb. Aufl. Weinheim/Basel: Beltz Juventa, S. 335–349

Moebius, Stefan/Ploder, Andrea (Hrsg.) (2017): Handbuch Geschichte der deutschsprachigen Soziologie. 2 Bde. Wiesbaden: Springer VS. (hier insbesondere Bd. 2: Forschungsdesign, Theorien und Methoden)

Ricken, Norbert (2020): Methoden theoretischer Forschung in der Erziehungswissenschaft. Ein Systematisierungsvorschlag. In: Zeitschrift für Pädagogik 66, H. 6, S. 839–852

Rittelmeyer, Christian (2018): Methoden hermeneutischer Forschung. In: Friebertshäuser, Barbara/Langer, Antje/Prengel, Annedore (Hrsg.): Handbuch Qualitative Forschungsmethoden in der Erziehungswissenschaft. 4. vollst. überarb. Aufl. Weinheim/Basel: Beltz Juventa, S. 235–248

Rost, Detlef K. (2013): Interpretation und Bewertung pädagogisch-psychologischer Studien. Eine Einführung. 3. Aufl. utb/Klinkhardt

Ruitenberg, Claudia (Hrsg.) (2010): What do Philosophers of Education do? (And How Do They Do It?) Malden, MA/Oxford/Chichester: Wiley-Blackwell

Schönwälder-Kuntze, Tatjana (2015): Philosophische Methoden zur Einführung. Hamburg: Junius

Stanat, Petra (2015): Bereitstellung und Nutzung quantitativer Forschungsdaten in der Bildungsforschung. Memorandum des Fachkollegiums der DFG. In: Erziehungswissenschaft 26, H. 50, S. 75–89

Weiß, Gabriele/Zirfas, Jörg (Hrsg.) (2020): Handbuch Bildungs- und Erziehungsphilosophie. Wiesbaden: Springer VS

Wigger, Lothar (2018): Argumentationsanalyse als erziehungswissenschaftliche Forschungsmethode. In: Friebertshäuser, Barbara/Langer, Antje/Prengel, Annedore (Hrsg.): Handbuch Qualitative Forschungsmethoden in der Erziehungswissenschaft. 4. vollst. überarb. Aufl. Weinheim/Basel: Beltz Juventa, S. 351–364

Wulf, Christoph (1992): Theorien und Konzepte der Erziehungswissenschaft. 5. Aufl. Weinheim/München: Juventa

Verzeichnis der Autor*innen

Malte Brinkmann, Prof. Dr., Professor für Allgemeine Erziehungswissenschaft an der Humboldt-Universität zu Berlin. Arbeitsschwerpunkte: Bildungs- und Erziehungstheorie unter besonderer Berücksichtigung (leib-)phänomenologischer Perspektiven; qualitative Bildungs- und Unterrichtsforschung, insbesondere phänomenologische Videografie. Auswahl an Publikationen: *Forschendes Lernen. Pädagogische Studien zur Konjunktur eines hochschuldidaktischen Konzepts* (2020), Springer VS; *Verkörperungen. (Post-)Phänomenologische Untersuchungen zwischen erziehungswissenschaftlicher Theorie und leiblichen Praxen in pädagogischen Feldern* (2019), Springer VS.

Carsten Bünger, Dr. habil., Vertretungsprofessor für Allgemeine Pädagogik an der Pädagogischen Hochschule Schwäbisch-Gmünd. Arbeitsschwerpunkte: Erziehungs- und Bildungsphilosophie; politische Dimensionen von Pädagogik und Erziehungswissenschaft; Relationierungen von Bildungstheorie und Bildungsforschung. Auswahl an Publikationen: *Dinge von Belang?! Zum Verhältnis von Politischem und Bildung aus subjektivierungstheoretischer Perspektive* (mit K. Jergus) (2020). In: W. Friedrichs, S. Hamm (Hrsg.): Zurück zu den Dingen! Politische Bildungen im Medium gesellschaftlicher Materialität, Nomos; *Unbedingte Bildung. Perspektiven kritischer Bildungstheorie* (mit M. Lütke-Harmann) (2020), Löcker.

Daniel Burghardt, PD Dr., Wissenschaftlicher Mitarbeiter am Department Erziehungs- und Sozialwissenschaften an der Universität zu Köln. Arbeitsschwerpunkte: Erziehungs- und Bildungsphilosophie; Kritische Pädagogik; Vulnerabilitätsforschung. Auswahl an Publikationen: *Vulnerabilität. Pädagogische Herausforderungen* (mit der Kölner Forschungsgruppe Vulnerabilität) (2017), Kohlhammer; *Schlüsselwerke der Vulnerabilitätsforschung* (2019), Springer VS; *Der pädagogische Takt. Eine erziehungswissenschaftliche Problemformel* sowie *Pädagogische Heterotopien: Von A bis Z* (mit J. Zirfas) (2019), Beltz Juventa.

Rita Casale, Prof. Dr., Professorin für Allgemeine Erziehungswissenschaft/Theorie der Bildung an der Bergischen Universität Wuppertal. Arbeitsschwerpunkte: Bildungs- und Erziehungsphilosophie; Bildungsgeschichte der europäischen Moderne; feministische Theorie. Auswahl an Publikationen: *Methoden und Kontexte. Probleme der historischen Bildungsforschung* (herausgegeben mit D. Tröhler/J. Oelkers) (2006), Wallstein; *Über die Aktualität der Bildungsphilosophie* (2011). In: Vierteljahrsschrift für wiss. Pädagogik 87, H. 2; *Zur Abstraktheit der Empirie – Zur Konkretheit der Theorie. Anmerkungen über die versäumte Auseinandersetzung mit den Folgen des Positivismusstreits* (2011). In:

I. Breinbauer/G. Weiß (Hrsg.): Orte des Empirischen in der Bildungstheorie, Königshausen & Neumann; *Der begriffsgeschichtliche Unterschied von Bildung und Differenz* (2015). In: G. Kluchert/C. Groppe/E. Matthes (Hrsg.): Bildung und Differenz. Historische Analysen zu einem aktuellen Problem, Springer VS; *Die Durchsetzung eines spezifischen Paradigmas von „Forschung" in der Erziehungswissenschaft aus der Perspektive einer historischen Epistemologie* (2000). In: Zeitschrift für Pädagogik 66, H. 6.

Agnieszka Czejkowska, Univ.-Prof. Dr., Leiterin des Arbeitsbereichs Bildungstheorie und Schulforschung am Institut für Bildungsforschung und Pädagog*innenbildung der Karl-Franzens-Universität Graz. Arbeitsschwerpunkte: Differenz; Macht- und Subjektkritik. Herausgeberin der Reihe „Arts & Culture & Education"; Mitherausgeberin des Jahrbuchs für Pädagogik.

Edgar Forster, Prof. Dr., Professor für Allgemeine Erziehungswissenschaft mit dem Schwerpunkt Globalisierung und Bildung an der Universität Fribourg, Schweiz. Arbeitsschwerpunkte: Erziehungs- und Bildungstheorien mit dem Schwerpunkt Wissens- und Wissenschaftsgeschichte; Globalisierung und Dekolonialität; Gender Studies mit dem Fokus Kritische Männer- und Männlichkeitsforschung. Auswahl an Publikationen: *Die brüchige Welt der Optimierung* (2000). In: Zeitschrift für Pädagogik 66, H. 1; *Geschlecht-er denken* (mit F. Kuster/B. Rendtorff/S. Speck) (2019), Barbara Budrich; *Globalisierung/Globalität* (mit M. Scherrer) sowie *Historische Epistemologie* (mit T. Obex) (2020). In: G. Weiß/J. Zirfas (Hrsg.): Handbuch Bildungs- und Erziehungsphilosophie, Springer VS.

Andreas Gelhard, Prof. Dr., Professor für Allgemeine und Systematische Pädagogik an der Rheinischen Friedrich-Wilhelms-Universität Bonn. Arbeitsschwerpunkte: Kritische Theorie und Bildungsphilosophie; Skeptizismus und Dialektik; die Geschichte der Prüfungstechniken; das Verhältnis zwischen Psychologie und Philosophie. Auswahl an Publikationen: *Skeptische Bildung. Prüfungsprozesse als philosophisches Problem* (2018), diaphanes; *Hegels negative Dialektik* (2020). In: Deutsche Zeitschrift für Philosophie 68, H. 3, S. 382–403.

Kerstin Jergus, Prof. Dr., Professorin für Allgemeine Erziehungswissenschaft an der TU Braunschweig. Arbeitsschwerpunkte: Theorie und Geschichte der Pädagogik; Transformations- und Wissenschaftsforschung; kulturwissenschaftliche Bildungsforschung. Auswahl an Publikationen: *Politiken des akademischen Mittelbaus* (mit C. Bünger/S. Schenk) (2017). In: Berliner Debatte Initial 28, H. 1; *„Postkoloniale" Erziehungswissenschaft(en)? Eine Skizze zum Doing Theory im Feld der (ost-)deutschen Erziehungswissenschaft nach 1990* (2017). In: C. Thompson/S. Schenk (Hrsg.): Zwischenwelten der Pädagogik, Schöningh. Demnächst erscheint: *„Theoretische Empirie" – Erkenntnisproduktion zwischen Theoriebildung und empirischen Praxen* (mit D. Fischer/K. Puhr/D. Wrana), Wittenberger Gespräche VII.

Hans-Christoph Koller, Prof. Dr., Professor für Erziehungswissenschaft unter besonderer Berücksichtigung der Qualitativen Bildungsforschung und der Wissenschaftstheorie an der Universität Hamburg. Arbeitsschwerpunkte: Bildungstheorie; Qualitative Bildungsforschung (Erziehungswissenschaftliche Biografieforschung, Migrationsforschung, methodische Fragen der Text- und Diskursanalyse); Theorie und Empirie transformatorischer Bildungsprozesse; Pädagogische Lektüren literarischer Texte. Auswahl an Publikationen: *Erzählte Bildung. Zur Darstellung von Bildungsprozessen in Melinda Nadj Abonjis Roman „Tauben fliegen auf"* (2020). In: Mitteilungen des Deutschen Germanistenverbandes 67, H. 1, S. 15–23; *Bildung anders denken. Einführung in die Theorie transformatorischer Bildungsprozesse* (2018), Kohlhammer.

Sabine Krause, Univ.-Prof. Dr., Professorin für Erziehungswissenschaft mit dem Schwerpunkt Allgemeine Erziehungswissenschaft an der Universität Innsbruck. Arbeitsschwerpunkte: Fotografie als Zugang und Erkenntnisweg in der Erziehungswissenschaft; Studien zu (historisch geografischen, erinnerungskulturellen, disziplinären und epistemologischen) Grenzen; Herausforderungen partizipativen Forschens in der Bildungswissenschaft. Auswahl an Publikationen: Staaken feierte „Wiedervereinigung" (2021). In: H. Schluß/H. Holzapfel/C. Andersen/H. Ganser (Hrsg.): *Der Fall des Eisernen Vorhangs. 1989 und die Folgen*, Lit.

Martina Lütke-Harmann, Dr., Akademische Rätin am Arbeitsbereich Allgemeine Erziehungswissenschaft/Theorie der Bildung an der Bergischen Universität Wuppertal. Arbeitsschwerpunkte: Historische Denkformen der Bildungs- und Erziehungsphilosophie; Schnittstellen zwischen politischer Philosophie und Ästhetik unter besonderer Berücksichtigung bildungstheoretischer Fragestellungen. Auswahl an Publikationen: *Bildung und Einbildung. Der Staat als Kunstwerk* (2019). In: R. Casale/N. Ricken/C. Thompson (Hrsg.): Verkörperte Bildung, Beltz Juventa.

Thomas Mikhail, PD Dr., Wissenschaftlicher Mitarbeiter am Zentrum für Lehrerbildung des Karlsruher Instituts für Technologie. Arbeitsschwerpunkte: Bildungs- und Erziehungstheorie; neukantianische Theorieeinsätze in der Pädagogik. Auswahl an Publikationen: *Pädagogisch handeln. Theorie für die Praxis* (2016), Schöningh; *Kant als Pädagoge* (2017), Schöningh.

Arnd-Michael Nohl, Prof. Dr., Professor für Erziehungswissenschaft, insbesondere Systematische Pädagogik, an der Helmut-Schmidt-Universität Hamburg.

Arbeitsschwerpunkte: Sozialisations- und Erziehungsforschung; Methodologie rekonstruktiver Sozialforschung. Auswahl an Publikationen: *Rekonstruktive Erziehungsforschung* (2020, Hrsg.), Springer VS; *AdressatInnen und Handlungsfelder der Pädagogik* (2019), Budrich/utb; *Education and Social Dynamics: A Multilevel Analysis of Curriculum Change in Turkey* (mit R. Nazlı Somel) (2019), Routledge.

Norbert Ricken, Prof. Dr., Professor für Theorien der Erziehung und Erziehungswissenschaft an der Ruhr-Universität Bochum. Arbeitsschwerpunkte: Erziehungstheorie und -philosophie; pädagogische Anthropologie; (Inter-)Subjektivitäts- und Anerkennungstheorie. Auswahl an Publikationen: *Methoden theoretischer Forschung in der Erziehungswissenschaft – Ein Systematisierungsvorschlag* (2020). In: Zeitschrift für Pädagogik 66, H. 6; *Subjektivierung. Erziehungswissenschaftliche Theorieperspektiven* (mit R. Casale/C. Thompson) (2019), Beltz Juventa.

Markus Rieger-Ladich, Prof. Dr., Professor für Allgemeine Erziehungswissenschaft an der Eberhard Karls Universität Tübingen. Arbeitsschwerpunkte: Zeitgenössische Bildungstheorie; wissenschaftliche Reflexivität; relationale Übergangsforschung. Auswahl an Publikationen: *Ungerechtigkeit* (2014). In: Merkur 68, H. 12, S. 1081–1090; *Bildungstheorien zur Einführung* (2020), Junius.

Andrea Sabisch, Prof. Dr., Professorin für Kunstpädagogik und Ästhetische Bildung an der Universität Hamburg. Arbeitsschwerpunkte: Ästhetische und Visuelle Bildung; Kunstpädagogik; Theorien und Methodologien zur Bilderfahrung. Auswahl an Publikationen: *Bildwerdung. Reflexionen zur pathischen und performativen Dimension der Bilderfahrung* (2018), kopaed; *Visuelle Assoziationen. Bildkonstellationen und Denkbewegungen in Kunst, Philosophie und Wissenschaft* (2018), Textem (mit M. Zahn); Reihenherausgeberin (mit H.-C. Koller/O. Sanders/M. Wimmer) von *Theorie bilden*, Transcript.

Olaf Sanders, Prof. Dr., Professur für Erziehungswissenschaft, insbesondere Bildungs- und Erziehungstheorien sowie philosophische Grundlagen, an der Helmut-Schmidt-Universität/Universität der Bundeswehr Hamburg. Arbeitsschwerpunkte: Bildungsphilosophie; Theorien populärer Kultur, vor allem des Films und von Fernsehserien. Auswahl an Publikationen: *Bildungsgründe. Zwei Antrittsvorlesungen, Dresden 2015/Hamburg 2017* (2020), Katzenberg; *Deleuzes Pädagogiken* (2020), Katzenberg.

Madeleine Scherrer, Dr. des., Oberassistentin an der Universität Fribourg, Schweiz, im Bereich der Allgemeinen Erziehungswissenschaft mit dem Schwerpunkt Globalisierung und Bildung. Arbeitsschwerpunkte: Erziehungs- und bildungsphilosophische Fragestellungen in Bezug auf Subjektivierungs- und

Normalisierungsprozesse; Medialität und Digitalität; (pädagogische) Raumtheorien; Feminist Science & Technology Studies; Diffraktionsanalyse. Auswahl an Publikationen: *Globalisierung/Globalität* (mit E. Forster) (2020). In: G. Weiß/J. Zirfas (Hrsg.): Handbuch Bildungs- und Erziehungsphilosophie, Springer VS.

Tatjana Schönwälder-Kuntze, Prof. Dr., apl. Professorin für Philosophie an der Ludwig-Maximilians-Universität München. Arbeitsschwerpunkte: (Kritische) Theoriebildung in der praktischen Philosophie der Moderne; Poststrukturalismus; franz. Gegenwartsphilosophie. Auswahl an Publikationen: *Authentische Freiheit. Zur Begründung einer Ethik nach Sartre* (2001/2021), Campus; *Störfall Gender. Grenzdiskussionen in und zwischen den Wissenschaften* (2003, Mit-Hrsg.), Springer; *George Spencer Brown. Eine Einführung in die Laws of Form* (2004/2009, Co-Autorin), Springer; *Freiheit als Norm? Moderne Theoriebildung und der Effekt Kantischer Moralphilosophie* (2010), Transcript; *Judith Butlers Philosophie des Politischen* (2018, Mit-Hrsg.), Transcript; *Philosophische Methoden zur Einführung* (2015/2020[3]), Junius.

Ruth Sonderegger, Prof. Dr., Professorin für Philosophie und ästhetische Theorie an der Akademie der bildenden Künste Wien. Forschungsfelder: Geschichte der Ästhetik (im Kontext des kolonialen Kapitalismus); Praxistheorien; Cultural Studies; Kritische Theorien; Widerstandsforschung. Auswahl an Publikationen: *Foucaults Gegenwart. Sexualität – Sorge – Revolution* (mit G. Ludwig/I. Lorey) (2016), transversal texts; *Polyphone Ästhetik* (mit C. Brunner/S. Bempez/K. Hausladen/I. Kleesattel) (2019), transversal texts; *Vom Leben der Kritik. Kritische Praktiken – und die Notwendigkeit ihrer geopolitischen Situierung* (2019), Zaglossus.

Hanno Su, Dr., arbeitet an der Westfälischen Wilhelms-Universität Münster im Bereich der Allgemeinen Erziehungswissenschaft. Arbeitsschwerpunkte: Pädagogische Epistemologie; Erziehungs- und Bildungsphilosophie; Pädagogische Theoriebildung; Sozialphilosophie. Aktuelle Projekte: Doing Educational Theory; Umweltgerechtigkeit; intergenerationale Verantwortung. Auswahl an Publikationen: *Quellen pädagogischer Epistemologie* (2019). In: C. Taylor (Hrsg.): Perspektiven der Erziehungs- und Bildungsphilosophie, mentis; *Inferentialism at Work: The Significance of Social Epistemology in Theorising Education* (mit J. Bellmann) (2018). In: Journal of Philosophy and Education 52, H. 2, S. 230–245.

Christiane Thompson, Prof. Dr., Professorin für Theorie und Geschichte von Erziehung und Bildung an der Goethe-Universität Frankfurt am Main. Arbeitsschwerpunkte: Bildungs- und Erziehungsphilosophie; Kritik in der Pädagogik; kulturwissenschaftliche Einsätze der Bildungsforschung. Auswahl an Publikationen: *„Diesem Ding (es sey was es wolle) einen andern Nahmen zu geben“.*

Theoriearbeit in der Erziehungswissenschaft (2017). In: C. Thompson/S. Schenk (Hrsg.): Zwischenwelten der Pädagogik, Schöningh; *Allgemeine Erziehungswissenschaft. Eine Einführung* (2019), Kohlhammer.

Kai Wortmann, M. Sc., Doktorand in der Abteilung Allgemeine Pädagogik am Institut für Erziehungswissenschaft der Eberhard Karls Universität Tübingen. Arbeitsschwerpunkte: Pragmatistische Bildungs- und Erziehungsphilosophie; Kritik in der Pädagogik; Methodologien empirischer Sozialforschung. Auswahl an Publikationen: *Post-critical Pedagogy as Poetic Practice: Combining Affirmative and Critical Vocabularies* (2019). In: Ethics and Education 14, H. 4, S. 467–481. Demnächst erscheint: *Abwenden, Verwinden, Einfalten: Über die Vergeblichkeit des Versuchs, nicht mehr kritisch zu sein.* In: M. Karcher/S. Rödel (Hrsg.): Lebendige Theorie, Textem.

Daniel Wrana, Prof. Dr., Professor für Systematische Erziehungswissenschaft an der Martin-Luther-Universität Halle-Wittenberg. Arbeitsschwerpunkte: Bildungs- und Erziehungsphilosophie; Gouvernementalität und Subjektivierung; Erkenntnispolitiken erziehungswissenschaftlichen Wissens; Analyse diskursiver Praktiken. Auswahl an Publikationen: *Zur Lokation von Sinn. Das Subjekt als Bedingung und Gegenstand der Analyse* (2015). In: Zeitschrift für Diskursforschung. Sonderband Diskurs und Interpretation, S. 14–42; *Zurück ins Problem. Über Problematisierung und Materialisierung in der Analyse des Pädagogischen* (mit S. Schröder) (2017). In: C. Thompson/S. Schenk (Hrsg.): Zwischenwelten der Pädagogik, Schöningh.